Meiner Frau gewidmet

Kurt Klösters

Führung in der Feuerwehr

Verlag W. Kohlhammer
Stuttgart Berlin Köln

Die Deutsche Bibliothek – CIP-Einheitsaufnahme

Klösters, Kurt:
Führung in der Feuerwehr / Kurt Klösters. – Stuttgart; Berlin; Köln: Kohlhammer, 1997
ISBN 3-17-013072-2

Verlagsort: Stuttgart
Gesamtherstellung:
W. Kohlhammer Druckerei GmbH & Co. Stuttgart
Printed in Germany

Inhaltsverzeichnis

Vorwort

Das Thema »Führung« ist Gegenstand einer unüberschaubaren Fülle von Fachliteratur und ist darüber hinaus immer wieder auch Diskussions- und Lehrinhalt von Führungsseminaren und vielen anderen ähnlichen Veranstaltungen. Zahlreiche Sozialwissenschaftler, Psychologen, Verhaltensforscher und -therapeuten haben sich mit dieser Materie auseinandergesetzt. Namhafte Autoren, nicht zuletzt aus dem militärischen Bereich, sind seit den fünfziger Jahren immer wieder an die Öffentlichkeit getreten, mit zum Teil sehr ausführlichen und mit wissenschaftlicher Gründlichkeit verfaßten Werken, die ihrerseits u.a. auf Erkenntnissen fußen, die seit etwa 1920 – überwiegend in den USA – gesammelt wurden.

Es mag geradezu verwunderlich erscheinen, wenn trotz dieser seit Jahrzehnten vorhandenen Fülle von Veröffentlichungen und Erkenntnissen immer wieder der Ruf nach einer Verbesserung der Führungsausbildung in vielen Bereichen des menschlichen Zusammenlebens aufs neue laut wird. So stellt z.B. die »Arbeitsgruppe Feuerwehrausbildung beim Unterausschuß Feuerwehrangelegenheiten der Länder« in einem Schreiben vom Juni 1995 an das Hessische Innenministerium fest, daß »die ... Änderungen im Aufgaben- und Tätigkeitsfeld den Fortbestand und die Leistungsfähigkeit der Feuerwehren ... dadurch gefährden, daß die Führungskräfte der Feuerwehren immer weniger den ... Anforderungen ... zu folgen in der Lage sind« und verlangt in den dann genannten »Thesen für eine verbesserte Führungsausbildung«: »Entscheidende Verbesserungen in der Führungsausbildung sind notwendig, um die Qualifikation und Motivation der Führungskräfte zu stärken und die Gewinnung von Führernachwuchs zu fördern.«

In der Tat muß bestätigt werden, daß die schulmäßige Ausbildung der Führungskräfte besonders im Bereich der Freiwilligen Feuerwehren nicht den sachlichen Anforderungen genügt. Diese Erkenntnis ist aber nicht neu: Seit Beginn meines Feuerwehrdienstes im Jahre 1956 hat sich bis heute an den unzureichenden Rahmenbedingungen nichts geändert, die für die Ausbildung der Führungskräfte sowohl an den Standorten als auch an den Landesfeuerwehrschulen maßgeblich sind. Diese allgemeine Sachlage und auch meine eigenen bis heute gemachten Erfahrungen haben mich ermutigt, der Aufforderung zu folgen, dieses Fachbuch zu verfassen. Das war nicht möglich, ohne auch auf Erkenntnisse zurückzugreifen, die durch andere Autoren in anderen Werken und Schriften bereits der Öffentlichkeit vorgestellt wurden. Wo das geschehen ist, habe ich deutlich darauf hingewiesen und – soweit feststellbar – die Herkunft genannt. Meine persönliche Einstellung kann bei der Behandlung dieser Thematik nicht verborgen bleiben; ich habe sie dementsprechend auch unverblümt zu erkennen gegeben. Ich kann nicht erwarten, daß alle Inhalte dieses Buches ungeteilte Zustimmung finden und bin auf Widerspruch gefaßt. Der Leser ist freundlichst aufgefordert, sich nicht zurückzuhalten, wenn er Anregungen oder Kritik an mich herantragen möchte.

Das Buch erhebt nicht den Anspruch, ein wissenschaftliches Werk zu sein. Seine Bestimmung ist es, den Führungskräften in den Feuerwehren konkrete Hilfen für die praktischen Führungsaufgaben im Feuerwehralltag zur Verfügung zu stellen. Dabei wird in erster Linie der Leiter der Feuerwehr angesprochen; er hat die größte Veranwortungslast zu tragen, und er bestimmt durch sein persönliches Führungsverhalten die Qualität der Feuerwehr sowohl in rein fachlicher Hinsicht als auch im Hinblick auf das menschliche Klima.
Der Dienst in den Feuerwehren ist geprägt von Arbeitsbedingungen, wie sie in anderen Tätigkeits- oder Dienstleistungsbereichen nicht gegeben sind. Die Feuerwehr muß tätig werden, wenn eine derartige Störung des Normalzustandes eingetreten ist, daß es ohne die Hilfe der Feuerwehr nicht mehr geht. Deshalb sind die Arbeitsbedingungen nicht mit den Maßstäben meßbar, wie sie unter normalen Verhältnissen anzulegen sind. Auch die Führungsaufgaben außerhalb der Einsatztätigkeit sind von diesen besonderen Bedingungen geprägt. Dies kommt u.a. auch dadurch zum Ausdruck, daß die einschlägigen Sicherheits- und Unfallverhütungsvorschriften das Abweichen von den darin enthaltenen Bestimmungen ausdrücklich vorsehen: Die Rettung von Menschenleben gilt von vornherein als legitime Begründung.
Als besondere Merkmale der Feuerwehrtätigkeit können genannt werden:
- die Unvorhersehbarkeit der kommenden Ereignisse und der damit verbundenen Aufgaben
- die Ungewißheit des Eintrittszeitpunktes
- die Außergewöhnlichkeit der Ereignisse
- die Grenzbelastungen körperlicher und seelischer Art
- die absolute Abhängigkeit des Einsatzerfolges von der Zusammenarbeit
- der Zeitdruck, unter dem die Einsatztätigkeit steht

Führung in der Feuerwehr muß sich deshalb an den Einsatzbedingungen orientieren. Die allgemeinen Führungsgrundsätze, die nach herrschender Auffassung im gewerblichen und Dienstleistungs-Managment zur Geltung kommen sollen, können nicht ohne Einschränkungen oder Ergänzungen auf den Feuerwehrdienst übertragen werden. In diesem Buch sind diese besonderen Tätigkeitsbedingungen inhaltliche Orientierungsmaßstäbe. Eine Überbetonung sozialwissenschaftlicher und psychologischer Aspekte kann diesem Ziel nicht dienlich sein; sie sind aber nicht außer acht gelassen, wo wissenschafltiche Erkenntnisse als Grundlage von Führungstätigkeiten erforderlich oder doch nützlich sind, um Führungserfolge erreichen zu können.

Ich habe bewußt darauf verzichtet, der traditionell beziehungsweise rein sprachlich begründeten männlichen Form der Wörter die weibliche Wortform hinzuzufügen; dies allein aus Gründen der besseren Lesbarkeit. Die Leserinnen mögen mir dies verzeihen; sie sind genauso gemeint, wenn z.B. vom »Feuerwehrmann« oder von der »Mannschaft« und auch vom »Leiter der Feuerwehr« die Rede ist.
Dank schulde ich all denen, insbesondere meinen Kollegen, die mich durch vielerlei Rat und Tat bei der Erstellung dieses Buches unterstützt haben; sei

es durch Hilfestellung beim Gebrauch des Computers, durch vielerlei Hinweise, Korrekturlesungen oder dadurch, daß mir Material oder Literatur zur Verfügung gestellt wurde.

1 Grundsätzliches über Führung

1.1 Begriff »Führung«

Der Führungsbegriff bedarf einer gründlichen Phänomenanalyse, weil es sich nicht um einen wertneutralen Begriff handelt, wie im Falle von »Kraft«, »Masse« oder »Elektron«. Vielmehr ist »Führung« ein kulturgebundenes, normatives Konzept, das je nach Welt- und Menschenbild der Wissenschaftler und Praktiker unterschiedlich aufgefaßt wird. So überrascht nicht, daß in der Literatur zum Führungsphänomen eine geradezu babylonische Begriffsverwirrung herrscht (WUNDERER/GRUNWALD: Führungslehre).

Was ist Führung?
So banal diese Frage auch klingt, so schwierig ist es, eine Antwort darauf zu finden, die ungeteilte Zustimmung findet. Das hat verschiedene Gründe: Allein das Wort »Führung« ruft bei vielen Menschen teils zwiespältige, unklare, widersprüchliche oder unbehagliche Gefühle hervor – je nachdem, welche Erfahrungen jemand im Zusammenhang damit gemacht hat, welche Bildung bzw. Ausbildung er erfahren hat oder welche Erinnerungen sich mit diesem Wort verknüpfen. Ich halte es z.B. für unmöglich, daß jemand, der mit dem Jahr 1945 noch einigermaßen klare Vorstellungen verbindet, das Wort »Führung« hören oder benutzen kann, ohne daß sich mehr oder weniger bewußt mit diesem Begriff weitere Wortverbindungen in seiner Vorstellung verknüpfen: Von der »Führung« zum »Führer« und zum »Führerprinzip« ist es nicht weit. Das Ergebnis der deutschen Staatsführung in der Zeit von 1933 bis 1945 ist in Deutschland, in Europa und in der Welt immer noch nicht verarbeitet und »bewältigt«. Gerade in Feuerwehrkreisen verbinden sich mit diesen Erinnerungen und Vorstellungen eher ablehnende Gefühle.
Bei jüngeren Menschen mag sich mit dem Begriff »Führung« eine Gedanken- und Gefühlsverbindung mit Bevormundung, Gängelung und Autorität verknüpfen – Empfindungen, die natürlicherweise Widerspruch und Auflehnung wecken können.
Bestrebungen namhafter Sozialwissenschaftler in den jüngeren Werken der Führungslehre gehen zum Teil dahin, daß der Begriff »Führung« möglichst vermieden wird, jedenfalls soweit es sich um den Bereich handelt, der auch (noch) unter dem Begriff »Menschenführung« verstanden wird. Hier ist eine Tendenz erkennbar, den Führungsbegriff möglichst durch »Management« zu ersetzen (allerdings gelingt dies nur in Teilbereichen).
Eine weitere Ursache für die feststellbare Unsicherheit im Umgang mit dem Begriff »Führung« liegt darin, daß die zwischenmenschlichen Beziehungen bei jeder Art von Führung ein zentrales Element bilden. Und dies ist der Kernpunkt: Die Beziehungen von Mensch zu Mensch sind wegen der Verknüpfungen von objektiven Sachverhalten und Tatbeständen mit subjektiven Gefühlsinhalten, Wertvorstellungen, Anschauungen und charakter-

lichen Persönlichkeitsstrukturen sehr kompliziert und undurchschaubar. In allen Vorgängen, die mit Führung im Zusammenhang stehen, sind Elemente enthalten, die eben nicht ohne weiteres mit wissenschaftlich-mathematisch-logischen Maßstäben erfaßbar sind.

Der Begriff »**Führung**« kann in dreifach unterschiedlicher Weise verstanden werden:

- **Führung als Einrichtung,** Institution
  In diesem Sinne ist »die Führung« personell verstanden als Gesamheit aller Führungspersonen, welche sich technischer, materieller Einrichtungen bedienen, um in ihrem Zuständigkeits- und Verantwortungsbereich zu führen.
- **Führung als Personengruppe**
  »Die Führung« im Sinne einer Gruppe von Spitzenpersonen einer Institution oder eines Systems (z.B. »die Parteiführung«).
- **Führung als Tätigkeit**
  Führung verstanden als »die Führungstätigkeit«, als »das Führen«, ausgeübt von einer Person: dem Führer, oder einer Personengruppe: der Führung.

Das Führen

Führen ist ein richtungweisendes, regelndes, dynamisches Einwirken auf das Verhalten anderer Menschen, um eine Zielvorstellung zu verwirklichen [11].

Das Einwirken auf das Verhalten anderer Menschen (durch einen Führer), um eine Zielvorstellung zu verwirklichen, ist auch mit einer mehr oder weniger deutlich erkennbaren oder offenkundigen Machtausübung verbunden. In bestimmten Bereichen, z.B. bei der Polizei oder dem Militär und auch bei der Feuerwehr, ist die »Befehlsgewalt« eines der Kennzeichen von Führungstätigkeit.

Daß mit dem Führen stets eine gewisse Macht – mindestens Einflußmöglichkeit – über andere verbunden ist, wird auch deutlich, wenn man sich vorstellt, daß ein Führer z.B. im Sinne eines Pfadfinders Macht über die Geführten allein dadurch hat, daß er sie auch dorthin führen kann, wohin diese nicht zu gelangen wünschen. Redensarten wie »In die Irre führen«, »aufs Glatteis führen«, »an der Nase herumführen« weisen darauf hin.

Was bedeutet »Führer«?

Im wortgeschichtlichen (etymologischen) Sinn handelt es sich um ein germanisches Ursprungswort: »fôrjan« bedeutet soviel wie: eine Person oder ein Gegenstand, der den Weg weist, wonach andere sich richten. Ausgangsbedeutung:«in Bewegung setzen« [36].

Der Sinnbedeutung nach wird »Führer« auch wie folgt erklärt

Inhaber derjenigen Position innerhalb einer Gruppe, die mit der Organisation, Kontrolle von Gruppenaktivitäten sowie der Aufrechterhaltung eines Zusammenhaltes unter den Gruppenmitgliedern verbunden ist. Die Führungsrolle variiert sowohl zwischen verschiedenen Gruppen als auch innerhalb einer Gruppe in Abhängigkeit von den besonderen Charakteristika und Ansprüchen der Geführten, den spezifischen

Zielen, die eine Gruppe verfolgt, sowie den von außen auf eine Gruppe einwirkenden Einflüssen. Deshalb können auch keine Persönlichkeitszüge ermittelt werden, die für den Führer im allgemeinen charakteristisch sind. Allerdings müssen Führer in der Regel über ein Mindestmaß an Initiative, Intelligenz, Organisationsfähigkeit, Kontaktfähigkeit, Durchsetzungsfähigkeit und dergl. verfügen [21].

Militärisch: allgemeiner Oberbegriff für die Dienststellung von Soldaten, die mit Befehls- und Kommandogewalt ausgestattet sind. In Wortverbindungen: Trupp-, Gruppen-, Zug-, Einheitsführer [21].

Führerprinzip:
Ein den Werten und Zielen demokratischer Organisation prinzipiell entgegengesetztes politisches Leitungsprinzip. Nach dem Führerprinzip wird Autorität ausschließlich von einer monokratischen Spitze (»Führer«, Duce, Caudillo) nach unten ausgeübt, Verantwortung hingegen wird ausschließlich von unten nach oben geschuldet. Erscheinungsform der Diktatur [21].

Führungsvorgänge

Von einem Führungsvorgang, wie er hier verstanden wird, kann nur gesprochen werden, wenn bestimmte Grundvoraussetzungen erfüllt sind, die den Vorgang des »Führens« erst möglich und sinnvoll machen:

a) mehrere Personen (mindestens zwei) stehen in Kommunikation miteinander
b) mindestens eine dieser Personen muß die Tätigkeit des Führens wahrnehmen
c) mindestens eine weitere Person muß sich führen lassen, d.h.zwischen der Führungsperson und den anderen besteht ein anerkanntes »Kompetenzgefälle« oder »Autoritätsgefälle«
d) die führende Person muß eine Vorstellung davon haben, welches Ziel erreicht werden soll

Dieses Führungsziel (die Zielvorstellung) kann von Fall zu Fall völlig unterschiedlich sein, immer handelt es sich jedoch darum, einen Zustand herbeizuführen, der in der Gegenwart noch nicht besteht.
Dabei hat der Führende die Aufgabe, die zum Erreichen des gewünschten Sollzustandes erforderlichen Handlungen (Maßnahmen) zu bestimmen und den Geführten zu veranlassen, diese Handlungen auszuführen. Bei dieser Betrachtungsweise wird also davon ausgegangen, daß der Führende der Fähigkeiten des Geführten bedarf, um den gewünschten Zustand herbeizuführen. Führungsabläufe (»Führungsvorgänge«) sind eine alltägliche Begleiterscheinung des menschlichen Daseins. In jeder zwischenmenschlichen Beziehung, auch in einer Zweierbeziehung, werden fortlaufend Entscheidungen vollzogen, die das Ergebnis einer Auseinandersetzung zwischen den Beteiligten sind. Gemeinsames Handeln auf ein gemeinsames Ziel hin setzt diese Auseinandersetzung voraus. Wie jeder Mensch im Laufe seines Lebens fortwährend erfahren muß, ist gemeinsames Handeln für sich allein aber kein Beweis für ein gemeinsames Wollen. Das kann zwar das Ergebnis der Auseinandersetzung sein, oftmals jedoch fügt sich der eine dem Willen des anderen, auch ohne das gemeinsame Handeln selbst zu wollen. So ergibt sich,

daß derjenige, dessen Wille das gemeinsame Handeln auf das gewollte Ziel hin bewirkt, die Führerrolle wahrnimmt. Diese Rolle ist austauschbar und wechselt in vielen Handlungsabläufen und Vorgängen.
Führungsabläufe können sich auf rein freiwilliger Basis vollziehen aufgrund von Übereinkunft (Vertrag) und nur für bestimmte Zielvorhaben und begrenzte Zeit gültig sein. Beispiele dafür sind die Regelungen, die zwischen Bergführer, Wanderführer, Jagdführer, Reiseleiter und den jeweiligen »Gästen« abgeschlossen werden. Von ähnlicher Bedeutung sind die Begriffe Spielführer und Fraktionsführer.
Führungsvorgänge können auch gekennzeichnet sein von Zwang und Gewalt. Dies ist der Fall, wenn die Nichtausführung des Führerwillens mit Strafmaßnahmen belegt wird. Diese können z.B. sein: Maßregelung, Disziplinierung, Isolation, Ächtung, Todestrafe.

Irreführung
Von Irreführung kann gesprochen werden, wenn der Führende den Geführten im unklaren läßt über seine wahren Absichten bzw. Ziele und der Geführte am Ende feststellt, daß das Ergebnis des Handelns nicht seinen Vorstellungen entspricht.

Verführung
Neben der speziellen Bedeutung dieses Vorgangs im strafrechtlichen Sinn (Verführung Minderjähriger) ist jede Führung als Verführung zu sehen,die ein gesellschaftlich oder moralisch nicht zu akzeptierendes Ziel oder Ergebnis hat. Dies ist also wie die Irreführung ein Negativ-Führungsvorgang.

»Manipulation hat also den Charakter der Verführung. Dient die Beeinflussung dem, auf den sie einwirkt, so spricht man auch von Motivierung. In der Praxis ist es oft sehr schwierig, zwischen (neutral zu sehender) Motivierung und (negativ zu bewertender) Manipulation zu unterscheiden,da sich die Interessen beider Seiten decken konnen. Hauptcharakteristikum der Manipulation ist, daß die Absicht, die hinter ihr steckt, dem Beeinflußten nicht erkennbar werden soll«. (LAUXMANN, Unabhängig denken)

Ist der Führer auch ein **Anführer**?
Ein Spruch von Lichtenberg, 1994 zitiert von Heinrich Schläfer während einer Sitzung des Arbeitskreises »Taktik«, soll als Anwort gelten, die nachdenklich stimmen mag:

Es macht den Deutschen nicht viel Ehre,
daß einen anführen (leiten) soviel heißt als einen betrügen.
GEORG CHRISTOPH LICHTENBERG

Der **Rädelsführer** (eigentlich »Rädleinführer« von Rädlein = Zusammenrottung) ist der Anführer bei Aufruhr, Verschwörung oder anderen Untaten.

Führen im feuerwehrtaktischen Sinn
Im taktischen Sinne versteht man unter einem Führungsvorgang eine Reihe von systematischen Denkschritten, die mit der Veranlassung von Maßnahmen (Befehlserteilung) enden und so oft wiederholt werden, bis das gewünschte oder befohlene Ziel erreicht ist. Nach der Feuerwehr-Dienstvor-

schrift 12/1 (FwDV 12/1) sollen sich diese Denkschritte in einer festgelegten Reihenfolge vollziehen (siehe Abschnitt 2.5.2).

1.2 Zielsetzung von Führungsvorgängen

»Ziel ist die Bezeichnung für das vorgestellte erstrebenswerte Ergebnis einer Tätigkeit, das als Bezugspunkt für die Ausrichtung des Handelns dient. Nach diesem Prinzip der Zielvorgabe ist zu unterscheiden in
- Oberziele (langfristige Ziele),
- Unterziele (mittelfristige Ziele) und
- Einzelziele (kurzfristige Ziele)«. (LAUXMANN: Unabhängig denken)

Zielloses Handeln oder Verhalten wird von den meisten Menschen als sinnloses Verhalten empfunden. Dies ist nicht nur im Zusammenhang mit Führungstätigkeit zu sehen, die ohne Zielsetzung keine sinnvolle Grundlage hat.
Auch das Leben des einzelnen muß sich an Zielen orientieren, die verfolgt und angestrebt werden. Das ziellose In-den-Tag-hineinleben wird, jedenfalls auf die Dauer, bald erlebt als »vertane Zeit«, als »Zeit-totschlagen«, als »Herumgammeln«. Besonders junge Menschen, die in der schulischen oder beruflichen Ausbildung stehen, bedürfen der Lebensperspektive, der beruflichen Aussichten, um Ansporn und Motivation für Lern- und Arbeitsleistung zu entwickeln. Darin liegt auch die zerstörerische Wirkung der Arbeitslosigkeit, die nicht nur Menschen entwurzeln kann, die noch auf der Höhe ihrer Leistungsfähigkeit sind, sondern gerade auch denjenigen die Zukunftsaussichten nimmt, die am Anfang ihres Werdeganges stehen.
Ein wesentliches Merkmal aller Führungsvorgänge ist das zielorientierte Handeln. Wer auch immer die Führungsfunktion ausübt – die zielstrebige Verfolgung bestimmter Ergebnisse und die darauf bezogene Planung der dazu erforderlichen Maßnahmen sind es, die den Sinn der Strategie und der Taktik (als Äußerung von Führungsvorgängen) ausmachen.
Strategie und Taktik haben insoweit nichts mit einer Wertigkeit der Ziele oder gar mit einer moralischen oder ethischen Wertigkeit zu tun. Ob die angewandte Taktik gut oder schlecht, richtig oder falsch ist – dafür ist nicht der Wertmaßstab entscheidend, mit dem die Ziele zu messen sind. Gute Taktik erweist sich allein daran, ob das angestrebte Ziel planmäßig erreicht wurde oder nicht. Um in diesem Sinne erfolgreich zu sein, bedarf es einer mathematisch-technischen Intelligenz, die dazu befähigt, das berechnende Verhalten zu entwickeln, welches der Zielverfolgung dienlich ist. Diese allein auf den Weg und die Handlungsmethoden und Werkzeuge ausgerichtete Intelligenz konzentriert sich auf das Instrumentarium und die Handlungstechniken, bewertet aber nicht das Ergebnis. Extreme: »Der Weg ist das Ziel« –»Der Zweck heiligt die Mittel«. Die Nutzung des Feuers, die technischen Werkzeuge, die Erzeugnisse der Industrie und der industriell betriebenen Landwirtschaft, die modernen militärischen Waffen und alle Erzeugnisse, die zur menschlichen Existenz vermeintlich oder tatsächlich unentbehrlich sind, sind die Produkte dieser Form der menschlichen Intelligenz.

Die kriegerischen Möglichkeiten selbst der unterentwickeltsten Völker, die Möglichkeit, daß Terroristen sich der modernsten Waffen-, Informations- und Verkehrstechnik bedienen können, sind auch das Ergebnis solcher Intelligenz. Die Konstrukteure und Hersteller von Atombomben unterscheiden sich in dieser Hinsicht nicht von den heimwerkenden Bombenbastlern.
Entscheidend für die Bewertung ist bei allen Handlungen, und erst recht bei Führungshandlungen, welcher Zielsetzung die Taktik dient. Es sind diejenigen, welche die politische Macht ausüben und somit auch die politischen Ziele bestimmen, die sich fragen lassen müssen, ob die gesetzten Ziele nicht nur überhaupt einem Wertmaßstab gerecht werden, sondern auch im Ergebnis wünschenswert sind. Dies wird besonders deutlich, wenn man aus diesem Blickwinkel die Kriegsziele beurteilt, die von den Beteiligten zwischen 1939 und 1945 verfolgt wurden.
Wenn es zutrifft, daß zum Führen auch Intelligenz notwendig ist, dann muß diese nicht nur daran gemessen werden, ob der Führende in der Lage ist, die erforderliche Strategie bzw. Taktik anzuwenden. Führungsintelligenz muß sich auch an der Bewertung und Beurteilung der Ziele erweisen. Die Befehle zum militärischen Einmarsch in Polen 1939, zum Bau der Atombombe und zum Einsatz der Bombe 1945: waren sie dumm oder intelligent?

Der Intellekt hat ein scharfes Auge für Methoden und Wege,
aber er ist blind für Werte und Ziele.
ALBERT EINSTEIN [25]

1.2.1 Der Auftrag als bestimmendes Element für die Zielsetzung

Alle Handlungen, die wir aufgrund einer von übergeordneten Instanzen ausgehenden Veranlassung vollziehen, führen wir nicht aufgrund eigener Initiative aus, sondern durch die Einwirkung von außen, in der Regel durch die Einwirkung von übergeordneten Personen oder Institutionen: Wir handeln »im Auftrag«. Dies gilt auch für die Führungstätigkeit, es sei denn, es handle sich um eine Führungsperson, die an der Spitze einer Hierarchie steht und keiner anderen menschlichen Instanz unterstellt ist. Aber auch solche Führungspersonen berufen sich in der Regel auf einen höheren (z.B. »göttlichen«) Auftrag, um den Führungsanspruch vor sich selbst und den anderen, die geführt werden sollen, zu rechtfertigen. Dies kommt z.B. zum Ausdruck in Formulierungen wie: »Ich, Kaiser ... von Gottes Gnaden...« oder noch extremer in dem Anspruch, Herrscher und Gott zugleich zu sein, wie es zum Teil bei den Römischen Kaisern der Fall gewesen ist. Auch Hitler berief sich bekanntlich auf die »göttliche Vorsehung«, um seinen alleinigen Führungsanspruch zu legitimieren.

In einem demokratischen Staat werden solche totalen Führungsansprüche einzelner nicht anerkannt:

Artikel 20 Grundgesetz:
(1) Die Bundesrepublik Deutschland ist ein demokratischer und sozialer Bundesstaat.

(2) Alle Staatsgewalt geht vom Volke aus. Sie wird vom Volke in Wahlen und Abstimmungen und durch besondere Organe der Gesetzgebung, der vollziehenden Gewalt und der Rechtsprechung ausgeübt.
(3) Die Gesetzgebung ist an die verfassungsmäßige Ordnung, die vollziehende Gewalt und die Rechtsprechung an Gesetz und Recht gebunden.
(4) Gegen jeden, der es unternimmt, diese Ordnung zu beseitigen, haben alle Deutschen das Recht zum Widerstand, wenn andere Abhilfe nicht möglich ist.

Daraus folgt, daß jeder Angehörige des öffentlichen Dienstes, jeder, der ein öffentliches Ehrenamt ausübt, besonders aber die Beamten, Richter und Soldaten sowie die gewählten Volksvertreter (Gemeinderatsmitglieder, Landtags- und Bundestagsabgeordneten) und die Regierungs- und Verwaltungsorgane aller Ebenen ausschließlich im Auftrage des Volkes und im Sinne des Grundgesetzes handeln, also auch nur in diesem Sinne führen dürfen. Auch die Feuerwehren sind in diesen rechtlichen Bezugsrahmen eingebunden. Die öffentlichen Feuerwehren, das sind die Freiwilligen Feuerwehren, die Berufsfeuerwehren und die Pflichtfeuerwehren, sind »staatliche Vollzugsorgane« der Kommunalverwaltungen der Gemeinden und Städte. Auch für die Feuerwehren gilt, daß sie daher nur im Auftrag des Volkes, d.h. im Auftrag des zuständigen Gesetzgebers handeln müssen. Die Gemeinden und Städte als Träger des Feuerschutzes haben diesen Auftrag in konkrete Handlungsmöglichkeiten umzusetzen, indem sie eine den örtlichen Verhältnissen angemessene leistungsfähige Feuerwehr unterhalten.

Es ist nichts als die Tätigkeit nach einem bestimmten Ziel,
was das Leben erträglich macht.
SCHILLER [19]

1.2.2 Akzeptanz des Auftrags durch Anerkennung des Wertesystems

Das gesellschaftliche Wertesystem hat seine Wurzeln in der gesellschaftlichen Kultur. Diese ist zu verstehen als die Gesamtheit aller geistigen, künstlerischen, rechtlichen und technischen Werte, die in einem Volke das Zusammenleben – auch das mit seinen Nachbarn – bestimmen. In Deutschland – überhaupt in Europa – sind das Christentum und der Humanismus die Quellen, aus denen sich Kultur, so wie wir sie heute verstehen, und somit auch die Wertmaßstäbe für das menschliche Miteinander herleiten.

»Wie ... wirkt Kultur?
Sie wirkt über Werte und Normen, über anerkannte Orientierungen und Verhaltensvorgaben, die den Kindern von klein auf bis ins Erwachsenenleben hinein von ihrer gesamten Umgebung vermittelt werden.
Werte sind die allgemeinen, abstrakten Vorstellungen von Recht und Unrecht, gut und böse, schön und häßlich usw. die einer Gruppe von Menschen gemeinsam sind; Normen sind die spezifischen Verhaltensregeln, Sitten, religiöse Gebote, Gesetze, die diese Werte ausführen oder ausdrücken.«(MORTON HUNT: Das Rätsel der Nächstenliebe)

Westfälische Nachrichten, Montag, 29.01.96
Parma (AP). Weil er offenbar herausbekommen wollte, was zum Tode Verurteilte beim Erhängen fühlen, hat sich ein Zwölfjähriger in Norditalien stranguliert. »Ob

Menschen am Galgen leiden«, hatte der Junge seine Eltern zuvor beim Abendessen gefragt, wie die Polizei nach Zeitungsberichten vom Wochenende mitteilte. Die Familie hatte zuvor im Fernsehen einen Bericht über eine Hinrichtung gesehen, bei der ein Häftling gehängt worden war. Die Eltern fanden den Jungen später tot im Keller; er hatte sich mit einem Seil an einem Rohr aufgehängt. Der versehentliche Selbstmord rief heftige Kritik gegen die Darstellung von Hinrichtungen hervor.

Alle Wertbegriffe, die wir normalerweise als mehr oder weniger verbindliche Maßstäbe akzeptieren (oder wenigstens akzeptieren sollen), entstammen unseren gesellschaftlichen Werten und Normen. Dazu gehören zum Beispiel Begriffe wie Ehrlichkeit, Freundlichkeit, Großzügigkeit, Hilfsbereitschaft, Mitgefühl. Auch das, was wir unser Gewissen nennen, leitet sich daraus ab – wenn auch nicht alles damit erklärt werden kann, was mit dem Begriff »Gewissen« im Zusammenhang stehen mag. Das gesellschaftliche Umfeld des einzelnen und die Normen, die in der Gesellschaft gelten, beeinflussen in entscheidendem Maße das Verhalten. Der gesellschaftliche Zwang bzw. Gruppenzwang kann so stark werden, daß die Handlungen des einzelnen auch gegen sein Gewissen von außen bestimmt werden (siehe Abschnitt 1.3). Das gesellschaftliche Wertesystem unseres Staates ist auch geprägt durch die im Grundgesetz der Bundesrepublik Deutschland festgelegten Rechtsinhalte. Es sind besonders die im Abschnitt I enthaltenen Grundrechte, die als Wertmaßstab für alles staatliche Handeln wie auch für das Verhalten des einzelnen gegenüber seinen Mitmenschen zu gelten haben. Hauptberufliche Mitglieder öffentlicher Feuerwehren sind in ihrer Eigenschaft als Beamte darüber hinaus durch ihr Dienstverhältnis (im Sinne der beamtenrechtlichen Vorschriften ein »öffentlich-rechtliches Dienst- und Treueverhältnis«) ausdrücklich verpflichtet, »dem ganzen Volke zu dienen...« und für die »freiheitliche, demokratische Grundordnung einzutreten« (§ 55 Landesbeamtengesetz NRW). Für Ehrenbeamte, z.B. für Leiter der Freiwilligen Feuerwehren, gelten dieselben Regelungen.
Wer in einer Führungsposition tätig sein will (oder muß), kann auf die Dauer nur dann vor sich selbst und anderen bestehen, wenn er das Wertsystem, in dessen Dienst er steht, in den wesentlichen Inhalten bejaht und von daher Auftrag und Ziel nicht nur äußerlich, sondern auch aus innerer Überzeugung akzeptiert. Führungspersonen müssen über das Tagespensum der Alltagspflichten hinaus aus eigenem inneren Antrieb bereit sein, mehr zu tun, als die formale Pflichterfüllung verlangt. Je hochrangiger die Führungsposition ist, desto mehr Bedeutung erhält dieser Zusammenhang. Auch der Dienst in der Feuerwehr ist von den Grundwerten des gesellschaftlichen Systems geprägt, welches die Feuerwehr unterhält. Aus heutiger Sicht erscheint es selbstverständlich, daß die deutschen Feuerwehren in der Verpflichtung auf die freiheitliche, demokratische Grundordnung und in diesem Geiste ihre Aufgaben verstehen und wahrnehmen. Das war jedoch nicht immer so: Während der nationalsozialistischen Herrschaft war die Freiwillige Feuerwehr die »Feuerlösch-Polizei« und die Berufsfeuerwehr war »Feuerschutz-Polizei«, die Angehörigen dieser Polizei unterstanden dem »Reichsführer SS« und waren mit Blank- und Schußwaffen ausgerüstet. Anläßlich der Eröffnung der Provinzial-Feuerwehrschule Münster im

Jahre 1936 wurde in der Festschrift folgende Ansprache des »Gauredners« Dr. Cloeren veröffentlicht:

Die weltanschauliche Schulung der Freiwilligen Feuerwehr an der Provinzial-Feuerwehrschule in Münster (Westf.)

Als vor einem Jahr im Arbeitsplan für die Führerlehrgänge der Provinzial-Feuerwehrschule die »Nationalsozialistische Weltanschauung« mit einem doppelstündigen Vortrag auftauchte, da gab es manchen, dem der Sinn dieser Neuerung nicht so recht einleuchten wollte. Eine Fachschule, die in 8 kurzen Tagen den Feuerwehrführern eine kaum zu bewältigende Fülle fachlich-technischen Könnens und Wissens übermitteln soll und dann noch »Weltanschauliche Schulung«? Und mancher fragte sich wohl, ob eine solche Schulung nicht um so eher entbehrlich sei, als doch die Freiwilligen Feuerwehrführer fast ausnahmslos in irgendwelchen Organisationen, in der Partei, der DAF (Deutsche Arbeitsfront, Verf.), der SA usw. dauernd geschult wurden. Aber der Leiter der Schule blieb unbeugsam bei seinem Plan, der neben rein fachlichen Dingen des Feuerlöschwesens den Führern einen Einblick in die allgemeinen Zusammenhänge zwischen ihrer Organisation und dem Staat, dem Volk, der Polizei und a.m. übermitteln wollte. Ein Jahr der Arbeit und der Erfahrung liegt nun hinter uns und wir dürfen mit Freude feststellen, daß die weltanschauliche Schulung der Freiwilligen Feuerwehr sich in einem Maße bewährt hat, welches die Hoffnungen ihres Urhebers mehr als erfüllte. Ja, es gibt heute wohl niemanden mehr unter den vielen Hunderten von Feuerwehrführern aus allen Teilen Westfalens, der diese »...Schulung« hätte missen wollen. ... Der Leiter der Schule hatte richtig vorausgesehen, daß nur auf dem Boden der Nationalsozialistischen Weltanschauung eine wirklich erfolgreiche fachliche Ausbildung der Führerschaft gedeihen könne. So wurde die ... Schulung möglichst an den Anfang der jeweiligen Kurse gelegt, um von vornherein den rechten Geist für die Arbeit des ganzen Kursus zu schaffen. ... Die Universalität der ... Weltanschauung ermöglicht es, jede Organisation ihrer besonderen Eigenart nach zu erfassen und weltanschaulich auszurichten. Daraus ergab sich die Aufgabe, die allgemein-weltanschauliche Schulung auf die Besonderheiten der Freiwilligen Feuerwehr abzustellen.

»Die Feuerwehr im Lichte der Nationalsozialistischen Weltanschauung«,so lautete demgemäß das Thema, welches in immer wieder neuen Variationen den Wehrführern die engen Beziehungen zwischen Nationalsozialistischer Weltanschauung und Feuerwehr verdeutlichte. Dabei war ihnen klar, daß sie selber hinzugehören zu diesem Dritten Reiche unseres Führers, ja, daß der uralte Zweck der Freiwilligen Feuerwehr, sich einzusetzen für Leben und Eigentum des Nächsten und der Volksgemeinschaft sich engstens berührt mit der Grundidee des Nationalsozialismus von der ewigen Verpflichtung aller Deutschen zum Dienste an der Volksgemeinschaft. Weist man dann weiter hin auf das Soldatentum als gemeinsame Wurzel für den Nationalsozialismus und die Freiwillige Feuerwehr, so ist der Weg zum Verständnis und zum inneren Miterleben auch für den einfachsten Volksgenossen leicht. Er erfaßt seine eigene Stellung in diesem großen Geschehen der Zeit und seine Aufgabe und seine Verantwortung, die er freiwillig übernommen hat, trotz all ihrer Schwere. Und er erfährt, daß gerade deshalb seine Organisation, die Freiwillige Feuerwehr, im Dritten Reich erhalten geblieben und darüber hinaus zum Rang einer Sonderpolizei emporgestiegen ist, die das Hoheitszeichen des Dritten Reiches tragen darf. Es versteht sich, daß ihn das mit Freude und Stolz und Liebe zu seiner Organisation erfüllt, zum andern aber auch ihn immer stärker in der nationalsozialistischen Ideenwelt verwurzeln läßt.

Vielleicht hat ein Weiteres Teil an dem guten Erfolg der Arbeit: Die Vorträge wurden in einer ganz einfachen Sprache gehalten, die mehr einem Gespräch, einer Unterhaltung als einem »Vortrag« glich, in jener Sprache, die so überaus leicht ist und sich doch nicht erlernen läßt – in der Sprache des Schützengrabens ...

Ein Jahr ist vorüber; die blauen »Soldaten der Heimat«, die Wahrer des Gemeinnutzes marschieren im gleichen Schritt und Tritt, mit der Wehrmacht, der SA, der SS. Der Führer braucht sie alle...

Sie werden weitermarschieren im Geiste unseres großen Führers – zu dem Lichte der Nationalsozialistischen Weltanschauung.

Auch in der ehemaligen DDR handelte es sich bei den Berufsfeuerwehren um eine polizeiliche Organisation, die »Organ Feuerwehr« genannt wurde. Welcher Geist die Tätigkeit des Organs Feuerwehr erfüllen sollte und welche Werte als Handlungsorientierung vorgegeben waren, geht z.B. aus den folgenden auszugsweise zitierten »Grundsätzen der Aus- und Weiterbildung« aus der »Ordnung Nr. 14/87 des »Ministers des Innern und Chefs der Deutschen Volkspolizei über das System der Aus- und Weiterbildung der Angehörigen der Deutschen Volkspolizei und der Organe Feuerwehr und Strafvollzug...« vom 19. Juni 1987 hervor:

1.
(1) Das Ziel der Aus- und Weiterbildung besteht darin, die Angehörigen zu allseitig entwickelten sozialistischen Persönlichkeiten zu erziehen, die
- tief durchdrungen von den kommunistischen Idealen sowie der Ergebenheit gegenüber der Arbeiterklasse und ihrer marxistisch-leninistischen Partei vorbildlich, initiativreich und mit hoher Qualität den Klassenauftrag erfüllen,
  sich jederzeit als sozialistische Patrioten und proletarische Internationalisten erweisen und für die Festigung des Bruderbundes mit der Sowjetunion sowie für die Stärkung der sozialistischen Staatengemeinschaft einsetzen,
- offensiv die marxistisch-leninistische Weltanschauung und die Politik der Arbeiter- und Bauern-Macht vertreten, vom glühenden Haß gegen die Feinde des Sozialismus und des Friedens erfüllt sind und kompromißlos und unerbittlich gegen alle Erscheinungen der bürgerlichen Ideologie sowie der Politik und der Lebensweise des Imperialismus den Kampf führen,
- bereit und fähig sind, getreu dem Eid unter allen Bedingungen der Lage zu handeln, die sich aus dem Gesetz über die Aufgaben und Befugnisse der DVP und den anderen Rechtvorschriften ergebenden Pflichten exakt zu befolgen sowie jederzeit die sozialistische Gesetzlichkeit durchzusetzen und sich für eine bürgernahe Arbeit auszuzeichnen,
- sich durch politische Standhaftigkeit, Befehlstreue, militärische Disziplin und revolutionäre Wachsamkeit, durch Willensstärke, Ehrlichkeit, Mut, Entschlossenheit, Unversöhnlichkeit gegenüber Mißständen sowie durch die Fähigkeit auszeichnen, alle Härten des Dienstes zu meistern und unablässig danach streben, ihr politisches und fachliches Wissen sowie ihre psychische und physische Leistungsfähigkeit zu erweitern.

(2) Grundlage der Bildungs- und Erziehungsarbeit bildet das sorgfältige Studium der Werke von Marx, Engels und Lenin, der Beschlüsse der SED, insbesondere des Parteiprogramms, der Reden und Artikel des Generalsekretärs des ZK der SED in enger Verbindung mit Rechtsvorschriften und Weisungen. Die Angehörigen sind gründlich mit der Weltanschauung der Arbeiterklasse, der Strategie und Taktik der Partei sowie der Geschichte der SED und der DVP vertraut zu machen.

2.
(1) Das wissenschaftlich-theoretische Niveau, die erzieherische Wirksamkeit und die politische Überzeugungskraft sowie die Praxisverbundenheit der Lehrveranstaltungen sind ständig zu erhöhen. Im gesamten Bildungs- und Erziehungsprozeß ist die Einheit von politischer und fachlicher Bildung sowie klassenmäßige Erziehung zu verwirklichen.
(2) Die Aus- und Weiterbildung hat zu sichern, daß jeder Angehörige über das für seine Dienststellung erforderliche Wissen und Können verfügt.

Die Ausbildung der Offiziere der mittleren Laufbahn:

(...)

7.
(1) Voraussetzungen für die Zulassung zum Studium sind
– Mitglied oder Kandidat der SED, politische Bewährung während der Zeit der Zugehörigkeit zu den Organen des MdI (...).

Die Ausbildung der Offiziere der höheren Laufbahn:

(...)

14.
(1) Voraussetzungen für die Zulassung zum Studium sind
– Mitglied der SED, politische Bewährung (...).

Man kann es kaum für wahr halten, daß es über 50 Jahre sind, die zwischen der Abfassung dieser beiden Schriftstücke liegen! Diese »Geister« aus den extremen »weltanschaulichen« Lagern sind es jedenfalls nicht, welche die Feuerwehren von heute »beseelen«.
Nun darf aus diesen Betrachtungen natürlich nicht die Schlußfolgerung gezogen werden, daß allein schon die Zugehörigkeit zur Polizei und die Mitwirkung in ihr bedenklich in irgendeiner Hinsicht sei, nur wegen dieser Bezeichnung und wegen der Tatsache, daß jede Polizei ihrem Wesen nach auch bewaffnet sein muß.
Bewaffnung der Feuerwehr ist historisch gesehen verständlich, wenn man den geschichtlichen Ursprung der Feuerwehren berücksichtigt. Sie entwickelten sich nämlich aus den Bürgerwehren der Revolutionsjahre 1848/49, die ursprünglich allgemein den Auftrag hatten, die kommunale Selbstverteidigung gegen Angriffe von außen sicherzustellen. Die ersten Feuerwehren waren sozusagen »Ableger« oder Teile der Bürgerwehr. Je nach der politischen Zugehörigkeit oder Zusammensetzung, abhängig davon, wer gerade in den Regionen das Regiment hatte und welche Überzeugungen vorherrschten, wurden die Bürgerwehren – und damit auch die ersten Feuerwehren – in bewaffnete Auseinandersetzungen verwickelt. In ihrer Mehrzahl standen die »Bürger-Feuerwehren« auf der Seite der Demokratie-Bewegung, was ihre Bewaffnung aus heutiger Sicht rechtfertigen mag [23].
Was in diesem Zusammenhang das Wesentliche ist: Angehörige öffentlicher Feuerwehren können und sollen nur solche Tätigkeiten ausüben, zu denen sie gesetzlich und nach ihrem Selbstverständnis verpflichtet sind. Darauf bezogen gelten heute andere Voraussetzungen als in der Vergangenheit. Wer im öffentlichen Dienst steht, dem kann es nicht gleichgültig sein, in wessen Auftrag er handeln soll, in wessen Dienst er eigentlich steht. Die Anerkennung der Grundwerte des gesellschaftlichen Wertesystems ist eine Basis für die Handlungssicherheit, die gerade auch im Einsatz der Feuerwehr Voraussetzung für den Einsatzerfolg ist. Militärische Strukturen sind auch im Feuerwehrwesen von heute erkennbar und auch notwendig. Nicht deswegen, weil der Auftrag der Feuerwehren mit militärischen Aufträgen vergleichbar wäre, sondern weil die Einsatzbedingungen das notwendig machen. Die Zusam-

menarbeit der Gruppe unter der Führung eines Einsatzleiters und die erforderliche Disziplin, die Befehlssprache, das einheitliche Erscheinungsbild (Uniform) sind Attribute, die sich aus der spezifischen Art der Tätigkeit ergeben. Betrachtet man die Bewaffnung als ein äußerliches Kennzeichen des Auftrags, so sucht man diese bei deutschen Feuerwehren vergeblich. Der Wasserkübel der Floriansfigur versinnbildlicht treffender, wie die heutigen Feuerwehren ihren Auftrag verstehen.
Es darf aber nicht übersehen werden, daß im Feuerwehreinsatz auch Begegnungen zwischenmenschlicher Art auftreten können, die nicht mit dem Bild des barmherzigen Samariters übereinstimmen. Auch dem Feuermann können Menschen entgegentreten, die seinen Auftrag und sein Handeln nicht billigen oder dulden wollen; siehe Abschnitt 1.2, Gesetzlicher Auftrag der Feuerwehren.

»Eine Feuerwehrethik sollte also drei Punkten gerecht werden:
- sie sollte Fundament sein für das Menschenbild in der Feuerwehr, das ursächlich für den Umgang miteinander wie auch mit Betroffenen (im Einsatz) ist,
- sie sollte Lösungsmöglichkeiten zur Linderung der psychischen Belastungen im Feuerwehrdienst aufzeigen (Umgang mit Tod und Leid, Supervision),
- sie sollte offen sein für »externe« Helfer, wie etwa Psychologen, Mediziner, Soziologen und Theologen, die ihre Arbeit in den Dienst der Feuerwehr stellen möchten...« [30].

1.3 Führer und Geführte als Glieder eines sozialen Systems

Alle Angehörigen einer Gesellschaft bilden innerhalb dieses Systems eine soziale Gemeinschaft, in der bestimmte Verhaltensweisen, Gesetzlichkeiten und allgemein anerkannte Regeln das Miteinanderleben bestimmen. Diese »Lebensnormen« sind nicht allein durch geschriebenes Recht und Gesetz bestimmt, sondern durch eine Vielzahl von ungeschriebenen, überkommenen Verhaltensnormen, die nicht weniger bedeutungsvoll sind als das geschriebene Recht. Wer sich innerhalb der Sozialgemeinschaft nicht an diese Regeln hält, gerät in Konflikte mit den anderen Mitgliedern. Aber nicht allein das individuelle Abweichungen von gesellschaftlichen Normen schafft Konflikte, sondern auch, daß in unterschiedlichen, teilweise auch innerhalb einund desselben Bereichs widersprüchliche Normen gelten. Beispiele: Einerseits heißt es »Hilf dem Nächsten in der Not«, andererseits »Jeder ist sich selbst der Nächste«. Wie soll z.B. ein Heranwachsender mit solchen Widersprüchen zurechtkommen? Soziales Verhalten fordert also nicht nur generell, sondern auch im Einzelfall persönliche Entscheidungen, die das eigene Verhalten in bestimmten Situationen bestimmen. Allerdings muß auch anerkannt werden, daß moralische Festigkeit und Überzeugung keine absolute Sicherheit für das eigene Verhalten in Konfliktsituationen geben können.

»Die Welt der politischen Macht und die Welt des Krieges sind nur zwei von vielen sozialen Sphären, die den Menschen Rollen und Verhaltensformen im Widerspruch zu den Normen ihrer Kultur aufzwingen...«

(MORTON HUNT, Das Rätsel der Nächtenliebe)

1.3.1 Konflikt und Interessenwiderstreit zwischen Einzelperson, Gesellschaft und Gruppe

»Kein Mensch kann sich den Anpassungszwängen entziehen. Wer sich nicht anpaßt, bleibt isoliert und ist verloren.Es gibt keine Ordnung ohne Unterordnung«.

(LAUXMANN, Unabhängig denken)

Der Anpassungsdruck entsteht dadurch, daß es für den einzelnen nicht möglich ist, den Erwartungen seiner menschlichen Umgebung auszuweichen. Darüber hinaus gilt das aber nicht nur für die menschliche Umgebung: Auch der »Aussteiger«, der sich in die Wildnis flüchtet, muß sehr bald feststellen, daß auch hier ein Anpassungsdruck durch die Umweltbedingungen entsteht, der noch härter sein kann als der Druck in der Zivilisation, von der er doch abhängig bleibt.

1.3.1.1 Systemzwang

Innerhalb eines gesellschaftlichen Systems bestimmen die allgemeinen Verhaltensnormen, welches Verhalten einer Einzelperson gewollt ist, von der Allgemeinheit erwartet wird und welche Abweichungen vom erwarteten Verhalten geduldet werden oder nicht. Es gibt eine ganze Reihe von Alltagserscheinungen, die das erkennen lassen und verdeutlichen, z.B.

- die Kleidermode, die abhängig vom gegenwärtigen Zeitgeschmack und innerhalb einzelner gesellschaftlicher Gruppen veränderlich ist,
- die allgemeine Haltung gegenüber gesellschaftlichen Minderheiten,
- die allgemeine Haltung gegenüber Außenstehenden,
- die Wertschätzung und allgemeine Auffassung von Toleranz.

Neben diesen allgemeinen gesellschaflichen Zwängen entwickelt sich aber auch in einer kleineren Menschengruppe immer ein gruppeninterner Anpassungszwang, der den einzelnen zu einem Verhalten zwingen kann, welches im Widerspruch zu dem gesellschaftlich erwarteten Verhalten steht.
Starker Anpassungsdruck wirkt sich auch auf das allgemeine Verhalten außerhalb der Gruppe aus: Wer sich dauernd entgegen seinen eigentlichen Wünschen und Zielen anpassen muß, zeigt ein deutlich anderes Auftreten als jemand, der es gewohnt ist, seine Entscheidungen überwiegend selbständig zu treffen. Der Anpassungsdruck kann Menschen zu einem Verhalten bringen, das im Nachhinein von Außenstehenden und selbst von den Betroffenen nicht nachempfunden werden kann. Allerdings gibt es sehr große inviduelle Unterschiede, die Skala reicht von Unterwürfigkeit und Liebedienerei bis zum Widerstand, der auch den Tod nicht scheut.

Die Religionen müssen alle tolerieret werden
und muß der Fiskal nur das Auge darauf haben, daß keine der anderen Abbruch tue,
denn hier muß jeder nach seiner Fasson selig werden.
FRIEDRICH II. [32]

1.3.1.2 Gruppenzwang

Es gehört zu den normalen Verhaltensweisen und Eigenschaften der Menschen,

- daß sie immer Einfluß auf andere ausüben wollen,
- daß sich außer den formellen Beziehungen, die sich aus den allgemein geltenden gesellschaftlichen Normen ableiten, auch stets spontane »informelle« Kontakte innerhalb einer kleineren Gruppe entwickeln,
- daß die persönlichen Ziele der meisten Menschen sich nicht von vornherein mit den als allgemein verbindlich geltenden Zielen decken.

Das *Zimbardo-Experiment* ist in diesem Zusammenhang sehr aufschlußreich:
Professor PHILIP G. ZIMBARDO, Sozialpsychologe an der Universität Stanford, USA, hat 1974 in einer Untersuchung zur Gefängsnispsychologie ermittelt, daß selbst Menschen, die aus gesellschaftlich geordneten Verhältnissen kommen, gute Bildung besitzen und als persönlich gefestigt gelten können, in bestimmten Situationen ihr Verhalten in drastischer Weise dem Gruppenzwang und den situationsbedingten Umständen anpassen, auch dann, wenn dieses Verhalten ihrer eigenen usprünglichen Einstellung und den allgemeinen geselltschaftlichen Regeln widerspricht. In dem »Gefängnisexperiment« wurde je eine Gruppe von Studenten gebildet, die durch Losentscheid die Rolle von Gefängnisinsassen und Aufsehern unter realistischen Gefängnisbedingungen zu spielen hatten. Alle hatten sich für dieses Experiment freiwillig zur Verfügung gestellt; die zu übernehmende Rolle als Gefangener oder Aufseher wurde durch Los entschieden. Die Untersuchung mußte am sechsten Tag abgebrochen werden, weil die »Gefangenen« und »Aufseher« sich in ihrer jeweiligen Rolle so verhielten, als lebten sie in einem echten Gefängnis, in dem die zwischenmenschlichen Beziehungen sich in unerträglicher Weise zugespitzt hatten: Die »Aufseher« verhielten sich wie echte Schikanierer und Drangsalierer; die »Gefangenen« fühlten und verhielten sich wie wirkliche Gefängnisinsassen, die sich zu einer Meuterei getrieben fühlten. Bei einigen Teilnehmern traten bereits Verhaltensstörungen auf. [12]
Das Experiment bestätigt, was z.T. auch während der Zeit des Nationalsozialismus im Hinblick auf das menschliche Verhalten in den Konzentrationslagern stattgefunden hat: Im Rückblick ist es unfaßlich, zu welchen Handlungen biedere Zeitgenossen unter den Bedingungen eines Zwangssystems veranlaßt werden können.

Der Mensch ist des Menschen Wolf
THOMAS HOBBES

1.3.1.3 Egoismus und Altruismus

Altruismus: (lat. alter = der andere) Uneigennützigkeit, Nächstenliebe.
Die dem Egoismus entgegengesetzte Haltung, aus eigenem Antrieb die Interessen anderer wie eigene Interessen zu verfolgen. Altruismus als sittlicher Grundsatz wurde erstmals von Auguste Comte formuliert (»vivre pour autrui« = für den anderen leben), der damit das christliche Gebot der Nächstenliebe wiederholt, ihm jedoch innerhalb des Gegensatzes von Individuum und Gesellschaft eine besondere subjektivistische Färbung gibt [3].

Die Bereitschaft des einzelnen, anderen zu helfen, ist von vielen Faktoren abhängig. Die individulle Veranlagung, die anerzogene Auffassung von Hilfeleistungspflicht, die persönliche Verfassung in der aktuellen Lage, die seelische und körperliche Konstitution wirken zusammen und lassen das aktuelle, situationsbezogene Verhalten entstehen. Eine wichtige Rolle spielt auch bei scheinbar uneigennützigem Verhalten die Erwartung eines persönlichen Nutzens, den der Helfer sich durch die Hilfeleistung erwartet. Dabei ist es letzten Endes bedeutungslos, um welchen Nutzen es sich dabei handelt; er kann jedenfalls in den unterschiedlichsten Formen als Motivation wirksam sein:

- die Beruhigung des Gewissens
- die Genugtuung wegen des gebrachten Opfers
- die geheime Spekulation, eines Tages die Hilfe zurückzubekommen
- der Glaube an die »Entlohnung« nach dem eigenen Tod
- die Wiedergutmachung selbst getanen Unrechtes
- die Zurückgabe selbst erfahrener Hilfe in der Not
- der unbestimmte innere Drang, Gutes tun zu müssen
- die rein verstandesmäßige Einsicht, daß die Menschen auf gegenseitige Hilfe angewiesen sind
- der Antrieb, anderen Menschen Vorbild sein zu wollen
- oder eine unklare, unbestimmbare Mischung der unterschiedlichsten Motive.

Auch Gruppenzwang kann – hier in positiver Form – als Antrieb wirksam sein. In der Sozialwissenschaft gilt es als erwiesen, daß in jedem Menschen ein Grundantrieb zum Helfenwollen veranlagt ist. Dies gilt aber auch für den gegenteiligen Trieb, der in allen denkbaren Spielarten und Ausprägungen – vom mehr oder weniger verdeckten Egoismus bis hin zur erbarmungslosen Grausamkeit – die Menschen zu den widersprüchlichsten Verhaltensweisen bringt.

»Das auffälligste Merkmal des Altruismus ist, daß die Menschen dazu neigen, ihn gegenüber den Angehörigen der eigenen Gruppe zu praktizieren, gegenüber Außenstehenden aber nicht: Diesen bringen sie Gefühle entgegen, die von Gleichgültigkeit bis Haß reichen können. Bei manchen Menschen mag die Gruppe sehr groß sein und ihre ganze Gesellschaft oder gar ein Großteil der Menscheit umfassen, bei anderen ganz klein und nur aus dem engsten Familienkreis bestehen. Wo immer die Grenze gezogen wird: Innen sind immer wir (die »ingroup«, wie die Sozialwissenschaftler sagen), also die Mitmenschen, die in der Not Hilfe beanspruchen können; außen sind sie (die »outgroup«), die anderen, für die das nicht gilt«

(MORTON HUNT: Das Rätsel der Nächstenliebe)

Dieses »Wir-Gefühl« innerhalb der Feuerwehr zu fördern und zu stärken ist eine Aufgabe der verantwortlichen Führungskräfte: Förderung der Kameradschaft stärkt das im Einsatz erforderliche Zusammengehörigkeitsgefühl, welches die »Gruppe« Feuerwehr in die Lage versetzt, gemeinsam hohe seelische und körperliche Belastungen auszuhalten und Vertrauen auf die gegenseitige Verläßlichkeit zu entwickeln und zu stärken.
Entscheidend ist die Erkenntnis, daß das Allgemeinwohl, das Wohlergehen aller, eine Voraussetzung für das eigene Wohlergehen ist. Zwar gelang und

gelingt es immer wieder einzelnen, die Allgemeinheit für ihre persönlichen Vorteile auszunutzen. Jedoch – ob es sich um einen politischen Diktator, einen südamerikanischen Großgrundbesitzer, einen ostpreußischen Junker, einen Bandenchef oder um einen monarchischen Feudalherrscher handelt: Wenn der Mißbrauch der Herrschaft zu weit getrieben wird, kommt es zu Aufstand und Rebellion. Innerhalb bestimmter Grenzen muß es letztlich zu einer Teilhabe aller an den lebenswichtigen Gütern des menschlichen Lebens kommen, wenn auf die Dauer eine friedliche Welt, in der es mehr Altruismus als Egoismus gibt, geschaffen werden soll. Der bisherige Verlauf der Geschichte scheint es zu bestätigen, daß nur die demokratische Gesellschaft die Voraussetzungen dazu schaffen kann.

Gelegentlich ist es im Bereich der Feuerwehren spürbar, daß die Motivation der Angehörigen der Freiwilligen Feuerwehren moralisch höher bewertet wird, als diejenige der Angehörigen der Berufsfeuerwehren, »die ja für ihren Job bezahlt werden«, während die Freiwilligen »das alles ehrenamtlich machen«. Umgekehrt kommt es vor, daß die Profis eine Neigung entwickeln, auf »die Freiwilligen« herabzuschauen. (Auf die besondere Situation bei den Freiwilligen Feuerwehren mit hauptamtlichen Kräften wird in Abschnitt 4.1.2 eingegangen.) Diese Betrachtungsweise verbietet sich nicht nur deshalb, weil beide Feuerwehrarten zusammenarbeiten müssen und aufeinander angewiesen sind, sondern auch, weil der sachliche Hintergrund dabei übersehen wird: Sowohl bei der Freiwilligen Feuerwehr als auch bei der Berufsfeuerwehr ist jeder aus freien Stücken – also freiwillig – der Feuerwehr beigetreten. Eines ist sicher: Wer in Not ist und der Hilfe bedarf, fragt nicht danach, ob es die Freiwillige Feuerwehr oder die Berufsfeuerwehr ist, die im Hilfe bringt.

Aus der Sicht des Hilfebedürftigen kommt es nicht darauf an, *warum* ihm geholfen wird. Entscheidend ist, *daß* ihm geholfen wird.

Der Mensch ist ein soziales Wesen

Das Dasein des einzelnen ist gebunden an die Existenz der Mitmenschen. Niemand kann für sich allein existieren. Schon die Grundbedürfnisse sind nicht erfüllbar ohne die gemeinschaftliche Leistung aller: Weder Nahrung noch Kleidung noch Wohnung kann sich ein einzelner allein aus eigener Kraft sichern. Dies gilt erst recht für die kulturellen Elemente des Menschseins: Musik, Literatur, Theater, Malerei geben dem menschlichen Leben unentbehrliche Werte, die das Ergebnis der schöpferischen Genialität vieler einzelner Künstler sind. Niemand kann sein eigener Landwirt, Müller, Bäcker, Jäger, Metzger, Schneider, Schlosser, Maurer, Lehrer, Computerhersteller, Maler, Komponist und Feuerwehrmann sein. Dies sind eigentlich triviale Aussagen, dennoch muß hervorgehoben sein: Jeder Mensch hat das natürliche Recht auf sein eigenes, einmaliges, individuelles Leben, das Recht auf Streben nach seinem persönlichen Wohlergehen, das Recht auf Selbstverwirklichung. Aber jeder Mensch hat auch die Pflicht, seinen Anteil am Gemeinwohl beizutragen, seinen Anteil an Arbeit zu leisten und seinen Anteil an der Existenzsicherung aller beizutragen. (Aus dieser Erkenntnis folgt auch der Gedanke, daß es demokratischer, staatsbürgerlicher Pflichterfüllung entspricht, das Prinzip der allgemeinen Wehrpflicht nicht aufzugeben. Ebenso folgt diesen Grundgedanken, daß es nach den landesrechtlichen Bestimmungen möglich ist, eine Pflichtfeuerwehr dort einzuführen, wo eine Freiwillige Feuerwehr nicht zustande kommt.)

Deshalb muß jeder Mensch diesen Urkonflikt bewältigen: Er muß seinen Platz innerhalb der Gemeinschaft finden, der es ihm erlaubt, seine eigenen, persönlichen Interessen und Bestrebungen in Einklang zu bringen mit den Anforderungen, die von der Gemeinschaft an ihn gestellt werden. Persönliche Freiheit findet ihre Grenzen, wo sie mit den Grundbedürfnissen und Interessen der Allgemeinheit kollidiert. Der natürliche Egoismus muß »sozialverträglich« sein.

Die Freiheit, mit der Faust um sich zu schlagen,
endet dort, wo die Nasenspitze des anderen anfängt.
REDENSART

Bereitschaft zum Ehrenamt

Demokratie lebt vom Interesse und von der Beteiligung der Bürger am staatlichen Geschehen. Die Beteiligung an Wahlen allein reicht nicht aus, um den demokratischen Staat am Leben zu erhalten, es muß auch Leute geben, die sich wählen lassen und bereit sind, den erteilten Auftrag zu erfüllen. Und es muß Menschen geben, die bereit sind, nicht nur Hilfe zu empfangen, wenn sie in Not sind, sondern auch Hilfe zu geben, wenn andere sie brauchen. Der Schutz, den die Bürgerschaft von der Feuerwehr zu erhalten gewohnt ist, kann nur gewährt werden, wenn es Menschen gibt, die bereit sind, ehrenamtlich den Feuerwehrdienst zu übernehmen. Folgende Zahlen mögen dies verdeutlichen: In Deutschland gibt es 23.410 Freiwillige Feuerwehren (in ebenso vielen Gemeinden) mit 1.139.355 Mitgliedern und 98 Berufsfeuerwehren (in ebenso vielen kreisfreien Städten) mit 28.393 Mitgliedern. Der Anteil der ehrenamtlichen Feuerwehrangehörigen an den Mitgliedern der 790 Werkfeuerwehren und 645 Betriebsfeuerwehren kann nicht angegeben werden, da die entsprechenden Zahlen nicht vorliegen. Ohne Rettungsdiensteinsätze leisteten die Freiwilligen Feuerwehren rund 47 %, die Berufsfeuerwehren rund 43 % und die Werkfeuerwehren rund 10 % aller Feuerwehreinsätze des Jahres 1993 (Quelle: Feuerwehr-Jahrbuch 1994/95).

Der »Wertewandel« in unserer Gesellschaft ist eine vielbeklagte Zeiterscheinung. Man darf darunter wohl zum Teil die mangelnde Bereitschaft, ein öffentliches Ehrenamt zu übernehmen verstehen. Es gibt deutliche Hinweise darauf, daß diese Klagen eine gewisse Berechtigung haben. Wenn dem so ist, kommt darin möglicherweise eine gesellschaftliche Entwicklung zum Vorschein, die das Ergebnis von Erziehungszielen der letzten 20 bis 30 Jahre ist. Vielleicht wurde die Selbstverwirklichung als Lebensprinzip in der Wertigkeit überschätzt und dabei übersehen, daß Erziehung zur Pflichterfüllung eine ebenso wichtige pädagogische Aufgabe darstellt. Ehrenamtliche Pflichten sind auch staatsbürgerliche Pflichten. Ungeklärt bleiben die Fragen: Wie kann man gerade diejenigen zur Übernahme von Führungspflichten in den Feuerwehren – insbesondere in den Freiwilligen Feuerwehren – gewinnen, die nach ihren persönlichen Qualitäten hierzu besonders geeignet sind? Wie kann man Arbeitgeber dazu bewegen, Betriebsangehörige für den Einsatz- und Ausbildungdienst in der Feuerwehr während der Arbeitszeit freizustellen? Einsatzdienst findet nicht nur nach Feierabend statt, es brennt auch während der Arbeitszeit.

1.3.2 Anerkennung unterschiedlicher Kompetenzen

Unabhängig von der Frage, ob es denn unterschiedliche Wertigkeiten menschlicher Existenz gibt oder geben darf oder soll, ist es doch eine Realität, daß die Begabungen, Veranlagungen, das Lernverhalten, die Grundeinstellung zu anderen Menschen und die aus all dem resultierenden Neigungen und Fähigkeiten der Menschen unterschiedlich sind. Dies ist auch das Ergebnis des persönlichen Werdegangs eines jeden. Es ist eben nicht so, daß jeder Mensch die gleichen Startchancen hat, wenn er das Licht der Welt erblickt. Die Umgebung, in die er hineingeboren wird, ist höchst unterschiedlich. Die Lebenseinstellung der Eltern, die außerhalb des Elternhauses wirkenden Einflüsse, die daraus folgenden Konsequenzen auf die Formung der Persönlichkeit führen in der Summe aller Einflußfaktoren dazu, daß die in einem bestimmten Lebensalter erreichte Persönlichkeitsstruktur eben nicht bei allen Menschen das gleiche Niveau hat. Es wäre wirklichkeitsfremd, wenn man nicht wahrhaben wollte, daß aus der Sicht des einzelnen gesehen andere auch in den Befähigungen, im Können und Wissen anders sind als man selbst. Dieses Anderssein kann auch bedeuten, daß andere mehr können und wissen und deshalb auch bestimmten Anforderungen des beruflichen und privaten Lebens besser gewachsen sind. Das führt dazu, daß es im Zusammenleben der Menschen innerhalb eines gesellschaftlichen Systems zu unterschiedlichen Qualifikationen, Zuständigkeiten und Befugnissen kommt, was im Ergebnis auch eine gewisse Rangordnung und Schichtung zur Folge hat. Diesen Sachverhalt als Lebenserfahrung zu erkennen und zu akzeptieren, bedeutet keineswegs, den Selbstwert der eigenen Person deshalb geringer zu achten. Es ist etwas Selbstverständliches, daß derjenige, der über umfangreicheres Wissen und besseres Können verfügt, auch die besseren Chancen hat, in Führungspositionen zu gelangen. (Das muß nicht heißen, daß jeder, der eine Führungsposition bekleidet, damit allein schon seine bessere Qualifikation unter Beweis stellt.) Es ist also auch etwas Selbstverständliches, daß man selbst in die Lage kommt, den Weisungen (hier in einem allgemeinen und umfassenden Sinn gemeint) von Führungspersonen Folge leisten zu müssen.

Wer es will, kann aber auch außerhalb des Berufslebens Führungsaufgaben finden, sei es z.B. in einem privaten Verein, in einer politischen Partei oder in ehrenamtlicher Funktion bei der Freiwilligen Feuerwehr als Gruppen- oder Zugführer oder gar als Wehrführer. Nicht vergessen werden darf in diesem Zusammenhang, daß jedes Elternteil dem Kind gegenüber eine Erziehungsverpflichtung hat, die einer Führungsaufgabe mit großer Verantwortung gleichkommt. Erkenntnis: Wir sind alle in ein zwischenmenschliches Beziehungsgeflecht eingebunden, in welchem jeder seine Position zwischen unterschiedlichen »Führungsebenen« hat – eine Situation, der man nicht entkommen kann. Es gehört sozusagen zu den lebensnotwendigen Einsichten, daß es viele Menschen gibt, die mehr Macht, Einfluß und materiellen Wohlstand besitzen als man selbst, weil sie einer übergeordneten Schicht angehören, die gegenüber anderen Menschen führende Tätigkeiten wahrnimmt. Es ist aber auch eine fortdauernde politische Verpflichtung aller Verantwortlichen, dafür Sorge zu tragen, daß diese gesellschaftlichen Schichten durchlässig sind und bleiben, so daß nicht allein und ausschließlich die Geburt darüber entscheidet, welcher Schicht der Mensch sein Leben lang anzugehören hat.

suum cuique
(Jedem das Seine)
Wer befindet darüber?

2 Führungsaufgaben in der Feuerwehr

Ich bin der erste Diener meines Staates ...
FRIEDRICH II. [5]

Gemeinsame Aufgabe aller Führungskräfte ist es, alle erforderlichen Maßnahmen zu veranlassen und durchzusetzen, die zur Erfüllung des Auftrages erforderlich sind.

2.1 Gesetzlicher Auftrag der öffentlichen Feuerwehren

Der Auftrag, den die Feuerwehren zu erfüllen haben, ergibt sich aus den maßgeblichen Rechtsvorschriften; diese sind in erster Linie das jeweils geltende Landesgesetz – also in NRW das Gesetz über den Feuerschutz und die Hilfeleistung bei Unglücksfällen und öffentlichen Notständen = FSHG sowie die aufgrund dieses Gesetzes durch die Landesregierung (Innenminister) erlassenen Verwaltungsvorschriften und Feuerwehr-Dienstvorschriften = FwDV.

FSHG-NRW § 1 (1)

Zur Bekämpfung von Schadenfeuer sowie zur Hilfeleistung bei Unglücksfällen und solchen öffentlichen Notständen, die durch Naturereignisse, Explosionen oder ähnliche Vorkommnisse verursacht werden, unterhalten die Gemeinden den örtlichen Verhältnissen entsprechende leistungsfähige Feuerwehren.

Verwaltungsvorschrift zu § 1:

Die Aufgabe der Feuerwehren umfaßt nicht jedwede Hilfeleistung, sondern nur solche, die durch eine Störung der öffentlichen Ordnung oder Sicherheit bedingt sind und deshalb von den zuständigen öffentlichen Aufgabenträgern wahrgenommen werden müssen. ...
Die direkte Hilfeleistung der Feuerwehren erstreckt sich vorrangig auf die Rettung von Menschenleben und daneben auf die Bergung von Sachwerten aus unmittelbarer Gefahr, die der Besitzer nicht mit eigenen Mitteln beseitigen kann. Es ist nicht Aufgabe der Feuerwehren, nach Beendigung der Gefahrensituation Folgeschäden zu beseitigen, z.B. durch Wegschaffen des durch Öl- oder Giftunfall verunreinigten Erdreichs, Abtransport eines ausgebrannten Autowracks nach Beendigung der Lösch- und Rettungsarbeiten, Abriß eines ausgebrannten Hauses, soweit andere Personen oder Behörden diese Aufgabe erledigen können und die öffentliche Sicherheit und Ordnung wieder hergestellt ist.

Retten ist das Abwenden einer Lebensgefahr von Menschen oder Tieren durch

1. *lebensrettende Sofortmaßnahmen, die sich auf Erhaltung bzw. Wiederherstellung von Atmung, Kreislauf und Herztätigkeit richten,*

und/oder

2. *Befreiung aus einer lebensbedrohenden Zwangslage durch technische Rettungsmaßnahmen (Feuerwehr-Dienstvorschrift 13/1 »Die Gruppe im Technischen Hilfeleistungseinsatz«).*

Der Wortlaut des Gesetzes bzw. der Verwaltungsvorschrift gibt allerdings nicht erschöpfend und zweifelsfrei wieder, welche konkreten Aufgaben in jedem einzelnen Einsatzfall von den Feuerwehren wahrzunehmen sind. Hier ist der klassische Fall von der »Katze im Baum« zu nennen: Wenn man die Feuerwehr in traditioneller Betrachtungsweise als »Mädchen für alles« sieht, hält man es vielleicht für selbstverständlich, daß die Katze, die sich im Baum verstiegen hat und nicht mehr allein zurückfindet, von der Feuerwehr »gerettet« wird. Kann sie dann dem erfreuten und dankbaren Besitzer zurückgegeben werden, stellt die Tätigkeit der Feuerwehr eine zweifache Hilfeleistung dar: Dem Tier wurde aus seiner Zwangslage geholfen (Tierrettung) und dem Besitzer wurde sein Eigentum zurückgegeben. Stellt man sich jedoch vor, daß es sich um ein herrenloses Tier handelt, welches möglicherweise gar nicht in Gefahr ist, so stellt sich die Frage, ob die Feuerwehr überhaupt auftragsgerecht handelt, wenn sie Mensch und Material für diesen Zweck einsetzt. Denn während dieser Tätigkeit steht sie nicht für ihre eigentlichen Aufgaben (Menschenrettung, Brandbekämpfung) zur Verfügung. Außerdem ist zu klären, wer denn ggf. die Kosten eines solchen Einsatzes zu tragen hat. In NRW sind diesem Zusammenhang die §§ 17 und 36 FSHG von grundsätzlicher Bedeutung:

§ 17 FSHG-NRW (gekürzte Wiedergabe):

(1) Die öffentlichen Feuerwehren sind auf Anforderung einer anderen Gemeinde ... zur Hilfeleistung bei Schadenfeuer, Unglücksfällen und öffentlichen Notständen verpflichtet, soweit die Sicherheit der eigenen Gemeinde nicht gefährdet ist.
(2) Mit Ausnahme der Kosten für besondere Sachaufwendungen haben die Feuerwehren bei Schadenfeuer die Hilfe bis zu einer Entfernung von 15 Straßenkilometern von der Grenze ihrer Gemeinde aus unentgeltlich zu leisten; in allen anderen Fällen ersetzt die Gemeinde, in deren Bereich die Hilfeleistung durchgeführt worden ist, die Kosten. ...
(3) Bei Großschadenfeuer oder öffentlichen Notständen großen Umfanges können die Aufsichtsbehörden (OKD, RP, IM) die Hilfeleistung anordnen, auch wenn die Sicherheit in der eigenen Gemeinde vorübergehend gefährdet ist.
(4) Die Absätze 1 bis 3 gelten bei Werkfeuerwehren für die Hilfe außerhalb des Betriebes entsprechend; die Kosten sind ohne Rücksicht auf die Entfernung zu ersetzen.
Absatz 3 gilt nicht für Werkfeuerwehren, wenn die besondere Eigenart des Betriebes die ständige Anwesenheit der Werkfeuerwehr erfordert.

§ 36 Kostenersatz

(1) Die Einsätze der öffentlichen Feuerwehren im Rahmen der den Gemeinden nach diesem Gesetz obliegenden Aufgaben sind unentgeltlich, sofern nicht in Absatz 2 etwas anderes bestimmt ist.
(2) Die Gemeinden können Ersatz der ihnen durch den Einsatz ihrer Feuerwehren und hilfeleistenden Feuerwehren im Sinne von § 17 entstandenen Kosten verlangen
1. von dem Verursacher, wenn er die Gefahr oder den Schaden vorsätzlich herbeigeführt hat,

2. von dem Fahrzeughalter, wenn die Gefahr oder der Schaden beim Betrieb von ... -fahrzeugen entstanden ist, sowie von dem Ersatzpflichtigen in sonstigen Fällen der Gefährdungshaftung,
3. von dem Transportunternehmer, Eigentümer, Besitzer oder sonstigem Nutzungsberechtigtem, wenn die Gefahr oder der Schaden bei der Beförderung von brennbaren Flüssigkeiten ... , besonders feuergefährlichen Stoffen oder gefährlichen Gütern ... entstanden ist,
4. von dem Eigentümer, Besitzer oder sonstigem Nutzungsberechtigtem, wenn die Gefahr oder der Schaden beim sonstigen Umgang mit brennbaren Flüssigkeiten oder besonders gefährlichen Stoffen oder gefährlichen Gütern gemäß Nummer 3 entstanden ist, soweit es sich nicht um Brände handelt,
5.von demjenigen, der vorsätzlich grundlos die Feuerwehr alarmiert
(3) Der Kostenersatz nach Absatz 2 ist durch Satzung zu regeln; ...
(4) Für die Gestellung von Brandsicherheitswachen und für Leistungen der öffentlichen Feuerwehren, die über den in diesem Gesetz genannten Aufgabenbereich hinausgehen, können die Gemeinden Entgelte erheben.
(6) Von dem Ersatz der Kosten oder der Erhebung von Entgelten kann abgesehen werden, soweit dies nach Lage des Einzelfalles eine unbillige Härte wäre oder aufgrund des gemeindlichen Interesses gerechtfertigt ist.

Aufgrund dieser rechtlichen Situation ist zu folgern:
Die Feuerwehren müssen tätig werden, wenn es sich um die Erfüllung der gesetzmäßigen (hoheitlichen) Aufgaben handelt (§ 1 FSHG). Für einen Teil dieser Aufgaben kann je nach Lage des Einzelfalles Kostenersatz verlangt werden. Die Feuerwehren können im Rahmen einer von der Gemeinde angebotenen Dienstleistung tätig werden, wenn die Tätigkeit ihrem gesetzlichen Auftrag nicht widerspricht und es sich nicht um Pflichtaufgaben handelt. Für diese Tätigkeiten kann die Gemeinde Entgelt verlangen. Die Erhebung von Gebühren oder Entgelt kann jedenfalls nur aufgrund einer satzungsmäßig erstellten **Gebührensatzung** erfolgen, die zwar nicht zwingend vorgeschrieben ist, aber vorhanden sein sollte.

Beispiel einer Gebührensatzung:

Satzung
über die Erhebung von Gebühren und Entgelten für Leistungen der Freiwilligen Feuerwehr A.
– Feuerwehrgebührensatzung –
Auf der Grundlage der [...] Gemeindeordnung hat der Rat der Stadt A. in seiner Sitzung vom [...] folgende Satzung beschlossen.

§ 1
Unentgeltliche Pflichtaufgaben

(1) Die Stadt A. unterhält gemäß § 1 Abs. 1 des Gesetzes über den Feuerschutz [...] zur Bekämpfung von Schadenfeuer sowie zur Hilfeleistung bei Unglücksfällen und solchen öffentlichen Notständen, die durch Naturereignisse, Explosionen oder ähnliche Vorkommnisse verursacht werden, den örtlichen Verhältnissen entsprechend eine leistungsfähige Freiwillige Feuerwehr.
(2) Die Leistungen der Feuerwehr sind im Rahmen dieser Aufgaben unentgeltlich.
(3) Unberührt bleiben Entschädigungs-, Ersatz- und Erstattungsansprüche gemäß gesetzlicher Bestimmungen.

(4) Darüber hinaus kann die Feuerwehr auf Antrag auch sonstige Hilfeleistungen erbringen. Ein Rechtsanspruch auf solche Hilfeleistungen besteht jedoch nicht.

§ 2
Kostenersatz

(1) Soweit nicht nach § 1 Abs. 1 und 2 unentgeltliche Hilfe zu leisten ist, wird für die Inanspruchnahme der Leistungen und Einrichtungen der Freiw. Feuerwehr der Stadt A. und hilfeleistender Feuerwehren Kostenersatz gemäß § 36 Abs. 2 FSHG verlangt:
1. von dem Verursacher, wenn er die Gefahr oder den Schaden vorsätzlich herbeigeführt hat,
2. von dem Fahrzeughalter, wenn die Gefahr oder Schaden beim Betrieb von Kraft-, Schienen-, Luft- oder Wasserfahrzeugen entstanden ist, sowie vom Ersatzpflichtigen in sonstigen Fällen der Gefährdungshaftung,
3. von dem Transportunternehmer, Eigentümer, Besitzer oder sonstigen Nutzungsberechtigten, wenn die Gefahr oder der Schaden bei der Beförderung von brennbaren Flüssigkeiten im Sinne der Verordnung über brennbare Flüssigkeiten (VbF) vom [...] oder von besonders feuergefährlichen Stoffen oder feuergefährlichen Gütern im Sinne der Gefahrgutverordnung Straße (GGVS) vom [...] oder des Wasserhaushaltsgesetzes (WHG) vom [...] entstanden ist,
4. von dem Eigentümer, Besitzer oder sonstigen Nutzungsberechtigten, wenn die Gefahr und/oder der Schaden beim sonstigen Umgang mit brennbaren Flüssigkeiten oder besonders feuergefährlichen Stoffen oder gefährlichen Gütern gemäß Ziffer 3 entstanden ist, soweit es sich nicht um Brände handelt,
5. von demjenigen, der die Feuerwehr grundlos vorsätzlich alarmiert.

§ 17 Absatz 2 Satz 1 1. Halbsatz FSHG findet keine Anwendung.

(2) Die Höhe des Kostenersatzes bestimmt sich nach dem Gebührentarif, der auch Bestandteil dieser Satzung ist.

(3) Soweit der Kosterersatz nach Stunden zu berechnen ist, ist die Zeit vom Ausrücken ab der Feuerwache oder dem Gerätehaus bis zum Wiedereinrücken der Mannschaften, Fahrzeuge und Geräte in ihre Standorte maßgebend. Angebrochene Stunden werden als volle Stunden berechnet.

§ 3
Entgelte für Hilfeleistungen der Freiwilligen Feuerwehr

(1) Für die Gestellung von Brandsicherheitswachen, das Gewähren von Hilfeleistungen und für die zeitweise Überlassung von Fahrzeugen und Geräten der Feuerwehr, die nicht nach § 36 Abs. 1FSHG unentgeltlich sind und nicht unter die Vorschriften des § 36 Abs. 2 FSHG fallen, werden Entgelte erhoben. Die Höhe der Entgelte bestimmt sich nach dem Gebührentarif, der Bestandteil dieser Satzung ist.

(2) Soweit das Entgelt nach Stunden zu berechnen ist, so ist die Zeit vom Ausrücken ab der Feuerwache oder dem Gerätehaus bis zum Wiedereinrücken der Mannschaften, Fahrzeuge und Geräte in ihre Standorte maßgebend. Angebrochene Stunden werden als volle Stunden berechnet.

(3) Die Leistungen nach Abs. 1 können von der Vorausentrichtung des Entgeltes oder von der Hinterlegung einer angemessenen Sicherheit abhängig gemacht werden.

(4) Für Feuerwehrgegenstände, die bei freiwilligen Leistungen und ohne Verschulden der Feuerwehr beschädigt oder vernichtet werden, hat derjenige Schadenersatz zu leisten, der die Hilfeleistung in Anspruch genommen oder sie bestellt hat.

(5) Ausgeliehene Geräte sind unverzüglich nach Gebrauch zurückzugeben.

(6) Auf die freiwilligen Leistungen der Feuerwehr besteht kein Rechtsanspruch.

§ 4
Kosten- und Entgeltschuldner

(1) Zur Zahlung des Kostenersatzes für Einsätze gemäß § 1 Abs. 1 sind die in § 2 Abs. 1 genannten Personen verpflichtet. Mehrere Kostenersatzpflichtige haften als Gesamtschuldner.

(2) Zur Zahlung des Entgeltes für die in § 1 Abs. 3 und 4 genannten sonstigen Hilfeleistungen der städtischen Feuerwehr ist derjenige verpflichtet, der die Leistung in Anspruch genommen oder sie bestellt hat. Mehrere Entgeltpflichtige haften als Gesamtschuldner.

§ 5
Entstehung und Fälligkeit der Forderung

(1) Der Kostenersatzanspruch gemäß § 2 entsteht mit Beendigung der kostenpflichtigen Leistung der Feuerwehr. Er wird mit der Bekanntgabe des Kosternersatzbescheides fällig, sofern nicht in dem Bescheid ein späterer Termin bestimmt ist.
(2) Der Entgeltanspruch gemäß § 3 entsteht mit Beendigung der entgeltpflichtigen Leistung der Feuerwehr. Er wird mit Bekanntgabe des Entgeltbescheides fällig, sofern in dem Bescheid nicht ein späterer Termin bestimmt ist.

§ 6
Kostentarif

(1) Die nachstehenden Gebühren bzw. Entgelte errechnen sich nach Art, Umfang und Zeitdauer der Inanspruchnahme der Leistungen oder der Einrichtugen der Freiwilligen Feuerwehr. Wenn Mannschaften, Fahrzeuge oder Geräte die Feuerwache verlassen, beginnt die anrechenbare Nutzungszeit. Sie endet beim Wiedereintreffen in der Wache. Angebrochene Stunden werden voll berechnet.

I. Dienst- und Arbeitsleistungen	Stundensatz
1. Beamte des gehobenen Dienstes	45,00 DM
2. Beamte des mittleren Dienstes	38,00 DM
3. Feuerwehrmann (Sammelbegriff) der Freiwilligen Feuerwehr	26,00 DM
Bei Taucheinsätzen wird zusätzlich die in § 8 der Verordnung über die Gewährung von Erschwerniszulagen vom […] festgesetzte Taucherzulage erhoben.	
II. Benutzung von Fahrzeugen und Geräten	Stundensatz
1. Löschfahrzeug mit einer Pumpenleistung bis 1600 l/min	85,00 DM
2. Löschfahrzeug mit einer Pumpenleistung über 1600 l/min	112,00 DM
3. Schlauchkraftwagen	78,00 DM
4. Kraftfahrzeugdrehleiter	156,00 DM
5. Rüstwagen Öl	170,00 DM
6. Tauchereinsatzwagen	105,00 DM
7. Lastkraftwagen über 7,5 t	70,00 DM
8. Lastkraftwagen bis 7,5 t	44,00 DM
9. Funkwagen, Feuerwehrbus, Einsatzleitfahrzeug	44,00 DM
10. Tragkraftspritze	51,00 DM
11. Schmutzwasserpumpen	44,00 DM
12. Notstromaggregat	44,00 DM
13. Motorsäge	36,00 DM
14. Industriesauger	36,00 DM
15. Schlauchboot mit Motor	29,00 DM
16. Atemschutzgerät	36,00 DM
III.	Festpreise
1. Beseitigen von ausgelaufenem Benzin und Öl aus Personenkraftwagen und Krafträdern. Verbrauchsmaterial wird wie unter Ziffer IV zusätzlich berechnet.	110,00 DM

2. Böswillige Alarmierung
   a) Löschzug komplett — 1150,00 DM
   b) beim Einsatz von einzelnen Fahrzeugen werden Stundensätze nach Ziffer II werden zusätzlich für die Besatzung nach Ziffer I erhoben.

Verbrauchsmaterial

z.B. Schaummittel	1 kg	
Ölaufsaugmittel	80 l-Gebinde	
Löschpulver	1 kg	
Abdeckplane		
Kunststoffsäcke ...	Stück	aktueller Tagespreis

§7
Schadenersatz

Alle Geräte, die den Benutzern gegen Kostenersatz oder Entgelt zur Verfügung gestellt werden, ohne daß gleichzeitig damit Feuerwehrbedienstete tätig werden, sind in ordnungsgemäßem Zustand zurückzugeben. Beschädigungen sind zu melden. Kostenersatz wird in Höhe der Reparaturkosten bei notwendiger Ausmusterung in Höhe des Zeitwertes des jeweiligen Gerätes verlangt.

§8
Haftung

(1) Die Haftung im Zusammenhang mit der Inanspruchnahme von Leistungen gemäß dieser Satzung wird auf Vorsatz oder grobe Fahrlässigkeit beschränkt.
(2) Für Schäden Dritter hat der Kostenersatzpflichtige oder der Entgeltpflichtige die Stadt A. von Ersatzansprüchen freizustellen, es sei denn, daß der städtischen Feuerwehr Vorsatz oder grobe Fahrlässigkeit zufällt.

§9
Inkrafttreten

Diese Satzung mit dem Kostentarif tritt am Tage nach ihrer Bekanntmachung in Kraft. Gleichzeitig tritt die Satzung über die Erhebung von Gebühren [...) vom ... außer Kraft.

Bekanntmachungsanordnung

Die vorstehend Satzung der Stadt A. wird hiermit öffentlich bekanntgemacht. Es wird darauf hingewiesen, daß eine Verletzung von Verfahrens- oder Formvorschriften der Gemeindeordnung für das Land NRW [...] gegen diese Satzung nach Ablauf eines Jahres seit ihrer Verkündigung nicht mehr geltend gemacht werden kann, es sei denn,
a) daß eine vorgeschriebene Genehmigung fehlt,
b) die Satzung ist nicht ordnungsgemäß öffentlich bekanntgemacht worden,
c) der Stadtdirektor hat den Beschluß des Rates vorher beanstandet [...]

A., den 30. Dez. 1993 — H. J.
Bürgermeister

Eine Pressenotiz:

Merkwürdige Rechnung für einen Feuerwehreinsatz

D. (Niedersachsen) – Gemäß dem niedersächsischen Brandschutzgesetz und den Satzungen der einzelnen Gemeinden können die Gemeinden Ersatz für die Kosten eines Feuerwehr- oder Rettungseinsatzes verlangen, wenn es sich bei dem Einsatz nicht um die Hilfeleistung bei Brand oder bei Unfällen mit akuter Lebensgefahr handelt.
Gemäß dieser Möglichkeit erhielt jetzt der Vater eines in einem Güllesilo in A. ertrunkenen siebenjährigen Jungen von der Gemeinde D. einen Brief: »Sehr geehrter

Herr ..., anläßlich des bedauernswerten Vorfalls am 11.04.1993, bei dem Ihr Sohn... zu Tode kam, sind der Gemeinde folgende Kosten entstanden: ...«. Nicht genug, daß der leidgeprüfte Vater 6426,07 Mark, davon alleine 5000 Mark Personal- und Geräteaufwand bezahlen sollte, nein,die Rechnung wies als einen Posten auch 161,50 Mark für eine Flasche Korn, eine Flasche Steinhäger, zwei Kisten Bier, 31 Würstchen und acht Kannen Kaffee aus.
Während der Ordnungsamtsleiter der Gemeinde D., M.B., von der Richtigkeit dieser Rechnung überzeugt ist, ist Bürgermeister H.F., der von der Aktion erst durch die Zeitung erfuhr, die Sache ausgesprochen peinlich. Während er noch überlegte, die Sache bei der nächsten Sitzung des Verwaltungsausschusses aufzugreifen, tat der Gemeindedirektor K. Th. das einzig Richtige und zog den Gebührenbescheid seines Ordnungsamtsleiters schleunigst wieder ein.

In welchem Licht steht die Feuerwehr vor der Öffentlichkeit da? Dieses Beispiel macht deutlich, warum es dem Leiter der Feuerwehr nicht gleichgültig sein darf, ob er an der Erstellung der Gebührensatzung beteiligt wird und was in die Satzung hineinkommt. Deshalb darf er dieses Feld nicht allein der Verwaltung überlassen (siehe auch Abschnitt »Öffentlichkeitsarbeit«).

Aufgaben der Feuerwehren im Rahmen der Amtshilfe

Grundgesetz

Artikel 35

(1) Alle Behörden des Bundes und der Länder leisten sich gegenseitig Rechts- und Amtshilfe.

Verwaltungsverfahrensgesetz NRW:

§ 4 Amtshilfe

(1) Jede Behörde leistet anderen Behörden auf Ersuchen ergänzende Hilfe (Amtshilfe).

§ 5 Voraussetzungen und Grenzen der Amtshilfe:

(1) Eine Behörde kann um Amtshilfe insbesondere dann ersuchen, wenn sie
2. aus tatsächlichen Gründen, besonders weil die zur Vornahme der Amtshandlung erforderlichen Dienstkräfte oder Einrichtungen fehlen, die Amtshandlung nicht vornehmen kann;
(2) Die ersuchte Behörde darf Hilfe nicht leisten, wenn
1. sie hierzu aus rechtlichen Gründen nicht in der Lage ist;
2. durch die Hilfeleistung dem Wohl des Bundes oder eines Landes erhebliche Nachteile bereitet würden.
(3) Die ersuchte Behörde braucht Hilfe nicht zu leisten, wenn
1. eine andere Behörde die Hilfe wesentlich einfacher oder mit wesentlich geringerem Aufwand leisten kann;
2. sie die Hilfe nur mit unverhältnismäßig großem Aufwand leisten könnte;
3. sie unter Berücksichtigung der Aufgaben der ersuchenden Behörde durch die Hilfeleistung die Erfüllung ihrer eigenen Aufgaben ernstlich gefährden würde.
(4) Die ersuchte Behörde darf die Hilfe nicht deshalb verweigern, weil sie die das Ersuchen aus anderen als in Absatz 3 genannten Gründen ... für unzweckmäßig hält.
(5) Hält die ersuchte Behörde sich zur Hilfe nicht verpflichtet, so teilt sie der ersuchenden Behörde ihre Auffassung mit. Besteht diese auf der Amtshilfe, so entscheidet ... die zuständige Aufsichtsbehörde.

§ 7 Durchführung der Amtshilfe

(1) Die Zulässigkeit der Maßnahme, die durch die Amtshilfe verwirklicht werden soll, richtet sich nach dem für die ersuchende Behörde, die Durchführung der Amtshilfe nach dem für die ersuchte Behörde geltenden Recht.
(2) Die ersuchte Behörde trägt gegenüber der ersuchten Behörde die Verantwortung für die Rechtmäßigkeit der zu treffenden Maßnahme. Die ersuchte Behörde ist für die Durchführung der Amtshilfe verantwortlich.

§ 8 Kosten der Amtshilfe

(1) Die ersuchende Behörde hat der ersuchten Behörde für die Amtshilfe keine Verwaltungsgebühren zu entrichten. Auslagen hat sie der ersuchten Behörde auf Anforderung zu erstatten, wenn sie im Einzelfall 50,– DM übersteigen. Leisten Behörden desselben Rechtsträgers einander Amtshilfe, so werden die Auslagen nicht erstattet.
(2) Nimmt die ersuchte Behörde zur Durchführung der Amtshilfe eine kostenpflichtige Amtshandlung vor, so stehen ihr die von einem Dritten hierfür geschuldeten Kosten (Verwaltungsgebühren, Benutzungsgebühren und Auslagen) zu.

Im Rahmen der Amtshilfe ist es also vorstellbar, daß eine andere Behörde, z.B. die Kreispolizeibehörde, für eine ihr aufgetragene Aufgabe eine Feuerwehr zur Hilfeleistung ersucht. Ob in einem solchen Falle für die Feuerwehr eine Amtshilfepflicht besteht oder nicht, hängt von den o.g. Voraussetzungen ab. Es ist allgemeine Rechtsauffassung, daß zur Durchführung rein polizeilicher Maßnahmen, die sich gegen Personen richten, z.B. Auflösung einer nicht genehmigten Demonstration, Festnahme von Gewalttätern u.ä., für die Feuerwehr grundsätzlich keine Hilfeleistungspflicht besteht. Allenfalls kann die Hilfe in der Bereitstellung von technischem Gerät bestehen, keinesfalls jedoch darin, daß Personal der Feuerwehr etwa zur Verstärkung von Polizeikräften eingesetzt wird, um originär polizeiliche Maßnahmen durchzuführen.
Grundsätzlich ist zu berücksichtigen, daß
- die Feuerwehr keine Behörde ist, sondern eine Einrichtung ihrer Gemeinde,
- der Leiter der Feuerwehr (Wehrführer) eigene Entscheidungen darüber, in welchen Fällen ein Tätigwerden der örtlichen Feuerwehr zu erfolgen hat, nur in dem Rahmen treffen kann, der ihm von seinem Vorgesetzten und für die öffentliche Sicherheit und Ordnung Verantwortlichen – also vom jeweils zuständigen Verwaltungschef – zugemessen worden ist.

Andererseits ist es dessen Pflicht, dafür zu sorgen, daß die Feuerwehr seiner Gemeinde – insbesondere deren Leiter – nicht im unklaren darüber ist, welche Einsatztätigkeiten neben den allgemeinen gesetzlichen Aufgaben von der Feuerwehr wahrzunehmen sind. Diese Klarheit wird erreicht durch eine vom zuständigen Verwaltungschef herausgegebene interne **Dienstanweisung für die Feuerwehr**, die einerseits den Wehrführer nicht zu sehr einengt, aber andererseits bestehende Unsicherheiten ausräumt bzw. solche gar nicht erst entstehen läßt. Auf der Grundlage der gesetzlichen Verpflichtung und der internen Dienstanweisung ist die erforderliche Alarm- und Ausrückeordnung (siehe Abschnitt 2.3.5) zu erstellen.
Zusammenfassend ergibt sich, daß der Generalauftrag, den die Feuerwehren zu erfüllen haben, zwar pauschal mit »Gefahrenabwehr« bezeichnet werden

kann, jedoch damit das eigentlich Wesentliche noch nicht ausgedrückt ist. Dies wird erst deutlich, wenn eine Differenzierung zu anderen uniformierten (ebenfalls hierarchisch gegliederten) Staatsorganen erfolgt:
Es ist Aufgabe der Feuerwehren, auf der Grundlage des gesetzlichen Auftrages

- Menschen zu retten,
- Tiere zu retten,
- Sachwerte zu schützen,
- die Umwelt zu schützen.

Die Polizei(en) der Länder, der Bundesgrenzschutz, die Bundeswehr haben zwar ebenfalls den Generalauftrag »Gefahrenabwehr« zu erfüllen, der grundsätzliche Unterschied zum Auftrag, der den Feuerwehren zukommt, liegt darin, daß die o.g. staatlichen Sicherheitsorgane vorrangig solche Gefahren abzuwehren haben, die von Menschen verursacht werden und gegen Menschen oder ihre Güter oder Lebensgrundlagen gerichtet sind.
Das historisch begründete **Selbstverständnis** der Feuerwehren erweitert über die rein gesetzlichen Aufgaben hinaus die eigene Auffassung über den zu erfüllenden Generalauftrag.
In der rauhen Wirklichkeit des Einsatzes kann es aber durchaus auch vorkommen, daß die Feuerwehr sich genötigt sieht, ausnahmsweise mit polizeilichen Mitteln vorzugehen, um ihren eigentlichen Auftrag ausführen zu können. Dies ist der Fall, wenn der sogenannte »Verwaltungszwang« durch die Feuerwehr selbst angewendet werden muß, weil die originär dafür vorgesehenen Ordnungsbehörden in der gegebenen Lage ihren Auftrag nicht erfüllen können. Maßgebliche Rechtsgrundlage ist das

Verwaltungsvollstreckungsgesetz NRW:

§ 55 Zulässigkeit des Verwaltungszwangs

(1) Der Verwaltungsakt, der auf die Vornahme einer Handlung oder auf Duldung oder Unterlassung gerichtet ist, kann mit Zwangsmitteln durchgesetzt werden, wenn er unanfechtbar ist oder wenn ein Rechtsmittel keine aufschiebende Wirkung hat.
(2) Der Verwaltungszwang kann ohne vorausgehenden Verwaltungsakt angewendet werden, wenn das zu Abwehr einer gegenwärtigen Gefahr notwendig ist und die Vollzugsbehörde hierbei innerhalb ihrer Befugnisse handelt.
(3) [...]

§ 57 Zwangsmittel

(1) Zwangsmittel sind:
1. Ersatzvornahme (§59),
2. Zwangsgeld (§ 60),
3. unmittelbarer Zwang (§62)

(2) Sie sind [...] anzudrohen.

§ 58 Verhältnismäßigkeit

(1) Das Zwangsmittel muß in einem angemessenen Verhältnis zu seinem Zweck stehen. Dabei ist das Zwangsmittel möglichst so zu bestimmen, daß der einzelne und die Allgemeinheit am wenigsten beeinträchtigt werden.
(2) Ein durch Zwangsmittel zu erwartenden Schaden darf nicht erkennbar außer Verhältnis zum beabsichtigten Erfolg stehen.

(3) Unmittelbarer Zwang darf nur angewendet werden, wenn andere Zwangsmittel nicht zum Ziel führen oder untunlich sind. Bei der Anwendung unmittelbaren Zwangs sind unter mehreren möglichen und geeigneten Maßnahmen diejenigen zu treffen, die den einzelnen und die Allgemeinheit am wenigsten beeinträchtigen.

§ 59 Ersatzvornahme

(1) Wird die Verpflichtung, eine Handlung vorzunehmen, deren Vornahme durch einen anderen unmöglich ist (vertretbare Handlung) nicht erfüllt, so kann die Vollzugsbehörde auf Kosten des Betroffenen die Handlung selbst ausführen oder einen anderen damit beauftragen.

§ 62 Unmittelbarer Zwang

(1) Die Vollzugsbehörde kann unmittelbaren Zwang anwenden, wenn andere Zwangsmittel nicht in Betracht kommen oder keinen Erfolg versprechen oder unzweckmäßig sind. [...]
(2) Unmittelbarer Zwang zur Abgabe einer Erklärung ist ausgeschlossen.

§ 66 Zulässigkeit des unmittelbaren Zwangs

(1) Unmittelbarer Zwang kann von Vollzugsdienstkräften in rechtmäßiger Ausübung öffentlicher Gewalt angewendet werden,
1. soweit die Anwendung gesetzlich zugelassen ist;
2. zur Ausführung von Vollzugs-, Vollstreckungs- und Sicherungsmaßnahmen der Gerichte und Staatsanwaltschaften,
3. zur Durchführung von Vollstreckungs-, Aufsichts-, Pflege-, oder Erziehungsaufgaben gegenüber Personen, deren Unterbringung in einer Heil- und Pflegeanstalt, einer Entziehungsanstalt für Suchtkranke, einer Einrichtung der Fürsorgeerziehung oder in einer abgeschlossenen Krankenanstalt oder in einem abgeschlossenen Teil einer Krankenanstalt angeordnet ist.
(2) Gesetzliche Vorschriften, nach denen unmittelbarer Zwang nur unter Beachtung weiterer Erfordernisse ausgeübt werden darf, bleiben unberührt.

§ 67 Begriffsbestimmungen, zugelassene Waffen

(1) Unmittelbarer Zwang ist die Einwirkung auf Personen oder Sachen durch körperliche Gewalt, ihre Hilfsmittel und durch Waffen.
(2) Körperliche Gewalt ist jede unmittelbare körperliche Einwirkung auf Personen oder Sachen.
(3) Hilfsmittel der körperlichen Gewalt sind insbesonderer Fesseln, technische Sperren, Diensthunde, Dienstfahrzeuge, Reiz- und Betäubungsstoffe.
(4) Als Waffen sind Schlagstock, Pistole und Revolver, im Bereich des Forst- und Jagdschutzes auch Jagdwaffen zugelassen.

§ 68 Vollzugsdienstkräfte

(1) Vollzugsdienstkräfte im Sinne des Gesetzes sind
12. die Angehörigen der Feuerwehren, beim Feuerwehreinsatz dienstlich tätige Personen und Beauftragte bei der Ausübung ihrer Befugnisse nach den §§ 30 und 31 des Gesetzes über den Feuerschutz und die Hilfeleistung bei Unglückfällen und öffentlichen Notständen (FSHG) (...),
20. die Dienstkräfte der Katastrophenschutzbehörden und die in ihrem Auftrag handelnden Personen gemäß § 13 Abs. 1 des Katastrophenschutzgesetzes NRW (KatSG) (...)
(2) Vollzugsdienstkräfte müssen einen behördlichen Ausweis bei sich führen. Sie müssen den Ausweis bei Anwendung unmittelbaren Zwangs auf Verlangen vorzeigen. Das gilt nicht, wenn
a) die Umstände es nicht zulassen oder (...)

2.2 Der Leiter der Feuerwehr (Wehrführer)

2.2.1 Rechtliche Stellung des Wehrführers

§ 8 FSHG NRW

(1) Der Leiter der Freiwilligen Feuerwehr (Wehrführer) und bis zu zwei Stellvertreter (stellvertrende Wehrführer) werden auf Vorschlag des Kreisbrandmeisters für die Dauer von sechs Jahren bestellt, und zwar, soweit sie nicht hauptamtlich eingestellt oder angestellt sind, durch Ernennung zum Ehrenbeamten auf Zeit. Vor der Ernennung des Wehrführers und seiner Stellvertreter hat der Kreisbrandmeister die aktive Wehr anzuhören. Der Wehrführer und seine Stellvertreter müssen für ihr Amt persönlich und fachlich geeignet sein.
(2) Eine Freiwillige Feuerwehr, die neben einer Berufsfeuerwehr besteht, wird vom Leiter der Berufsfeuerwehr geführt. Die Zug- und Gruppenführer der Freiwilligen Feuerwehr wählen aus ihren Reihen für die Dauer von sechs Jahren einen Sprecher, der die Belange der Freiwilligen Feuerwehr gegenüber dem Leiter der Berufsfeuerwehr vertritt.

2.2.2 Generalauftrag des Wehrführers

Generelle Führungsaufgabe aller Führungskräfte in den Feuerwehren: Die Feuerwehr muß optimal funktionsfähig sein, um den gesetzlichen Auftrag erfüllen zu können. Dabei muß der Grundsatz der Verhältnismäßigkeit beachtet werden: Mittel und Maßnahmen müssen angemessen sein.

Ordnungsbehördengesetz

§ 15 Grundsatz der Verhältnismäßigkeit

(1) Von mehreren Möglichkeiten und geeigneten Maßnahmen haben die Ordnungsbehörden diejenigen zu treffen, die den einzelnen und die Allgemeinheit voraussichtlich am wenigsten beinträchtigen.
(2) Eine Maßnahme darf nicht zu einem Nachteil führen, der zu dem erstrebten Erfolg erkennbar außer Verhältnis steht.
(3) Eine Maßnahme ist nur solange zulässig, bis ihr Zweck erreicht ist oder sich zeigt, daß er nicht erreicht werden kann.

(§ 58 Verwaltungsvollstreckungsgesetz NW, § 2 Polizeigesetz NW: Sinngemäß wie § 15 OBG)

Der Wehrführer ist in der jeweiligen Gemeinde oder Stadt die zentrale Führungsperson, der es obliegt, die örtliche Feuerwehr im ganzen funktionsfähig zu machen und zu erhalten. Sein Dienstvorgesetzter, der Gemeinde-, Stadt- oder Oberstadtdirektor (bzw. der jeweilige Bürgermeister oder Oberbürgermeister) ist zwar als Verwaltungschef derjenige, der für den gesetzlichen Auftrag, eine Feuerwehr einzurichten, verantwortlich ist. Es ist aber der Wehrführer, der aufgrund seiner fachlichen Qualifikation in der Lage sein muß, diesen Verwaltungsauftrag mit Hilfe der Feuerwehr als »Exekutiv-Organ« auszuführen.

Der Generalauftrag läßt sich in zwei Hauptaufgabenbereiche gliedern: Aufgaben in der Einsatzvorbereitung (Herstellung und Aufrechterhaltung der Alarmbereitschaft) und Aufgaben in der Einsatzdurchführung (Beseitigung der aktuellen Gefahren).

Kohäsions- und Lokomotionsfunktionen [2], [4], [33]

Kohäsionsfunktionen der Führung:
alle Führungsaufgaben, die dem Zusammenhalt und dem inneren Bestand einer Gruppe (von Mitarbeitern) sowie der Aufrechterhaltung von Ordnung und Aktionsfähigkeit dienen;
Lokomotionsfunktionen der Führung:
alle Führungsfunktionen, die der Lösung der jeweiligen (konkreten) Aufgabe der Gruppe, der Annäherung an das Gruppenziel sowie der Bewältigung der äußeren Situation dienen [2].

Die Führungsaufgaben des Wehrführers erstrecken sich einerseits auf den Sachauftrag, auf die Erledigung der dazu erforderlichen technischen Vorgänge. In diesem Bereich geht es in erster Linie um technisch- organisatorische Aufgaben und dementsprechende Fähigkeiten. Das bedeutet auch, daß er in der Lage sein muß, die im Einsatz der Feuerwehr erforderlichen technischen Mittel erfolgreich zur Wirkung zu bringen. Dies ist aber andererseits nicht möglich ohne die Mitwirkung der anderen Feuerwehrangehörigen, der Mitarbeiter.
Daher ist der sachliche Auftrag »Gefahrenabwehr« nicht durchführbar ohne Berücksichtigung der zwischenmenschlichen Beziehungen. In diesem Bereich hat er dafür zu sorgen, daß die menschlichen Belange ihre gebührende Berücksichtigung finden. Anders gesagt: Wenn die zwischenmenschlichen Beziehungen nicht in Ordnung sind, kann auch der technische Sachauftrag nicht optimal erfüllt werden. Selbst wenn man ethisch-moralische Gesichtspunkte nicht berücksichtigt und ausschließlich das technische Funktionieren der Einrichtung Feuerwehr wertet: Kein Mensch kann gezwungen werden, seine Aufgaben nach besten Wissen und Können zu erfüllen, wenn er nicht innerlich dazu bereit ist, wenn er nicht selbst mit allen Kräften will, was er soll. Ob ein Einsatzbefehl so optimal ausgeführt wird, wie er bei rein objektiver Betrachtungsweise ausgeführt werden könnte, hängt vom guten Willen des Beauftragten ab. Dies gilt nicht nur für den Einsatzbefehl, sondern generell für alle Arbeitsanweisungen und Aufträge. Der Führer ist auf den guten Willen der Mitarbeiter angewiesen.
Dieser »gute Wille« kann nicht allein als »Mitbringsel« des Mitarbeiters gesehen werden. Es wäre eine unrealistische Vorstellung, anzunehmen, daß guter Wille als persönliche Eigenschaft des Mitarbeiters von Anfang an vorhanden ist und für alle Zeit bestehen bleibt. Es ist eine konkrete Sachaufgabe der Führungskräfte, in ihrem Verantwortungsbereich alles zu tun, um dieses menschliche »Kapital« zu fördern und zu vermehren. Nicht nur deshalb, weil die Leistung des einzelnen von seinem Willen abhängig ist, sondern auch, weil sich die gemeinsame Leistung aller, die Gesamtleistung der Feuerwehr, aus dem gemeinsamen Wollen ergibt.

Optimale Einsatzbereitschaft einer Feuerwehr ergibt sich also einerseits aus den optimierten technischen Voraussetzungen (z.B. Bereitstellung der richtigen Fahrzeugtechnik) und andererseits aus der Befähigung und dem Einsatzwillen der Mitarbeiter. Alle diesbezüglichen Maßnahmen lassen sich den Kohäsionsfunktionen der Führung zuordnen.
Geht es um die Lösung einer ganz bestimmten Einzelaufgabe, wie das in der Einsatzdurchführung der Fall ist, muß insbesondere wegen der Zeitnot anders geführt werden. Hier kann es nicht mehr darum gehen, z.B. Überlegungen anzustellen, wie der Ausbildungsstand verbessert werden kann (wie im Bereich der Kohäsionsfunktion), sondern hier geht es darum, die Ergebnisse der Kohäsionsfunktionen zu nutzen. Führung im Einsatz ist eine Führungstätigkeit, die typisch ist für den Lokomotionsbereich der Führung.
Zusammengefaßt: **Kohäsionsfunktionen** sind überwiegend zu erfüllen im Bereich der Einsatzvorbereitung und im Bereich der Logistik, **Lokomotionsfunktionen** im Bereich der Einsatzdurchführung und in allen anderen Fällen, in denen es um die Lösung von Einzelfallproblemen geht.

2.3 Einsatzvorbereitung (Sicherstellung der Alarmbereitschaft)

Die Funktionsfähigkeit der Feuerwehr hängt entscheidend davon ab, daß die erforderlichen Maßnahmen zur Einsatzvorbereitung in qualitativer und quantitativer Hinsicht rechtzeitig geplant und durchgeführt werden. Alle Maßnahmen dienen der Herstellung und Sicherstellung der Alarmbereitschaft. Immer wieder wird in diesem Zusammenhang sowohl von Außenstehenden (schließlich handelt es sich dabei immer um betroffene Bürger und Steuerzahler), aber auch besonders von den für den Feuerschutz verantwortlichen Verwaltungsstellen die Frage aufgeworfen: »Was macht die Feuerwehr, wenn es nicht brennt?« Diese Frage wird um so nachdrücklicher gestellt, je mehr Gewicht die Kostenfrage annimmt. Das ist in erster Linie in solchen Städten der Fall, die von gesetzlich verpflichtet sind, hauptamtliche Feuerwehrkräfte einzustellen (und zu bezahlen) – das sind in Nordrhein-Westfalen die großen kreisangehörigen Städte und alle kreisfreien Städte. Personalabbau heißt dort die Devise.
In letzter Konsequenz kann nur der Gesetzgeber den politischen Willen bekunden, in welchem Umfang bzw. ob überhaupt ein Schutz, wie ihn die Feuerwehr dem Bürger bieten kann, gewollt ist und was er kosten darf. In vielen Stadtverwaltungen ist man der Meinung, daß die Kräfte der Feuerwehr nichts zu tun haben, wenn sie nicht im Einsatz sind und deshalb zu anderen Arbeitsleistungen auf kommunaler Ebene herangezogen werden: Fahrdienste, Transportaufgaben, Reinigungsdienste u.ä. In welchem Umfang derartige Inanspruchnahmen vom Leiter der Feuerwehr hingenommen werden müssen, läßt sich schwierig konkret bemessen. Er sollte es jedenfalls nicht dulden, daß die Einsatzbereitschaft beeinträchtigt wird. Aufgabenbezogen kann nur gelten, daß die Feuerwehr entweder im Einsatz ist oder sich darauf vorbereitet.

2.3.1 Personalplanung und -führung

Nicht nur in den Leitungen der Firmen und Betriebe, die eine Werkfeuerwehr unterhalten, ist es eine aktuelle Frage, ob denn die Leistungen der Werkfeuerwehr nicht billiger von Dienstleistungsunternehmen gegen Bezahlung bei Inanspruchnahme geboten werden können. »Kosten sparen« ist die Devise auch in vielen kleineren Gemeindeverwaltungen, die keine hauptamtlichen Kräfte in der Feuerwehr haben. Hier sind es nicht die Personalkosten, welche im Gemeindehaushalt zu Buche schlagen, sondern die für die Feuerwehr erforderlichen Materialkosten, also auch die Kosten für die persönliche Einsatzausrüstung der Feuerwehrangehörigen wie auch Lohnausfallkosten. Mancher Wehrführer einer Freiwilligen Feuerwehr ist vor die Frage gestellt, wie er denn wohl der Verwaltung gegenüber argumentieren kann, wenn an ihn die Absichten des Kämmerers herangetragen werden, den Personalbestand, also die Mitgliederzahl der aktiven Angehörigen der Freiwilligen Feuerwehr, herabzusetzen. Hier geht es um die Frage: Wieviele Angehörige muß denn die Feuerwehr mindestens haben?

2.3.1.1 Personalstärke

Es hat in der Vergangenheit immer wieder Versuche gegeben, einen Maßstab zu finden für die in einer bestimmten Gemeinde oder Stadt erforderliche Mindestpersonalstärke der Feuerwehr. Eine allseits anerkannte oder gar verbindliche Regelung ist aber nicht gefunden worden. Interessant ist in diesem Zusammenhang ein Rückblick in die Vergangenheit. Im Jahre 1959 galten in Nordrhein-Westfalen noch folgende Regelungen hinsichtlich der Stärke, Gliederung und Ausrüstung der öffentlichen Feuerwehren:

Verwaltungsvorschrift über die Gliederung, Stärke und Ausrüstung der Berufsfeuerwehren
RdErl. d. IM vom 11.3.1959:

Abschnitt C, Stärke:

Da die örtlichen Verhältnisse in den Gemeinden verschieden sind, kann für die Stärke einer Berufsfeuerwehr kein fester Maßstab bestimmt werden. Sie muß sich vielmehr nach Ausdehnung, Siedlungsform, Zahl und Art der Betriebe mit oder ohne Werkfeuerwehren und nach sonstigen für die Brandgefährdung der Gemeinde maßgebenden Umstände richten.
In Gemeinden über 100.000 Einwohner ist eine Zugwache (22 Mann) und in der Regel für je weitere 80 000 Einwohner eine Gruppenwache (9 Mann) zu bilden. An Stelle zweier Gruppenwachen kann eine weitere Zugwache gebildet werden.
In Gemeinden unter 100.000 Einwohnern sowie abweichend von Absatz 2 in Ausnahmen auch in Gemeinden mit weniger als 150.000 Einwohnern kann eine Berufsfeuerwehr mindestens in Stärke einer Gruppenwache eingerichtet werden, wenn die der Berufsfeuerwehr angegliederte Freiwillige Feuerwehr eine ausreichende Einsatzstärke besitzt. Die Gruppenwache muß mindestens mit einem LF 16 oder TLF 16 sowie mit einer Drehleiter ausgerüstet sein.
Besondere örtliche Verhältnisse (schlechte Wasserversorgung, ungünstige Straßenverhälnisse, wenige Übergänge über Wasserläufe oder Bahnkörper, Zusammenballung von Industriebetrieben, Häfen usw.) können eine Verstärkung der Berufsfeuerwehr erfordern.

Das Personal und die Wachen der angegliederten Freiwilligen Feuerwehr können auf die Kopfstärke und die Zahl der Wachen angemessen, insbesondere unter Berücksichtigung ihrer erfahrungsgemäßen Ausrückestärke, angerechnet werden. Zu den Einsatzkräften treten Führungskräfte (Leiter der Feuerwehr, Abschnittsleiter, Wachvorsteher mit Stellvertretern, Sachbearbeiter) und das Sonderpersonal, dessen Stärke sich nach den besonderen örtlichen Verhältnissen richtet.
Der Leiter einer Berufsfeuerwehr und sein Vertreter müssen mindestens Beamte des gehobenen Dienstes sein. Außer dem Einsatzpersonal für die Löschgruppe müssen Einsatzkräfte für die ständige Besetzung eines Unfallkrankenwagens (RTW), eines Gerätewagens (Rüstwagen) sowie der Nachrichtenzentrale vorhanden sein. Ferner tritt Sonderpersonal in einer den örtlichen Verhältnissen entsprechenden Stärke hinzu.
Die Sollstärke erhöht sich um die Kräfte, die nach der Verordnung über die Arbeitszeit der Beamten des feuerwehrtechnischen Dienstes ... für einen 24stündigen Wachdienst erforderlich sind. ... Für Personalausfälle durch Urlaub, Krankheit oder Abordnungen ist ... Reserve vorzusehen, deren Stärke der örtlich gegebenen durchschnittlichen Ausfallquote entspricht. Das Personal für den ggf. angegliederten allgemeinen Krankentransport ist in der Sollstärke nicht enthalten und ist nach den örtlichen Erfordernissen zu bemessen.

Der nach den heutigen Maßstäben anzurechnende **Personalfaktor** bei den Berufsfeuerwehren beträgt ca. 4,5. Das bedeutet, daß jede Funktion mit diesem Faktor zu multiplizieren ist, um von der Ausrückestärke auf den Gesamtbestand des Einsatzpersonals zu kommen. Ein Beamter des mittleren Dienstes in der Besoldungsgruppe A7 kostet die Gemeinde jährlich rund 80.000 DM. Eine Funktion auf dem Löschfahrzeug belastet den Haushalt der Gemeinde also mit ca. 360.000 DM, eine Löschgruppe (Einsatzstärke 9 Mann) bringt es auf eine jährliche Summe von 3,24 Millionen DM. Es ist also nur zu verständlich, daß ein Stadtkämmerer bzw. der Finanzausschuß des Rates alles Interesse daran hat, den Personalbestand der Berufsfeuerwehr so niedrig wie nur möglich zu halten (siehe auch Abschnitt »Haushaltsführung«).
Anders ist die Situation bei Kräften der Freiwilligen Feuerwehr, die ihre Funktionen ehrenamtlich ausüben und deshalb keine Personalkosten in obigem Sinne verursachen. Allerdings entstehen dem Arbeitgeber eines Angehörigen der FF Kosten durch die Abwesenheit vom Arbeitsplatz während Ausbildungsveranstaltungen und bei Einsätzen sowie durch die gesetzliche Verpflichtung zur Arbeitsentgeltfortzahlung (einschließlich aller Zulagen und Nebenkosten) bei Abwesenheit aus obigen Gründen. Die Gemeinde hat die Verdienstausfallkosten für Angehörige der FF zu übernehmen, die nicht Arbeitnehmer sind (nach festgesetzten Höchstgrenzen). Hinzu kommen die Kosten für die persönliche Ausrüstung des Feuerwehrangehörigen (Dienstbekleidung, Einsatzausrüstung: Erstausstattung ca. 3000,– DM) und die Ersatzkosten für Schäden an persönlichen Sachen des Feuerwehrangehörigen, die während der Dienstausübung ohne persönliches Verschulden entstanden sind. Deshalb sind Personalprobleme auch im Bereich der Freiwilligen Feuerwehren keine Seltenheit; die u.a. dadurch entstehen, daß die Bereitschaft von Arbeitgebern, Personal für den Feuerwehrdienst freizustellen, abnimmt und auch die jeweilige Gemeinde daran interessiert ist, die Anzahl der aktiven Feuerwehrangehörigen möglichst klein zu halten. Es geht hier um die Pro-

bleme, die dem Wehrführer entstehen, wenn er sich fragen muß, ob die Einsatzbereitschaft der örtlichen Freiwilligen Feuerwehr noch gewährleistet werden kann. Deshalb muß der Leiter der Feuerwehr in der Lage sein, zunächst vor sich selbst und dann vor Rat und Verwaltung die nach seinem Urteil erforderliche Mindest-Personalstärke begründen zu können. Auch im Bereich Freiwillige Feuerwehr ist eine Rückschau aufschlußreich (siehe Tabelle 1).

Man kann aber auch auf andere Art und Weise zu einer Zahl über die erforderliche Mindeststärke einer Feuerwehr kommen, indem man ein »Standard-Schadenereignis« und die zur Bewältigung erforderlichen Kräfte zugrunde legt:

Tab. 1: Die Tabelle ist erstellt auf der Grundlage der Verwaltungsvorschrift über die Gliederung, Stärke und die Ausrüstung der Freiwilligen Feuerwehr vom 11. 3. 1959

Verwaltungsvorschrift über die Gliederung, Stärke und Ausrüstung der Freiwilligen Feuerwehr vom 11.3.59 Die Zahl der Löschgruppen ... richtet sich nach der Größe und den örtlichen Verhältnissen der Gemeinde. Bei normalen örtlichen Verhältnissen sollen mindestens ... die folgenden Löschgruppen vorhanden sein:

Einwohnerzahl der Gemeinde	bis 5000	bis 10000	bis 20000	bis 30000	bis 60000	bis 100000
Zahl der Gruppen	1	2	3	4	5	6
Personalstärke der Gruppen	1+8	2+16	3+24	4+32	5+40	6+48
Ergibt Zahl der Züge	0	1	1	2	2	3
Personalstärke der Züge	-	1/2/19	1/3/27	2/4/38	2/5/46	3/6/57
Ergibt Zahl der Verbände	-	-	-	1	1	1
Personalstärke der Verbände	-	-	-	1/5/4/40	1/5/5/48	1/6/6/60
Personal Sonderfahrzeuge	2	2	4	4	6	6
Wehrführer	1	1	1	1	1	1
Einsatzstärke der Feuerwehr	12	25	36	55	66	80
x 3 ergibt Sollstärke der Fw	36	75	108	165	198	240

Standard-Schadenereignis:
Es werden folgende Annahmen getroffen:
- Brand in einer Wohnung im 2. oder 3. Obergeschoß eines Wohnhauses,
- in der Wohnung ist eine erwachsene Person (75 kg) durch Feuer und Rauch eingeschlossen und lebensbedrohlich gefährdet.
- Der Brand wird so rechtzeitig gemeldet, daß die bedrohte Person beim Eintreffen der Feuerwehr noch lebt.

Wenn die Person eine Überlebenschance haben soll, muß sie innerhalb einer Frist von wenigen Minuten ins Freie, d.h. in Sicherheit gebracht worden sein, wo sie rettungsdienstlich versorgt werden kann. Zur Durchführung der erforderlichen Rettungsmaßnahmen ist dann mindestens der in Tabelle 2 dargestellte Personalaufwand notwendig.
Fazit: Wenn akzeptiert wird, daß die in obigem »Standard-Schadenereignis« angenommenen Bedingungen hinsichtlich der Häufigkeit des Vorkommens und hinsichtlich der angenommenen Rahmenbedingungen durchaus etwas Alltägliches darstellen, und wenn anerkannt wird, daß die Rettung eines Menschenlebens einen solchen Aufwand rechtfertigt, dann kann man sich auch der Erkenntnis nicht entziehen, daß der oben genannte Personalaufwand für einen derartigen Einsatz auch bei Vorhandensein modernster technischer Mittel erforderlich ist. Notwendige Folgemaßnahmen – z.B. die Verhinderung der Brandausbreitung – sind dabei noch nicht im erforderlichen Maß berücksichtigt.

Tab. 2: Erforderlicher Personalaufwand für ein angenommenes »Standardereignis«

	Erforderliche Maßnahme	Personalaufwand
1.	Fahrer für das Feuerwehrfahrzeug: nach dem Eintreffen Bedienen der Pumpe, weil die Vornahme eines Rohres Voraussetzung für die Rettung und den Eigenschutz der Einsatzkräfte ist, Mitarbeit bei Bereitstellung der erforderlichen Geräte	1
2.	Herstellen des Angriffs- bzw. Rettungsweges, Instellungbringen einer Leiter: vom Dach des Fahrzeuges holen, zum Einsatzort tragen, aufrichten und anleitern. Ggf. Herstellen der Löschwasserversorgung: Hydrant betriebsbereit machen und anschließen.	3
3.	Vordringen zum Aufenthaltsort der zu rettenden Person, heraustragen, ins Freie schaffen. Eigenschutzmaßnahmen: Anlegen der Atemschutzgeräte.	2
4.	Begleitende Schutz- und Hilfsmaßnahmen: Strahlrohr mit vornehmen, Rettungsweg frei machen, Rettungsmaßnahmen sichern, Brand zurückdrängen	2
5.	Leitung, Koordinierung, Aufsicht, Kontrolle	1
	Gesamt-Rettungsmaßnahme	9

Die Personalstärke einer Gruppe von 1/8 ist auch in heutiger Zeit die kleinste Personaleinheit, die in der Lage (und somit erforderlich) ist, den elementaren Aufgaben eines Feuerwehreinsatzes gerecht zu werden: Eine Mannschaft in dieser Stärke mit der erforderlichen technischen Ausstattung stellt nach wie vor den kleinsten strategisch-taktischen Baustein jeder Feuerwehr dar.

Der Zeitfaktor

Aus dem oben dargestellten »Standard-Einsatz« ergibt sich auch die Frist, innerhalb derer das Eingreifen der Feuerwehr zur Rettung noch sinnvoll ist. Unterstellt man, daß eine der am schnellsten eintretenden Schädigungen bei einem Brand in einer Kohlenmonoxidvergiftung besteht, so gelten folgende Fristen:
Tritt infolge einer Kohlenmonoxid-Vergiftung Bewußtlosigkeit ein, so muß ab diesem Zeitpunkt spätestens nach 13 Minuten mit der Wiederbelebung begonnen werden. Als Überlebensgrenze gilt eine Frist von 17 Minuten nach Brandentstehung.
Also muß spätestens 17 Minuten nach Brandentstehung die in obigem Standard-Einsatz dargestellte Rettungsmaßnahme abgeschlossen sein, um mit der Wiederbelebung außerhalb des Gefahrenbereichs beginnen zu können (Studie der WIBERA).
Der gegliederte Zeitablauf ist in Tabelle 3 zusammengestellt.

Unberechenbar und von vielen Zufälligkeiten abhängig bleibt Zeitabschnitt 1. Ist die Feuerwehr erst einmal alarmiert, hängen die Überlebenschancen in erster Linie von der Anmarschzeit ab, auch wenn natürlich die Einsatzabwicklung bis zum Abschluß des Abschnittes 4 nicht in jedem Fall optimal kurz gehalten werden kann. Wenn die Anmarschzeit eine bestimmte Frist nicht überschreiten soll, müssen im Gemeindegebiet die Standorte der Löschgruppen in entsprechender Anzahl und Verteilung vorhanden sein. Nun ist es aus vielerlei Gründen – hauptsächlich aus finanziellen – nicht realisierbar, in einem Gemeindegebiet allein nach dieser Rechnung die Standorte der Gruppenwachen festzulegen und diese zu erstellen. Gleichwohl richtet man sich sowohl bei den Anmarschzeiten der Feuerwehr als auch im Rettungsdienst nach diesen Grundvorstellungen. Die Tabelle 4 zeigt in Abhängigkeit von sogenannten Risikoklassen die jeweiligen Hilfsfristen, die angestrebt werden.
(In der Realität werden aufgrund der örtlichen Verhältnisse Hilfsfristen bis zu 30 Minuten hingenommen. Es gibt zwar deswegen immer wieder politische Auseinandersetzungen, aber die »Sachzwänge« – Geldmangel – setzen sich eben durch.)
Die in Tabelle 4 dargestellten Zusammenhänge ergeben die Möglichkeit, die Personalstärke einer Feuerwehr wie folgt abzuleiten: Taktische Standardeinheit ist die Löschgruppe. Ihre technische Grundausstattung besteht nach FwDV 4 aus einem Löschgruppenfahrzeug oder einer anderen nach den örtlichen Verhältnissen erforderlichen Fahrzeugausstattung.

Tab. 3: Ereignis- und Zeitkette (Rettungskette)

Ereigniskette		Zeitkette				Aktiv ist
1	Brandentstehung	1	Meldezeit Teil 1 ???	???	Max.	Extern
2	Brandentdeckung					
3	Brandmeldung, Anfang		Meldezeit Teil 2 1 min			
4	Brandmeldung, Ende					
5	Alarmierungsbeginn	2	Alarmierungszeit 1 min		17	**Feuerwehr**
6	Alarmierungsende					
7	Ausrücken, Anfang	3	Ausrückezeit 1 min			
8	Verlassen Feuerwache				Minuten	
9	Marschbeginn	4	**Anmarschzeit max. 7,25 min**	Hilfs-		
10	Marschende			frist		
11	Lagefeststellung, Beginn	5	Erkundungszeit 0,5 min		bei	
12	Lagefeststellung, Ende					
13	Einsatzplanung, Anfang	6	Planungszeit 0,5 min			
14	Einsatzplanung, Ende				CO-	
15	Einsatzbefehl, Anfang	7	Befehlszeit 0,25 min			
16	Einsatzbefehl, Ende					
17	Rettung, Anfang Phase I	8	Entwicklungszeit 3 min		Ver-giftung	
18	Rettung, Ende Phase I					
19	Rettung, Anfang Phase II	9	Erste-Hilfe-Zeit 2 min			Feuerwehr, Rettungsdienst, Notarzt
20	Rettung, Ende Phase II					
21	Rettung, Anfang Phase III	10	Transportzeit			
22	Rettung, Ende Phase III					
23	Rettung, Anfang Phase IV	11	Aufnahmezeit			Klinik
24	Rettung, Ende Phase IV					
25	Rettung, Anfang Phase V	12	Klinische Intensivversorgungszeit			
26	Rettung, Ende Phase V					
27	Genesung, Anfang	13	Klinische Versorgungzeit, Genesungszeit			Klinik, Selbstversorgung
28	Genesung, Ende					

Die Zahl der erforderlichen Löschgruppen ergibt sich aus der in der Gemeinde geduldeten Hilfsfrist bzw. der damit zusammenhängenden maximalen Anmarschzeit. Die Anmarschzeit ist u.a. abhängig von den möglichen

Tab. 4: Risikoklassen (nach WIBERA-Studie)

Risikoklassen und Hilfsfristen			
Klasse	**Merkmale**	**Hilfsfrist 1. Abmarsch (Minuten)**	**Hilfsfrist 2. Abmarsch (Minuten)**
I	Innenstadtbereiche mit Hotels, Warenhäusern, Verwaltungsgebäuden, Hafenanlagen, Industrieanlagen, gefährliche Betriebe in geschlossenen Wohngebieten	5	5
II	Alte Wohnbebauung, Industrie- und Wohnmischgebiete, Hochhäuser, Ortszentren, Einkaufszentren, kleinere zusammenhängende Gewerbe- und Industriegebiete	5	8
III	moderne Wohnbebauung, geschlossene Bauweise	8	-
IV	Landwirtschafliche Anwesen, Forstwirtschaft	15	-

Fahrgeschwindigkeiten. Unterstellt man eine durchschnittliche Marschgeschwindigkeit von 50 km/h, so darf die maximale Straßenentfernung zwischen Feuerwache bzw. Feuerwehrhaus und möglichem Schadenort rund 10 km betragen, um eine Anmarschzeit von 8 min nicht zu überschreiten. Jeder Kilometer mehr verlängert die Anmarschzeit um 1,2 min und vermindert die Rettungschancen für den Betroffenen entsprechend. Ob eine Durchschnittsgeschwindigkeit von 50 km/h erreicht werden kann, ist ebenfalls von vielen variablen Einzelfaktoren abhängig. Eine solche Zeitrechnung ist daher immer ungenau und kann deshalb nur Anhaltswerte ergeben. Ob in letzter Konsequenz für jeden potentiell gefährdeten Bewohner eines Anwesens diese Rechnung in Ansatz gebracht wird, ist eine politische Entscheidung, die im Rahmen des Möglichen vom politischen Entscheidungsträger (Gemeinderat, Stadtrat, Kreistag) getroffen werden muß. Jedenfalls ist es möglich, auf diese Art und Weise die Zahl der erforderlichen Löschgruppen rechnerisch zu ermitteln. So ergibt sich dann die Personalstärke der Feuerwehr aus der einfachen Rechnung:

Personalstärke = 9 x Zahl der erforderlichen Gruppen x Personalfaktor

Wie hoch der Personalfaktor anzusetzen ist, ergibt sich aus der örtlich unterschiedlichen Verfügbarkeit der Feuerwehrangehörigen. Er dürfte im Durchschnitt bei etwa 3 liegen; siehe auch SCHNEIDER: Laufbahn in der Freiwilligen Feuerwehr Nordrhein-Westfalen, Kommentar für die Praxis: »**...200 % Personalreserve muß vorhanden sein...**« [28]
Der Wehrführer muß anerkennen, daß es unterschiedliche Auffassungen darüber geben kann, ob die dritte oder vierte oder xte Gruppe unbedingt erforderlich ist oder nicht. Er muß sich aber auch darauf einstellen, daß er vielleicht ein-

mal vor der Gewissensentscheidung steht, die Verantwortung für die Führung der Feuerwehr weiterhin tragen zu wollen oder dies nicht mehr zu können. Es bedarf keiner Betonung, daß der Leiter einer Berufsfeuerwehr, dessen berufliche Existenz auf dem Spiel steht, diese Frage aus einer anderen Perspektive sieht als sein Kollege von einer Freiwilligen Feuerwehr, der nicht auf die Feuerwehrtätigkeit angewiesen ist, um seinen Lebensunterhalt zu verdienen.

2.3.1.2 Personalauswahl, Qualifikation

Je geringer die Personalstärke ist, um so wichtiger ist die Einsatzverfügbarkeit und Einsatztauglichkeit des einzelnen Feuerwehrangehörigen. Daher ist der Grundsatz »Qualität vor Quantität« um so wichtiger, je weniger Personal zur Verfügung steht. Je geringer der Personalfaktor ist, den man erreichen kann, um so größer ist die Bedeutung des einzelnen.
Bei der Einstellung in den Dienst in der Freiwilligen Feuerwehr ist im Hinblick auf diese Überlegungen die Eignung des Bewerbers für den Feuerwehrdienst von entscheidender Bedeutung. Zuständig ist in Nordrhein-Westfalen der Wehrführer.

§9 (1) FSHG NRW:
Die ehrenamtlichen Angehörigen der Freiwilligen Feuerwehr werden durch den Leiter der Feuerwehr aufgenommen, befördert und entlassen.

Anforderung an die Eignung sind weder im Gesetzestext noch in der zugehörigen Verwaltungsvorschrift genannt. Dies ist aber der Fall in der

Verordnung über die Laufbahn der ehrenamtlichen Angehörigen der Freiwilligen Feuerwehr vom ... 10.Juni 1989:

Aufgrund des §38 FSHG ... wird verordnet:

§1

(1) Für den Dienst in der Feuerwehr dürfen nur Bewerber angenommen werden, die den Anforderungen voll gewachsen sind. Ein ärztliches Gutachten hierüber kann verlangt werden.
(2) Die Bewerber müssen mindestens 17 Jahre und sollten nicht älter als 35 Jahre sein. In Jugendgruppen ... können Bewerber aufgenommen werden, wenn sie das 10. Lebensjahr vollendet haben. Bewerber, die das 18. Lebensjahr noch nicht vollendet haben, bedürfen der Zustimmung des gesetzlichen Vertreters.
(3) Aktive Angehörige der Freiwilligen Feuerwehr dürfen weder einer privaten Hilfsorganisation noch dem Technischen Hilfswerk als Helfer angehören.
(4) Außer dem Leiter der Berufsfeuerwehr dürfen Angehörige einer Berufsfeuerwehr und Werkfeuerwehr in der Freiwilligen Feuerwehr keine Führungsfunktion innehaben und nicht in die Sollstärke der Freiwilligen Feuerwehr einbezogen werden.
(5) In die Freiwillige Feuerwehr können Personen mit besonderen Fähigkeiten und Kenntnissen zur Beratung der Feuerwehr aufgenommen werden. Aufnahme und Dienstpflichten werden vom Leiter der Wehr im Einzelfall festgelegt.

Für Bewerber zum hauptberuflichen Feuerwehrmann gelten in den einzelnen Bundesländern unterschiedliche Einstellungs- bzw. Eignungsvoraussetzungen, die wesentlich strenger sind als die Einstellungvoraussetzung für den

Dienst in der Freiwilligen Feuerwehr. Dies ist auch notwendig und verständlich, weil die hauptberuflichen Kräfte in das Beamtenverhältnis eingestellt werden müssen. Zuständig für die Einstellung ist die Personalabteilung der betreffenden Gemeindeverwaltung.

§6 (2) FSHG NRW:

Das Einsatzpersonal der Berufsfeuerwehren wird aus hauptberuflichen Kräften gebildet, die zu Beamten zu ernennen sind.

§10 FSHG NRW:

(1) Die Gemeinde kann für den Betrieb einer ständig besetzten Feuerwache hauptamtliche Kräfte der Freiwilligen Feuerwehr einstellen. Große kreisangehörige Städte (mehr als 60.000 Einwohner) und mittlere kreisangehörige Städte (mehr als 25.000 Einwohner) sind hierzu verpflichtet. Der Regierungspräsident kann Ausnahmen bei mittleren kreisangehörigen Städten zulassen.
(2) Die hauptamtlichen Kräfte der Freiwilligen Feuerwehr sind zu Beamten zu ernennen.

Verordnung über die Laufbahnen der Beamten des feuerwehrtechnischen Dienstes im Lande NRW (LVOFeu), Stand Mai 1990

Voraussetzungen für die Einstellung in den Vorbereitungsdienst:

Mittlerer Dienst

§2 Voraussetzungen für die Einstellung in den Vorbereitungsdienst
(1) In den Vorbereitungsdienst als Feuerwehrmannanwärter kann eingestellt werden, wer
1. mindestens eine Hauptschule mit Erfolg besucht hat oder einen gleichwertigen Bildungsstand besitzt,
2. eine Gesellenprüfung in einem für den feuerwehrtechnischen Dienst brauchbaren Handwerk (...) oder eine entsprechende (...) Berufsausbildung nachweist,
3. nach amtsärztlichem Gutachten für den Dienst in der Feuerwehr geeignet ist,
4. das 34. Lebensjahr noch nicht vollendet hat
(2) Vor der Einstellung hat der Bewerber an einem Auswahlverfahren teilzunehmen, das hinsichtlich der körperlichen Eignung auf Sportübungen zu beschränken ist.

Gehobener Dienst

§8 Voraussetzungen für die Einstellung in den Vorbereitungsdienst
(1) In den Vorbereitungsdienst als Brandinspektoranwärter kann eingestellt werden, wer
1. mindestens das Abschlußzeugnis einer Fachhochschule (...) in einer technischen Fachrichtung erworben hat,
2. nach amtsärztlichem Gutachten für den Dienst in der Feuerwehr geeignet ist,
3. nicht älter als 33 Jahre und 6 Monate alt ist.
(3) Körperliche Eignung: entsprechend mittlerer Dienst (s.o.)

Höherer Dienst

§13 Voraussetzungen für die Einstellung (...)
In den Vorbereitungsdienst als Brandreferendar kann eingestellt werden, wer
1. an einer Universität, einer technischen Hochschule (...) das Studium mit der Prüfung zum Dipl.-Ing., Dipl.-Chem. oder Dipl.-Phys. abgeschlossen hat,
2. nach amtsärztlichem Gutachten für den Dienst in der Feuerwehr geeignet ist,
3. das 33. Lebensjahr noch nicht vollendet hat.

Körperliche Eignung: keine weiteren Anforderungen

Neben diesen rechtlichen Bedingungen sind aber auch noch andere Fakten von Bedeutung. Der Leiter der Feuerwehr hat die Verpflichtung, dem Bewerber in behutsamer Weise, aber ohne Beschönigungen zu verdeutlichen, unter welchen Bedingungen und Umständen die Einsatztätigkeit im Feuerwehrdienst ablaufen kann. Dazu gehört auch, daß dem Bewerber die Anforderungen klar gemacht werden, die der Feuerwehrdienst an die Feuerwehrangehörigen stellt. Hier können genannt werden:

- Bereitschaft, auch in außergewöhnlichen Situationen und Gefahrenlagen standhaft seine Pflichten zu erfüllen und sich um Situations- und Selbstkontrolle zu bemühen,
- Bereitschaft, zuverlässig mit anderen in einer Gruppe zusammenzuarbeiten, Verantwortungsbewußtsein und Zusammengehörigkeitsgefühl zu entwickeln und kameradschaftliche Hilfsbereitschaft zu pflegen, besonders im Hinblick auf Notsituationen im Einsatz,
- Bereitschaft, die Ordnung und Disziplin zu akzeptieren, die in der Feuerwehrgemeinschaft notwendig ist,
- Bereitschaft, persönliche Interessen zurückzustellen, wenn der Dienst dies erforderlich macht.

Dazu gehört z.B. auch die Einsicht, daß das Tragen eines Bartes dem Einsatzdienst zuwider läuft, weil dieses männliche Attribut das Tragen bzw. die Wirkung eines Atemschutzgerätes erschwert oder unmöglich macht und somit die Einsatztauglichkeit nicht gegeben ist. Eine Führungsperson der Feuerwehr, die selbst einen Bart trägt und damit demonstriert, daß sie nicht gewillt ist, erforderlichenfalls ein Atemschutzgerät zu tragen und die sich dadurch selbst einsatzuntauglich macht, wirkt als negatives Beispiel.

»Die Weisung an einen Feuerwehrbeamten, seinen Bart abzunehmen oder diesen so zu stutzen, daß er nicht in den Bereich des Maskendichtrahmens der Atemschutzmaske hineinreicht, ist rechtlich nicht zu beanstanden »(so VG Berlin § 6 FSHG Nr. 13, 14, VG Düsseldorf a.a.Ort Nr. 18.) [53]

- Bereitschaft, das eigene Wissen und Können stets zu vertiefen und zu erweitern und die erforderlichen Fertigkeiten und Fähigkeiten zu verbessern.

Es ist zwar richtig, daß es auch Funktionen in der Feuerwehr gibt, die nicht unbedingt die volle Einsatztauglichkeit (Atemschutztauglichkeit) verlangen. Dies trifft z.B. zu für den Bereich Instandhaltung, Wartung. Andererseits kostet jedes Mitglied Geld, auch wenn es nicht für den Einsatzdienst voll tauglich ist. Deshalb sollte man in gegenseitigem Interesse im Zweifelsfall lieber von einer Einstellung in den Feuerwehrdienst absehen – wenn sich also beim Einstellungsgespräch herausstellen sollte, daß der Kandidat in wesentlichen Punkten seine bisherige Auffassung vom Feuerwehrdienst korrigieren müßte, sich aber dazu nicht in Lage sieht.

2.3.1.3 Einführung und Einarbeitung neuer Mitarbeiter

Nach der Aufnahme in die Feuerwehr ist es eine der wesentlichsten Führungsaufgaben, den neuen Mitarbeiter in sozialer und fachlicher Hinsicht in die Gemeinschaft einzugliedern und aufzunehmen. Die erforderlichen Vorbereitungen dazu müssen rechtzeitig, d.h. noch vor dem eigentlichen Dienstantritt, also bei hauptberuflichen Mitarbeitern noch **vor dem ersten Arbeitstag**, eingeleitet bzw. getroffen werden:

- Wichtige **Informationen** über die Organisation, den Dienstablauf, Adressen, Telefonverzeichnis, Geschäftsordnung und -verteilungsplan, Verhaltensweisen in bestimmten Situationen usw. sollen in geeigneter Form schriftlich zusammengefaßt und bereitgehalten werden, z.B. in Form einer Info-Mappe.
- Zeit für das erforderliche **Einführungsgespräch** einplanen.
- Die anderen Feuerwehrangehörigen über den Dienstantritt des neuen Mitarbeiters informieren und vorbereiten und kameradschaftliche Aufnahme in den Kreis veranlassen.
- Einen geeigneten Kameraden bestimmen, der die begleitende Betreuung des Neuen übernehmen soll und dies auch gerne macht und ihm mit Rat und Tat hilft, sich in der neuen Umgebung zurechtzufinden (der also die Funktion eines Betreuers (**Mentor**) übernimmt).
- Den Arbeitsplatz des neuen Mitarbeiters vorbereiten und mit den erforderlichen Mitteln und Materialien ausstatten.
- Wenn eben möglich, sollte ein auf dem Arbeitsplatz oder in dem Arbeitsgebiet sach- und fachkundiger Mitarbeiter den Neuen einarbeiten, vielleicht in Personalunion mit der Betreuungsfunktion.

Maßnahmen am ersten Arbeitstag:

Einführungsgespräch

Der erste Tag soll mit dem Einführungsgespräch beginnen, welches in einer ruhigen und entspannten Atmosphäre verlaufen soll. Daher ist es wichtig, sich genügend Zeit dafür zu nehmen.

Das Einführungsgespräch soll zunächst der gegenseitigen Bekanntmachung dienen, wobei die beruflichen Inhalte, wie z.B. der bisherige Werdegang, im Vordergrund stehen werden. Für den Wehrführer ist es aber auch wichtig, den privaten Bereich des neuen Mitarbeiters kennenzulernen, ohne dabei aufdringlich oder indiskret zu werden (Familienstand, Wohnverhältnisse, Hobbys, besondere Neigungen und Interessen). Der neue Mitarbeiter soll wissen, daß sein Vorgesetzter Anteil nimmt, aber dabei die private Sphäre durchaus respektiert.

Weiterhin sollen arbeitsplatzbezogene, konkrete Informationen vermittelt werden:Geschäftsordnung, Geschäftsverteilung, Stellenbeschreibung, Befugnisse, Verantwortung, Zeichnungs- und Unterschriftsberechtigung, Akten- und Zeitschriftenumlauf, Post, Info-Einrichtugen, Materialausgaben usw. Eine Überfülle von Informationen ist aber zu vermeiden.

Wichtig ist die Vorstellung beim »Mentor«, bei Kollegen und Vorgesetzten und die Bekanntmachung mit besonderen Funktionsinhabern: Sicherheitsbeauftragter, Personalrat, Schwerbehindertenbeauftragter, Sozialer Ansprechpartner (hierzu siehe auch Abschnitt 2.3.1.4). Neue Feuerwehrangehörige

sollen auch die Personen und Stellen der Verwaltung kennenlernen, mit denen die Feuerwehr unmittelbar zu tun hat: Ordnungsamt, Bauhof und dergl.; das muß allerdings nicht alles am ersten Tag geschehen.
Die schrittweise Einweisung in die konkreten Aufgaben am Arbeitsplatz kann auch durch einen sachkundigen Kollegen erfolgen. Leerlauf soll nicht entstehen.

Maßnahmen in der Folgezeit
Beratung und Unterstützung sind weiterhin zu sichern. Nach ein bis zwei Wochen sollte ein weiteres Gespräch folgen, in welchem u. a. die Arbeitsziele für einen überschaubaren Zeitraum festgelegt werden.
Nach Ablauf des Einarbeitungszeitraums ist ein **Mitarbeitergespräch** (siehe Abschnitt 3.4.3) zu führen, in welchem Zielvereinbarungen, Fortbildungsmaßnahmen u.ä. besprochen werden sollen.

2.3.1.4 Fürsorgepflicht

Westfälische Nachrichten, 20. 1. 96
Chefs dürfen Beamte nicht bloßstellen
Berlin (dpa). Ein Vorgesetzter muß sich mit öffentlicher Kritik über seine untergebenen Beamten zurückhalten.Das Bundesverwaltungsgericht hat in einem jetzt in der »Neuen Juristischen Wochenschrift« (Heft 3/96) veröffentlichten Urteil (AZ: 2 C 10/93) entschieden, daß dies aus der beamtenrechtlichen Fürsorgepflicht folge.- Weder dem Beamten noch dem Vorgesetzten steht es zu, über die Amtsführung »einen nach außen getragenen Meinungskampf gegeneinander zu führen«, heißt es in dem Urteil.

Alle Führungskräfte haben unabhängig von den aktuellen Führungsaufgaben gegenüber den zugeordneten Mitarbeitern eine allgemeine **Fürsorgepflicht** wahrzunehmen. Dazu gehören insbesondere folgende Maßnahmen:
Im Hinblick auf die **Unfallgefahren im Feuerwehrdienst:**
- Gründliche Einweisung und Unterrichtung und fortwährende Schulung über die Unfallverhütungs- und sonstigen Sicherheitsvorschriften
- Aus- und Weiterbildung über die Gefahren der Einsatzstelle
- Ausstattung der Feuerwehrangehörigen mit der optimalen persönlichen Ausrüstung

Die geltenden Unfallverhütungsvorschriften sind in dieser Hinsicht leider nicht mehr so weitgehend, wie sie in früheren Fassungen einmal waren; z.B. ist es nicht zwingend vorgeschrieben, daß ein Atemschutzgerät obligatorisch zur persönlichen Ausrüstung gehört. Hier ist nicht der Ort, an dem auf diese Problematik ausführlich eingegangen werden kann. Es soll aber wegen der besonderen Bedeutung des Atemschutzes herausgestellt werden, daß bei jedem Brand giftiger Rauch entsteht, der auch in geringen Konzentrationen gesundheitlich sehr bedenkliche Stoffe enthalten kann, die vielleicht keine akute Gefahr darstellen, aber eine lebensbedrohliche Langzeitwirkung haben können, wie z.B. Dioxine und Furane (sog. »Ultragifte«). Die richtigen Atemfilter (ABEK2-P3 nach DIN-EN 141) schützen die Atemwege bzw. den Körper vollkommen vor solchen und ähnlichen giftigen Stoffen, wenn sie nicht in zu hohen Konzentrationen auftreten. Konkrete Beispiele für Einsatzstellen, an denen Filtergeräte sinnvoll einzusetzen sind:

- In den Randzonen von Brandstellen, wo umluftunabhängiger Atemschutz nicht getragen wird und auch nicht erforderlich ist, aber trotzdem eine Rauchbelästigung oder -gefährdung auftreten kann (Fahrzeugstellplatz, Verteilerstellplatz u.ä. Stellen)
- bei Nachlösch- und Aufräumarbeiten
- in Randzonen von Gefahrguteinsätzen

Der Leiter der Feuerwehr kann sich dieser Veranwortung nicht entziehen und muß alles daransetzen, die Ausbildung und Ausrüstung der Einsatzkräfte besonders im Hinblick auf den Atemschutz zu optimieren: Zur persönlichen Ausrüstung eines jeden Feuerwehrangehörigen gehört ein Filtergerät, welches im Bedarfsfall jederzeit benutzt werden kann. Der Träger des Gerätes muß so gut ausgebildet sein, daß er selbst beurteilen kann, unter welchen Einsatzbedingungen ein Filtergerät sicher benutzt werden kann. Neulinge bei der Feuerwehr und auch sogenannte »Alte Hasen« neigen dazu, die Gefahren zu unterschätzen. Eine »Nase voll« Brandrauch schadet ja möglicherweise auch wirklich nicht, aber im Laufe der Jahre summiert sich die schädliche Wirkung, und es muß einem jungen Menschen klar gemacht werden, daß die Ansammlung von Schadstoffen im Körper vielleicht erst im Alter zum Ausbruch von Krebs führen kann, um nur eine der denkbaren Spätwirkungen zu nennen.

Soziale Fürsorge:
Der Leiter der Feuerwehr ist dafür verantwortlich, daß in der Feuerwehr das richtige »Betriebsklima« besteht, so daß die Feuerwehrangehörigen nach Möglichkeit mit Interesse und Freude ihren Dienst verrichten (hierzu siehe Abschnitt 3.4.1). Alle Feuerwehrangehörigen müssen bemüht sein, ein vertrauensvolles Verhältnis untereinander aufzubauen und zu erhalten. Das Verhalten des Chefs spielt in diesem Zusammenhang eine ausschlaggebene Rolle. Jeder Feuerwehrangehörige soll vermittelt bekommen, daß er im Bedarfsfall jederzeit auch beim Leiter der Feuerwehr vorsprechen kann, wenn er Rat und Hilfe benötigt. Das soll nicht für jede Lappalie gelten, aber der Weg zum Chef darf jedenfalls nicht mit unüberwindbaren bürokratischen Hürden verbaut sein. Es gibt aber Problemfälle, die es dem Betroffenen sehr schwer machen, sich seinen Vorgesetzten zu offenbaren. Auch der Weg zum Personalrat ist in manchen Fällen nicht einfach zu gehen. Mancherlei sachliche und psychologische Gründe können dagegen sprechen, den offiziellen Weg zu beschreiten, wenn es um spezielle persönliche Nöte geht.

Sozialer Ansprechpartner
In größeren Feuerwehren – etwa ab 150 Angehörigen – sollte überlegt werden, ob die Institution »Sozialer Ansprechpartner« eingerichtet werden kann.
Im Geschäftsbereich des Innenministers von Nordrhein-Westfalen wurde dieses Projekt im Jahre 1986 aufgrund einer Initiative des Gesamtpersonal-

rates ins Leben gerufen. Es sollte ein innerbetrieblicher sozialer Dienst geschaffen werden, der bei unterschiedlichen Problemen der Betriebsangehörigen Hilfe leisten kann.
Folgende Überlegungen waren auslösend:
Außer Alkoholmißbrauch oder Drogenkonsum gibt es mancherlei andere psychische Probleme, die einem betroffenen Betriebsangehörigen das Leben schwer machen können. Die Betroffenen suchen oftmals nach Lösungsmöglichkeiten und Hilfe, finden jedoch allein keinen Weg oder scheuen sich davor, sich offiziellen Stellen zu offenbaren. Die geringste Hemmung, über Probleme zu sprechen, besteht gegenüber einer Kollegin oder einem Kollegen, der bei den Mitarbeitern Anerkennung und Vertrauen genießt. Hilfsmöglichkeiten bei Einrichtungen und Organisationen außerhalb der eigenen Dienststelle werden oftmals aus Unkenntnis oder Angst nicht in Anspruch genommen.
Von diesen Gedanken ausgehend entwickelte sich die Grundkonzeption: Angehörige der unterschiedlichsten Dienststellen und Arbeitsbereiche des Innenministeriums, die sich freiwillig für diese Aufgabe zur Verfügung stellen, werden durch Psychologen ausgewählt und nehmen an einer intensiven Schulung durch diese teil. Die Schulung umfaßt 10 Seminare von je drei Tagen Dauer innerhalb von drei Jahren. Ausbildungsziel: Der Soziale Ansprechpartner hat Grundlagenkenntnisse über Alkoholprobleme, Streß, psychische Erkrankungen, Gesundheitsförderung, Verhaltenstherapie, Sozialpsychologie und ist in der Gesprächsführung geschult. Er ist bereit, Kolleginnen und Kollegen in Problemlagen zu helfen, indem er ihnen seine Gesprächsbereitschaft vermittelt, und indem er ausschließlich klientenbezogen und unter Wahrung strengster Verschwiegenheit gemeinsam mit dem Betroffen nach Lösungsmöglichkeiten für das Problem sucht. Seine Kenntnisse ermöglichen es ihm, je nach Problemlage den Betroffenen mit dessen Einverständnis an die geeigneten kompetenten außerbetrieblichen Stellen zu vermitteln, ohne selbst Therapieversuche zu unternehmen. Der Soziale Ansprechpartener ist kein Suchtberater oder Sozialarbeiter.
Die dienstliche Stellung des Sozialen Ansprechpartners ist dadurch gekennzeichnet, daß er als Betriebsangehöriger und Kollege ausschließlich dem Klienten und sich selbst verantwortlich ist. Er ist in seiner Tätigkeit unabhängig von der Dienststellenleitung und auch vom Personalrat. Dadurch ist eine wesentliche Voraussetzung geschaffen, um hilfesuchende Mitarbeiter zu ermuntern, sich auszusprechen, ohne daß diese befürchten müssen, in irgendeiner Weise zur Rechenschaft gezogen zu werden. Der Soziale Ansprechpartner wird nichts ohne den Wunsch oder das Einverständnis des Betroffenen unternehmen. Auch die bloße Kontaktaufnahme mit dem Sozialen Ansprechpartner unterliegt der Vertraulichkeit, wenn der Klient dies wünscht.
Erfahrungsgemäß wird das Gesprächsangebot des Sozialen Ansprechpartners auch in Anspruch genommen, um sich einmal auszusprechen und dadurch wieder klarer sehen und die eigene Lage wieder besser beurteilen zu können. In manchen Fällen wird auch lediglich das Gespräch gesucht, um »abzuladen« und sich Luft zu machen. Es geht also nicht immer um so ernste

Probleme wie z.B. Akoholkrankheit. Insgesamt hat das Projekt Sozialer Ansprechpartner Anerkennung gefunden und hat sich als erfolgreich erwiesen. Es versteht sich, daß auch zwischen Dienststellenleitung und Sozialem Ansprechpartner ein Grundkonsens bestehen muß, wenn die Sache richtig funktionieren soll. Auch in dieser Beziehung muß ein Mindestmaß an Vertrauen bestehen. Gegen den Willen des Dienststellenleiters kann eine derartige Arbeit nicht aufgebaut werden.

Wer führt die Ausbildung durch?
Mitarbeiter des Max-Planck-Institutes für Psychiatrie in München, unterstützt durch speziell ausgebildete Soziale Ansprechpartner (Co-Trainer).

Wo findet die Ausbildung statt?
In ausgewählten Hotels, die für Seminarveranstaltungen geeignet sind; zum Teil auch in geeigneten Dienststellen im Bereich des IM.

Wie hoch sind die Kosten der Ausbildung zum SAP?
Ca. 800,– DM pro Teilnehmer und Seminar.

Wer trägt die Kosten der Ausbildung?
Für die Sozialen Ansprechpartner im Bereich des IM NRW das Land NRW. Für Angehörige von Feuerwehren müßte der Träger des Feuerschutzes bereit sein, die Kosten zu übernehmen.

Wer kann sich ausbilden lassen?
Wer daran interessiert ist, Kolleginnen und Kollegen zu helfen, von seiner Dienststelle autorisiert wird und einen Eignungstest besteht.

Interessenten können Kontakt aufnehmen mit dem Innenministerium Nordrhein-Westfalen, Abteilung II B, Stichwort: Sozialer Ansprechpartner, oder beim Verfasser.

Fürsorge im Hinblick auf das Fortkommen der Feuerwehrangehörigen
Hierzu siehe Abschnitt 2.3.1.6.

2.3.1.5 Aus- und Fortbildung, Qualifikation von Führungskräften

Die Ausbildung der Führungskräfte in den Feuerwehren der Bundesrebublik Deutschland erfolgt leider nicht einheitlich. Jedes Bundesland ist für den Brandschutz selbst zuständig und in jedem Bundesland gibt es daher ein landesspezifisches »Brandschutzgesetz« oder »Feuerschutzgesetz« (auch die Bezeichnung der Gesetze ist unterschiedlich). Die Feuerwehrdienstvorschriften FwDV 2/1 und 2/2 gelten nur für die Freiwilligen Feuerwehren und legen Mindestanforderungen fest, die den tatsächlichen Erfordernissen nicht gerecht werden können. Die Tabellen 5 und 6 geben einen Überblick über die derzeitig in Nordrhein-Westfalen geltenden Bestimmungen.

Im Bereich der Freiwilligen Feuerwehren des Landes NRW ist durch die »Verordnung über die Laufbahn der ehrenamtlichen Angehörigen der Freiwilligen Feuerwehr vom 16.06.1980« sichergestellt, daß die Besetzung einer bestimmten Führungsebene nicht erfolgen kann ohne eine darauf abgestimmte Ausbildung: Kein Gruppenführer (Oberbrandmeister) ohne F III-Lehrgang, kein Zugführer (Hauptbrandmeister) ohne F IV-Lehrgang, kein

Tab. 5: Übersicht über die lehrgangsmäßige Ausbildung von Führungskräften der öffentlichen Feuerwehren in NRW (Stand April 1996)

Übersicht über die lehrgangsmäßige Ausbildung von Führungskräften der öffentlichen Feuerwehren in Nordrhein-Westfalen

Führungsfunktion	Freiwillige Feuerwehr Rechtsgrundlagen: a) § 38 FSHG NRW b) Verordnung ü. d. Laufbahn der ... Angehörigen der Freiw. Feuerwehr c) FwDV 2/1 und 2/2	Stunden	Berufsfeuerwehr Rechtsgrundlage: a) § 38 FSHG NRW b) Verordnung über die Laufbahnen der Beamten des feuerwehrtechnischen Dienstes im Lande NRW (LVOFeu)	Stunden
Gruppenführer Oberbrandmeister	Voraussetzungen: 6 Jahre Feuerwehrdienst, Truppführerlehrgang auf Kreisebene		Voraussetzung: Eignungsprüfung. Rechtsgrundlage: § 6 LVOFeu in Verb. mit § 197 LBG	
	Gruppenführerlehrgang F III an der LFS	82	Gruppenführerlehrgang B III an der LFS = Voraussetzung für Besoldungsgruppe A 9	220
Zugführer Hauptbrandmeister	Voraussetzungen: 2 Jahre Brandmeister 1 Jahr Oberbrandmeister		Kann Beamter des mittl. Dienstes (A9) sein. Nach Ermessen der Stadt: gehob. Dienst; dann Voraussetzungen: Aufstiegsbeamter 4 Jahre mittl.. Dienst oder Laufbahnbewerber Dipl.-Ing (FH)	
	Zugführerlehrgang F IV an der LFS	89	Brandinspektorlehrgang B IV an der LFS	640
Führer von Verbänden (Bereitschaftsführer)	Voraussetzungen: keine		Voraussetzungen: keine	
	Führer von Verbänden F/B V an der LFS	59	Führer von Verbänden F/B V an der LFS	59
Leiter der Feuerwehr	Voraussetzungen nach LVO: Lehrgang F IV, Lehrgang F/B V		Voraussetzungen: Lehrgang B IV	
	Wehrführerlehrgang F VI an der LFS	35	**Gehobener feuerwehrtechn. Dienst** (bis Besoldungsgruppe A 13 gD)	
			Summe	919
			Voraussetzungen: Aufstiegsbeamter:4 Jahre mD + 8 Jahre gD oder Laufbahnbewerber Dipl.-Ing. oder Dipl.-Chem. oder Dipl.-Phys. (TH)	
			Vorbereitungslehrgang für den höheren feuerwtechn. Dienst B VI an der LFS NRW	360
			Höherer feuerw.techn. Dienst (ab Besoldungsgruppe A 13 hD)	
	Summe	225	Summe	1279
Kreisbrandmeister Zur Unterstützung des OKD bei der Aufsicht über die Freiwilligen Feuerwehren. Gehört keiner Feuerwehr an, kann allerdings nach § 27 FSHG die Einsatzleitung bei einer kreisangehörigen Gemeinde übernehmen	Voraussetzungen: a) Funktion "Wehrführer" oder b) Hauptbrandmeister mit F/B V oder c) Beamter gD oder hD, der aus öff. Feuerwehr ehrenvoll ausgeschieden ist.	---	entfällt	
Bezirksbrandmeister Zur Unterstützung des RP bei der Aufsicht über die Freiwilligen Feuerwehren	Voraussetzungen: Kreisbrandmeister	---	entfällt	
	Summe	225	**Summe**	1279

Tab. 6: Gegenüberstellung von Ausbildungsinhalten in den Lehrgängen für Führungskräfte der Freiwilligen Feuerwehren und Berufsfeuerwehren in NRW (Stand April 1996)

Gegenüberstellung von Ausbildungsinhalten und -stunden in den Lehrgängen für Führungskräfte der Freiwilligen Feuerwehr und der Berufsfeuerwehr

Lehrstoff	F III	F III (F)	F IV	F IV (F)	F VI	F/B V	B III	BIV	B VI Referendare	B VI alle
Gefahrenlehre	7	7	10	10	3	0	14	34	12	8
Führungslehre	6	3	7	7	3		10	24	6	22
Einsatzlehre	6	3	0	0	0	-	12	17	10	-
Einsatzübungen Stunden pro Teilnehmer	0,9 h	0	0	0	0	0	1,6 h	0	1,5	-
Planspiel Stunden pro Teilnehmer	0	0,4 h	0,5 h	0,8 h	0,2 h	0,5	1,6 h	1,2	2,0	1
Stabsübung Stunden pro Teilnehmer	-	-	-	-	-	0,7	-	-	-	0,8

Wehrführer (= Gemeinde- oder Stadtbrandmeister) ohne F/B V-Lehrgang und ohne F VI-Lehrgang. Durch die Verordnung ist ein schlüssiges System von aufeinander bezogenen Funktionen und Ausbildungsgängen gegeben. Bei den Berufsfeuerwehren ist dies nicht so der Fall. Die für Berufsfeuerwehren vorgesehenen Ausbildungslehrgänge beziehen sich nicht auf bestimmte Führungsfunktionen, sondern auf Besoldungsgruppen bzw. auf eine bestimmte Beamtenlaufbahn: keine Besoldungsgruppe A9 ohne Gruppenführerlehrgang (B III), kein Einstieg in die gehobene Laufbahn (ab Besoldungsgruppe A 9) ohne Brandinspektorenlehrgang (B IV), kein Amt der höheren Laufbahn (ab A 13 hD) ohne »Vorbereitungslehrgang für den höheren feuerwehrtechnischen Dienst« (B VI). Was aber fehlt, ist eine Zuordnung von Führungsfunktionen zu Besoldungsgruppen und Dienstgraden. Es ist in das Ermessen des Trägers einer Berufsfeuerwehr (kreisfreie Stadt) gestellt, den Stellenplan für die Beamten der Berufsfeuerwehr und die dementsprechende Zuordnung von Besoldungsgruppen aufzustellen. Die Aufsichtsbehörde (Bezirksregierung) hat zwar nominell das Recht, in die Struktur der Berufsfeuerwehr einzugreifen, wenn die Voraussetzungen dazu vorliegen, dies beschränkt sich aber auf die allgemeine Stärke und Leistungsfähigkeit der Feuerwehr, nicht aber auf den Stellenplan. Deshalb ist es nicht ohne weiteres möglich, die Funktion »Zugführer der Berufsfeuerwehr« mit dem

Ausbildungsgang »Brandinspektorlehrgang« zu verknüpfen. Es gibt auch heute noch Städte, bei denen der Zugführer ein Beamter des mittleren Dienstes – in der Regel dann Hauptbrandmeister (Besoldungsgruppe A9) – ist. Ebenso ist es nicht möglich, die Funktion »Leiter der Berufsfeuerwehr« immer einem Amt des höheren feuerwehrtechnischen Dienstes zuzuordnen. In Deutschland gibt es zur Zeit 98 Berufsfeuerwehren; 14 davon werden von Beamten des gehobenen Dienstes geleitet (Quelle: Kohlhammer Feuerwehr-Kalender 1995). Es handelt sich dabei um Städte mit Einwohnerzahlen zwischen ca. 50.000 und 130.000. Tabelle 7 zeigt die derzeitig geltenden Einstellungsvoraussetzungen für den Feuerwehrdienst.

Es gibt also ganz erhebliche Unterschiede in der Qualifikation der Führungskräfte in den Freiwilligen Feuerwehren gegenüber denen der Berufsfeuerwehren. Daraus ist zu folgern, daß entweder die Freiwilligen Feuerwehren unterqualifiziert oder die Berufsfeuerwehren überqualifiziert sind.

Die Anforderungen, die **im Einsatz** an die Feuerwehren und deren Führungskräfte gestellt werden, machen aber keinen Unterschied zwischen hauptberuflichen und nebenberuflichen Kräften. Die Infrastruktur einer Stadt von z.B. 40 000 Einwohnern macht den Einsatz der Feuerwehr nicht allein wegen der Einwohnerzahl einfacher. Das Gefahrenrisiko für den Bürger ist im Vorort einer Großstadt nicht größer als in einer kleineren Stadt. Hochhäuser, Schulen, Fabriken, 5geschossige Wohn-Altbauten, Verkehrsanlagen und -wege, Läger für Gefahrgüter, Supermärkte, Gewerbebetriebe aller Art und Industrieanlagen gibt es auch »auf dem Dorfe«, landwirtschaftliche Betriebe und Einzelgehöfte sind auch in Großstädten vorhanden. Anders gesagt: Der Zugführer einer Freiwilligen Feuerwehr hat exakt die gleichen Führungsprobleme zu lösen wie sein Kollege von einer großen Berufsfeuerwehr in der gleichen Situation. Der Kreisbrandmeister eines Kreises mit 20 kreisangehörigen Gemeinden und insgesamt vielleicht 40 Zügen hat kein kleineres Führungsproblem zu lösen wie sein Kollege »Dr. Dipl.-Ing., Leiter der Feuerwehr« von der benachbarten Großstadt mit 3 Zügen Berufsfeuerwehr und 20 Zügen Freiwillige Feuerwehr. Ein Gruppenführer der Freiwilligen Feuerwehr wird mit einer vielfach größeren Wahrscheinlichkeit **in dieser Funktion** auch im Einsatzfall tätig werden müssen als sein Kollege von der Berufsfeuerwehr.

Ein wesentlicher Unterschied liegt allerdings in der Einsatzhäufigkeit, Beispiele: Während die Feuerwache Kreuzberg in Berlin durchschnittlich rund 900 Einsätze im Monat abzuleisten hat (einschließlich Rettungsdienst), kommt die Feuerwehr Mettmann (Freiwillige Feuerwehr mit hauptamtlichen Kräften) auf rund 400 Einsätze im Monat (einschließlich Rettungsdienst). Die Kluft, die zwischen der Qualifikation der Führungskräfte der Freiwilligen Feuerwehren und denen der Berufsfeuerwehren besteht, ist – gemessen an den Aufgaben – nicht zu rechtfertigen. Einerseits ist es so, daß die vorschriftsmäßige schulische Ausbildung aller Führungskräfte der Freiwilligen Feuerwehren in der Tat völlig unzureichend ist; andererseits stellt sich die Frage, wozu denn der Leiter einer Berufsfeuerwehr in dieser Funktion ein Hochschulstudium und eine Qualifikation als Diplom-Chemiker oder Diplom-Physiker benötigt. Wissenschaftliche Forschungsarbeit wird jeden-

Tab. 7: Einstellungsvoraussetzungen für den Feuerwehrdienst hinsichtlich der vorausgesetzten Qualifikation, Stand April 1996

Einstellungvoraussetzungen für den Feuerwehrdienst hinsichtlich der vorausgesetzten Qualifikation	
Freiwillige Feuerwehr	**Berufsfeuerwehr**
§ 1 VO ü.d.L. der FF: Für den **Dienst in der Freiwilligen Feuerwehr** dürfen nur Bewerber angenommen werden, die den **Anforderungen** des Dienstes voll **gewachsen** sind. Ein **ärztliches Gutachten** hierüber **kann** verlangt werden. In die FF können Personen mit besonderen Fähgkeiten und Kenntnissen zur Beratung aufgenommen werden. Aufnahme und Dienstpflichten werden vom Leiter der Feuerwehr im Einzelfall festgelegt.	**Mittlerer Dienst** § 2 LVOFeu 1. Erfolgreicher **Hauptschulabschluß** oder gleichwertiger Bildungsstand 2. **Gesellenprüfung** in einem ... brauchbaren Handwerk oder entsprechende ... Berufsausbildung 3. **Amtsärztliches Gutachten** über die Feuerwehreignung 4. Bestehen eines Auswahlverfahrens, einschließlich Sportübungen
§ 8 FSHG (1) ... Der **Wehrführer** und seine Stellvertreter müssen für ihr Amt persönlich und fachlich **geeignet** sein.	**Gehobener Dienst** § 8 LVOFeu: a) **Laufbahnbewerber:** Abschlußzeugnis **Fachhochschule** oder entsprechender Studiengang einer technischen Fachrichtung Gesamthochschule, sonst wie mittlerer Dienst b) **Aufstiegsbeamte:** 1. **Vier Jahre mittlerer Dienst** 2. Bestandene **Gruppenführerprüfung** 3. Eignung nach Persönlichkeit und Leistung 4. Zulassung nach **Eignungsprüfung** c) Aufstiegsbeamte zwischen 46 und 53 Jahren: 1. Eignung nach Persönlichkeit und Leistung 2. Mindestens 2 Jahre in A9
	Höherer Dienst § 13 LVOFeu a) Laufbahnbewerber: 1. Studium an Uni. oder TH mit Zeugnis Dipl.-Ing, oder Dipl.-Chem. oder Dipl.-Phys. 2. Amtsärztliches Gutachten über die Eignung für den Feuerwehrdienst oder b) Aufstiegsbeamte: 12 Jahre Feuerwehrdienst, davon 8 Jahre gehobener Dienst 2. Eignung nach Persönlichkeit und Leistung

falls in keiner städtischen Feuerwehr betrieben. Allenfalls das Gebiet des Vorbeugenden Brandschutzes, wo es um gutachterliche Stellungnahmen zu komplizierten Bauvorhaben geht, macht Ingenieurwissen in Verbindung mit speziellen Feuerwehrkenntnissen erforderlich. Wie unbefriedigend die gesamte Situation empfunden wird, ist auch aus einem Thesenpapier des Arbeitskreises »Ausbildung« der Arbeitsgemeinschaft der Leiter der Berufsfeuerwehren – **AGBF** – ersichtlich, welches bei einer Tagung in Gera im Januar 1995 der Öffentlichkeit vorgestellt wurde:

AGBF, AK Ausbildung:
Grundsatzthesen »Ausbildung«, Papier vom Jan. 95

These 1 ...die Ausbildung zum Allround-Feuerwehrmann muß erhalten bleiben. Spezialisierung muß in der Fortbildung erfolgen. Der Fm muß die Chance haben, während seiner Laufbahn in verschiedene Bereiche wechseln zu können.

These 2 Die Ausbildung muß bundesweit hinsichtlich der Ausbildungsziele und der Ausbildungsdauer vereinheitlicht werden.

These 3 Die Rettungssanitäterausbildung muß ... 520 Stunden ...betragen...

These 4 Der Rettungsdienst und der Feuerwehreinsatzdienst muß jeweils gegenseitig für den Fm auswechselbar sein.

These 5 Die regelmaßige Fortbildung muß rechtlich verankert werden. **Die Wachfortbildung hat heute geringe Qualität.** (Warum ist das denn so? Verf.)

These 6 Ausbilder und Fachlehrer müssen qualifiziert und praxisnah aus- und fortgebildet werden... (Wo und von wem? Verf.) Die Fachlehrer müssen in periodischen Abständen Einsatzdienst versehen.

These 7 Die einheitliche Führungsausbildung im Katastrophenschutz muß gewährleistet bleiben.

These 8 Die Führungskräfte ... müssen in den Bereichen
- Management
- Verwaltung
- Menschenführung
- Streßbewätigung
- Katastrophen- und Zivilschutz
- intensiver ausgebildet werden... (Wo und von wem? Verf.)

These 9 Die Arbeitsbelastung des Fm im Einsatz muß ... analysiert werden, um praxisbezogene Übungen verwirklichen zu können.

In diesen Thesen wird die unbefriedigende Lage in den Berufsfeuerwehren herausgestellt. Die Forderungen sind berechtigt, aber niemand kann sagen, wie sie verwirklicht werden sollen oder können.
Der jeweilige Leiter einer Feuerwehr steht im Hinblick auf die Ausbildung grundsätzlich vor den gleichen Aufgaben: Er soll dafür sorgen, daß seine Feuerwehr ständig einsatzbereit ist und den gestellten Anforderungen gerecht wird, d.h. daß die Feuerwehrangehörigen eine Aus- und Fortbildung erfahren, die sie dazu befähigt, ihren Aufgaben gerecht zu werden. Nach § 21 FSHG erstreckt sich die Ausbildungsaufgabe der Gemeinden lediglich auf die Grundausbildung der Feuerwehrangehörigen, während die Aus- und Fortbildung der Führungskräfte der Landesfeuerwehrschule obliegt. Die entscheidende Frage: Wieviel Zeit kann über den regulären Rahmen hinaus für die Aus-und Fortbildung an den Standorten freigesetzt werden – im Bereich der Freiwilligen Feuerwehren nebenberuflich und bei den Berufsfeuerwehren innerhalb des Wachbetriebes?

Zusammenfassend lassen sich folgende Mißstände beschreiben:

1. Die »Grundausbildung« der Führungskräfte in den Freiwilligen Feuerwehren genügt den Anforderungen des Dienstes nicht, weil

a) Anforderungen an die Eingangsqualifikation (vor Beginn der schulischen Führungsausbildung) nicht gestellt sind,

b) die Ausbildungszeiten in den Führungslehrgängen viel zu gering angesetzt sind.

2. Nach bestandener Prüfung im jeweiligen Lehrgang sind die Führungskräfte der Freiwilligen Feuerwehr einschließlich des Wehrführers im Hinblick auf die Fortbildung in der Führungstätigkeit im wesentlichen auf sich allein gestellt. Abgesehen davon, daß die bestehenden Mängel (weil eine neutrale, aber kompetente Kontrollinstanz fehlt) nur ausnahmsweise bei spektakulären Schadenereignissen auffällig werden, ist es für den Leiter einer Freiwilligen Feuerwehr und auch für die anderen Feuerwehrangehörigen schlechthin unmöglich und auch unzumutbar, alles erforderliche Wissen und Können ausschließlich nebenberuflich nachzuholen oder neu zu erwerben. Ein oder zwei wöchentliche Übungsabende oder Unterrichtsveranstaltungen können diese Defizite nur teilweise ausgleichen.

3. Die Führungskräfte der Berufsfeuerwehren bringen aufgrund der Laufbahnvorschriften zwar eine hohe Vorqualifikation in die lehrgangsmäßige Ausbildung an den Landesfeuerwehrschulen mit, die aber je nach Studien- bzw. Fachrichtung sehr speziell ausgerichtet ist. Das fehlende praktische Berufs- und Erfahrungswissen kann erst nach und nach im Laufe der Zeit während des Dienstes am Standort erworben werden. Je nach Einsatzhäufigkeit und Umfang der sonstigen dienstlichen Verpflichtungen kann es jahrelang dauern, bis sich ein Urteilsvermögen entwickelt hat, welches erforderlich ist, um die nachschulische Ausbildung der Feuerwehrangehörigen – insbesondere der Führungskräfte – in den Berufsfeuerwehren zielgerichtet und praxisgerecht planen und durchführen zu können. Selbst wenn diese Voraussetzungen erfüllt sind, stellen sich einer planmäßigen Aus- und Weiterbildung, die wirklich zum Erfolg führt, nahezu unüberwindliche Hindernisse in den Weg:

a) Die theoretische Schulung (Wissensvermittlung, taktische Übungen wie Planspiele, Planübungen) läßt sich bei den bestehenden Arbeitszeitregelungen (24 Stunden Dienst, 48 Stunden frei) im Wachdienst nicht sinnvoll realisieren, weil die Anwesenheitszeiten auf der Wache zu kurz sind und dabei auch nicht voll für Unterrichts- oder Übungszwecke genutzt werden können: der »Arbeitsdienst« bzw. die »Dienstleistungstätigkeiten« nehmen außerhalb des Einsatzdienstes den Löwenanteil der Anwesenheitszeit in Anspruch.

b) Die bestehende Personalknappheit gestattet nur solche Fortbildungsveranstaltungen, die keine Beeinträchtigung der Alarmbereitschaft bedeuten; das jederzeitige Ausrücken muß gewährleistet bleiben. Z.B. sind Übungen unter Atemschutz praktisch nicht durchführbar; eine Personalreserve gibt es nicht. Daher ist ein Abzug von Personal aus dem Alarmdienst, um z.B. für eine Woche im normalen 8-Stunden-Tag eine Fortbildung zu veranstalten, unmöglich. Fortbildung am Standort bleibt daher in der Regel

Stückwerk und erfüllt oft nur eine Alibifunktion. Es gibt wohl kaum noch eine Feuerwehr, die wie die Berufsfeuerwehr München in der beneidenswerten Lage ist, einmal im Jahr rund hundert Feuerwehrangehörige mit ca. 15 bis 20 Fahrzeugen für eine volle Woche auf einen Truppenübungsplatz ins Manöver zu schicken, wo wirklichkeitsnahe »heiße« Übungen unter einsatzähnlichen Rahmenbedingungen veranstaltet werden können.

c) Praktische Ausbildungsveranstaltungen, wie z.B. Übungen in der Brandbekämpfung, Löschübungen, können auch aus Gründen der verschärften Umweltschutzbestimmungen gar nicht oder nur sehr eingeschränkt veranstaltet werden. Selbst die Entnahme von Wasser aus natürlichen Gewässern zu Übungszwecken und das Wiedereinleiten in das Gewässer unterliegt auch dann der Verpflichtung zur Abstimmung mit der zuständigen Wasserbehörde, wenn kein Übungsfeuer angelegt wird und lediglich das »Wasserpumpen« und die Handhabung der Strahlrohre bzw. der Gebrauch der Armaturen geübt werden soll. Übungen mit Löschmitteln wie Schaum oder Pulver unter Realbedingungen – also zum Löschen eines Übungsfeuers – sind (allerdings nicht nur wegen der Umweltschutzbestimmungen) nicht zu realisieren. Dies gilt auch für das Löschen mit Wasser. Auch die Freiwilligen Feuerwehren haben sich natürlich mit den gleichen Schwierigkeiten auseinanderzusetzen.

Wie kann der Leiter einer Feuerwehr unter solchen Voraussetzungen Ausbildungsdefizite ausgleichen und am Standort eine Fortbildung sichern?
Solange die Rahmenbedingungen nicht verbessert werden, können alle Bemühungen um eine Fortbildung, die den Einsatzanforderungen genügt, nur Teilerfolge bringen, selbst wenn dieses Ziel mit der erforderlichen Energie verfolgt wird. Trotzdem können und müssen die bestehenden Möglichkeiten genutzt werden, um so gut es geht dem angestrebten Ziel nahezukommen. Die Beachtung folgender Grundsätze kann weiterhelfen:

- Die zur Verfügung stehende Zeit so effektiv wie möglich nutzen: Alles Unnötige konsequent weglassen! Die Teilnehmer sind zum Lernen und Mitmachen am ehesten zu gewinnen, wenn sie davon überzeugt werden, daß sie das, was sie lernen sollen, in der Praxis benötigen. Lernziele bestimmen: Was müssen die Auszubildenden zur Ausübung ihrer Funktion wissen bzw. können?
- Alle Möglichkeiten prüfen und ausschöpfen, solche Ausbilder und lehrbefähigten Personen zu gewinnen, die für diese Tätigkeiten das erforderliche Können und Wissen besitzen und auch mit Interesse und Eigeninitiative an die Ausbildungstätigkeit herangehen. Interessierte Feuerwehrangehörige möglichst in entsprechenden Lehrgängen oder Kursen ausbilden lassen. Fachberater für die Sache der Feuerwehr gewinnen.
- **Die Inhalte der Ausbildungsveranstaltungen so praxisgerecht wie nur möglich festlegen:**
- Theoretisches Wissen nur in dem unbedingt erforderlichen Ausmaß vermitteln. Der Ausbilder darf nicht den Ehrgeiz haben, mit seinem eigenen Wissen glänzen zu wollen. Alle Lehrinhalte sollen mit praxisbezogenen Beispielen einleuchtend verdeutlicht werden.

- Erstrangiges Ausbildungsziel für die Mannschaften muß es sein, die Fähigkeit zu vermitteln, mit den Fahrzeugen, Geräten, Werkzeugen, Meßgeräten und sonstigen Einsatzmitteln einsatzgerecht umgehen zu können.
- Die Unterrichtsinhalte müssen sich in erster Linie an den Geräten orientieren, die in der betreffenden Feuerwehr vorhanden sind und eingesetzt werden sollen.

Negativbeispiele

Es ist sinnlos und demotivierend, wenn über Halon-Löschmittel bis in die letzten chemischen Feinheiten unterrichtet wird, obwohl diese Löschmittel bei öffentlichen Feuerwehren nur höchst selten vorhanden waren, noch ehe sie verboten worden sind. Es ist sinnlos und demotivierend, den Elektronenschalenaufbau der Atome bis in die Feinstrukturen erklären zu wollen, wenn es lediglich um den taktisch richtigen Gebrauch eines Löschmittels geht: Um einen Pulverlöscher wirkungsvoll einsetzen zu können, ist eine einzige praktische Übung wertvoller als 10 Stunden Unterricht über chemische Verbindungen, Radikale, Katalysatoren und scharfsinnige Betrachtungen darüber, welche Löscheffekte im wissenschaftlichen Sinne innerhalb der Molekularstruktur wirksam sind, oder überwiegen, und wie sie heißen sollen.
Es bewährt sich aber, wenn man in der Weise systematisch vorgeht, daß eine ganze Fahrzeugeinheit zum Gegenstand der Ausbildung gemacht wird, z.B. ein LF 16/12 mit seiner Fahrzeugtechnik und der darauf verlasteteten Gerätetechnik, wobei dann systematisch alle löschtechnischen Einrichtungen und Geräte hinsichtlich der Einsatzmöglichkeiten und -grenzen behandelt werden. Es ist nicht sinnvoll, ein Thema nur deshalb zum Unterrichtsgegenstand zu machen, weil es in der FwDV 2/2 als Stichwort genannt ist; z.B. sind »Hydraulik« und »Pneumatik« umfangreiche und komplexe Teilgebiete der Mechanik, die als Studienfach einige Semester ausfüllen können. Was soll also in einer zweistündigen Unterrichtsveranstaltung darüber gebracht werden – vor einem Zuhörerkreis, der sich aus Laien zusammensetzt? Es ist hingegen durchaus sinnvoll, beim Unterricht über die Wirkungsweise, die Einsatzmöglichkeiten und -grenzen von Lufthebern die dabei wirksamen physikalischen Gesetze **gerätebezogen** zu erläutern. Zusammengefaßt: Der unmittelbare **Praxisbezug muß** bei allen Unterrichts- und Ausbildungsthemen **gewährleistet sein**. Der Zuhörer muß klar erkennen können, **warum** er dieses oder jenes lernen soll und was er **im Einsatz** damit anfangen kann.
Für die **Fortbildung der Gruppen- und Zugführer** sind Ereignisse und Vorkommnisse bei gehabten Einsätzen lohnende und notwendige Inhalte; gerade auch negative Ereignisse wie z.B. Unfälle, von denen eigene Kräfte betroffen waren, insbesondere solche mit tödlichem Ausgang: Wie kam es dazu? Welche Fehler wurden gemacht? Wie können solche Fehler zukünftig vermieden werden? Für die Nachbereitung und Aufarbeitung solcher Einsätze, bei denen etwas nicht so gelaufen ist, wie es laufen soll, ist ein darauf bezogenes **Planspiel** besonders lehrreich. Eine Planspielanlage, möglichst auf die Örtlichkeiten und baulichen Anlagen des eigenen Einsatzgebietes bezogen, ist für die Fortbildung der Führungskräfte unentbehrlich. Bei der Erstellung einer solchen Anlage sollte man sich möglichst die Erfahrungen der Feuer-

wehrschulen zunutze machen, dies gilt besonders auch für die Ausbildung des Planspielleiters (hierzu siehe auch »Entscheidungstraining für Führungskräfte« Lehrblatt Nr. 18 aus der Reihe »Der Feuerwehrmann auf der Schulbank« von REMPE/KLÖSTERS). Auch bei der Anlage von Planübungen ist strikt darauf zu achten, daß der **Praxisbezug** gewährleistet ist.
Je geringer die Zeit ist, die für die Aus- und Fortbildung zur Verfügung steht, um so sinnvoller muß sie genutzt werden.
In der Aus- und Fortbildung von Feuerwehrkräften am Standort darf dabei der pädagogische Aspekt der Ausbildung zwar nicht außer acht gelassen werden, aber er darf auch nicht überbewertet werden. In der praktischen Ausbildung kommt es nicht auf die pädagogischen und psychologischen Feinheiten an! Die Ausbildungsmethode »Vormachen, Nachmachen, Üben« bewährt sich in diesem Bereich noch am besten. Damit will ich sagen, daß der Ausbilder am erfolgreichsten sein wird, der es am besten versteht, den Sinn der Ausbildung einsichtig zu machen und dabei als Fachmann überzeugt, indem er unter Beweis stellt, daß er das, worüber er unterrichten soll, selbst hinsichtlich des Fachwissens und der Anwendungpraxis (weitgehend) beherrscht. Der Feuerwehrausbilder ist nicht in der Rolle wie ein Hauptschullehrer, der seine Mühe hat, die Klasse zu motivieren und unter Kontrolle zu behalten.
Die Aufgaben eines Ausbilders lassen sich zwei großen Gruppen zuordnen:

1. Aufgaben, die den **Leistungsaspekt** betreffen:
   Informieren, Lehren, Ziele setzen, Kontrollieren, Bewerten usw.
2. Aufgaben, die den **Zufriedenheitsaspekt** betreffen:
   Interesse schaffen, eine gute Atmosphäre schaffen, Wißbegierde wecken, Widersprüche klären, Konflikte bereinigen usw.

Das Verhalten des Ausbilders hat gleichzeitig Auswirkungen auf die Leistung und auch auf die Zufriedenheit der Auszubildenden. Die Wechselbeziehung zwischen beiden Bereichen kann sich sowohl negativ als auch positiv auswirken:
Je einsichtiger der Lernzweck ist, um so besser wird die Lernmotivation und somit auch der Lernerfolg sein.

verbum docent, exempla trahunt
(das Wort lehrt, Beispiele reißen mit)
PAUL VAULONT

2.3.1.6 Beurteilungen von Mitarbeitern, Beförderungen

Bereich der Freiwilligen Feuerwehr
Rechtsgrundlage für die Beförderung von ehrenamtlichen Angehörigen der Feuerwehr ist die Laufbahnverordnung:

§3 LVO FF
(1) Jedem Angehörigen der Freiwilligen Feuerwehr steht die Beförderung zu höheren Dienstgraden offen, wenn er nach Eignung, Befähigung und fachlicher Leistung die Voraussetzungen hierfür erfüllt. Die Entscheidung trifft der Leiter der Freiwilligen Feuerwehr, bei Beförderung zu Brandmeisterdienstgraden in kreisangehörigen

Gemeinden im Benehmen mit Kreisbrandmeister und dem Träger des Feuerschutzes. Ein Rechtsanspruch auf Beförderung besteht nicht.

Welche Beförderungsmöglichkeiten in Abhängigkeit von den Ausbildungsgängen, Funktionszuweisungen und Dienstgradabzeichen nach der LVO FF möglich sind, ist im Kommentar zur LVO FF von Klaus Schneider ausführlich dargestellt und soll deshalb hier nicht im einzelnen wiedergegeben werden [28].
Jeder Feuerwehrangehörige wird nach dem Eintritt in die Freiwillige Feuerwehr mehr oder weniger bestrebt sein, mit fortdauernder Zugehörigkeit zur Feuerwehr auch mehr Verantwortung, Kompetenz und damit auch Ansehen zu gewinnen, indem er auch höhere Funktionen bekleiden kann. Ob das allerdings auch realisiert werden kann, ist eine andere Frage. Die Möglichkeiten hierzu sind um so vielseitiger, je ausgeglichener die Altersstruktur aller Feuerwehrangehörigen ist. Aber selbst bei in dieser Hinsicht günstigen Voraussetzungen wird der Wehrführer immer wieder vor die Frage gestellt, nach welchen Kriterien er denn eine anstehende Beförderung aussprechen soll, wenn mehrere Bewerber hierfür in Frage stehen. Da bei der Freiwilligen Feuerwehr der Dienstrang grundsätzlich keinen Einfluß auf das Einkommen hat, ist dieser Gesichtspunkt in einem anstehenden Konflikt nicht von Bedeutung. Allerdings darf das Prestige, das Ansehen, welches mit einer Beförderung verbunden ist, hier nicht unterbewertet werden. Jeder Mensch möchte für geleistete Anstrengungen und Pflichterfüllung auch Anerkennung finden. Der Wehrführer wird daher eine mögliche Beförderung einem Bewerber bzw. Kandidaten auch nicht länger als es sein muß vorenthalten.
Bei der Besetzung von Führungsfunktionen kommt es aber nicht nur darauf an, eine dafür erforderliche Beförderung sozusagen als Belohnung für Fleiß und Ausdauer auszusprechen. Die Funktion eines Gruppenführers oder Zugführers erfordert mehr als guten Willen. Wer Verantwortung für Leben und Gesundheit anderer Menschen übernehmen soll, muß sich dieser Verantwortung nicht nur bewußt sein, sondern auch über die notwendigen Führungseigenschaften verfügen. Deshalb muß im Zweifel bei der Entscheidung zwischen mehreren Kandidaten die Befähigung und Eignung den Ausschlag geben. Voraussetzung für die erforderliche Personalentscheidung ist eine möglichst sichere Beurteilung der Persönlichkeit des Kandidaten.

Allgemeine Grundregeln der Beurteilung nach Freyn u.a. [8]

1. *Mehr Information ergibt besseres Urteil:*
   Je mehr man über einen Menschen weiß, desto besser kann man ihn beurteilen. Allein aus diesem Grund ist wichtig, daß der Wehrführer von Anfang an bestrebt sein muß, die Angehörigen der Feuerwehr möglichst gut kennen zu lernen.
2. *Objektivere Information ergibt besseres Urteil:*
   Je zahlreicher und vertrauenswürdiger die Quellen der Information sind, je besser die Informationen nachprüfbar sind, um so objektiver ist das Urteil

3. *Je mehr Persönlichkeitsbereiche die gesammelten Informationen abdecken, um so besser ist das Gesamturteil.*
In vielen Fachschriften wird das Thema »Menschenkenntnis« als wichtiger Teil der Persönlichkeitsbeurteilung hervorgehoben. Sicher ist die Menschenkenntnis unbestreitbar für Führungspersonen von großer Bedeutung, aber dieser Begriff darf nicht allumfassend und zu allgemein verstanden werden, wenn er bei der Beurteilung von Mitarbeitern einen praktischen Wert haben soll. Menschenkenntnis ist hier so zu verstehen, daß es sich in diesem Bereich um Kenntnisse über ganz konkrete Eigenschaften, Merkmale, Fähigkeiten, Zu- oder Abneigungen, Stärken und Schwächen und ähnliche Persönlichkeitsmerkmale handeln soll.
4. *Vermeidung von typischen Beurteilungsfehlern ergibt besseres Urteil:*
Allgemeine bekannte Fehlertendenzen im Beurteilungsvorgang wie beispielsweise der »Sympathieeffekt«, der »Mildeeffekt« und der »Strengeeffekt« sollten möglichst kleingehalten bzw. kontrolliert werden.
5. *Interesse am menschlichen Verhalten ergibt besseres Urteil:*
Je mehr man an der Systematik menschlichen Verhaltens interessiert ist und je mehr man bereit ist, eigene, private Persönlichkeitstheorien zu korrigieren und ggf. fallenzulassen, desto besser wird das Urteil.

Einteilung von beobachtbaren Merkmalen (Persönlichkeitsmerkmalen)
Informationen, die man über Menschen erfahren kann, lassen sich je nach ihrem Wert für eine objektive Beurteilung in drei Gruppen einteilen:
- *Situative Merkmale*
  sind von den augenblicklichen Umständen abhängig. Sie sind nur einmal oder vereinzelt beobachtet worden und sind deshalb meist »zufällig«. Für eine Vorhersage des zukünftigen Verhaltens sind sie schlecht geeignet.
- *Stabile angeborene Merkmale*
  Sie bleiben – von Ausnahmen abgesehen – das ganze Leben unverändert. Sie kennzeichnen eine Person. Es handelt sich dabei um Persönlichkeitseigenschaften, die sich im körperlichen Bereich z.B. als Körpergröße, Körperform usw. zeigen, dazu gehören aber auch Merkmale des Charakters, der Intelligenz u.ä., die äußerlich nicht erkennbar sind. Vorhersagen über zukünftiges Verhalten sind zwar möglich, allerdings haben diese stabilen Merkmale selten Bezug zu Verhaltensweisen in wichtigen konkreten Augenblickssituationen.
- *Erworbene Merkmale*
  sind in einer »persönlichen Lerngeschichte« entstanden. Sie sind relativ stabil, werden sich in vielen ähnlichen Situationen wiederholen und sich nur über längere Zeiträume ändern. Für eine Prognose von Verhalten sind sie gut geeignet.

Für die **Abschätzung wichtiger Persönlichkeitsmerkmale** können folgende Fragen herangezogen werden:
Intelligenz
- Welche Schulen, Ausbildungsstätten hat der Betreffende durchlaufen? Wie waren bzw. sind die schulischen Leistungen?

- Wie sind die beruflichen Leistungen?
- Wird der Betreffende häufiger von Kollegen um fachlichen Rat gefragt?
- Welche Nebentätigkeiten, Hobbies, Steckenpferde, Liebhabereien werden ausgeübt?
- Welche Berufe und Tätigkeiten üben Eltern und Geschwister aus?

Schöpferische Fähigkeiten (Kreativität)
- Wurden innerbetriebliche Verbesserungsvorschläge eingereicht?
- Werden bei Aufgabenstellungen häufig auch außergewöhnliche, unkonventionelle Lösungen vorgeschlagen?
- Wird der Betreffende von Kollegen um Rat gefragt, wenn diese sich in ein »unlösbares« Problem verrannt haben?
- Welche Nebentätigkeiten (Hobbies) werden ausgeübt?

Konzentration und Ausdauer
- Wie stark schwanken die Leistungen im Zeitverlauf?
- Wie häufig werden bei der Arbeit inoffizielle, kleinere Pausen gemacht?
- Wie stark ist der Betreffende ablenkbar?
- Findet der Betreffende kleinere Fehler und Unstimmigkeiten in Unterlagen, Arbeitspapieren oder Arbeitsabläufen?
- Welche Nebentätigkeiten werden ausgeübt?

Kooperationsbereitschaft
- Wird bei dem Betreffenden spontane Hilfsbereitschaft beobachtet?
- Wie verhält sich der Betreffende Fremden und Neuankömmlingen gegenüber?
- Ist der Betreffende häufig in Gesellschaft anderer Menschen?
- Wie beliebt ist der Betreffende bei seinen Kollegen?
- Welche Nebentätigkeiten werden ausgeübt?

Beurteilungen bei Angehörigen der Berufsfeuerwehr

§ 104 Landesbeamtengesetz NRW

(1) Eignung, Befähigung und fachliche Leistung der Beamten sind mindestens vor Ablauf der Probezeit dienstlich zu beurteilen. Sie sollen ferner in regelmäßigen Zeitabständen und anläßlich einer Versetzung beurteilt werden; die obersten Dienstbehörden bestimmen die Zeitabstände und können Ausnahmen für Gruppen von Beamten zulassen. Die Beurteilungen sind mit einem Gesamturteil abzuschließen und sollen einen Vorschlag für die weitere dienstliche Verwendung enthalten. Sie sind zu den Personalakten des Beamten zu nehmen. Dem Beamten ist Gelegenheit zu geben, von seiner Beurteilung vor Aufnahme in die Personalakten Kenntnis zu nehmen und sie mit dem Vorgesetzten zu besprechen. Eine Gegenäußerung des Beamten ist ebenfalls zu den Personalakten zu nehmen.

Richtlinien für die dienstliche Beurteilung der Beamtinnen und Beamten im Geschäftsbereich des Innenministeriums NRW vom 9.11.1995

Aufgrund von § 104 des Beamtengesetzes für das Land NRW (LBG) (...) werden folgende Richtlinien für die dienstliche Beurteilung der Beamtinnen und Beamten (BRL) erlassen:

1 Ziel der dienstlichen Beurteilung
Die Leistungen der Beamtinnen und Beamten sollen abgestuft und untereinander vergleichbar bewertet werden. Außerdem gilt es, ein Bild der Befähigung und Eignung zu gewinnen.
Beurteilungen sollen es dem Dienstherrn ermöglichen, seine Entscheidung über die Verwendung von Beamtinnen und Beamten und über ihr dienstliches Fortkommen, insbesondere über eine Beförderung, am Grundsatz der Bestenauslese auszurichten. Sie erfordern daher von den Vorgesetzten Verantwortungsbewußtsein, Unvoreingenommenheit und Gewissenhaftigkeit.
Die Beurteilung spiegelt das Leistungs-, Befähigungs- und Eignungsbild wider, das die Vorgesetzten innerhalb des Beurteilungszeitraums gewonnen und der Beamtin/dem Beamten zu vermitteln haben. Es ist daher eine dauernde Aufgabe aller Vorgesetzten, mit ihren Mitarbeiterinnen und Mitarbeitern Arbeitsziele sowie Probleme der Zusammenarbeit und der Leistung zu erörtern. Dabei soll herausgestellt werden, wo sie Stärken haben und wo Kritik notwendig ist, und es soll aufgezeigt werden, wie etwa noch vorhandene Mängel behoben und Leistungen verbessert werden können; das gilt insbesondere bei Beamtinnen und Beamten auf Probe, die sich noch in der Probezeit befinden.

Die Richtlinien legen im weiteren die Einzelheiten des Beurteilungsverfahrens und die Beurteilungkriterien fest. Die Beurteilungen sind nach festgelegten Beurteilungsbögen durchzuführen. Das Bewertungsverfahren soll willkürliche Vorgehens- und Bewertungsweise ausschließen und dadurch zu einer möglichst gerechten Beurteilung unter Beteiligung des Betroffenen führen.

Aus einem Urteil des OVG Saarland vom 16.6.1965:
»Es ist eine allgemein bekannte,unerfreuliche, aber kaum zu behebende Erscheinung, daß das berufliche Vorwärtskommen im Öffentlichen Dienst wie auch in der privatwirtschaftlichen Sphäre mitunter weniger von der objektiven fachlichen Qualifikation eines Kandidaten als vielmehr von der subjektiven Betrachtungsweise des Vorgesetzten abhängt, der seine eigenen Maßstäbe zur Beurteilung der Qualifikation und der Bedeutung von Vorzügen und Nachteilen eines Kandidaten für ein höheres Amt entwickelt hat. Eine solche auf allgemein menschlicher Unvollkommenheit beruhende Betrachtungsweise und Einschätzung mag demnach im Einzelfall die – berechtigte oder unberechtigte – Kritik Dritter finden; sie wird sich jedoch nicht als Amtspflichtverletzung darstellen; es sei denn, daß die Beurteilung entstellende oder sogar absichtlich unrichtige Faktoren enthält.«

Wer beurteilt den obersten Beurteiler? ...

2.3.1.7 Zusammenarbeit mit dem Personalrat

Landesbeamtengesetz NRW

§ 105

Die Personalvertretung der Beamten wird durch Gesetz geregelt.

§ 106

(1) Die Spitzenorganisationen der zuständigen Gewerkschaften und Berufsverbände im Lande sind bei der Vorbereitung allgemeiner Regelungen der beamtenrechtlichen Verhältnisse zu beteiligen.

Personalvertretungsgesetz für das Land NRW (LPVG)

LPVG § 1

(1) Bei den Dienststellen des Landes, der Gemeinden, der Gemeindeverbände und der sonstigen der Aufsicht des Landes unterstehenden Körperschaften, Anstalten und Stiftungen werden Personalvertretungen gebildet.
(2) ...

LPVG § 2

(1) Dienststelle und Personalvertretung arbeiten zur Erfüllung der dienstlichen Aufgaben und zum Wohle der Beschäftigten im Rahmen der Gesetze und Tarifverträge vertrauensvoll zusammen; hierbei wirken sie mit den in der Dienststelle vertretenen Gewerkschaften und Arbeitgebervereinigungen zusammen.
(2) Dienststelle und Personalvertretung haben alles zu unterlassen, was geeignet ist, die Arbeit und den Frieden in der Dienststelle zu beeinträchtigen. Insbesondere dürfen Dienststelle und Personalvertretung keine Maßnahmen des Arbeitskampfes gegeneinander führen. [...]
(3) Außenstehende Stellen dürfen erst angerufen werden, wenn eine Einigung in der Dienststelle nicht erzielt worden ist. Dies gilt nicht für Gewerkschaften, Berufsverbände und Arbeitgeberverbände.

LPVG § 3

(1) Der Leiter der Dienststelle und die Personalvertretung haben jede parteipolitische Betätigung in der Dienststelle zu unterlassen; die Behandlung von Tarif, Besoldungs- und Sozialangelegenheiten wird hierdurch nicht berührt.
(2) Beschäftigte, die Aufgaben nach diesem Gesetz wahrnehmen, werden dadurch in der Betätigung für ihre Gewerkschaft nicht beschränkt.
(3) Die Aufgaben der Gewerkschaften und Vereinigungen der Arbeitgeber, insbesondere die Wahrnehmung der Interessen ihrer Mitglieder, werden durch dieses Gesetz nicht berührt.
[...]

LPVG § 5

(1) Beschäftige im Sinne dieses Gesetzes sind die Beamten, Angestellten und Arbeiter der [...] Körperschaften [...]
(5) Als Beschäftige im Sinne dieses Gesetzes gelten nicht
[...]
c) Ehrenbeamte, [...]

Unabhängig von den rechtlichen Einzelheiten, die das Verhältnis zwischen Dienststellenleiter und Personalrat bestimmen, sind beide Seiten verpflichtet, zum Wohle der Beschäftigten vertrauensvoll zusammenzuarbeiten.

2.3.2 Sicherstellung der technischen Ausstattung

Zwischen der personellen »Ausstattung« einer Feuerwehr und ihrer technischen Ausstattung besteht eine Wechselbeziehung. Zum Beispiel erscheint die Ausstattung mit einem Löschgruppenfahrzeug nur dann sinnvoll, wenn das Fahrzeug auch vollzählig besetzt werden kann, also eine Besatzungsstärke von 1 + 8 gesichert ist, weil die technischen Möglichkeiten eines Löschgruppenfahrzeugs nur dann voll zur Geltung gebracht werden können. Nun ist es an der Tagessordnung, daß bei den Berufsfeuerwehren die Lösch-

fahrzeuge unterbesetzt in den Einsatz fahren. Daraus kann man nun folgern, daß entweder die Fahrzeugtechnik – mindestens im Hinblick auf die Zahl der Sitzplätze (zu große Mannschaftskabine) – zu aufwendig ist, oder die technischen Möglichkeiten des Fahrzeugs taktisch nicht in dem Umfang genutzt werden können, wie es nach der technischen Konzeption vorgesehen ist. Konsequenz: Wenn eine Besatzung z.B.in Staffelstärke dasselbe erreichen kann wie eine vollzählige Löschgruppenbesatzung, dann ist zuviel Geld in die technische Ausstattung investiert worden: Was macht es für einen Sinn, ständig mit einer zu großen Mannschaftskabine – drei Plätze zuviel – zum Einsatz zu fahren? Man kann allerdings auch den Standpunkt vertreten, daß ein eigentlich zu großer Mannschaftsraum andere taktische Vorteile bietet: Er kann z.B. auch als »Notunterkunft« zum vorübergehenden Aufenthalt dienen, diese Möglichkeit ist besonders in der kalten Jahreszeit interessant: im Mannschaftsraum eines LF 16 kann z.B. eine Krankentrage auf einer Sitzbankreihe abgestellt werden. Es ist letztlich eine Geldfrage: Wenn das Löschgruppenfahrzeug (z.B. LF 16/12) dasselbe kostet wie ein Staffelfahrzeug, z.B. ein TLF 16/25, dann ist das Gruppenfahrzeug die bessere Wahl, auch wenn es dauernd unterbesetzt zur Einsatzstelle fährt.
Bei einigen großen Berufsfeuerwehren ist schon immer zu beobachten gewesen, daß »selbstkonstruierte« Spezialfahrzeuge von den Trägern des Feuerschutzes auch dann bezahlt wurden, wenn das Land wegen der fehlenden Normgerechtigkeit dieser exotischen Fahrzeuge keinerlei Zuschüsse bei der Beschaffung gewährte. Der Leiter einer Berufsfeuerwehr wird pflichtgemäß alles tun, Mangel an Einsatzpersonal durch möglichst optimale Technik auszugleichen. Wenn das Ergebnis dieser Überlegung ist, daß das erforderliche Fahrzeug vielleicht doppelt so teuer ist wie ein genormtes, aber der Kämmerer zu überzeugen ist, daß mit dieser teuren Technik Personal eingespart werden kann, so wird er einer Beschaffung nicht ablehnend gegenüber stehen (siehe auch Abschnitt »Personalplanung«).
Bei den Freiwilligen Feuerwehren ist die Situation grundsätzlich anders. Personalkosten entstehen nicht, also schlägt die Beschaffung der technischen Ausrüstung am stärksten zu Buche. Ein Verzicht auf Landeszuschüsse ist nicht vorstellbar, also werden in der Regel genormte Fahrzeuge beschafft, wenn Neubeschaffungen überhaupt in Frage kommen. Oft aber ist das Geld auch für den Eigenanteil der Gemeinde an den Beschaffungskosten zu knapp. Dann ist oftmals für die Feuerwehr der einzige Ausweg, überhaupt zu einer akzeptablen Ausrüstung zu kommen, der Ankauf von Fahrzeugen, die anderswo schon ausgemustert wurden und die so alt sind, daß auch diese den geltenden Normen nicht entsprechen und vielleicht erst durch Eigenbaumaßnahmen der Feuerwehrangehörigen einsatzgerecht gestaltet werden müssen. Einerlei, ob Freiwillige Feuerwehr einer 10 000-Einwohnergemeinde oder Berufsfeuerwehr einer Millionenstadt: Der Leiter der Feuerwehr ist verpflichtet, die zur Verfügung stehenden Haushaltsmittel so wirtschaftlich wie möglich einzusetzen. Das bedeutet, daß jede Mark (oder jeder Euro ...) so wirkungsvoll wie nur möglich anzulegen ist. Anders gesagt: Bevor Zahlungsverpflichtungen entstehen, ist gründlich zu überlegen, ob die beabsichtigte Maßnahme optimal den Zweck erfüllt.

2.3.2.1 Persönliche Ausrüstung

Wie bereits im Abschnitt »Fürsorgepflicht« angesprochen, hat der Leiter der Feuerwehr zunächst zu überlegen, ob die bestehende persönliche Ausrüstung den Unfallverhütungsvorschriften, den Feuerwehrdienstvorschriften und darüber hinaus auch den Anforderung des Einsatzdienstes entspricht.
Maßstab für die Beschaffung und Bereitstellung muß die Sicherheit der Einsatzkräfte sein.
Nicht jeder Verantwortliche kann sich meiner Empfehlung anschließen, ein komplettes, einsatzbereites Filtergerät für jeden aktiven Feuerwehrangehörigen als persönliche Ausrüstung, die jederzeit im Einsatz nach persönlichem Ermessen des einzelnen benutzt werden kann, zur Verfügung zu stellen. Dann muß aber wenigstens gewährleistet sein, daß diese Atemschutzgeräte im Bedarfsfall sofort zur Verfügung stehen, also auf dem Fahrzeug mitgeführt werden. Es läßt sich allein aus technischen Gründen nicht realisieren, daß für jede Einsatzkraft an der Einsatzstelle für jeden Bedarfsfall jederzeit ein Preßluftatmer oder Kreislaufgerät zur Verfügung steht. Deshalb ist das Filtergerät als persönliches Schutzgerät unentbehrlich. Die Entscheidung lautet nicht Preßluftatmer **oder** Filtergerät, sondern Preßluftatmer **und** Filtergerät. Umluftunabhängige Geräte und Filtergeräte können sich gegenseitig nicht ersetzen. Auch in jeder anderen Hinsicht muß die Grundausstattung komplett sein. *Mit Kostengründen läßt sich eine mangelhafte persönliche Ausrüstung nicht rechtfertigen.*

2.3.2.2 Fahrzeuge und Geräte

Weiter oben wurde bereits der Zusammenhang zwischen Normung und Beschaffungskosten angesprochen. Noch einmal: Wenn es um die Neubeschaffung von Fahrzeugen oder Geräten geht, ist immer zuerst zu prüfen, ob das Land – entsprechend den jeweils geltenden Bestimmungen die Beschaffung fördert. Zutreffendenfalls ist der Zuschuß selbstverständlich in Anspruch zu nehmen.
Daneben ist aber auch zu überlegen, welche technischen Alternativen es im Rahmen der Förderrichtlinien gibt. Aber:
Nicht alles, was bezuschußt wird, ist technisch, taktisch oder auf die örtlichen Verhältnisse bezogen auch sinnvoll. Mitunter werden auch technische Einrichtungen oder Mittel gefördert, die nicht sinnvoll sind, sondern nur überflüssige Kosten verursachen!
Innerhalb der Normung und Förderrichtlinien sind unterschiedliche technische Möglichkeiten im Angebot der Hersteller bzw. Lieferfirmen, die sich auch finanziell ganz erheblich unterscheiden können.

Beispiele für überflüssige technische Zusatzeinrichtungen:

Automatische Pumpendruck-Regeleinrichtungen (zusätzliche Kosten ca. 5000 DM) an Löschfahrzeugen sind überflüssig, weil es keinen Bedarf für eine solche Regelung in fördertechnischer Hinsicht gibt. Die Funktion des Maschinisten wird dadurch jedenfalls nicht entbehrlich: Außer der Druckeinstellung und möglicherweise gelegentlich erforderlichen Korrektur des Drucks gibt es eine ganze Reihe anderer Tätigkeiten, für die der Maschinist notwendig ist.

Zusätzliche Hochdruckeinrichtungen an Feuerlösch-Kreiselpumpen in Löschfahrzeugen (zusätzliche Kosten ca. 10 000 bis 20 000 DM) sind überflüssig, weil mit der vorhandenen Pumpentechnik alle taktischen Anforderungen erfüllt werden können. Folgende Überlegungen sollen dies verdeutlichen:

Vermeintliche Vorteile der Hochdruckeinrichtung:

a) **Die Löschwirkung der Strahlrohre** soll durch einen besonders feinen Sprühstrahl oder Wassernebel gegenüber dem herkömmlichen Verfahren gesteigert werden. Dadurch erreicht man bei weniger Wasserverbrauch einen besseren Löscheffekt. Das geht aber nur mit einem besonders hohen Strahlrohrdruck.

b) Um eine **größere Eindringtiefe** ohne Verlängerung der Schnellangriffsleitung zu erreichen, muß die Schnellangriffsleitung möglichst lang sein. Deshalb soll der Schlauchdurchmesser möglichst klein gehalten werden, damit möglichst viel Länge auf die Schnellangriffshaspel aufgewickelt werden kann. Ein geringer Schlauchdurchmesser hat aber einen großen Reibungsverlust zur Folge, deshalb muß der Pumpenausgangsdruck möglichst hoch sein, damit bei gegebener Schlauchleitungslänge noch genügend Druck am Strahlrohr vorhanden ist.

Folgerung: Die Hochdruckeinrichtung ist ihr Geld wert, weil sie neue taktische Vorteile bringt.

Meine Gegenmeinung: Die Hochdrucktechnik ist in dieser Form überflüssig und deshalb ihr Geld nicht wert, weil alle erhofften Vorteile mit der vorhandenen Pumpentechnik nach DIN 14 420 bereits erfüllt werden. Begründung:

Zu a) Löschwirkung

1. Das Ablöschen von Stoffen der Brandklasse A (z.B. Wohnungseinrichtung) gelingt in der Regel am besten, wenn die brennenden Gegenstände mit Wasser benetzt werden. Dazu ist eine Mindesttropfengröße erforderlich, Wassernebel erreicht die vergleichbare Löschwirkung nicht. Das gilt auch für das Löschen in der Brandklasse B.
2. Selbst wenn man Wert darauf legt, eine möglichst feine Wasserversprühung zu erreichen, ist dazu keineswegs ein besonders hoher Strahlrohrdruck erforderlich: Wie mit jeder Gartenspritze (oder jedem Parfümzerstäuber) demonstriert werden kann, erreicht man eine aerosolartig feine Zerstäubung auch z.B. mit nur 3 bar Druck, wenn die Düse richtig gestaltet ist. Ein Modernisierungsbedarf besteht nicht bei der Pumpentechnik, sondern bei den antiquierten Strahlrohren nach DIN 14 365.

Zu b) Länge der Schnellangriffsleitung

Wie lang darf die Angriffsleitung sein, um 4 bar Druck am Strahlrohr zu haben?

Rechenbeispiel:

Erforderlicher Druck am Strahlrohr: **4 bar**; geforderte Wasserlieferung: **50 l/min** (Zimmerbrand); entspricht D-Rohr ohne Mundstück.

Schnellangriffsleitung: **DN 25** oder Druckschlauch D nach DIN 14 810

Pumpe **FP 16/8** nach DIN 14 420.

Max. Schließdruck nach DIN 14 420 = 16 bar; möglicher Ausgangsdruck bei 50 l/min = 15 bar.

Zulässiger Druckverlust in der Gesamtleitung = 15 bar minus 4 bar = 11 bar.

Spezifischer Druckverlust durch Reibung im Schlauch 25 mm Durchmesser bei 50 l/min Durchfluß = rund 2 bar/100 m (siehe DIN 14 811).

Zulässige Leitungslänge = 11 bar geteilt durch 2 bar mal 100 m = rund **550 m.**

Bei 8 bar Ausgangsdruck: **200 m.**

Weitere Nachteile der Hochdruckeinrichtung:

- Die Drucksicherheit des Hochdruckteils erfordert zusätzlichen technischen Aufwand und erhöhten Wartungsaufwand.
- Die Möglichkeit einer unzulässigen Wassererwärmung im Hochdruckteil erfordert besondere Berücksichtigung bei der Benutzung.

Beispiele für sinnvolle Alternativen:
Allradantrieb (Mehrkosten gegenüber Straßenantrieb ca. 10000,00 DM) ist nicht bei allen Feuerwehrfahrzeugen zwingend vorgeschrieben. Wo er nicht zwingend erforderlich ist, kann eine **Differentialsperre in der Antriebsachse** (ca. 1000,00 DM) eine preisgünstige Alternative sein; diese sollte allerdings in keinem Einsatzfahrzeug fehlen.
Ein **Preßluftatmer** kostet rund 1200,00 DM. Um den nach Norm vorgeschriebenen Bestand von 4 Stück Preßluftatmer für ein Löschgruppenfahrzeug auf 8 Stück zu erweitern, ist also ein Kostenaufwand von 4800,00 DM erforderlich. Mit diesem Geld ist es nicht nur möglich, den persönlichen Schutz für die Besatzung zu optimieren (es sind dann nicht nur 4 Mann privilegiert), sondern es erweitern sich auch die taktischen Möglichkeiten in erheblichem Maße: Wenn es sein muß (Menschenrettung!), können 3 Atemschutztrupps eingesetzt werden, der Gruppenführer hat für sich selbst noch ein Gerät und sogar der Maschinist oder der Melder kann noch geschützt werden. Oder: In unübersichtlichen Einsatzstellen kann z.B. für die Menschenrettung ein vierköpfiger Trupp eingesetzt und zusätzlich ein Rettungstrupp (wie nach UVV vorgeschrieben) bereitgehalten werden. Raum- und Gewichtsreserve ist in der Regel auf jedem Löschgruppenfahrzeug ausreichend vorhanden. Das Abweichen von der Normbeladung darf dann auch nicht beanstandet oder als Begründung für die Ablehnung einer Bezuschussung herangezogen werden.

Erkenntnisse:

- Die verantwortlichen Führungskräfte haben sich so sachkundig zu machen, daß sie bei Beschaffungen die Anpreisungen mancher Lieferfirmen und Hersteller daraufhin bewerten können, ob die Angebote das Geld wert sind, das sie kosten.
- Jede Mark kann nur einmal ausgegeben werden. Aller überflüssiger Schnickschnack ist wegzulassen. Neue Technik muß besser sein als die bewährte, wenn sie diese ersetzen soll; das Neue ist nicht deshalb besser, weil es neu ist. Andererseits: Bewährte Technik kann auch veraltet sein; wenn neue Technik mehr Sicherheit und bessere taktische Möglichkeiten eröffnet, darf sie auch etwas kosten, wenn die Verhältnismäßigkeit gewahrt bleibt. Beispiel: Strahlrohre (s.o.).
- Auch der hochrangigste Feuerwehrführer sollte sich nicht für so sachkundig und allwissend halten, daß er allein in der Lage wäre, bei technischen Geräten alle Einzelheiten hinsichtlich der Zweckmäßigkeit, taktischen Nützlichkeit, praktischen Brauchbarkeit, hinsichtlich Wartungsaufwand, Handhabung usw. beurteilen zu können. Selbstverständlich ist er auch auf die Erfahrungen und das Wissen seiner Mitarbeiter angewiesen, und er darf auf dieses Potential nicht verzichten.

Beispiel: Es wurde ein neues Fahrzeug beschafft und in Dienst gestellt. Die Mannschaft steht staunend davor, stellt fest, daß alles mögliche gegenüber dem alten Fahrzeug neu ist, nur die Mängel, die bei der alten Ausführung schon immer Anlaß zum Ärger gegeben haben, sind auch bei dem neuen Fahrzeug vorhanden: Bedienungselemente sind genau so schlecht zugänglich wie bisher, die aufgeklebten Beschriftungstäfelchen für die Bedienungselemente lösen sich schon im Neuzustand, die wartungsaufwendige Entlüfungseinrichtung ist immer noch dieselbe ... Man hätte ja vielleicht diejenigen, die täglich mit dieser Technik arbeiten müssen, vor der Beschaffung des neuen Fahrzeugs auch mal anhören können... ! Es ist auch vorstellbar und kann sehr sinnvoll sein, vor der Beschaffung neuer Gerätschaften eine Art von Brainstorming (siehe Abschnitt 3.4.2.3) zu veranstalten, um zur bestmöglichen Lösung (höchster Gegenwert für das zur Verfügung stehende Geld) zu finden. Das gilt übrigens auch für Erstellung von baulichen Anlagen und Einrichtungen für die Feuerwehr.

- Bei Neubeschaffungen darf nicht nur auf die Belange der eigenen Gemeinde geachtet werden. Im Falle der überörtlichen Hilfe muß die Zusammenarbeit zwischen den Einsatzkräften verschiedener Feuerwehren möglich sein. Unterschiedliche Technik kann dies erschweren oder verhindern. Die Frage, ob genormt oder nicht genormt bzw. wie genormt oder nach welcher Norm genormt, muß auch unter diesem Gesichtspunkt betrachtet werden. Die Stellungnahme der zuständigen Aufsichtsbehörde – im Falle der Bezuschussung auch Bewilligungsbehörde – darf nicht nur aus der kommunalen Einzelsicht beurteilt werden. Einheitlichkeit und Standardisierung der Technik bringt in der Regel mehr Vor- als Nachteile, vor allem wirtschaftliche. In der Hektik des Einsatzes ist es auch nicht gleichgültig, ob ein bestimmtes Ausrüstungsteil, z.B. ein Strahlrohr, bei allen Löschfahrzeugen immer an der gleichen Stelle zu finden ist. Die zunehmende Normung auf Europaebene muß allerdings aus internationalen Wettbewerbsgründen so weitgefaßte Rahmenbedingungen schaffen, daß eine weitgehende Vereinheitlichung technischer Einzelheiten kaum noch oder nur auf Umwegen (nationale technische Maßblätter) zu realisieren ist.

2.3.3 Feuerwachen, Feuerwehrhäuser

Neubau

Neben den allgemein geltenden baurechtlichen Bestimmungen ist DIN 14 092 Feuerwehrhäuser, zu beachten.

Standortbestimmung

Bei der Standortbestimmung sind viele Gesichtspunkte und Faktoren auf einen Nenner zu bringen:
Welche Einsatzziele sollen von der Wache aus in welcher Zeit erreicht werden können?
Welche Verkehrsverhältnisse sind an den in Frage kommenden Standorten maßgeblich? (Aus- und Einfahrtmöglichkeiten, Beschaffenheit der Verkehrswege, Verkehrshindernisse oder Erschwernisse wie Bahnübergänge, Kreuzungen, Brücken, Steigungen oder Gefällstrecken, verkehrsberuhigte Straßen usw.)?
Welche Freiflächen stehen nach der Bebauung rund um die baulichen Anlagen zur Verfügung (Übungsmöglichkeiten!)?
Erlaubt die Umgebung Emmissionen? (z.B. Motorgeräusche bei Probeläufen und Übungen!)? Hier wird es in der Regel nicht ohne Kompromisse abgehen.

Möglichkeit des Pumpenprobelaufs
Auf jeder Feuerwache soll die Möglichkeit des Pumpenprobelaufs vorhanden sein. Technische Einzelheiten hierzu siehe Rotes Heft Nr. 12.

Turm
Ein Turm ist außer zum Schläuchetrocken auch für Übungen (Leitern) unentbehrlich.

Zugwache oder Gruppenwache?
Auch wenn die Personalstärke unterhalb der Zugstärke liegen wird: Der Neubau einer Wache (ständig besetzten Wache) sollte wenn eben möglich auf Zugstärke bemessen werden, weil der bauliche und damit auch finanzielle Aufwand im Hinblick auf die taktischen Vorteile im Verhältnis nur unwesentlich größer ist. Wenn es allerdings tatsächlich »nur« um ein Feuerwehrhaus für eine Gruppe geht (Stützpunkt einer Freiwilligen Feuerwehr) kann ein solcher Aufwand nicht gerechtfertigt sein.
Die Bauvorschriften und auch DIN 14 092 lassen einige Gesichtspunkte offen, die aber für die praktische Nutzung von großer Bedeutung sind. Im folgenden sind einige Beispiele aufgeführt.

Grundsätzliche Anforderung an die Fahrzeughalle

Eine Fahrzeughalle sollte über die Garagenfunktion hinaus wetterunabhängige Ausbildungmöglichkeiten bieten für solche Ausbildungs- und Übungsveranstaltungen, die einen vergleichsweise geringen Flächenbedarf haben.

Solche Ausbildungsvorgänge sind z.B.:
- Detaileinweisung an den Fahrzeugen
- praktische Fahrzeug- und Gerätekunde, Knoten und Stiche
- Geräteprüfen, einschließlich tragbarer Leitern
- allgemeine Wartungsarbeiten
- Bewegungsübungen für Atemschutzgerätträger

Die Planung der Halle bzw. Wache soll also auch darauf bezogen werden.

1. Flächen- und Raumbedarf

1.1 Fahrzeugstellplätze
Bei der Bemessung der Fahrzeustellplätze ist davon auszugehen, daß die größten in Frage kommenden Fahrzeugtypen abgestellt werden können, die Stellplätze nach Möglichkeit frei wählbar sein sollen und zwischen den Fahrzeugen ausreichend Platz nicht nur zum Be- und Entladen, sondern auch für die Durchführung praktischen Unterrichtes (Gerätekunde) vorhanden sein soll. Der erforderliche Freiraum rund um jedes Fahrzeug herum soll mindestens 3 m betragen, unter der Annahme, daß nicht an zwei nebeneinanderstehenden Fahrzeugen gleichzeitig unterrichtet wird. Bei einer Fahrzeugbreite von 2,5 m ergibt sich somit eine Stellflächenbreite bzw. ein Achsmaß (Mitte bis Mitte Stellplatz) von 5,5 m. Die Stellplatzlänge muß sich ebenfalls nach der größten anzunehmenden Fahrzeuglänge und dem notwendigen Freiraum bemessen. Für einen Kranwagen KW 40 mit einer Fahrzeuglänge von 14 m ergibt sich also eine Stellplatzlänge = Hallentiefe von 20 m. Wird dieses Maß auf 23 m erweitert, ergibt sich die Möglichkeit, zwei kleinere Fahrzeugeinheiten, z.B. zwei LF 16, hintereinan-

der aufzustellen.Richtet man sich nach der nächstkleineren Fahrzeuglänge, wie sie bei einer DL 23/12 mit 10 m gegeben ist, ergibt sich eine Hallentiefe von 16 m, abgerundet 15 m. Unter dieses Maß sollte keinesfalls gegangen werden, auch wenn eine DL 23/12 zum Zeitpunkt der Planung (noch) nicht vorhanden ist. Für einen klassischen Löschzug, bestehend aus ELW 1, TLF 16, LF 16 und DL (zusätzlich für den Rüsteinsatz RW 1 oder RW 2) ergibt sich somit ein Mindest-Innenflächenbedarf für die Fahrzeughalle von 15 m Tiefe und eine Hallenbreite von 5 x 5,5 m + 3 m = 30,5 m. Für jede weitere Fahrzeugeinheit (z.B. Gerätewagen, RTW) erhöht sich der Bedarf an Hallenbreite entsprechend. Meistens stellt sich nach kurzer Benutzungsdauer heraus, daß zu klein gebaut wurde!

1.2 Hallenhöhe

Um die Dachbeladung der Fahrzeuge wetterunabhängig be- und entladen zu können und auch für Ausbildungszwecke (Umgang mit tragbaren Leitern!) muß oberhalb der Fahrzeugdachfläche bzw. -oberkante Stehhöhe vorhanden sein. Bei einer nach den Fahrzeugnormen festgelegten maximalen Fahrzeughöhe von 3,3 m sollte die lichte Hallenhöhe über den Stellplätzen 5 m nicht unterschreiten. Dieses Maß erlaubt das problemlose Hantieren mit zwei zusammengesteckten Steckleiterteilen, wie es z.B. beim Prüfen von Leitern in Betracht kommt.

2. Bauart

Die für den Hallenkörper anzuwendende Bauart muß optimale Wärmedämmung erreichen, möglichst geringen Wartungsaufwand erfordern und langlebig sein. Hier sollen nicht im einzelnen die Vor- und Nachteile einzelner Systeme miteinander verglichen werden, die beste Lösung muß in der Bauplanungsphase gefunden werden, wobei die örtlichen Bauvorschriften auch auf die Bauart Einfluß nehmen. Sicherlich wird auch in Zukunft die zweischalige Mauerwerksbauart mit Mineralfaserdämmung von Bedeutung sein, auch im Hinblick auf die Langlebigkeit und die Folgekosten.

3. Hallenboden

Der Hallenboden muß tragfähig für Fahrzeuge bis 38 t Gewicht sein. Die Oberfläche muß auch in nassem Zustand rutschhemmend und so beschaffen sein, daß Flüssigkeiten (Wasser, Öl, Säuren) nicht aufgesaugt werden. Leichte Reinigung, z.B. durch Abspritzen mit Wasser, muß möglich sein. Der Hallenboden muß Gefälle zu einer Ablaufrinne haben, die am zweckmäßigsten längs der Hallenmitte verläuft; mit Anschluß an einen entsprechend dimensionierten Ölabscheider. Bodenoberfläche und Wasserablauf müssen eine Fahrzeugwäsche von Hand am Stellplatz gestatten. Auf den Stellplätzen sind zur Rangier- und Abstellhilfe Markierungen anzubringen (Leitlinien, Endmarken); dies ist bei Fliesenbelag besonders gut möglich.

4. Wände

Fenster oder andere Lichtöffnungen sollten erst ab 2 m Höhe über dem Hallenboden beginnen, um Platz an den Wänden für die Anbringung von Lehrmitteln, Ausrüstungsgegenständen, Reinigungsgeräten und dergl. zu gewinnen. Bis zu dieser Höhe sind die Wände mit einem abwaschbaren Belag (Fliesen) zu versehen.

5. Dach, Decke

Am zweckmäßigsten ist eine freitragende, stützenfreie Konstruktion mit guten akustischen Eigenschaften. Besonders gute Wärmedämmung ist anzustreben. Handelt es sich um eine eingeschossige Halle, bei der die Decke gleichzeitig das Dach bildet, ist eine Dachneigung von mindestens 15 Grad einer Flachdachkonstruktion vorzuziehen, um eine Ziegeleindeckung als Dachhaut zu ermöglichen. Der Dachüberstand an den Traufen sollte mindestens 0,5 m betragen, um Wetterschutz für die Tore zu erreichen. Auf die Vorzüge des Holzleimbinders als tragendes Element sei besonders hingewiesen: günstige statische Eigenschaften (schlanke Querschnitte und große Spannweiten sind möglich), Feuerwiderstandsklasse F 30, gute Wärmedämmung, gute akustische Eigenschaften.

6. Tore

6.1 Allgemeine Anforderungen

Die Tore müssen DIN 14 092 Teil 2 entsprechen und darüber hinaus folgende Anforderungen erfüllen: hohe Wärmedämmung, Lichtöffnungen ca. 60 % der Torfläche, jedoch nicht im unteren Drittel; zugluftdicht, staubdicht, schalldämmend, schlagregendicht glatte Oberfläche, geringer Wartungsaufwand, leichte Reparaturmöglichkeit, leichte Austauschbarkeit von Teilelementen, Langlebigkeit.

6.2 Anordnung, Anzahl

Grundsätzlich ist das »Durchfahrtprinzip« anzustreben, so daß die Fahrzeuge durch die Halle hindurch gefahren werden können, ohne rückwärts rangieren zu müssen. Dieses Verfahren ist weniger unfallgefährlich und erübrigt i.a. den »Einweiser«. Je Stellplatz sind also zwei sich gegenüber liegende Tore erforderlich. Allerdings sind dann auch vor und hinter der Halle die der Hallentiefe entsprechenden Freiflächen notwendig. Grundsätzlich müssen Tormitte, Stellplatzmitte und Fahrzeuglängsachse auf einer Linie liegen.

6.3 Lichte Durchfahrtmaße

Die lichte Durchfahrtbreite muß 3,5 und die lichte Durchfahrthöhe 4 m betragen; die Tore sollen ausreichend aber nicht unnötig groß sein, um Wärmeverluste klein zu halten und auch zwischen denToren noch Wandfläche bzw. Stützenbreite zu behalten. Diese ist als Montagefläche für technische Einrichtungen notwendig; ggf. auch zur Anbringung von Heizkörpern.

6.4 Einbau

Die Tore sollen außenbündig eingebaut werden, um auf der Außenseite die Ansammlung von Schmutz, Staub, Laub und Schnee zu vermeiden.

6.5 Betätigung, Steuerung

Eine zentrale Steuerung zum gleichzeitigen Öffnen oder Schließen mehrerer oder aller Tore ist in der Regel nicht erforderlich, wenn an jedem Stellplatz ein Zugschalter vorhanden ist, der das Öffnen vom Fahrersitz aus ermöglicht. Zusätzlich ist eine Öffnungsmöglichkeit am Tor selbst erforderlich. Wenn die Tore einzeln von Hand entriegelt werden, genügt zum Öffnen Federkraft. Motorbetriebene Tore kosten mehr und bedingen erhöhten Aufwand an einzubauender Technik und Wartung; können allerdings wieder automatisch schließen.

6.6 Verglasung

Grundsätzlich sollte die Verglasung aus Doppelscheiben-Isolierglas bestehen (unbegrenzte Lebensdauer, von der Bruchgefahr abgesehen). Bei Deckengliedertoren bevorzugt man allerdings wegen des Gewichtes Kunststoffverglasung. Einfache Drahtglas-Verglasung sollte in beheizten Hallen nicht in Betracht kommen.

6.7 Ausführung, System

Nach dem Stand der Technik können die zu stellenden Anforderungen von Schiebefalttoren, Deckengliedertoren oder Rolltoren aus GFK erfüllt werden. Welches System zu bevorzugen ist, muß nach dem Ergebnis einer Ausschreibung und Auswertung der Angebote – auch im Hinblick auf technische Details – entschieden werden.

7. Beheizung

Die Heizleistung muß mindestens Frostsicherheit gewährleisten. Soll die Halle auch im Winter für Ausbildungszwecke genutzt werden (was auf jeden Fall zweckmäßig ist) muß die Halle bei -15 Grad Celsius Außentemperatur auf mindestens 15 Grad Celsius Innentemperatur gehalten werden können (Arbeitsstättenrichtlinien). Heizlüfter sollen möglichst geräuscharm sein; bei der Anbringung unter der Hallendecke dürfen sie nicht über den Stellplätzen montiert werden, weil die Warmluft die Dachbeladung schädigen kann (hölzerne Leitern trocknen aus). Grundsätzlich sind Warmwasserradiatoren als Wärmetauscher zu bevorzugen.

8. Belichtung
Möglichst viel Tageslicht sollte in die Halle eintreten können. Siehe »Tore«. Ist die Halle nicht überbaut, sollte Dachbelichtung nach dem Shed-Dach-Prinzip angestrebt werden; flach liegende Fenster können Probleme mit der Dichtigkeit oder mit Schneebelag bereiten.
Künstliche Beleuchtung muß in der Halle eine Mindeststärke von 100 Lux ereichen. Schlagschattenbildung ist zu vermeiden. Lichtquellen sind zwischen den Fahrzeugstellplätzen anzuordnen (und nicht darüber), um die geöffneten Geräteräume der Fahrzeuge zu beleuchten.

9. Technische Einrichtungen

9.1 Ladeerhaltung der Fahrzeugbatterien
An jedem Stellplatz ist ein von oben kommendes, selbstaufrollendes und zentral versorgtes Ladeerhaltungskabel einzurichten

9.2 Druckluftanschluß
Für je drei Stellplätze ist ein Druckluftanschluß mit Steckkupplung und Reifenfülleinrichtung vorzusehen.

9.3 Wasseranschlüsse
Zur Fahrzeug- und Hallenreinigung ist an jedem dritten Stellplatz eine Zapfstelle mit D-Festkupplung DIN 14306 und darüber hinaus für je fünf Stellplätze – zum Füllen der Löschwassertanks – eine Zapfstelle mit C-Festkupplung DIN 14307 und Schlauchhaspel einzurichten.

9.4 Abgasanlage
Jeder Stellplatz ist mit einem Anschluß an eine zentrale Abgasanlage auszustatten, der es ermöglicht, den Fahrzeugmotor in Betrieb zu nehmen, ohne Abgas in die Halle gelangen zu lassen. Vorteilhaft ist ein Bodensystem, bei dem die Abgasöffnunen bei Nichtgebrauch verschlossen werden, es stören keine herabhängenden Schläuche die Bewegungsfreiheit in der Halle.

9.5 Hallenlüftung
Über die Anforderungen der Garagenverordnung hinaus ist die Halle mit einer wirksamen Entlüftungsmöglichkeit auszustatten, die Motarabgase ins Freie abführt.

9.6 Alarmierungsanlage, Telefon
Außer der Alarmierungsanlage ist in der Halle Anschluß an das interne Telefonnetz erforderlich.

10. Zusatzeinrichtungen

10.1 Fahrzeugwaschhalle
Der Fahrzeughalle ist eine Fahrzeugwaschhalle (evt. in schallgeschützter Ausführung mit integrierter Möglichkeit des Pumpenprobelaufs (kein Pumpenprüfstand) zuzuordnen. Erforderliche Maße: Breite 8,5 m; Länge 14 m; Höhe 5 m.

10.2 Sanitäre Einrichtungen
In der Fahrzeughalle sind Handwaschbecken und Toiletten gemäß ASR einzurichten.

10.3 Stiefelwaschanlagen
An beiden Stirnseiten der Fahrzeughalle ist je eine Stiefelwaschanlage einzubauen.

11. Ausbildungsbezogene Ausstattung
Zur Vervollständigung der Ausbildungs- und Übungsmöglichkeiten sind vorzusehen:
- Wandtafel und fahrbare Tafeln mit Zubehör,
- Projektionsflächen für Tageslichtschreiber,
- zwischen je zwei Stellplätzen je eine Steckdose 230 V und 400 V zum Anschluß von Geräten aus der Fahrzeugbeladung,
- Anbringung von auf die Feuerwehrtechnik bezogenen Modellen, Schau- und Lehrtafeln an den Freiflächen der Wände und Stützen,

12. Angrenzende Räume
Die Zuordnung der Kfz.-Werkstatt, der Schlauchwerkstatt, der Schlauchwäsche und des Schlauchtrocken- und Übungsturms sowie der Atemschutzwerkstatt (Gerätetausch) soll so erfolgen, daß möglichst kurze Wege wetterunabhängig die einzelnen Baueinheiten miteinander verbinden.
Rutschschächte, die aus über der Halle liegenden Räumen herunterführen, müssen so angeordnet und gebaut sein, daß Abgase nicht in die darüberliegenden Räume gelangen können.

13. Freiflächen vor der Halle
Die Freifläche vor den Toren (»Stauraum«) muß nach DIN 14092 der Hallentiefe entsprechen. Bei dem oben aufgeführten Beispiel müßte die Fläche also mindestens 15 m mal 30 m betragen. Wenn eben möglich sollte wenigstens auf dem Wachgelände einer Zugwache – wenn nicht in Zusammenhang mit der Halle, dann an anderer Stelle – die Möglichkeit von Schul- oder Einsatzübungen (Löschangriff) eingeplant werden. Dazu wäre ein Fläche von etwa 50 mal 80 m erforderlich.

14. Von den Erfahrungen anderer Feuerwehren lernen!

2.3.4 Ortsbegehungen

Im Einsatz ist möglichst gute Orts- und Objektkenntnis von großer Bedeutung. Der Leiter der Feuerwehr muß also nach Mitteln und Wegen suchen, um diese Kenntnisse innerhalb der Mannschaften zu optimieren. Dies gilt in erster Linie für besondere Objekte wie Schulen, Krankenhäuser, Theater, Museen, Galerien, Kinos, Gewerbebetriebe, landwirtschaftliche Anlagen, Lagerhäuser (Objekte »besonderer Art und Nutzung« im baurechtlichen Sinne). Im Rahmen der Brandschau erhält der Ausführende ohnehin ausführlichere Kenntnisse als die anderen Feuerwehrangehörigen. Diese Kenntnisse sollen im Rahmen von Unterrichtsveranstaltungen weitergegeben werden.

Kirchenbauten
Unter den baulichen Anlagen haben die Kirchenbauten eine besondere Bedeutung. Sie unterliegen nicht den baurechtlichen oder behördlichen Bestimmungen, so daß z.B. die Installation löschtechnischer Einrichtungen wie Steigleitungen oder Wandhydranten nur auf dem Wege der Vereinbarung mit dem Eigentümer (z.B.Kirchengemeinde) erreicht werden kann. Andererseits sind aber durch die Baukonstruktion und die Bausubstanz im Brandfalle außergewöhnliche Schwierigkeiten und Probleme zu erwarten. So stellen der Dachstuhl des Hauptschiffes und auch der Turm oder die Türme oft ein erhebliches Brandpotential dar. Hinzu kommt die schlechte Zugänglichkeit, die besonders bei hohen und schlanken Türmen stark ausgeprägt ist. Immer wieder ist es in der Vergangenheit durch Blitzschlag oder auch durch Nachlässigkeit bei Bauarbeiten zu Bränden in Kirchtürmen gekommen, die der Feuerwehr z.T. erhebliche Schwierigkeiten bereiteten. Als wichtige Vorbereitungsmaßnahmen sind in diesem Zusammenhang zu nennen:
1. Kontaktaufnahme mit der zuständigen Kirchengemeinde, mit dem Ziel, die Probleme der Feuerwehr zunächst einmal darzustellen, um Verständnis für die erforderlichen Mindestmaßnahmen zu wecken.
2. Die Ortskenntnis der Feuerwehrangehörigen durch genaue Besichtigung des Objektes herstellen und aufrechterhalten.

3. Baupläne soweit möglich beschaffen, kopieren und auf der Grundlage eines Feuerwehrplanes nach DIN 14095 ergänzen.
4. Die maximale Höhe des Gebäudes – in der Regel die Turmspitze – ermitteln.

Diese Höhe ist wichtig, um den für Löschzwecke erforderlichen Pumpendruck festzustellen und darauf aufbauend ein Förderkonzept zu erstellen: Wieviel Pumpen müssen hintereinandergeschaltet werden? Wieviel Rohre müssen an welcher Stelle mindestens plaziert werden können? Wieviel Liter pro Minute sind zu fördern? Woher wird das Wasser entnommen? Alles Erdenkliche unternehmen, um auf dieser Grundlage eine trockene Steigleitung installieren zu lassen: Einspeisemöglichkeit von außen (wo?), möglichst 3"-Rohrleitung (verzinkt) verlegen. Wenn das Geld ganz knapp ist, reicht auch eine 2"-Leitung, entsprechend C-Dimension. An möglichst hoch gelegener Stelle, aber noch gut zugänglich, einen Verteiler mit C-Schläuchen und Strahlrohren an die Steigleitung ankuppeln und deponieren, möglichst vor Staub und Taubenkot geschützt. Beispiel: Drei C-Rohre mit Mundstück sollen in 80 m Höhe mit Löschwasser versorgt werden: 300 Liter pro Minute sind mit einem Druck von 13 bar in die Steigleitung einzuspeisen. Dazu reicht ein Löschfahrzeug am Fuß des Turms aus, oder zwei direkt hintereinander geschaltete TS 8/8. Sinngemäß das Gleiche gilt für die Stationierung eines zweiten oder dritten Verteilers mit Strahlrohren, z.B an schwierigen Stellen des Dachstuhls. Wenn eine trockene Steigleitung nicht zu realisieren ist: Stationär verlegte Schläuche tun es auch. Allerdings ist eine jährliche Kontrolle erforderlich, möglichst eine nasse!
Diese Maßnahmen sind mindestens erforderlich, wenn man nicht doch im Falle eines Brandes mehr oder weniger hilflos das Feuer in erreichbare Nähe herunterbrennen lassen will.
Zu klären ist auch, was zu tun ist, wenn z.B. der Brand des Turmes bzw. der Kirche nicht rechtzeitig unter Kontrolle gebracht werden kann: Wer oder was ist gefährdet, wenn es zum Einsturz des Turmes kommen sollte? Müssen Gebäude geräumt werden? Muß die Unterbringung von Kunstschätzen geplant werden?
Sinngemäß die gleichen Überlegungen sind anzustellen bei vergleichbaren Gebäuden wie z.B. Synagogen oder Moscheen.

2.3.5 Alarm- und Ausrückeordnung

Die Erstellung einer Alarm- und Ausrückeordnung und deren Fortschreibung ist bei den Freiwilligen Feuerwehren in Abstimmung mit den Kreisleitstellen durchzuführen. Dabei ist auch die Frage der überörtlichen Hilfe im Sinne des § 17 FSHG zu klären:
Es muß konkret festgelegt werden, welche taktischen Einheiten aus welchen Standorten aufgrund welchen Alarmierungsstichwortes auszurücken haben. Die Zusammenarbeit aller kreisangehörigen Wehrführer mit dem Kreisbrandmeister und der Kreisleitstelle ist Voraussetzung für ein schlüssiges Konzept auf der ganzen Kreisebene. Dazu gehört vor allem eine einheitliche Alarmstichwortliste.
Bei den Berufsfeuerwehren läßt sich das etwas einfacher regeln, soweit überörtliche Hilfe nicht erforderlich ist. Das ist allerdings auch sehr unterschiedlich: Die Stadt Mülheim a.d. Ruhr hat z.B. keine Freiwillige Feuerwehr, die Berufsfeuerwehr mit 2 Zügen kommt also schnell in die Lage, die Nachbarn um Hilfe zu ersuchen. Grundsätzlich anders die Situation z.B. in Münster i.W.: Die Feuerwehr Münster besteht aus insgesamt 22 Zügen, da-

von 2 Züge Berufsfeuerwehr; diese »Streitmacht« ist so schnell nicht auf Hilfe von außen angewiesen.
Für die Erstellung der örtlichen Alarm- und Ausrückeordnung sind also die örtlichen Verhältnisse maßgeblich.

2.3.6 Löschwasserversorgung

Die Sicherstellung einer angemessenen Löschwasserversorgung ist nach FSHG Aufgabe der Gemeinden:

§ 1 FSHG (2) Die Gemeinden treffen Maßnahmen zur Verhütung von Bränden und stellen eine den örtlichen Verhältnissen angemessene Löschwasserversorgung sicher. Stellt die Bauaufsichtsbehörde auf der Grundlage einer Stellungnahme der zuständigen Brandschutzdienststelle fest, daß im Einzelfall wegen einer erhöhten Brandlast oder Brandgefährdung eine besondere Löschwasserversorgung erforderlich ist, hat hierfür der Eigentümer, Besitzer oder Nutzungsberechtigte Sorge zu tragen.

Ungeachtet der gesetzlichen Verpflichtung muß die Feuerwehr von sich aus auf folgende Punkte besonders achten:

Hydranten
Es ist ein Hydrantenplan zu erstellen, aus dem ersichtlich ist, auf welchen Leitungen welche Hydranten eingebaut sind. Von besonderem Interesse ist, ob ein Hydrant auf einer Ringleitung bzw. Verbundleitung steht oder auf einen Endstrang der Versorgungsleitung aufgebaut ist. In letzterem Fall ist die Frage, ob die Wasserabgabe des Hydranten das normale Maß (ca. 1200 l/min bei Unterflurhydranten, ca. 2400 l/min bei Überflurhydranten) erreicht oder nicht. Im Zweifelsfalle kann es erforderlich sein, die Wasserabgabe auszumessen. Um Schäden am Rohrnetz zu vermeiden, muß das in Abstimmung mit dem Wasserversorgungsunternehmen geschehen, weil das Rohrnetz bei diesem Versuch hoch beansprucht wird (siehe Klösters, »Wasserförderung im Feuerwehrdienst«).
Mindestens einmal jährlich ist eine **Hydrantenkontrolle** erforderlich. Zu prüfen ist die Beschilderung, die Hydrantenfunktion, die Zugänglichkeit und Wintertauglichkeit. Dazu gehört auch die Feststellung, ob Hydranten, die unter einer Schnee- oder Eisdecke liegen, ohne weiteres auffindbar sind. Wenn die Entfernung zwischen Hinweisschild und Unterflurhydranten z.B. in der Größenordnung von 10 m liegt, kann die Lage des Hydranten durch Abschreiten der Koordinaten nur ungenau bestimmt werden! Es kann nicht hingenommen werden, daß nach einem Hydranten unter der Schneedecke gesucht werden muß. Deshalb ist auf jedem Löschfahrzeug ein Bandmaß mitzuführen, mit dessen Hilfe die Lage des Hydranten schnell und zuverlässig bestimmt werden kann – vorausgesetzt, die Entfernungsangaben auf dem Schild stimmen genau genug! Weiterhin ist bei strengen winterlichen Verhältnissen die Möglichkeit des Auftauens der Straßenkappe vorzusehen. Eine 5 kg-Propanflasche mit Auftaubrenner (Hydrantenauftaugerät) kann hierzu benutzt werden.
Offene Gewässer
An offenen Gewässern, die für die Löschwasserversorgung genutzt werden sollen, muß Vorsorge getroffen werden, daß zu jeder Jahreszeit Wasser entnommen werden kann. Bei genormten Löschwasserteichen nach DIN 14200 ist die frostsichere Entnahmemöglichkeit gesichert, aber solche Teiche sind infolge des relativ hohen baulichen Aufwandes sehr teuer und werden daher kaum errichtet. An anderen Gewässern können aber ohne großen baulichen und finanziellen Aufwand Stellplätze für

Löschfahrzeuge oder Tragkraftspritzen hergerichtet werden, die den Anforderungen genügen (siehe auch: Die Roten Hefte Nr. 27a und 27b).

2.3.7 Instandhaltung, Versorgung

Der Instandhaltung der Feuerwehrausstattung muß in Zeiten knapper Finanzmittel besondere Aufmerksamkeit zuteil werden. Rechtzeitige und regelmäßige Geräteprüfung ist nicht nur eine Voraussetzung für die Unfallsicherheit, sondern läßt auch Schäden frühzeitig erkennen, so daß eine evtl. notwendige Instandsetzung von Fahrzeugen, löschtechnischen Einrichtungen und Geräten möglichst preisgünstig erfolgen kann.
Die Führung der Feuerwehr muß sicherstellen, daß sowohl personell als auch materiell die Voraussetzungen dafür geschaffen werden, daß die erforderlichen Arbeiten sachgerecht und rechtzeitig erfolgen. In diesem Bereich können auch Feuerwehrangehörige eingesetzt werden, die nicht oder nicht mehr voll einsatztauglich sind. Wichtig ist, daß die richtigen Fachleute gefunden und eingesetzt werden, welche die erforderlichen Fachkenntnisse besitzen. Bei der Beschaffung und Bereitstellung der notwendigen Sachmittel (Ersatzteile, Pflegemittel usw.) darf nicht am falschen Platz gespart, andererseits dürfen keine Mittel verschwendet werden (siehe auch: Die Roten Hefte Nr. 11 und 12).

2.3.8 Haushaltsführung

§ 35 FSHG NRW

(1) Die Gemeinden haben die Kosten für die ihnen nach diesem Gesetz obliegenden Aufgaben zu tragen.
(2) Das Land trägt die Kosten für die Einrichtung und Unterhaltung der auf Landesebene notwendigen zentralen Ausbildungsstätten (Landesfeuerwehrschule, Verf.). Zu den Kosten gehören die Aufwendungen für Unterkunft und Verpflegung. Die Lohn- und Verdienstausfälle der ehrenamtlichen Angehörigen öffentlicher Feuerwehren, soweit sie bei einem privaten Arbeitgeber beschäftigt sind, sowie die notwendigen Fahrgelder aller Lehrgangsteilnehmer werden in voller Höhe ersetzt, hinsichtlich der Verdienstausfälle jedoch nicht über die vom Innenminister festgesetzten Höchstbeträge.
(3) Das Land übernimmt die Investitionskosten für die Ersteinrichtung und Erstausstattung neuer sowie die Erweiterung bestehender Leitstellen nach Maßgabe des Haushaltsplanes.
(4) Das Land leistet Zuschüsse zu den Kosten der Gemeinden und Kreise unter besonderer Berücksichtigung der zusätzlichen Einsatzbereiche nach § 18 (Einsatz auf Autobahnen und Wasserstraßen, Verf.) Ausgenommen sind die Ausbildung und Fortbildung auf Gemeinde- und Kreisebene sowie der Vorbeugende Brandschutz.
(5) Das Aufkommen aus der Feuerschutzsteuer ist nur für den Brandschutz zu verwenden.

Die Unterhaltung der Feuerwehr im Rahmen der gesetzlichen Pflichtaufgaben belastet den Gemeindehaushalt wie folgt:

Kosten der personellen Aufstellung

z.B. – Personalkosten für hauptamtliche Kräfte
- Ärztliche Untersuchungen (Einstellung, G26)
- Geschäftskosten für die Personalführung
- Persönliche Ausrüstung, Ausstattung
- Aus- und Fortbildungskosten

Kosten der materiellen Ausstattung der Feuerwehr

z.B. – Neubau von Feuerwehrhäusern
- Ausstattung der Gebäude und Räume
- Beschaffung von Fahrzeugen und Geräten, Löschmitteln und Verbrauchsgütern
- Beschaffung spezieller Schutzkleidung
- Beschaffung von Lehr- und Lernmitteln

Unterhaltungskosten

z.B. – Bewirtschaftungskosten für Grundstücke und Gebäude
- Betriebskosten für Fahrzeuge und Geräte
- Instandhaltungskosten
- Betriebs- und Unterhaltungskosten für Nachrichten- und Alarmierungsmittel
- Aufwandsentschädigungen und andere Entschädigungen
- Zuschüsse für die Kameradschaftspflege

Die Gemeindeordnung (= Kommunalverfassung als Gesetz) verpflichtet die Gemeinden, die Bewirtschaftung der Gemeindefinanzen nach bestimmten Grundsätzen auszuführen:

§ 75 Allgemeine Haushaltsgrundsätze

(1) Die Gemeinde hat ihre Haushaltswirtschaft so zu führen, daß die stetige Erfüllung ihrer Aufgaben gesichert ist. (...)
(2) Der Haushalt ist sparsam und wirtschaftlich zu führen.
(3) Der Haushalt muß in jedem Jahr ausgeglichen sein.
(4) ... (6).

§ 76 Grundsätze der Einnahmebeschaffung

(1) Die Gemeinde erhebt Abgaben nach den gesetzlichen Vorschriften.
(2) Die Gemeinde hat die zur Erfüllung ihrer Aufgaben erforderlichen Einnahmen
1. soweit vertretbar und geboten aus speziellen Entgelten für die von ihr erbrachten Leistungen,
2. im übrigen aus Steuern

zu beschaffen, soweit die sonstigen Einnahmen nicht ausreichen.
(3) Die Gemeinde darf Kredite nur aufnehmen, wenn eine andere Finanzierung nicht möglich ist oder unzweckmäßig wäre.

Einnahmequellen für die Gemeinde sind:
- Grundsteuer A (Land- und Forstwirtschaft)
- Grundsteuer B (andere Grundstücke
- Gewerbeertragssteuer

- Gewerbekapitalsteuer
- Hundesteuer
- bestimmte Gebühren (z.B. Entgelte für Benutzung von Feuerwehrgeräten, siehe Beispiel Gebührenordnung)
- Landeszuweisungen
  - Anteil an der Einkommensteuer
  - Schlüsselzuweisungen
  - Zweckzuweisungen, Beihilfen, Zuschüsse

§ 77 Haushaltssatzung

(1) Die Gemeinde hat für jedes Haushaltsjahr eine Haushaltssatzung zu erlassen.
(2) Die Haushaltssatzung enthält die Festsetzung
1. Des Haushaltsplans unter Angabe des Gesamtbetrages der Einnahmen und Ausgaben des Haushaltsjahres, der vorgesehen Kreditaufnahmen [...], der vorgesehenen Ermächtigungen zum Eingehen von Verpflichtungen, die künftige Haushaltsjahre mit Ausgaben für Investitionen [...] belasten (Verpflichtungsermächtigungen), [...]

(3) Haushaltsjahr ist das Kalenderjahr [...].

Verpflichtungsermächtigungen sind erforderlich, wenn Investitionen notwendig sind, deren Kostenabwicklungen sich über mehrere Jahre erstrecken. Typische Beispiele sind Baumaßnahmen oder die Beschaffung von Großgeräten, z.B. Feuerwehrfahrzeuge, deren Planung, Ausschreibung, Herstellung und Lieferung und Abnahme nicht innerhalb eines Haushaltsjahres vollzogen werden kann. Verpflichtungsermächtigungen dürfen nur im laufenden Haushaltsjahr und in der Regel höchstens für drei Jahre erteilt werden. Sie müssen in den Vermögenshaushalt (s.u.) aufgenommen werden.

§ 78 Haushaltsplan

(1) Der Haushaltsplan enthält alle im Haushaltsjahr für die Erfüllung der Aufgaben der Gemeinde voraussichtlich
1. eingehenden Einnahmen,
2. zu leistenden Ausgaben,
3. notwendigen Verpflichtungsermächtigungen [...].

(2) Der Haushaltsplan ist in einen Verwaltungshaushalt und einen Vermögenshaushalt zu gliedern [...]; der Stellenplan für die Beamten, Angestellten und Arbeiter ist Anlage des Haushaltsplans.
(3) Der Haushaltsplan ist Grundlage für die Haushaltswirtschaft der Gemeinde. Er ist nach Maßgabe dieses Gesetzes und der aufgrund dieses Gesetzes erlassenen Vorschriften verbindlich. [...].

§ 79 Erlaß der Haushaltssatzung

(1) Der Kämmerer oder der sonst für das Finanzwesen zuständige Beamte stellt den Entwurf der Haushaltssatzung mit ihren Anlagen auf und legt ihn dem Bürgermeister zur Feststellung vor.
(2) Der Bürgermeister leitet den von ihm festgestellten Entwurf dem Rat zu. [...].
(3) Der Entwurf [...] ist nach vorheriger Bekanntgabe an sieben Tagen öffentlich auszulegen. Gegen den Entwurf können Einwohner oder Abgabepflichtige innerhalb einer Frist von vierzehn Tagen nach Beginn Einwendungen erheben. [...] Über die Einwendungen beschließt der Rat in öffentlicher Sitzung.

(4) Der Entwurf der Haushaltssatzung [...] ist vom Rat in öffentlicher Sitzung zu beraten und zu beschließen. In der Beratung [...] kann der Kämmerer seine abweichende Auffassung vertreten.
(5) Die [...] beschlossene Haushaltssatzung ist [...] der Aufsichtsbehörde anzuzeigen. Die Haushaltssatzung darf frühestens einen Monat nach der Anzeige [...] bekannt gemacht werden. [...].
(6) Im Anschluß an die öffentliche Bekanntmachung der Haushaltssatzung ist der Haushaltsplan mit seinen Anlagen an sieben Tagen öffentlich auszulegen; in der Bekanntmachung ist auf die Auslegung hinzuweisen.

Beispiel einer Haushaltssatzung (Gemeinde mit ca. 9.000 Einwohnern):

Haushaltssatzung der Gemeinde Everswinkel für das Haushaltsjahr 1996

Aufgrund der §§ 77 ff der Gemeindeordnung für das Land Nordrhein-Westfalen in der Fassung der Bekanntmachung vom 14.07.94 hat der Rat der Gemeinde Everswinkel am ... folgende Haushaltssatzung beschlossen:

§ 1

Der Haushaltsplan für das Haushaltsjahr 1996 wird

im Verwaltungshaushalt	
in der Einnahme auf	19.377.700 DM
in der Ausgabe auf	19.377.700 DM
im Vermögenshaushalt	
in der Einnahme auf	7.346.400 DM
in der Ausgabe auf	7.346.400 DM

festgesetzt.

§ 2

Kredite werden nicht veranschlagt.

§ 3

Der Gesamtbetrag der Verpflichtungsermächtigungen wird auf 1.100.000 DM festgesetzt.

§ 4

Der Höchstbetrag der Kassenkredite, die im Haushaltsjahr zur rechtzeitigen Leistung von Ausgaben in Anspruch genommen werden dürfen, wird auf 2.000.000 DM festgesetzt.

§ 5

Die Steuersätze für die Gemeindesteuern werden für das Haushaltsjahr 1996 wie folgt festgesetzt:

1. Grundsteuer	
a) für die land- und forstwirtschaftlichen Betriebe (Grundsteuer A)	145 %
b) für die Grundstücke (Grundsteuer B)	280 %
2. Gewerbesteuer nach dem Gewerbeertrag und dem Gewerbekapital	350 %

§ 6

Die im Stellenplan bei der Gesamtzahl der Planstellen einzelner Besoldungs-, Vergütungs- und Lohngruppen angebrachten »ku«-Vermerke lösen nachstehende Rechtsfolgen aus: »ku« = nach Ausscheiden oder Stellenwechsel des derzeitigen Stelleninhabers umzuwandeln in eine Stelle mit einer niedrigeren Besoldung-, Vergütungs- oder Lohngruppe.

Der Haushaltsplan ermächtigt die Gemeindeverwaltung, Ausgaben im Rahmen des Haushaltsplans zu leisten und Verpflichtungen im Rahmen dieses Planes einzugehen.

Einteilung, Form und Gliederung des Haushaltsplans sind durch die Gemeindeordnung und die Gemeindehaushaltsverordnung zwingend vorschrieben, damit die Vergleichbarkeit der öffentlichen Haushalte gewährleistet ist:

Beispiel:

Inhaltsverzeichnis zum Haushaltsplan

1. Statistische Angaben (z.B. Flächengröße der Gemeinde, Einwohnerzahlen u.ä.)
2. Haushaltssatzung
3. Vorbericht
4. **Gesamtplan**
   4.1 Zusammenfassung aller Einnahmen und Ausgaben
   4.2 Haushaltsquerschnitt
   4.3 Gruppierungsübersicht
   4.4 Finanzierungsübersicht
5. **Verwaltungshaushalt**
   5.1 Sammelnachweise
   5.2 Personalausgaben
   5.3 Sachausgaben
6. **Vermögenshaushalt**
7. Übersicht über Verpflichtungsermächtigungen
8. Rücklagenübersicht
9. Schuldenstand
10. Stellenplan
11. Beteiligungsübersicht
12. Zuwendungen an die Fraktionen
13. Wirtschaftsplan des Abwasserwerks
14. Wirtschaftsplan des Wasserwerks
15. Wirtschaftsplan der Gemeindewerke

Verwaltungsvorschrift über die Gliederung und Gruppierung der Haushaltspläne der Gemeinden und Gemeindeverbände (VV Gliederung und Gruppierung) RdErl. d. Innenministeriums v. 27.11.1995

1 Kommunale Haushaltssystematik

1.1 Die kommunale Haushaltssystematik besteht aus der Gliederung des Haushaltsplans nach Aufgaben (Funktionen) und der Gruppierung der Einnahmen und Ausgaben nach Arten (§ 5 Abs. 1 und 2 GemHVO).

1.2 Im Interesse der Vergleichbarkeit der öffentlichen Haushalte ist die kommunale Haushaltssystematik mit der … des Bundes und der Länder abgestimmt. Dies ist erforderlich, um die Auswertung der Finanzstatistik zu erleichtern und die Koordination der Finanzplanung im öffentlichen Bereich zu ermöglichen.

2 Verbindlichkeit von Gliederungs- und Gruppierungsplan
Der Gliederungsplan (Anlage 1), die Zuordnungsvorschriften zum Gliederungsplan, (Anlage 2), der Gruppierungsplan (Anlage 3) und die Zuordnungsvorschriften zum Gruppierungsplan (Anlage 4) werden gemäß § 130 Abs. 3 GO NW für verbindlich erklärt.

3 Anwendung der Systematik
3.1 ...
3.2 ...
3.3 Gliederungsplan
3.3.1 Der Gliederungsplan (Anlage 1) ist in 10 Einzelpläne unterteilt. Diese sind in Abschnitte und Unterabschnitte unterteilt.

Bezeichnung der Einzelpläne
0 Allgemeine Verwaltung
1 Öffentliche Sicherheit und Ordnung
2 Schulen
3 Wissenschaft, Forschung, Kulturpflege
4 Soziale Sicherung
5 Gesundheit, Sport, Erholung
6 Bau- und Wohnungswesen,Verkehr
7 Öffentliche Einrichtungen, Wirtschaftsförderung
8 Wirtschaftliche Unternehmen, allgemeines Grund- und Sondervermögen
9 Allgemeine Finanzwirtschaft

Der für die Feuerwehr unmittelbar wichtige Einzelplan ist der Einzelplan 1 mit den Abschnitten:

10 Polizei
11 öffentliche Ordnung
13 Feuerschutz
14 Katastrophenschutz
15 Verteidigungslasten-Verwaltung
16 Rettungsdienst

Innerhalb der Gliederung sind die Einnahmen und Ausgaben nach Arten in Hauptgruppen, Gruppen und Untergruppen zu ordnen (Gruppierungsplan). Gliederungsnummer und Gruppierungsnummer ergeben zusammen die Kennzeichnung der Haushaltsstelle:

Beispiel Einnahme:
Bedeutung der Haushaltsstelle 1300.151.0000.6:
1 Einzelplan 1 Öffentliche Sicherheit und Ordnung
13 Einzelplan 1 Öffentliche Sicherheit und Ordnung, Abschnitt 13, Feuerschutz
1300 Einzelplan 1, Öffentliche Sicherheit und Ordnung, Abschnitt 13, Feuerschutz, Unterabschnitt wurde nicht gebildet.
1 Hauptgruppe 1, Einnahmen aus Verwaltung und Betrieb
15 Hauptgruppe 1, Einnahmen aus Verwaltung und Betrieb Gruppe 15, Sonstige Verwaltungs und Betriebsausgaben
151 Hauptgruppe 1, Einnahmen aus Verwaltung und Betrieb Gruppe 15, Sonstige Verwaltungs- und Betriebsausgaben Untergruppe 151, Kostenersatz für Feuerwehreinsätze

151.0000	keine weitere Untergliederung dieser Einnahmeart
6	Prüfziffer

Die Hauptgruppen-Nummern von 0 bis 3 kennzeichnen Einnahmen. Der an dieser Haushaltsstelle verbuchte Betrag kennzeichnet also die Einnahmen aus kostenpflichtigen Feuerwehreinsätzen.

Beispiel Ausgabe:
Bedeutung der Haushaltsstelle 1300.400.0000.7

1300	Einzelplan 1, Öffentliche Sicherheit und Ordnung, Abschnitt 13, Feuerschutz
4	Hauptgruppe 4, Personalausgaben
40	Hauptgruppe 4, Personalausgaben Gruppe 40, Personalausgaben für ehrenamtliche Tätigkeiten
400	Hauptgruppe 4, Personalausgaben Gruppe 40, Personalausgaben für ehrenamtliche Tätigkeiten Untergruppe 400, Personalausgaben für ehrenamtliche Tätigkeiten, keine Spezifizierung.
400.0000	keine weitere Unterteilung dieser Ausgabenart.
7	Prüfziffer

Die Hauptgruppen-Nummern von 4 bis 9 kennzeichnen Ausgaben. Der an dieser Haushaltsstelle verbuchte Betrag kennzeichnet also die Ausgaben für ehrenamtliche Tätigkeiten bei der Feuerwehr.
Bei einer durchschnittlichen (angenommenen) Lebensdauer eines Löschfahrzeugs von 15 Jahren belasten die Anschaffungskosten von rund 250.000 DM den Haushalt mit rund 17.000 DM im Jahr. In obigem Beispiel belaufen sich die Gesamtkosten für den Feuerschutz der Gemeinde (zusammen mit den laufenden Kosten des Verwaltungshaushaltes von ca. 125.000 DM pro Jahr) auf jährlich 142.000 DM. Die Feuerwehr kostet also jeden Einwohner der obigen Gemeinde rund 17 DM pro Jahr. Die Feuerwehr einer Großstadt mit rund 400 000 Einwohnern kostet dagegen rund 80 DM pro Einwohner und Jahr (Zahl entnommen aus den Haushaltsangaben der Stadt). Dieser Vergleich ist aber für sich allein noch kein Beurteilungsmaßstab:
Die Einsatzhäufigkeit (als ein Maß für das Risiko) muß dabei ebenfalls berücksichtigt werden, siehe Tabelle 10.

Kosten-Leistungs-Rechnung, Budgetierung
Bei den Bestrebungen, die öffentlichen Haushalte zu »verschlanken«, werden auch hinsichtlich der Haushaltskosten für die Feuerwehren neue Überlegungen angestellt. Die Einführung der Kosten-Leistungs-Rechnung soll bei den städtischen Einrichtungen – so auch bei den Berufsfeuerwehren – die Kosten dadurch reduzieren, daß nach Regeln der Betriebswirtschaft eine Umorganisierung der städtischen Verwaltung erfolgt. Das Grundprinzip besteht darin, daß die städtischen Ämter umgewandelt werden in städtische Betriebe, die sich weitgehend eigenverantwortlich organisatorisch und finanziell selbst verwalten sollen. Eine Reduzierung der Kosten erwartet man dadurch, daß einerseits wirkungsvoller mit den finanziellen Mitteln umgegangen werden kann (weniger Zentralverwaltung, mehr Zuständigkeit vor Ort) und auch dadurch, daß durch eine »Profit-Erwirtschaftung« für die Mitar-

Tab. 8:
Beispiel für den Verwaltungshaushalt (Auszug) einer Gemeinde (rund 8500 Einwohner) mit Freiwilliger Feuerwehr (ca. 50 aktive Mitglieder)

Verwaltungshaushalt

Einzelplan 1 Öffentliche Sicherheit und Ordnung

1	2	3	4	5	6	7
Nr. der Haushaltstelle	Bezeichnung der Haushaltsstelle	Deckungsvermerk	Haushaltsansatz		Jahresrechnung des Vor-Vorjahres DM	Amt
			für das laufende Jahr DM	für das Vorjahr DM		
1300	**Feuerschutz Einnahmen**					
150.0000.5	Vermischte Einnahmen		100	100	0	32
150.1000.0	Versicherungsleistungen für Schadensfälle		0	0	2.238	10
150.0000.6	Kostenersatz für Feuerwehreinsätze		2.000	2.000	7982	32
161.0000.8	Aufwandsentschädigung für ehrenamtliche Tätigkeit		5.000	5.000	3.914	32
175.0000.3	Zuschüsse zu Beschaffungen		1.500	1.500	1.500	32
176.0000.4	Spenden für die Freiwillige Feuerwehr Zweckgebunden für 1300.571.0000.4	21	2.000	2.000	9.075	32
Summe der Einnahmen			10.600	10.600	24.699	
1300	**Feuerschutz Ausgaben**					
400.0000.7	Personalausgaben SN 9310	31	23.400	22.700	19.088	10
500.0000.0	Sächlicher Verwaltungs- und Betriebsaufwand SN 9320	31	93.600	77.600	90.314	20
571.0000.4	Anschaffung von Ausrüstung. Die Mittel sind übertragbar. Erhöhung um Mehreinnahme bei 1300.176.000.4	221	3.500	2.000	10.537	32
640.0000.1	Beitrag zur Unfall- und Zusatzversicherung Gegenseitig deckungsfähig mit 2100.640.0000.1	19	11.000	10.500	10.048	10
661.0000.6	Vermischte Ausgaben		100	100	0	32
717.0000.6	Zuschuß an die Kameradschaftskasse		1.000	1.000	1.000	32
Summe der Ausgaben			**132.600**	113.900	130.987	32
Summe der Einnahmen			**10.600**	10.600	24.699	
		Zuschuß	**122.000**	103.300	106.288	
		Überschuß	0	0	0	

Erläuterungen:
1300.161.0000.8 = Erstattung der Lohnausfallkosten für die Teilnahme an Lehrgängen bei der Landesfeuerwehrschule
1300.175.0000.3 = Zuschuß der Provinzial Feuersozietät für Anschaffungen der Feuerwehr

Tab. 9: Beispiel für den Vermögenshaushalt (Auszug) einer Gemeinde (rund 8500 Einwohner) mit Freiwilliger Feuerwehr (ca. 50 aktive Mitglieder)

Vermögenshaushalt						
Einzelplan 1	**Öffentliche Sicherheit und Ordnung**					
1	2	3	4	5	6	7
Nr. der Haushaltsstelle	Bezeichnung der Haushaltsstelle	Deckungs-Vermerk	Haushaltsansatz		Jahresrechnung für das Vor-Vorjahr DM	Amt
			für das laufende Jahr DM	für das Vorjahr DM		
1300	**Feuerschutz Einnahmen**					
361.0000.5	Beihilfen aus der Feuerschutzsteuer		253.000	8.000	6.494	32
Summe der Einnahmen			253.000	8.000	6.494	
1300	**Feuerschutz Ausgaben**					
935.0000.5	Anschaffung von Ausrüstungsgegenständen		478.000	18.000	40.946	32
950.0000.4	Investitionen Feuerwehrhaus		15.000	0	0	65
Summe der Ausgaben			**493.000**	18.000	40.946	
Summe der Einnahmen			253.000	8.000	6.494	
		Zuschuß	**240.000**	10.000	34.452	
		Überschuß	0	0	0	

Erläuterungen: 1300.361.0000.5 = Landeszuwendungen für LF 16/12 = 244.000 DM
für persönliche und sächliche Ausrüstung = 9.000 DM
1300.935.000.5 = LF 16/12 = 460.000 DM
10 Meldempfänger 10.000 DM
Persönliche Ausrüstung 3.000 DM
Sächliche Ausrüstung 5.000 DM
1300.950.000.4 = Ausstattung der Tore mit elektrischem Antrieb

Tab. 10: Kostenvergleich (ungefähre Werte). Welche Sicherheit produzieren die Feuerwehren - welche Sicherheit produziert die Polizei - die Bundeswehr? Was darf Sicherheit kosten?

Kostenvergleich				
	Gemeinde mit FF 8500 Einwohner	Stadt mit BF 390 000 Einwohner	Polizei NRW ca. 8 Mrd. DM ca. 17 Mio. EW	Bundeswehr ca. 48 Mrd. DM ca. 80 Mio. EW
aktive Mitglieder	50	380 (ohne FF)		ca. 340 000
jährliche Einsätze	62	3100 (ohne Rettungssdienst)		?
Einwohner pro Einsatz	137	125		?
Einsätze pro 1000 Einwohner	7,3	7,9		?
Kosten pro Einwohner und Jahr	17 DM	80 DM	235 DM	600 DM

beiter z.B. des »Stadtbetriebes Feuerwehr« eine stärkere Motivierung zur freiwilligen Mehrarbeit entsteht, die großenteils in Geld entlohnt werden soll. Man denkt an 500 DM pro Zusatzschicht und an bessere Besoldung durch Höhergruppierung. Durch diese freiwillige Mehrarbeit sollen schließlich Personalstellen eingespart werden (Senkung des Personalfaktors). Bei einer Kostenbelastung nach den jetzigen Arbeitszeitregelungen von rund 1000,– DM pro Stelle und Schicht ergibt sich für die Stadt somit bei einer freiwilligen Zusatzschicht eines Mitarbeiters ein »Gewinn« von 500,– DM, umgerechnet: die Einsparung einer Stelle pro 15 Mitarbeiter.
Wie weit man in dieser Richtung gehen kann, ergibt sich letzten Endes aus der Antwort auf die Frage, welches **Sicherheitsrisiko** dem einzelnen und der Allgemeinheit zugemutet werden soll. Dies ist eine **politische Entscheidung** von großer Tragweite und enormer Langzeitwirkung, die dem Gesetzgeber abverlangt wird. Vision: Die Feuerwehr der Zukunft, die den Staat nichts kostet. Ein professionelles Dienstleistungsunternehmen, das nur noch an einer Schadenstelle erscheint, wenn es Profit zu machen gibt? Oder: ausschließlich eine freiwillige Selbstschutzorganisation, die von Spenden unterhalten wird?
Wie auch immer: Unter den gegenwärtigen Voraussetzungen hat der Leiter der Feuerwehr die grundsätzliche Aufgabe, der Verwaltung gegenüber rechtzeitig den Bedarf für die Feuerwehr anzumelden und Beschaffungsvorschläge zu machen, z.B.

- Neu- und Ersatzbeschaffung von Ausrüstungsgegenständen für die Feuerwehrangehörigen (Bekleidung, Schutzgeräte, Atemfilter),
- Ersatz- und Neubeschaffung von Fahrzeugen und Geräten,
- Beschaffung von Sonderlöschmitteln (z.B. Löschpulver für die Neubefüllung eines TroTLF) usw.

Bei der **Bedarfsanmeldung** ist nach folgenden Grundüberlegungen bzw. Vorgaben zu verfahren:

1. Anträge auf Bereitstellung von Finanzmitteln müssen klar begründet sein.
2. Die Höhe der Beträge der Einnahmen und Ausgaben ist getrennt und so genau wie möglich aufgrund Berechnung oder Schätzung anzugeben.
3. Bei den Einnahmen ist der Entstehungsgrund und bei den Ausgaben die Zweckbestimmung anzugeben.
4. Ausgaben für denselben Zweck dürfen nur an **einer** Stelle im Haushalt erscheinen.
5. Im Vermögenshaushalt sind die einzelnen Vorhaben **getrennt** zu veranschlagen.
6. Bei Investitionskosten müssen vor dem Beschluß beim Vergleich mehrerer Möglichkeiten die Anschaffungs- bzw. Herstellungskosten und die **Folgekosten** berücksichtigt werden.
7. Können Investitionen nur über mehrere Jahre abgewickelt werden, müssen die voraussichtlichen Jahresausgaben und die Gesamtkosten im Haushalt erscheinen.
8. Ausgaben und Verpflichtungsermächtigungen für Bauten und Instandsetzungen dürfen erst dann veranschlagt werden, wenn Pläne, Kostenberechnungen und Erläuterungen vorliegen, aus denen Art und Ausführung,

die Kosten der Maßnahme, die Grunderwerbskosten und die Kosten der Einrichtungen vorliegen.

2.3.9 Öffentlichkeitsarbeit

Öffentlichkeit

a) Allgemeinheit

b) Kommunikations- und Informationsverhältnisse, die eine öffentliche Meinung entstehen lassen. Aktionsbereich der Medien: Presse, Radio, Fernsehen, Multimediatechnik und Aktionsbereich der staatlichen Institutionen (Verwaltungen, Regierungen) sowie der ziel- und richtungsweisenden politischen Willensbildung (politische Parteien) [21].

Öffentliche Meinung

Bezeichnung für die in der Öffentlichkeit herrschenden Ansichten, besonders insoweit sie Probleme der Allgemeinheit betreffen. Solche Ansichten werden vielfach von staatlichen Institutionen und von Parteien, Gewerkschaften, Verbänden, Bürgerinitiativen oder von den Massenmedien formuliert und in die Öffentlichkeit getragen (veröffentlichte Meinung). Entscheidend für eine rechtsstaatliche Demokratie ist, daß alle vorhandenen Meinungen die Chance haben, »öffentlich« zu werden und es keine Zensur gibt. Die öffentliche Meinung ist eine wesentliche Voraussetzung für die politische Willensbildung [29].

Öffentlichkeitsarbeit (Public Relations)

Bezeichnung für die Pflege der Beziehungen zwischen einem Auftraggeber und einer für ihn wichtigen Öffentlichkeit. Es wird versucht, meist unter Berufung auf sichtbare Leistungen, in der Öffentlichkeit ein Klima des Einverständnisses und Vertrauens zu schaffen, das dem Zweck von Unternehmen oder Organisationen förderlich ist. Öffentlichkeitsarbeit wird auch von Verbänden, Behörden und Parteien betrieben [21].

Die Feuerwehren betreiben insoweit auch ungewollt »Öffentlichkeitsarbeit«, als sie bei ihren Tätigkeiten (Einsätzen) unter den Augen der Öffentlichkeit aktiv sind und dabei immer, auch wenn sie es nicht wollen, eine Wirkung in der Öffentlichkeit hinterlassen.

Aber auch außerhalb der Einsatztätigkeit entsteht eine Öffentlichkeitswirkung immer dann, wenn Feuerwehrangehörige aus dienstlichen oder anderen, vielleicht auch privaten Anlässen öffentlich in Erscheinung treten. Ob diese Wirkung für die örtliche Feuerwehr allgemein eine positive oder negative ist, ergibt sich einerseits aus dem äußerlichen Erscheinungsbild wie auch aus dem Verhalten in der jeweiligen Situation, aber auch aus der Grundeinstellung, die in der Öffentlichkeit gegenüber der Feuerwehr besteht. Welchen Eindruck die Feuerwehr auf die Öffentlichkeit macht, kann ihr selbstverständlich nicht gleichgültig sein. Deshalb darf Öffentlichkeitswirkung nicht dem Zufall überlassen werden.

Der Leiter der Feuerwehr hat die Aufgabe, das Notwendige zu veranlassen, damit nicht nur beim auftragsgemäßen Erscheinen der Feuerwehr in der Öffentlichkeit ein guter Eindruck entsteht, sondern aktiv eine Öffentlichkeitsarbeit betrieben wird, die einer bestimmten Zielsetzung dient. Dazu ist Voraussetzung, daß bei allen Beteiligten eine klare Vorstellung über die wichtigsten rechtlichen Grundlagen besteht.

Grundgesetz

Artikel 5 Freie Meinungsäußerung und Pressefreiheit

(1) Jeder hat das Recht, seine Meinung in Wort, Schrift und Bild frei zu äußern und zu verbreiten und sich aus allgemein zugänglichen Quellen ungehindert zu unterrichten. Die Pressefreiheit und die Freiheit der Berichterstattung durch Rundfunk und Film werden gewährleistet. Eine Zensur findet nicht statt.
(2) Diese Rechte finden ihre Schranken in den Vorschriften der allgemeinen Gesetze, den gesetzlichen Bestimmungen zum Schutz der Jugend und in dem Recht der persönlichen Ehre.
(3) Kunst und Wissenschaft, Forschung und Lehre sind frei. Die Freiheit der Lehre entbindet nicht von der Treue zur Verfassung.

Nach einem Urteil der Bundesverfassungsgerichtes umfaßt das Grundrecht der Pressefreiheit sowohl die Beschaffung von Informationen als auch ihre Veröffentlichung, Verbreitung und Kommentierung.

Landespressegesetz NRW
Gemäß §§ 3 und 4 des Gesetzes hat die Presse eine öffentliche Aufgabe dadurch zu erfüllen, daß sie Nachrichten beschafft, verbreitet, Stellung nimmt, Kritik übt oder auf andere Weise an der Meinungsbildung mitwirkt. Die Behörden sind verpflichtet, den Vertretern der Presse zweckdienliche Mitteilungen zu machen. Hierbei darf nicht nach seriöser oder unseriöser Presse unterschieden werden, es gilt der Grundsatz der Gleichbehandlung aller Presseorgane. Eine Information, die an einen Pressevertreter gegeben wird, soll möglichst gleichzeitig an alle anderen erteilt werden. Auskünfte können aber auch verweigert werden, z.B. wenn ein schwebendes Verfahren vereitelt, erschwert, verzögert oder gefährdet werden könnte.

Rechtliche Stellung der Feuerwehren in bezug auf die Öffentlichkeit
Die öffentlichen Feuerwehren sind keine Behörden, sondern Einrichtungen der Gemeinde, der sie angehören. Die Auskunftspflicht der im Landespressegesetz genannten Behörden betrifft also die jeweilige Gemeinde- bzw. Stadtverwaltung und nicht etwa grundsätzlich den einzelnen Feuerwehrangehörigen und auch nicht den Leiter der Feuerwehr. Feuerwehrangehörige unterliegen den Bestimmungen und rechtlichen Beziehungen, die auch für andere Angehörige der Gemeindeverwaltung gelten. Soweit es sich um Angehörige der Berufsfeuerwehr handelt, gelten auch die Bestimmungen des Bundesbeamtengesetzes bzw. des Landesbeamtengesetzes.

§ 64 Landesbeamtengesetz NRW

(1) Der Beamte hat, auch nach Beendigung des Beamtenverhältnisses, über die ihm bei seiner amtlichen Tätigkeit bekanntgewordenen Angelegenheiten Verschwiegenheit zu bewahren. Dies gilt nicht für Mitteilungen im dienstlichen Verkehr oder über Tatsachen, die offenkundig sind oder ihrer Bedeutung nach keiner Geheimhaltung bedürfen.
(2) Der Beamte darf ohne Genehmigung über Angelegenheiten, über die er Verschwiegenheit zu bewahren hat, weder vor Gericht noch außergerichtlich aussagen oder Erklärungen abgeben. Hat sich der Vorgang, der den Gegenstand der Äußerung bildet, bei einem früheren Dienstherrn ereignet, so darf die Genehmigung nur mit dessen Zustimmung erteilt werden.

(3) Der Beamte hat, auch nach Beendigung des Beamtenverhältnisses, auf Verlangen des Dienstvorgesetzten amtliche Schriftstücke, bildliche Darstellungen sowie Aufzeichnungen jeder Art über dienstliche Vorgänge, auch soweit es sich um Wiedergaben handelt, herauszugeben. Die gleiche Verpflichtung trifft seine Hinterbliebenen und seine Erben.
(4) Unberührt bleibt die gesetzliche Pflicht des Beamten, Straftaten anzuzeigen und bei Gefährdung der freiheitlichen demokratischen Grundordnung für deren Erhaltung einzutreten.

§ 138 Strafgesetzbuch, Nichtanzeige geplanter Straftaten

(1) Wer von dem Vorhaben oder der Ausführung
[...]
9. einer gemeingefährlichen Straftat in den Fällen der §§ 306 bis 308 ...
zu einer Zeit, zu der die Ausführung oder der Erfolg noch abgewendet werden kann, glaubhaft erfährt und es unterläßt, der Behörde oder dem Bedrohten rechtzeitig Anzeige zu machen, wird mit Freiheitsstrafe bis zu fünf Jahren oder mit Geldstrafe bestraft.
[...]
(3) Wer die Anzeige leichtfertig unterläßt, obwohl er von dem Vorhaben oder der Ausführung der rechtswidrigen Tat glaubhaft erfahren hat, wird mit Freiheitsstrafe bis zu einem Jahr oder mit Geldstrafe bestraft.

27. Abschnitt Strafgesetzbuch, Gemeingefährliche Straftaten

§ 306 Schwere Brandstiftung

(z.B. in Brand setzen eines Wohngebäudes)
Mindestens 1 Jahr Freiheitsstrafe

§ 307 Besonders schwere Brandstiftung

(z.B. in Brand setzen eines Wohngebäudes, wenn eine darin befindliche Person infolge der Brandstiftung zu Tode kommt)
Mindestens 10 Jahre Freiheitsstrafe

§ 308 Brandstiftung

in minder schweren Fällen — Mindestens 6 Monate Freiheitsstrafe

§ 309 Fahrlässige Brandstiftung — Mindestens Geldstrafe, aber auch bis fünf Jahren Freiheitsstrafe.

§ 65 Landesbeamtengesetz

(1) Die Genehmigung, als Zeuge auszusagen, darf nur versagt werden, wenn die Aussage dem Wohle des Bundes oder eines deutschen Landes Nachteile bereiten oder die Erfüllung öffentlicher Aufgaben ernstlich gefährden oder erheblich erschweren würde.
(2) Die Genehmigung, ein Gutachten zu erstatten, kann versagt werden, wenn die Erstattung den dienstlichen Interessen Nachteile bereiten würde.
(3) Ist der Beamte Partei oder Beschuldigter in einem gerichtlichen Verfahren oder soll sein Vorbringen der Wahrnehmung seiner berechtigten Interessen dienen, so darf die Geehmigung auch dann, wenn die Voraussetzungen des Absatz 1 erfüllt sind, nur versagt werden, wenn die dienstlichen Rücksichten dies unabweisbar erfordern. Wird sie versagt, so hat der Dienstvorgesetzte dem Beamten den Schutz zu gewähren, den die dienstlichen Rücksichten zulassen.

§ 66 Landesbeamtengesetz

Auskünfte zur Unterrichtung der Öffentlicheit erteilt der Leiter (Vorstand) der Behörde oder der von ihm bestimmte Beamte.

§ 16 FSHG NRW: Verbände der Feuerwehren

Die gemeinnützigen Verbände der Angehörigen der Feuerwehren (Feuerwehrverbände) betreuen ihre Mitglieder, pflegen die Kameradschaft innerhalb der Feuerwehren, fördern die Ausbildung und wirken bei der Brandschutzerziehung und Brandschutzaufklärung mit.

Verwaltungsvorschrift zur Durchführung des FSHG NRW

Den Trägern des Feuerschutzes wird empfohlen, in allen Fragen des Feuerschutzes eine enge Zusammenarbeit mit den gemeinnützigen Verbänden der Angehörigen der Feuerwehren anzustreben.
Bei den Feuerwehrangehörigen in unserem Lande handelt es sich im überwiegenden Maße um ehrenamtliche Kräfte. Da sie nicht in ständigem Kontakt zur Gemeinde stehen können, ist dafür zu sorgen, daß sie jederzeit den erforderlichen Informationsstand besitzen, um ihren Aufgaben gerecht werden zu können. ...

Der Leiter der Feuerwehr hat also dafür zu sorgen, daß erforderlichenfalls seitens des Verwaltungschefs (seines Dienstvorgesetzten) ausreichend Handlungsraum für die notwendige Öffentlichkeitsarbeit der Feuerwehr geschaffen wird.
Dies kann z.B. dadurch geschehen, daß in der »Dienstanweisung für die Feuerwehr«, die zwar nicht vorgeschrieben, aber zweckmäßig ist, entsprechende Regelungen enthalten sind, oder es wird eine besondere Regelung »Öffentlichkeitsarbeit der Feuerwehr« getroffen. In welcher Form das auch geschieht – es muß zweifelsfrei geklärt sein, welche Kompetenzen der Feuerwehr eingeräumt werden.
Ziel solch einer Regelung aus Sicht des Leiters der Feuerwehr muß es sein, daß er selbst eine weitgehene Informations- und Auskunftsermächtigung von der Gemeindeverwaltung erhält, die es ihm ermöglicht, eine sachgerechte Öffentlichkeitsarbeit durchzuführen, ohne seine Kompetenzen zu überschreiten. Innerhalb der Feuerwehr muß dann der Leiter für Klarheit darüber sorgen, welcher Feuerwehrangehörige bei welchen Gelegenheiten und in welchem Umfang z.B. Fragen von Pressevertretern beantworten darf.

Beispiele:
a) Während eines Löscheinsatzes wird der Maschinist am Löschfahrzeug vom Lokalreporter einer Zeitung gefragt:
»Sagen sie bitte, welchen Druck hält den eigentlich so ein dicker Wasserschlauch aus, ehe er platzt?«

Denkbare Antworten des Maschinisten:
»Na ja, wenn er neuwertig ist, muß er so 50 bar vertragen.« (Angemessene Antwort.) oder »Wissen Sie, ich würde Ihnen ja gerne Auskunft geben, aber ich unterliege der dienstlichen Schweigepflicht, tut mir leid, darf dazu nichts sagen.« (Übertriebene Beachtung der Schweigepflicht.) oder »Ich bin nicht berechtigt, irgendwelche Auskünfte zu geben, bitte wenden Sie sich an die Einsatzleitung, Sie finden sie gleich um die Ecke, da ist ein Hinweisschild.« (Übertrieben korrekt.)

b) bei ähnlicher Gelegenheit wird der Wassertruppmann am Hydranten gefragt:

»Das ist ja schon wieder so eine Brandstiftung gegen die Asylbewerber, schlimm so etwas, haben Sie denn wohl eine Ahnung, wer das gewesen sein könnte?«

Denkbare Anworten:
»Na ja, ich bin mir ziemlich sicher, daß die Leute von der Uhlandstraße 10 dahinter stecken, die sind ja bekannt für ihre Ausländerfeindlichkeit. Wie man hörte, haben die schon mal so was gemacht, beweisen konnte man nichts, aber zuzutrauen ist denen das!« (Strafbare Handlung.) oder: »Von mir werden Sie nichts erfahren! Ihr Pressefritzen habt neulich schon so mies über die Feuerwehr geschrieben! Holen Sie sich doch Informationen, wo sie wollen, aber nicht bei uns!« (Unhöflich, unkorrekt, falsch in der Sache, »Bärendienst« an der Feuerwehr). Richtiges Verhalten: Höflicher Verweis an die Einsatzleitung.

Diese Beispiele sind erfunden, die folgenden Artikel sind aber echt:

Westfälische Nachrichten, Ausgabe Nr. 302, 30.12.95:
An Beinen aus brennender Wohnung gezogen
(dpa/lnw) Nahezu im letzten Moment ist es Polizeibeamten gestern am frühen Morgen gelungen, einen 56jährigen Mieter aus seiner brennenden Wohnung zu retten. Auf allen vieren krochen die Beamten zu dem Mann, der bereits auf dem Boden lag, und zogen ihn an den Beinen aus der Gefahrenzone. Er kam mit Rauchverletzungen ins Krankenhaus. Ein älteres Ehepaar wurde über eine Drehleiter geborgen. Den Sachschaden des Feuers, dessen Ursache Brandexperten klären sollen, bezifferte die Polizei auf rund 100 000 Mark. Vor der Kälte fanden die Hausbewohner zunächst in einer Feuerwehrwache Schutz. Zwei Familien wurden vorübergehend in einem Altenheim untergebracht.

Der Leser fragt sich: Was hat eigentlich die Feuerwehr gemacht? War die überhaupt da? Der Hinweis auf den Einsatz einer Drehleiter und auf die Unterbringung in einer »Feuerwehrwache« sind die einzigen Aussagen, die auf die Anwesenheit der Feuerwehr schließen lassen. Werbung für die Feuerwehr ist dieser Artikel jedenfalls nicht, obwohl sich jeder Fachmann vorstellen kann, daß sie bestimmt alle Hände voll zu tun hatte. Das folgende Beispiel ist hinsichtlich der aufzuwerfenden Fragen in bezug auf die Öffentlichkeitsarbeit der Feuerwehr schwerwiegender:

Westfälische Nachrichten, Nr 18, Montag, 22.01.96
(Eig.Bericht) Von unserem Korrespondenten T. W.
Brandanschlag
»Aus kriminaltaktischen Gründen können wir keine Antwort geben«, lautete gestern die häufigste Antwort von Kriminaldirektor T. auf die bohrenden Fragen der Journalisten bei einer Pressekonferenz, ob man denn gegen den festgenommenen E. wirklich überzeugende Beweise habe. Der soll einem Feuerwehrmann noch in der Katastrophennacht vom vergangenen Donnerstag gestanden haben, den Brand in der Asylbewerberunterkunft gelegt zu haben.
Erst rund 36 Stunden nach dem Inferno hatte sich der Feuerwehrmann an die Polizei gewandt. »Der Mann hat anfangs nicht gewußt, wie er sich verhalten soll. Er hat gedacht, er unterliege einer Schweigepflicht«, sagte T. gestern. Erst nach klärenden Gesprächen mit Kollegen habe sich der Brandbekämpfer an die Ermittlungsbehörden gewandt.

Aufgrund seiner Aussage wurde E. am Freitagabend verhaftet – die Katastrophe, zunächst von vielen als rechtsextremer Brandanschlag eingestuft, hatte eine überraschende Wende genommen. [...] Immerhin reichte das von der Staatsanwaltschaft vorgelegte Belastungsmaterial einem Amtsrichter, gegen den jungen Mann, der mit sieben weiteren Familienmitgliedern seit etwa einem dreiviertel Jahr in dem Heim wohnte, einen Haftbefehl wegen zehnfachen Mordes und des 38fachen Mordversuches sowie der besonders schweren Brandstiftung zu verhängen.[...]
E. soll [...] bei den Rettungsarbeiten mitgeholfen haben. Bei der Fahrt im Bus zu einer neuen Unterkunft soll E. dem neben ihm sitzenden Feuerwehrmann dann gesagt haben: «Wir waren es.« Und er soll dem Brandbekämpfer, wie unsere Zeitung erfuhr, auch berichtet haben, wo das Feuer gelegt worden sei (tatsächlich genau dort, wo die Ermittler der Feuerwehr inzwischen den Brandherd lokalisiert hatten, nämlich in der ersten Etage), und auch weshalb, nämlich wegen Streitigkeiten mit einer anderen Familie.[...]

Auch hier muß man fragen: Welchen Eindruck gewinnt der Leser von der Feuerwehr?

Die Beispiele mögen verdeutlichen, in welchem Bereich der Leiter der Feuerwehr zunächst einmal für eine sachdienliche Öffentlichkeitsarbeit zu sorgen hat. Die lokale Berichterstattung in der Tagespresse kann für die Feuerwehr positiv oder negativ ausfallen, einen entscheidenden Anteil daran muß die Feuerwehr selbst leisten.
Folgende **Maßnahmen** sind z.B. durch den Leiter der Feuerwehr zu veranlassen:

1. Systematische Unterweisung der eigenen Feuerwehrangehörigen über das richtige Verhalten

a) *gegenüber den Medienvertretern:* Höflichkeit und Korrektheit sind im Umgang mit der Presse bzw. mit den Medienvertretern zu wahren. Auskünfte, die sich auf offenkundige Sachverhalte beziehen und die der Amtverschwiegenheit nicht unterliegen, und von denen Personen nicht betroffen sind, können erteilt werden. Fragen nach dem Einsatzgeschehen, nach Personen, Brandursachen, Schadenhöhen, Versicherungsleistungen u.ä. sind unter höflicher Verweisung auf die Einsatzleitung oder die Pressestelle nicht zu beantworten.

b) *gegenüber der Bürgerschaft, Öffentlichkeit:* Keinen Anlaß in der Öffentlichkeit geben, das Ansehen der Feuerwehr in Mißkredit zu bringen (Kleidung, Auftreten, Alkohol), unabhängig ob Einsatz oder nicht.

c) *Gegenüber der Polizei (Kriminalpolizei, Staatsanwaltschaft):* Die Feuerwehrangehörigen sind fachkundig darüber aufzuklären, was Straftaten sind und wie sich zu verhalten haben, wenn sie davon erfahren: Der Meldepflicht gegenüber dem nächsten Vorgesetzten bzw. gegenüber dem Leiter der Feuerwehr ist unverzüglich nachzukommen. Dieser ist gegenüber seinem Dienstvorgesetzten meldepflichtig.

2. Persönliche Bekanntschaft zwischen den Vertretern der Lokalpresse, dem Leiter der Feuerwehr und dem nach Bedarf zu benennenden Pressereferenten der Feuerwehr herstellen. In größeren Berufsfeuerwehren kann die Einrichtung einer eigenen Presseabteilung (Medienabteilung) zweckmäßig sein. Dies kann z.B. auf der Feuerwache anläßlich der Vorbereitung des »Tages der offenen Tür« geschehen, um den Dienstablauf, die Arbeit der Feuerwehr, die

Probleme und die Gefahren des Einsatzes den Medienvertretern näherzubringen.

3. **Bereitwilligkeit zur Information** anbieten: Die Einsatzzentrale (Nachrichtenzentrale, Leitstelle) kann z.B. nach einem festgelegten Verfahren bei bestimmten Einsätzen oder generell die lokale, regionale, überörtliche Presse, ggf. Rundfunk und Fernsehen verständigen oder – je nach den örtlichen Möglichkeiten – Presseberichte an die Zeitungen herausgeben (ist in manchen großen Feuerwehren Routineverfahren). Im Einsatz sicherstellen, daß Medienvertreter eine Anlaufstelle (in der Einsatzleitung) finden können, die sach- und fachkundig Auskünfte erteilen kann.
4. **Maßnahmen zur Nachwuchsgewinnung** planen und durchführen:
Auf die Bildung einer Jugendfeuerwehr hinwirken (gesetzlicher Auftrag an den Träger des Feuerschutzes). Öffentliche Veranstaltungen auch im Hinblick auf die Wirkung gegenüber der Jugend planen (Tag der offenen Tür). Unfallgefahren beim Hantieren mit Geräten, Fahrzeugen beachten! Alarmübungen und Unterrichtsveranstaltungen (Brandschutzaufklärung) in Kindergärten und Schulen veranstalten und auch auf diese Weise eine sinnvolle Selbstdarstellung der Feuerwehr erreichen.

»Reality-TV«

Wie allgemein bekannt sein dürfte, hat es in jüngerer Vergangenheit sowohl innerhalb der Fachwelt als auch in der Öffentlichkeit erhebliche Diskussionen und Auseinandersetzungen wegen der Beteiligung einzelner Feuerwehren (»Retter« in SAT 1 Ende 1992) gegeben. Inzwischen ist es wieder etwas ruhiger geworden, nachdem sich namhafte Feuerwehren von dieser Art der »Öffentlichkeitsarbeit« distanzierten. Bei aller Informationsbereitschaft gegenüber den Medien und bei allem Interesse der Feuerwehren, ihr Bild in der Öffentlichkeit zu präsentieren: Eine Teilnahme an kommerzieller Sensationsdarstellung auf Kosten der vom Leid betroffenen Menschen hat nichts mit einer ernsthaften Berichterstattung zu tun. Ohne Zweifel gerät die Feuerwehr nicht nur ins Zwielicht, wenn sie sich an solchen Aktionen beteiligt oder sich und ihre Gerätschaften für solche Zwecke zur Verfügung stellt, das Ansehen leidet Schaden und sie schädigt auch das Ansehen der öffentlichen Verwaltung, des Staates im allgemeinen Sinn. Sollte es bei derartigen Gelegenheiten zur geringsten Beeinträchtigung der Einsatzfähigkeit kommen, so ist der Vorwurf eines Dienstvergehens damit herausgefordert worden. Darüber muß sich jedenfalls jeder Leiter einer Feuerwehr klar sein: Ohne ausdrückliche Genehmigung des Verwaltungschefs hängt die Feuerwehr bei solchen Aktionen rechtlich gesehen völlig »in der Luft«.

2.4 Organisationsform, Führungsorganisation (Aufbauorganisation)

Wir übten mit aller Macht, aber immer, wenn wir begannen, zusammengeschweißt zu werden, wurden wir umorganisiert. Ich habe später gelernt, daß wir oft versuchten, neuen Verhältnissen durch Umorganisation zu begegnen. Es ist eine phantastische Methode. Sie erzeugt die Illusion des Fortschritts, wobei sie gleichzeitig Verwirrung schafft, die Effektivität vermindert und demoralisierend wirkt.
GAJUS PETRONIUS, römischer Offizier, Köln ca. 100 n.d.Z.

2.4.1 Rechtsgrundlagen

§6 (2) FSHG:

Das Einsatzpersonal der Berufsfeuerwehren wird aus hauptamtlichen Kräften gebildet, die zu Beamten zu ernennen sind.

§8 (1) FSHG:

Der Leiter der Freiwilligen Feuerwehr (Wehrführer) und bis zu zwei Stellvertreter (stellvertretende Wehrführer) werden auf Vorschlag des Kreisbrandmeisters für die Dauer von 6 Jahren bestellt, und zwar, soweit sie nicht hauptamtlich eingestellt oder angestellt sind, durch Ernennung zum Ehrenbeamten auf Zeit. ...

§9 (1) FSHG:

Die ehrenamtlichen Angehörigen der Freiwilligen Feuerwehren werden durch den Leiter der Wehr aufgenommen, befördert und entlassen. ...

Verwaltungsvorschrift zu §9 FSHG:

Bei der Durchführung ihrer Aufgaben üben die Feuerwehrangehörigen ein ihnen anvertrautes öffentliches Amt im Sinn des Art. 34 des Grundgesetzes aus. ...

§10 FSHG

(1) Die Gemeinde kann für den Betrieb einer ständig besetzten Feuerwache hauptamtliche Kräfte der Freiwilligen Feuerwehr einstellen. Große kreisangehörige Gemeinden (mehr als 60.000 Einwohner) und mittlere kreisangehörige Gemeinden (mehr als 25.000 Einwohner) sind hierzu verpflichtet. Der Regierungspräsident kann bei mittleren kreisangehörigen Gemeinden Ausnahmen zulassen.
(2) Die hauptamltlichen Kräfte der Freiwilligen Feuerwehren sind zu Beamten zu ernennen.

§14 FSHG

(2) Werkfeuerwehren sind staatlich angeordnete oder staatlich anerkannte Feuerwehren. Sie werden aus hauptberuflichen oder aus nebenberuflichen Kräften gebildet. Sie müssen in Aufbau, Ausstattung und Ausbildung den an öffentlichen Feuerwehren gestellten Anforderungen entsprechen.

§3 LBG:

(2) Dienstvorgesetzter ist
1. für die Beamten des Landes die oberste Dienstbehörde, soweit durch Gesetz oder Verordnung nichts anderes bestimmt ist,
2. für die Beamten der Gemeinden und der Gemeindeverbände die durch das Kommunalverfassungsrecht bestimmte Stelle ...
(5) Vorgesetzter ist, wer einem Beamten für seine dienstliche Tätigkeit Anordnungen erteilen kann. Wer Vorgesetzter ist, bestimmt sich nach dem Aufbau der öffentlichen Verwaltung.

§4 (1) LBG

Die Berufung in das Beamtenverhältnis ist nur zulässig zu Wahrnehmung hoheitsrechtlicher Aufgaben …

§5 LBG

(1) In das Beamtenverhältnis kann berufen werden
1. auf Lebenszeit, wer dauernd für Aufgaben im Sinne des §4 Abs. 1 verwendet werden soll,
2. auf Zeit, wer auf bestimmte Dauer für derartige Aufgaben verwendet werden soll, …
(4) Als Ehrenbeamter kann berufen werden, wer Aufgaben im Sinne des §4 Abs.1 ehrenamtlich wahrnehmen soll.

§6 LBG

(1) In das Beamtenverhältnis darf nur berufen werden, wer
1. Deutscher im Sinne des Artikels 116 des Grundgesetzes ist,
2. die Gewähr dafür bietet, daß er jederzeit für die freiheitliche demokratische Grundordnung im Sinne des Grundgesetzes eintritt

§23 (1) BRRG, §31 LBG:

Der Diensteid begründet das öffentlich-rechtliche Treueverhältnis und ist Voraussetzung für die Begründung des Beamtenverhältnisses.

§61 LBG

(1) Der Beamte hat folgenden Diensteid zu leisten: »Ich schwöre, daß ich das mir übertragene Amt nach bestem Wissen und Können verwalten, Verfassung und Gesetze befolgen und verteidigen, meine Pflichten gewissenhaft erfüllen und Gerechtigkeit gegen jedermann üben werde. So wahr mit Gott helfe.«
(2) Der Eid kann auch ohne die Worte »So wahr mir Gott helfe« geleistet werden.
(3) Lehnt ein Beamter aus Glaubens- oder Gewissensgründen die Ablehnung eines Eides ab, so kann er an Stelle der Worte »Ich schwöre« die Worte »Ich gelobe« oder eine andere Beteuerungsformel sprechen

§183 (1) LBG

(1) Für Ehrenbeamte … gelten die Vorschriften dieses Gesetzes mit folgenden Maßgaben:
1. Der Ehrenbeamte kann jederzeit verabschiedet werden. …

§55 LBG

(1) Der Beamte dient dem ganzen Volk, nicht einer Partei. Er hat seine Aufgaben unparteiisch und gerecht zu erfüllen und bei seiner Amtsführung auf das Wohl der Allgemeinheit Bedacht zu nehmen.
(2) Der Beamte muß sich durch sein gesamtes Verhalten zu der freiheitlichen demokratischen Grundordnung im Sinne des Grundgesetzes bekennen und für deren Erhaltung eintreten.

§57 LBG

Der Beamte hat sich mit voller Hingabe seinem Beruf zu widmen. Er hat sein Amt uneigennützig nach bestem Gewissen zu verwalten. Sein Verhalten innerhalb und außerhalb des Dienstes muß der Achtung und dem Vertrauen gerecht werden, die sein Beruf erfordert.

§58 LBG

Der Beamte hat seine Vorgesetzten zu beraten und zu unterstützen. Er ist verpflichtet, die von ihnen erlassenen Anordnungen auszuführen und ihre allgemeinen Richtlinien zu befolgen, sofern es sich nicht Fälle handelt, in denen er nach besonderer gesetzlicher Vorschrift an Weisungen nicht gebunden und nur dem Gesetz unterworfen ist.

§ 59 LBG

(1) Der Beamte trägt für die Rechtmäßigkeit seiner dienstlichen Handlungen die volle persönliche Verantwortung.

Artikel 34 Grundgesetz

Verletzt jemand in Ausübung eines ihm anvertrauten öffentlichen Amtes die ihm einem Dritten gegenüber obliegende Amtspflicht, so trifft die Veranwortlichkeit grundsätzlich den Staat oder die Körperschaft, in deren Dienst er steht. Bei Vorsatz oder grober Fahrlässigkeit bleibt der Rückgriff vorbehalten. Für den Anspruch auf Schadensersatz und für den Rückgriff darf der ordentliche Rechtsweg nicht ausgeschlossen werden.

§ 84 LBG:

(1) Verletzt ein Beamter vorsätzlich oder grob fahrlässig die ihm obliegenden Pflichten, so hat er dem Dienstherrn, dessen Aufgabe er wahrgenommen hat, den daraus entstehenden Schaden zu ersetzen. ...

Verwaltungsvorschrift zu § 9 FSHG

Bei der Durchführung ihrer Aufgaben üben die Feuerwehrangehörigen ein ihnen anvertrautes öffentliches Amt im Sinne des Art. 34 des Grundgesetzes aus. Daher haftet für Amtspflichtverletzungen bei Ausübung dieses Amtes gegenüber dem Geschädigten anstelle des Feuerwehrangehörigen die Gemeinde. Ist einem Dritten Schadensersatz geleistet worden, so ist der Rückgriff auf den Feuerwehrangehörigen nur insoweit zulässig, als ihm Vorsatz oder grobe Fahrlässigkeit zu Last fällt

§ 59 LBG

(2) Bedenken gegen die Rechtmäßigkeit dienstlicher Anordnungen hat der Beamte unverzüglich bei seinem unmittelbaren Vorgesetzten geltend zu machen. Wird die Anordnung aufrechterhalten, so hat sich der Beamte, wenn seine Bedenken fortbestehen, an den nächsthöheren Vorgesetzten zu wenden. Bestätigt dieser die Anordnung, so muß der Beamte sie ausführen, sofern nicht das ihm aufgetragene Verhalten strafbar oder ordnungwidrig ist und Strafbarkeit und Ordnungswidrigkeit für ihn erkennbar ist oder das ihm aufgetragene Verhalten die Würde des Menschen verletzt; von der eigenen Verantwortung ist er befreit. Die Bestätigung hat auf Verlangen schriftlich zu erfolgen.

(3) Verlangt der unmittelbare Vorgesetzte die sofortige Ausführung der Anordnung, weil Gefahr im Verzuge besteht und die Entscheidung des nächsthöheren Vorgesetzten nicht herbeigeführt werden kann, so gilt Absatz 2 Satz 3 und 4 entsprechend.

§ 51 LBG

(1) Das Beamtenverhältnis eines Beamten, der im ordentlichen Strafverfahren durch das Urteil eines deutschen Gerichtes im Geltungsbereich des Grundgesetzes

1. wegen einer vorsätzlichen Tat zu Freiheitsstrafe von mindestens einem Jahr oder

2. wegen einer vorsätzlichen Tat, die nach den Vorschriften über Friedensverrat, Hochverrat, Gefährdung des demokratischen Rechtsstaates oder Landesverrat und Gefährdung der äußeren Sicherheit strafbar ist, zu Freiheitsstrafe von mindestens sechs Monaten verurteilt wird, endet mit der Rechtskraft des Urteils. Entsprechendes gilt, wenn dem Beamten die Fähigkeit zur Bekleidung öffentlicher Ämter aberkannt wird oder wenn der Beamte auf Grund einer Entscheidung des Bundesverfassungsgerichts gemäß Artikel 18 des Grundgesetzes ein Grundrecht verwirkt hat.

§ 83 LBG

(1) Der Beamte begeht ein Dienstvergehen, wenn er schuldhaft die ihm obliegenden Plichten verletzt. Ein Verhalten des Beamten außerhalb des Dienstes ist ein

Dienstvergehen, wenn es nach den Umständen des Einzelfalles in besonderem Maße geeignet ist, Achtung und Vertrauen in einer für sein Amt oder das Ansehen des öffentlichen Dienstes bedeutsamen Weise zu beeinträchtigen.
(3) Das Nähere über die Verfolgung von Dienstvergehen regelt die Disziplinarordnung des Landes ...

§2 Disziplinarordnung NRW

(1) Nach diesem Gesetz kann verfolgt werden
1. ein Beamter wegen eines während seines Beamtenverhätlnisses begangenen Dienstvergehens,
2. ein Ruhestandsbeamter
a) wegen eines während seines Beamtenverhältnisses begangenen Dienstvergehens oder
b) wegen einer nach Eintritt in den Ruhestand begangenen als Dienstvergehen geltenden Handlung ...

§5 Disziplinarordnung NRW

(1) Disziplinarmaßnahmen sind: Warnung, Verweis, Geldbuße, Gehaltskürzung, Versetzung in ein Amt ... mit geringerem Endgrundgehalt, Entfernung aus dem Dienst, Kürzung des Ruhegehaltes, Aberkennung des Ruhegehaltes.

§197 (1) LBG:

Auf die Beamten des feuerwehrtechnischen Dienstes... finden die ... allgemein geltenden Vorschriften dieses Gesetzes Anwendung
(4) Ein Amt der Besoldungsgruppe A9 (Hauptbrandmeister) darf erst nach einer zusätzlichen, mit einer Prüfung abzuschließenden Ausbildung verliehen werden.

§6 LVOFeu:

Gruppenführerprüfung: Die Prüfung gemäß §197 (4) LBG ... ist nach Teilnahme an einem Gruppenführerlehrgang an der LFS abzulegen ...

§4 Laufbahnverordnung für die Freiwillige Feuerwehr

(2) Der Angehörige der Freiwilligen Feuerwehr scheidet aus dieser aus
...
e) durch Ausschluß

§5 LVO FF

(1) Der Ausschluß muß ausgesprochen werden
a) nach rechtskräftiger Verurteilung zu einer Freiheitsstrafe über 1 Jahr, zu einer Maßregel der Besserung und Sicherung oder zu einer Nebenfolge nach §45 StGB, jedoch nur dann, wenn der Angehörige der FF wegen der Verurteilung zugrunde liegenden Handlung als zum Dienst in der FF unwürdig oder ungeeignet erscheint,
b) bei fortgesetzter Nachlässigkeit im Dienst,
c) wenn der Angehörige der FF aus einem anderen Grunde nicht mehr würdig erscheint, den Ehrendienst in der FF zu verrichten.
(2) Über den Auschluß entscheidet der Leiter der Freiwilligen Feuerwehr ...

§26 FSHG:

(2) Die Aufsichtsbehörden können Weisungen erteilen, um die Erfüllung der den Gemeinden und Kreisen nach diesem Gesetz obliegenden Aufgaben zu sichern.

RdErl. d. IM NRW:

Aufgrund §26 FSHG ... erlasse ich ... die ...,
FwDV 12/1:
S.9: Die Führungsorganisation ordnet die Art und Einteilung der Führungsebenen ... (sie) ergeben sich aus der Gliederung der taktischen Einheiten ...

S. 29: Der Befehl ist die Anordnung im Einsatz ..., die ein Vorgesetzter ... einem Untergebenen ... erteilt.
S. 30: Befehle werden mit Anspruch auf Gehorsam erteilt. Grundlage hierfür ist die ... Dienstpflicht der Einsatzkräfte.

Arten von Weisungen

Die Aufforderung eines Vorgesetzten bzw. einer vorgesetzten Dienststelle an einen Untergegebenen resp. an eine nachgeordnete Dienststelle oder Behörde, eine Handlung oder Maßnahme für dienstliche Zwecke durchzuführen oder zu unterlassen, hat unterschiedliche Bezeichnungen. Im weitesten Sinne haben solche Aufforderungen, soweit sie denjenigen, an den sie gerichtet sind, einem Handlungszwang aussetzen, den Charakter eines Befehls.

Die *Gesetzgebungsorgane* eines Staates stehen in dieser Hierarchie an der Spitze (Legislative = gesetzgebende Staatsgewalt). Ihre Ausführungsbeschlüsse = *Gesetze* (»Anordnungen«) stellen alle Staatsangehörigen und »Staatsgäste« in die Ausführungs- bzw. Unterlassungspflicht.

Im Rahmen der gesetzlichen Legitimation ist die Exekutive = ausführende Staatsgewalt gehalten, den gesetzlichen Auftrag der Legislative zu realisieren.

Die *Bundesregierung* und die *Länderregierungen* vollziehen diesen Auftrag durch die Herausgabe von *Verordnungen* und Erlassen.

Der *Innenminster* als oberste Aufsichtsbehörde im Bereich der öffentlichen Sicherheit und Ordnung erteilt den nachgeordneten Behörden bzw. Gebietskörperschaften mit diesen Erlassen *Weisungen.*

Aufsichtsbehörden erteilen Weisungen in Form von *»Erlaß»* und *»Verfügung«*.

Behörde intern: Der Behördenleiter kann erteilen: Dienstanordnungen, Dienstanweisung, Hausverfügungen, Direktiven, Richtlinien, Durchführungsvorschriften, Arbeitsaufträge.

Exekutive als Ordnungsmacht im Einsatz (Bundeswehr, Polizei, *Feuerwehr*): Der Vorgesetzte erteilt Befehle *(siehe FwDV 12/1)* oder Kommandos.

Das *Kommando* ist eine Kurzform eines Befehls. Kommandos sind für bestimmte, festgelegte Handlungsabläufe im Wortlaut festgelegt.

In der Bundeswehr gilt: Der Befehl ist die Anweisung zu einem bestimmten Verhalten, die ein militärischer Vorgesetzter einem Untergebenen schriftlich, mündlich oder in anderer Weise, allgemein oder für den Einzelfall und *mit dem Anspruch auf Gehorsam* erteilt (siehe Soldatengesetz).

Befehl und Gehorsam bedingen einander. Befehlsbefugnis ohne Befehlsempfänger ist sinnlos, allein daraus ergibt sich beim Vorhandensein einer Befehlsbefugnis die Gehorsamspflicht des Befehlsempfängers.

Befehlsverweigerung, Gehorsamsverweigerung

Sofern ein Befehl rechtmäßig erteilt wurde, d.h. vom zuständigen Vorgesetzten zu dienstlichen Zwecken und unter Beachtung der Rechtsordnung, ist die Verweigerung von vornherein ein Dienstvergehen, welches disziplinarrechtlich geahndet werden kann bzw. geahndet werden muß.

Soweit es sich um Beamte handelt, gilt die Disziplinarordnung NRW (siehe oben).

Soweit es sich um ehrenamtliche Angehörige der FF handelt, gilt die Laufbahnverordnung für die Freiwillige Feuerwehr LVO FF (siehe oben).
Eine Befehlsverweigerung wird zur Straftat
– bei unterlassener Hilfeleistung im strafrechtlichen Sinn:

§ 323c Strafgesetzbuch:
Wer bei Unglücksfällen oder gemeiner Gefahr oder Not nicht Hilfe leistet, obwohl dies erforderlich und ihm den Umständen nach zuzumuten, insbesondere ohne erhebliche eigene Gefährdung und ohne Verletzung anderer Pflichten möglich ist, wird mit Freiheitstrafe bis zu einem Jahr oder mit Geldstrafe belegt.

– bei Gefahr für die Sicherheit der BRD oder eines Landes.

Befehlsverweigerung kann Schadenersatzansprüche auslösen mit nachfolgenden Regreßansprüchen (Haftung siehe oben).
Ein Recht auf Befehlsverweigerung ergibt sich aus folgenden Gründen:
– der Befehl dient nicht dienstlichen Zwecken,
– der Befehl verletzt die Menschenwürde.

Eine Pflicht zur Befehlsverweigerung besteht in folgenden Fällen:
Die Befehlsausführung würde bedeuten:
– ein Vergehen, eine Ordnungswidrigkeit oder ein Verbrechen,
– einen Verstoß gegen das Grundgesetz oder eine Landesverfassung,
– einen Verstoß gegen das Völkerrecht.

Siehe jedoch: »Rechtfertigender Notstand«:

§ 34 StGB:
Wer in einer gegenwärtigen, nicht anders abwendbaren Gefahr für Leben, Leib, Freiheit, Ehre, Eigentum oder ein anderes Rechtsgut eine Tat begeht, um die Gefahr von sich oder einem anderen abzuwenden, handelt nicht rechtswidrig, wenn bei Abwägung der widerstreitenden Interessen, namentlich der betroffenen Rechtsgüter und des Grades der ihnen drohenden Gefahren, das geschützte Interesse das beeinträchtigte wesentlich überwiegt. Das gilt jedoch nur, soweit die Tat ein angemessenes Mittel ist, die Gefahr abzuwenden.

§ 16 OWiG:

Wie § 34 StGB, jedoch »Handlung« statt »Tat«.

Wenn die Voraussetzungen für einen »rechtfertigenden Notstand« gegeben sind, ist es vorstellbar, daß ein Vorgesetzter einen Befehl erteilt, der unter normalen Bedingungen rechtswidrig sein würde. **Beispiel** (Annahme): Die einzige technische Möglichkeit, einen Menschen vor dem sicheren Tod zu retten, besteht darin, eine Drehleiter einzusetzen, um einen Rettungsweg herzustellen. Der einzige, der die Drehleiter fahren und bedienen kann, ist der angetrunkene Maschinist, der aus der Freizeit alarmiert wird, weil sein diensthabender Kollege verunglückt ist. Der Maschinist weigert sich, die Leiter zu bedienen unter Hinweis auf seinen Alkoholgenuß. Der Einsatzleiter gibt trotzdem den Einsatzbefehl, weil er sich vor die Wahl gestellt sieht, entweder gesetzestreu den angetrunkenen Maschinisten von der Bedienung der Leiter fernzuhalten oder gesetzeswidrig den in Not befindlichen Menschen verbrennen zu lassen. Nachdem der Maschinist nochmals auf seinen Zustand hingewiesen hat, wiederholt der Einsatzleiter den Befehl. Nun bedient der Maschinist die Leiter, die Person wird gerettet. Wer hat sich strafbar gemacht? Niemand, wenn im Falle einer Gerichtsverhandlung (Trunkenheit am Steuer, im Dienst; Befehl war nicht gesetzeskonform) das Gericht den Fall eines »Rechtfertigenden Notstandes« anerkennt. Dies wird in erster Linie davon abhängen, ob die an sich rechtswidrige Tat erfolgreich war oder nicht bzw. welche Schäden durch die Maßnahme entstanden sind. Mißlingt die Maßnahme oder wird durch sie ein größerer Schaden bewirkt, als sie im günstigsten Falle hätte verhindern können, so wird voraussichtlich ein Rechtfertigender Notstand nicht anerkannt werden.

2.4.2 Struktur und Aufbau der Feuerwehren

Hierarchie (gr.: Heilige Herrschaft):
In der Soziologie Bezeichnung für ein Herrschaftssystem von vertikal und horizontal festgefügten und nach Über- und Unterordnung gegliederten Rängen. Alle Entscheidungsbefugnisse, Kommunikations- und Informationswege, Zuständigkeiten, Kompetenzen und Verantwortlichkeiten sind von einer obersten Spitze bis hinunter zu einem sich stufenweise immer weiter verzweigenden Unterbau pyramidenhaft aufgebaut. Die H. ist eine Struktur zur Durchsetzung eines einheitlichen obersten Willens innerhalb einer Organisation, z.B. Kirche, Militär, öffentliche Verwaltung ..., [21].

Der hierarchische Aufbau der Feuerwehren ergibt sich aus den im vorigen Abschnitt dargestellten Rechtsgrundlagen als logische Konsequenz: Weil die öffentlichen Feuerwehren Teil der öffentlichen Verwaltung sind, ergibt sich allein daraus schon eine entsprechende Struktur mit »Vorgesetzten und Untergebenen«. Der Grundgedanke ist, daß alle Angehörigen dieses »Herrschaftssystems« Vollstreckungsorgane eines übergeordneten Willens sind. In der Tat ist das auch der Sinn der öffentlichen Verwaltung: als Exekutive den Willen des Gesetzgebers in die Realität umzusetzen, das ist ihr Auftrag. Jeder Angehörige eines solchen Systems handelt nach den Weisungen eines Vorgesetzten zur Erfüllung dieses Auftrags. Insoweit unterscheidet sich der Beamte – also auch der Feuerwehrangehörige – nicht von seinen Kollegen -, von seinen »Amtsbrüdern« im »Dritten Reich« und in der ehemaligen DDR. Der entscheidende Unterschied liegt darin:
Im »Dritten Reich« stand an der Spitze der Hierarchie der Diktator, der das Instrument der gesamten staatlichen Verwaltung einschließlich der Justiz für seine Zwecke mißbrauchte.
In der DDR herrschten ähnliche Verhältnisse: Das Zentralkomitee der SED bestimmte, welcher Wille mittels der staatlichen Hierarchie zu vollstrecken war.
Im Deutschland von heute gilt hingegen:
Alle Staatsgewalt geht vom Volke aus ...
Die Regierungs- und Verwaltungspitzen sind den gewählten Volksvertretern in Bund, Ländern und Gemeinden Rechenschaft schuldig und diese müssen

sich in regelmäßigen Perioden erneut dem Volke zur Wahl stellen und sich vor dem Volke verantworten. **Die politische Macht ist kontrollierbar und ablösbar.** Das gilt auch für die politische Macht, die das Volk in den Wahlen ausübt: Das Grundgesetz und die darin verankerte freiheitliche demokratische Grundordnung ist Maßstab für die Möglichkeiten jeglichen politischen Willens. Deshalb ist es mir in über vierzig Dienstjahren nicht schwergefallen, die militärähnlichen Strukturen zu akzeptieren, die auch heute noch in den Feuerwehren notwendig sind, um dem gesetzlichen Auftrag gerecht zu werden. Deshalb kann auch der Soldat der Deutschen Bundeswehr und der Beamte im Polizeidienst nicht nur ohne Skrupel, sondern mit innerer Überzeugung seinen Dienst im Sinne unserer staatlichen Grundordnung versehen. Feuerwehrangehörige, Soldaten und Polizeibeamte können und sollen sich im Dienste einer gemeinsamen guten Sache sehen und müssen auch bereit sein, im Einsatzalltag wie auch im Katastrophenfall Hand in Hand zusammenzuarbeiten. Dies gilt darüber hinaus für die Mitglieder aller anderen Verwaltungsorgane, Dienststellen, privaten und staatlichen Organisationen, die ihre Tätigkeit als Dienst zum Wohle der Allgemeinheit verstehen.

Die staatliche Verwaltung auf allen Ebenen steht heutzutage im Blickfeld der Öffentlichkeit, die mit Recht erwartet, daß mit den Steuergeldern verantwortungsbewußt umgegangen wird. Es gilt als gesicherte wissenschaftliche Erkenntnis, daß größere Wirksamkeit erreicht werden kann, wenn nicht allein der Wille eines Vorgesetzten bestimmt, was Untergebene zu tun haben und wie sie es tun: Zusammenarbeit wird heutzutage auch verstanden als Mitwirkung und Mitbestimmung. Darüber hinaus ist aber auch das staatsbürgerliche Selbstbewußtsein gewachsen, die Achtung vor dem Bürger als Mitmenschen hat an Bedeutung auch innerhalb der staatlichen Hierarchie gewonnen, Demokratie ist nicht mehr ein abstraktes Wunschbild, sondern gilt auch im Arbeitsalltag als Richtlinie für das Miteinanderarbeiten – auch innerhalb hierarchischer Strukturen. Im Feuerwehrdienst kann dieses Prinzip allerdings nicht in dem Maße verwirklicht werden wie in anderen Bereichen der öffentlichen Verwaltung.

Die Einsatzbedingungen erlauben eben nur eingeschränkt und in begrenztem Umfang die Arbeitsmethoden, wie sie bei der Gruppenarbeit und in »zivilen« Arbeitsprozessen anwendbar sind. Feuerwehrtätigkeit ist gekennzeichnet von Ausnahmebedingungen und Extremsituationen: Die Not diktiert nicht nur, was zu tun ist, sondern in vielen Fällen auch, wie es zu tun ist, nämlich vor allen Dingen schnell und wirkungsvoll. Schnelle Hilfe ist im Feuerwehreinsatz nicht nur die bessere, sondern oft die einzige Hilfe. Unter solchen Arbeitsbedingungen muß jeder Beteiligte akzeptieren, daß die prompte Befehlsausführung als Willensvollstreckung eines Vorgesetzten – nämlich des leitenden Feuerwehrführers – ohne Wenn und Aber die Voraussetzung des gemeinsam gewollten Einsatzerfolges ist. Auch, wenn man als Befehlsempfänger nicht um seine Meinung gefragt worden ist! Wer nicht bereit und willens ist, diese Art von Zusammenarbeit als Pflichterfüllung zu bejahen und gern auf sich zu nehmen, der wird im Feuerwehrdienst nicht glücklich werden und soll ihm lieber fernbleiben.

Die Einsatzbedingungen können allerdings nicht der alleinige Maßstab für den Dienst in der Einsatzvorbereitung sein. Alle Arbeiten, die in diesem Bereich auszuführen sind, müssen im Regelfall nicht unter Zeitdruck erledigt werden. Daraus folgt die Verpflichtung aller Feuerwehrführungskräfte – in erster Linie für den Leiter der Feuerwehr – eine Zusammenarbeit anzustreben und zu praktizieren, die den heutigen Vorstellungen und Erkenntnissen von Miteinanderarbeiten und Mitarbeiterführung entspricht. Dies gilt aber nicht nur für die Führungskräfte, sondern für jeden Mitarbeiter (siehe Abschnitt »Innere Führung).

2.4.2.1 Vorgaben nach den Dienstvorschriften

»Wer im Gemeinderat sitzt, sollte gegen alle Satzungen stimmen, die mehr als fünf Paragraphen enthalten«. (LAUXMANN: Weniger wissen, mehr verstehen)

FwDV 12/1 Abschnitt 3.1:
Die Führungsorganisation ordnet
– die Art und Einteilung der Führungsebenen
– die Aufgabenbereiche der Führungskräfte

Unter dem Begriff »Führungsebene« ist die Zusammenfassung von Führungskräften mit gleichem Zuständigkeits- und Verantwortungsbereich und mit gleichem Über- und Unterstellungsverhältnis zu verstehen. Eine Führungsebene kann auch aus nur einer Führungsperson gebildet werden. Die Führungsebenen, die für den Feuerwehreinsatz maßgeblich sind, sind zum Teil in Dienstvorschriften festgelegt, zum Teil müssen sie erst nach den Erfordernissen der Einsatzstelle in Abhängigkeit von der Größe des Schadenereignisses aufgrund der Zahl der erforderlichen Einsatzkräfte gebildet werden.
Unterhalb der Katastrophenschwelle bildet der Leiter der örtlich zuständigen Feuerwehr die höchste Führungsebene in dem betroffenen Gemeindegebiet, unabhängig davon, wie vor Ort im konkreten Einsatzfall die Führungsorganisation aufgebaut ist (§ 8 FSHG). Im Katastrophenfall ist die höchste Führungsebene die zuständige Katastrophenschutzbehörde, der zuständige Hauptverwaltungsbeamte (HVB), also der zuständige Oberstadtdirektor bzw. der zuständige Oberkreisdirektor.
Solange also der Katastrophenfall nicht festgestellt ist, bleibt der örtlich zuständige Leiter der Feuerwehr oberste Führungsebene, wenn die verfügbaren Einsatzkräfte zur Gefahrenabwehr ausreichen. Dies gilt auch bei der Inanspruchnahme überörtlicher Hilfe im Sinne des § 17 FSHG und auch bei der Mitwirkung anderer Organisationen wie z.B. THW, DRK, ASB, JUH, MHD, Bundeswehr, Polizei.

Gliederung der Einsatzkräfte

Die Einsatzkräfte der Feuerwehr (die Gesamtheit des personellen und technischen Potentials) sind in **taktische Formationen** zu gliedern, weil sie nur in dieser Form wirkungsvoll zur Gefahrenabwehr tätig werden können.

- Jede taktische Formation setzt sich aus der Mannschaft (Besatzung) und dem zugehörigen Gerät (= Fahrzeug oder Fahrzeuge mit Ausrüstung) zusammen. Die Mannschaft gliedert sich in den Führer der Formation und die übrigen Mannschaftsmitglieder, siehe Bild 1.

Die Mannschaftsstärke, die Art und derUmfang des Gerätes sowie die Benennung der taktischen Formationen ergeben sich aus den Festlegungen in den Feuerwehrdienstvorschriften. (Dies trifft allerdings nicht für alle taktisch erforderlichen Formationen zu, weil die geltenden Dienstvorschriften oberhalb der Ebene »Zug« keine Festlegungen enthalten, siehe 2.4.2.2.)

Nach den sprachlichen Regelungen in den geltenden Dienstvorschriften ist zwischen »Taktischen Einheiten« und »Taktischen Verbänden« zu unterscheiden:

Taktische Einheiten sind Formationen im Sinne der FwDV 3 (Die Staffel im Löscheinsatz), FwDV 4 (Die Gruppe im Löscheinsatz) und FwDV 5 (Der Zug im Löscheinsatz.

Taktische Verbände sind Formationen, die größer sind als ein erweiterter Zug im Sinne der FwDV 5. (Siehe FwDV 12/1)

Jede taktische Formation entspricht einer Führungsebene.

Die von den o.g. Dienstvorschriften vorgegebenen Führungsebenen sind also:

- die Führungsebene **Staffel** (Staffelführer)
- die Führungsebene **Gruppe** (Gruppenführer)
- die Führungsebene **Zug** (Zugführer)

In der Ausbildung der Führungskräfte ist nach den geltenden Laufbahnvorschriften die unterste Qualifikationsstufe diejenige des Gruppenführers. Die niedrigeren Rangstufen Trupp- und Staffelführer sind darin eingeschlossen, so daß die unterste taktische Führungsebene nach dem Gruppenführer benannt wird:

- Führungsebene des Gruppenführers = **1. Ebene,**
- Führungsebene des Zugführers = **2. Ebene.**

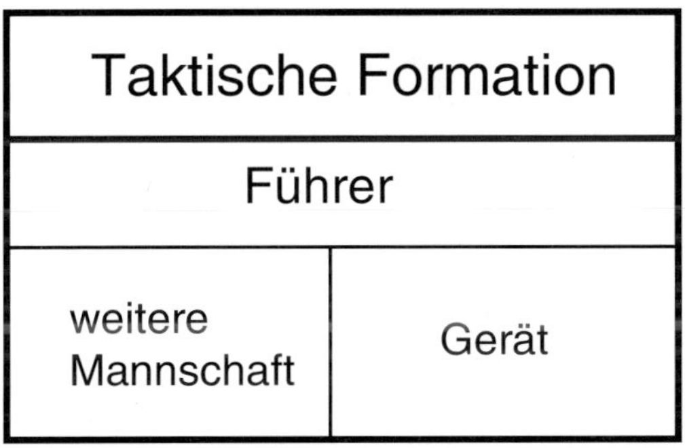

Abb. 1: Grundschema für den Aubau taktischer Formationen

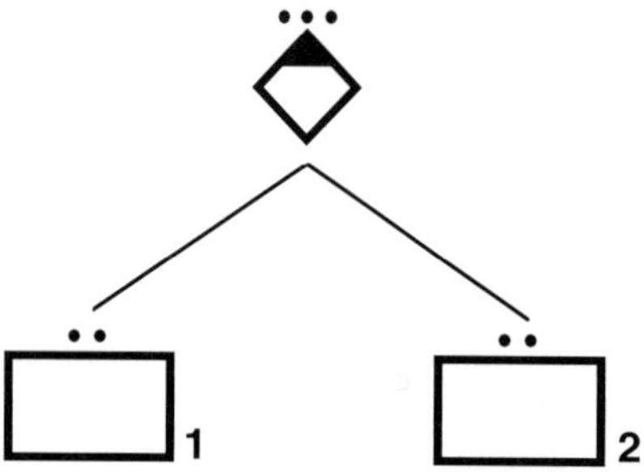

Abb. 2: Grundform eines Zuges nach FwDV 5. Der Zugführer befehligt zwei Gruppen: Gruppe 1 und Gruppe 2. Er hat 2 Befehlsadressen, entsprechend 2 Kontrollstellen.

Die Unterstellungsverhältnisse sind ebenfalls in den Dienstvorschriften festgelegt:

FwDV 4: Der Gruppenführer leitet den Einsatz seiner Gruppe; seine **Befehle** geben ... an ...

FwDV 5: Der Zugführer leitet den Einsatz des Zuges. Seine Befehle erteilt er den Führern der unterstellten Einheiten.

Der Zugführer kann den taktischen Erfordernissen entsprechend nach Maßgabe der FwDV 5 und nach den Vorgaben der örtlich geltenden Alarm- und Ausrückeordnung (siehe Abschnitt 2.3.5) seinen Zug variabel gliedern bzw. organisieren, wie in den Beispielen der Bilder 3, 4, 5 und 6 dargestellt.
Der größtmögliche Zug im Sinne der FwDV 5 ist der »erweiterte Löschzug«. Darunter ist ein normaler Zug zu verstehen, der um eine Einheit in Truppstärke erweitert ist; siehe Bilder 5 und 6.
Unter dem Begriff »Befehlsadresse« ist jede unterstellte Einheit zu verstehen, der gegenüber eine Weisungsbefugnis besteht. Grundsätzlich besteht gegenüber jeder unterstellen Einheit bzw. gegenüber jeder unterstellten Funktion auch eine Kontrollpflicht. **Deshalb stellt jede Befehlsadresse auch eine Kontrollstelle dar.**

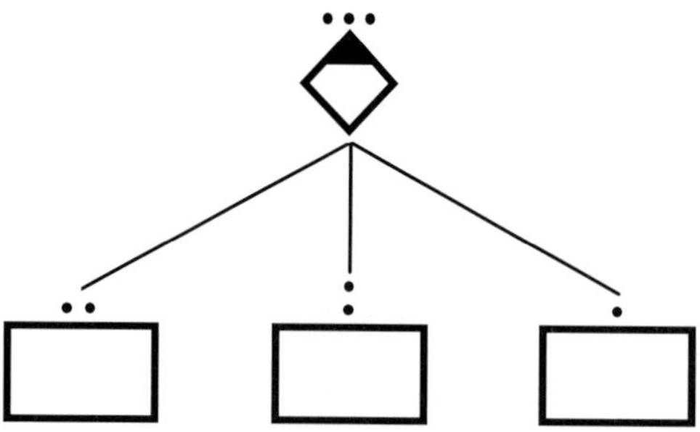

Abb. 3: Der Zugführer befehligt eine Gruppe, eine Staffel und einen Trupp. Er hat 3 Befehlsadressen, entsprechend 3 Kontrollstellen.

Abb. 4:
Der Zugführer befehligt 2 Gruppen, Gruppe 1 und Gruppe 2. Die Gruppe 2 ist gebildet durch Unterstellung des Trupps unter die Staffel. Staffelführer ist damit Gruppenführer 2. Der Zugführer hat 2 Befehlsadressen, entsprechend 2 Kontrollstellen.

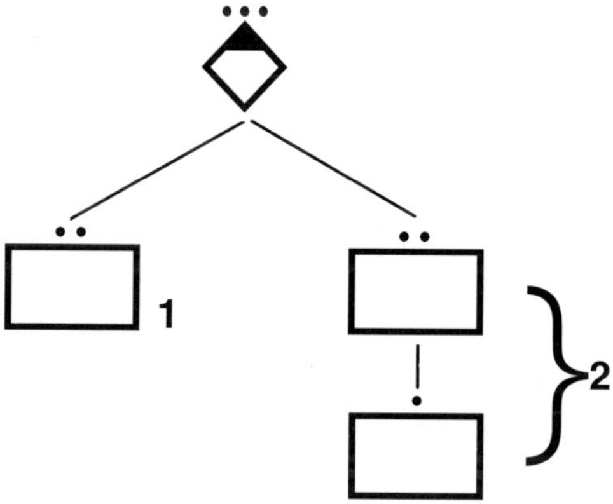

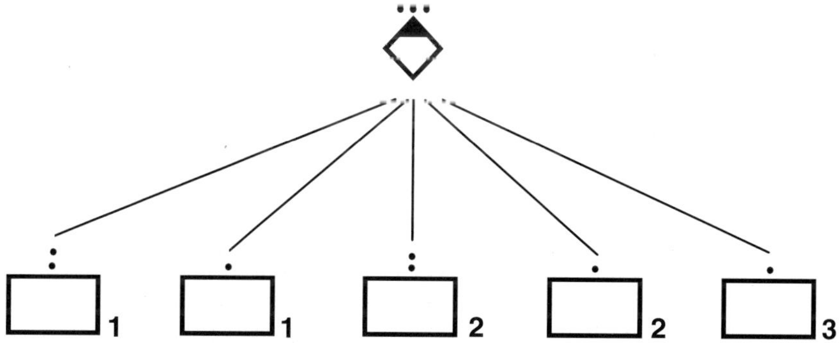

Abb. 5: Extremform eines "erweitertern Zuges" im Sinne der FwDV 5 in Verbindung mit FwDV 4. Der Zug ist gebildet durch Staffel 1, Trupp 1, Staffel 2, Trupp 2 und Trupp 3. Der Zugführer hat 5 Befehlsadressen, entsprechend 5 Kontrollstellen.

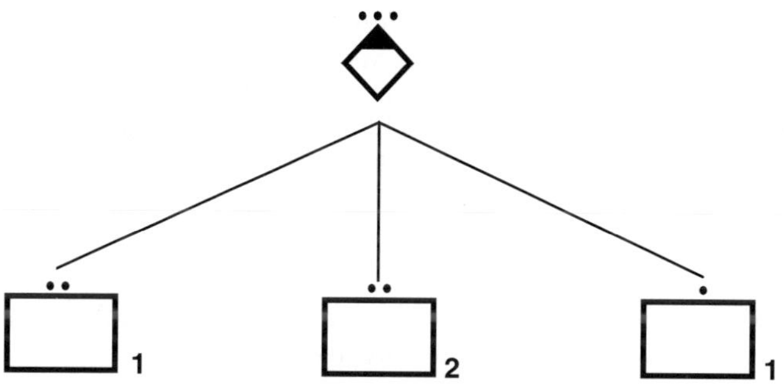

Abb. 6: Einfachste Form eines erweitertern Zuges im Sinne der FwDV 5. Der Zug ist gebildet durch Gruppe 1, Gruppe 2 und Trupp 1. Der Zugführer hat 3 Befehlsadressen, entsprechend 3 Kontrollstellen.

Kontrollspanne

In der allgemeinen Führungslehre wird die Zahl der Kontrollstellen mit dem Begriff »Kontrollspanne« bezeichnet.

Andere Begriffe mit der gleichen Bedeutung sind: »span of control«, »span of management«, »Leitungsspanne«, »Führungsspanne«. [17]

Je nach der Zahl der unterstellten Einheiten (gleichgültig, ob einzelne Personen oder taktische Einheiten gemeint sind) spricht man dann von der »Kontrollspanne 2« oder »Kontrollspanne 8« usw.
In den Beispielen der Bilder 2 bis 5 sind die nach der FwDV 5 für einen Zugführer möglichen Kontrollspannen dargestellt; sie kann also bis zu 5 betragen, wenn der Zugführer nicht auf die Idee kommt, die unterstellten Einheiten zu teilen, was je nach den taktischen Erfordernissen und eingeräumten Befugnissen auch vorstellbar ist.
Ein Gruppenführer mit einer vollzählig besetzten Gruppe gemäß FwDV 4 befehligt 2 Einzelfunktionen (Maschinist u. Melder) sowie drei Einsatztrupps zu je 2 Mann. Im Extremfall könnte also hier die Kontrollspanne 8 betragen. Jede Befehlserteilung (Anordnung, Weisung) erfordert eine im Führungsvorgang vorgegebene Planung, jede zurückkommende Meldung eine Bewertung – mindestens eine Kenntnisnahme. Damit ein lageangepaßtes Führen stets gewährleistet ist, darf das ganze System nicht zu umfangreich werden – anders gesagt:
Die Kontrollspanne darf nicht beliebig groß sein.
Die FwDV 12/1, Einsatzleitung, nennt 5 unterstellte Einheiten als normalerweise geltende Obergrenze, um die Überschaubarkeit und Kontrollmöglichkeit zu gewährleisten. Nach LAUXMANN hat der GENERAL HAMILTON (1921) eine Kontrollspanne von »3 bis 4« – also maximal 4 – für richtig gehalten. Wie auch immer: Diese Regelung, die sicherlich im Militärwesen ihren Ursprung hat, ist logisch begründet und hat sich offensichtlich auch im Management bewährt. Sie kann grundsätzlich bei allen führungsorganisatorischen Aufgaben angewendet werden, um überhaupt eine Ordnung in ein System hineinzubringen. Allerdings ist es nicht möglich, für jeden in Frage kommenden Fall dieselbe Kontrollspanne als Maßstab zu wählen. Z.B. ist die Sollstärke der Teilnehmerzahl in einem Gruppenführerlehrgang der Freiwilligen Feuerwehr so festgelegt, daß bei den praktischen Einsatzübungen 3 Löschgruppen gebildet werden können, die unter der Anleitung und Aufsicht von (regulär) 3 Ausbildern Übungsdienst verrichten. Jeder Ausbilder hat also dann eine Kontrollspanne von 9. Im Lehrsaal hingegen bei der theoretischen Ausbildung entspricht die Kontrollspanne der gesamten Teilnehmerzahl, weil nur ein Lehrer den Unterricht hält.

Grundsatz:
- **Bei jeder organisatorischen Führungsmaßnahme ist die Kontrollspanne festzulegen. Als Faustregel gilt dabei die Kontrollspanne 5.**

Im Einsatzdienst ist darüber hinaus ein weiterer Gesichtspunkt für die Organisation wichtig (dies in erster Linie deshalb, weil unter Einsatzbedingungen immer unter Zeitnot gearbeitet werden muß):

Zwei oder mehr gleichrangige Führungskräfte, die ihre Einheiten an **einer** Einsatzstelle einsetzen sollen, können den taktischen Einsatzwert ihrer Einheiten nur dann voll zur Wirkung bringen, wenn sie der nächsthöheren Führungsebene unterstellt werden.
Ohne diese Unterstellung muß jede Entscheidung, die sich auf den Einsatzwert beider Einheiten bezieht, in gegenseitiger Absprache herbeigeführt werden. Dies ist aber in der Regel aus Zeitgründen nicht möglich oder nicht angezeigt.
Darüber hinaus können ungleiche Lagebeurteilungen richtige Entscheidungen oder Entscheidungen überhaupt verhindern. Bei Gleichrangigkeit hat eben auch keiner die Entscheidungskompetenz. Zwei Gruppen können z.B. erst dann ihre volle taktische Wirksamkeit entfalten, wenn sie zu einem Zug zusammengefaßt und einem Zugführer unterstellt werden; mit anderen Worten: wenn sie zur nächstgrößeren taktischen Einheit zusammengefaßt werden. Dies gilt nicht nur für Gruppen, sondern sinngemäß für alle Formationen:

Grundsatz:

- **Gleichrangige Formationen, die an einer Einsatzstelle tätig werden sollen, sind der nächsthöheren Führungsebene zu unterstellen und dadurch zur nächstgrößeren taktischen Formation zusammenzufassen.**

Diese beiden Grundsätze lassen sich zusammenfassen zur »2 bis 5 – Regel«:

»2 bis 5 – Regel«:
2 (oder mehr) gleichrangige Einheiten sind der nächsthöheren Führungskraft zu unterstellen und dadurch zur nächsthöheren taktischen Einheit zusammenzufassen; die Kontrollspanne soll jedoch den Wert 5 nicht überschreiten.

2.4.2.2 Notwendige Organisation – ohne Dienstvorschrift?

Führungsebenen oberhalb der Zugführerebene
Nach der »2 bis 5-Regel« sind an einer Einsatzstelle, die z.B. den technischen Einsatzwert von 6 Gruppen erfordert, mindestens 2 Züge aus den 6 Gruppen zu bilden, wenn die Einheiten nicht schon als Züge an der Einsatzstelle erscheinen. 2 Züge (je 3 Gruppen) erfordern als gleichrangige Einheiten die nächsthöhere Führungsebene, d.h. aus den Zügen ist die nächsthöhere taktische Formation zu bilden, für die nach den FwDV die Bezeichnung »Verband« vorgesehen ist. Der Führer einer solchen Formation heißt dann »Verbandsführer«. Würde die Lage an einer Einsatzstelle niemals mehr als 25 Gruppen erfordern, so könnte man mit den Funkionsbezeichnungen »Gruppenführer«, »Zugführer« und »Verbandführer« zurechtkommen. Denn 25 Gruppen lassen sich aufteilen in 5 Züge je 5 Gruppen. Diese 5 Züge werden dann einem Verbandsführer unterstellt, womit die Führungsorganisation an dieser Einsatzstelle den Regeln entsprechend aufgebaut wäre.
Sind stärkere Einsatzkräfte erforderlich, also mehr als 25 Gruppen, reichen die sprachlichen Festlegungen in den geltenden Dienstvorschriften aber nicht

aus, um die zu bildenden Führungsebenen benennen zu können. Die maßgeblichen Führungskräfte in den Feuerwehren haben sich bis heute nicht einigen können, wie die Führungsstrukturen oberhalb der Zugführerebene organisiert und benannt werden sollen. Der Entwurf einer diesbezüglichen Dienstvorschrift FwDV 6 wird seit Jahrzehnten immer wieder einmal aus den Schubladen geholt und wieder hineingeschoben, weil auch seitens der Länderregierungen (im Unterausschuß »Feuerwehrangelegenheiten« des Arbeitskreises V der Arbeitsgemeinschaft der Innenminister der Bundesländer) keine einheitliche Auffasssung darüber herrscht, ob und wie diese eigentlich drängende Frage gelöst werden soll. Weder der Deutsche Feuerwehrverband DFV noch die Arbeitsgemeinschaft der Leiter der Berufsfeuerwehren AGBF hat bisher einen Weg weisen können oder wollen, um zu einer Lösung zu kommen. (Darüber hinaus muß man allen maßgeblichen Führungskräften vorhalten, daß sie in vielen Fällen die tatsächliche Einsatzorganisation nicht den Dienstvorschriften entsprechend durchführen (mit der Begründung, daß die wirklichen Verhältnisse die Realisierung der Vorschriften nicht ermöglichen), andererseits aber die erforderliche Anpassung der Vorschriften an die Realitäten auch nicht in Angriff nehmen.)
Die in der folgenden Tabelle aufgeführte Gliederung macht deutlich, welcher Regelungsbedarf in diesem Zusammenhang besteht:

Tab. 11: Taktische Formationen der Feuerwehr. Traurig, aber wahr: Die einheitliche organisatorische Gliederung von Feuerwehreinheiten oberhalb der Zugebene, die einheitliche Benennung der Formationen sowie die Festlegung taktischer Zeichen ist nirgendwo verbindlich geregelt und festgelegt, obwohl dies der erste notwendige Schritt zur Beherrschung von Großschadenlagen ist, siehe auch Bild 17.

Benennung		Taktisches Zeichen	Personalstärke	Führungsebene			Gerät	Maß gebliche FwDV
				Nr.	Funktions-bezeichnung	Taktisches Zeichen		
Taktische Einheiten	Trupp	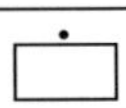	0/1/2/3	1	Truppführer		Fahrzeug für Truppbesatzung	
	Staffel	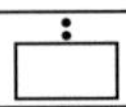	0/1/5/6	1	Staffelführer		Fahrzeug für Staffelbesatzung	FwDV 3 FwDV 12/1
	Gruppe	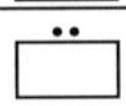	0/1/8/9	1	Gruppenführer		Fahrzeug für Gruppen-besatzung	FwDV 4 FwDV 12/1 FwDV 13/1
	Zug		1/3/18/22	2	Zugführer		Kombination aus vorg. Fahrzeugen	FwDV 5 FwDV 12/1
Taktische Verbände	Bereitschaft (Verband I)	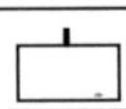	Führungsgruppe + 2 bis 5 Züge = 50 bis 125	3	Bereitschaftsführer		wie vor	FwDV 12/1
	Abteilung Verband II	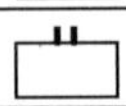	Führungsgruppe + 2 bis 5 Bereitschaften = 125 bis 600	4	Abteilungsführer		wie vor	FwDV 12/1
	Großverband (Verband III	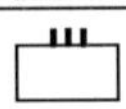	Führungsgruppe + 2 bis 5 Abteilungen = 600 bis 3000	5	Großverbands führer, Verbandsführer		wie vor	FwDV 12/1

Beispiel:
Die Größe der Schadenlage erfordert das technische Potential von 12 Zügen (das ist etwa die Hälfte des Kräftepotentials der Stadt Münster). Dies hat - folgende Konsequenzen hinsichtlich des Aufbaus der Führungsorganisation:

1. Die Züge müssen koordiniert geführt werden. Daher ist eine Führung überzuordnen. Die 12 Züge sind in Einheiten von höchstens 5 Zügen zu gliedern. Dies ergibt mindestens 3 neue taktische Formationen. Das bedeutet, daß die nächsthöhere, also die 3. Führungsebene mindestens 3-fach zu besetzen ist.

2. In der 3. Führungsebene sind 3 Funktionen zu koordinieren. Also ist die 4. Führungsebene erforderlich. (Es sei denn, man würde in der 3. Ebene dem »Verbandsführer« zumuten, eine Kontrollspanne von 8 zu beherrschen. Darin sind sich aber alle Führungspäpste in der Feuerwehr einig, daß das nicht gut gehen kann.) Weil nur 3 Einheiten in der 3. Ebene zu führen sind, genügt in der 4. Ebene 1-fache Besetzung. Hierzu siehe Bilder 7 bis 10.

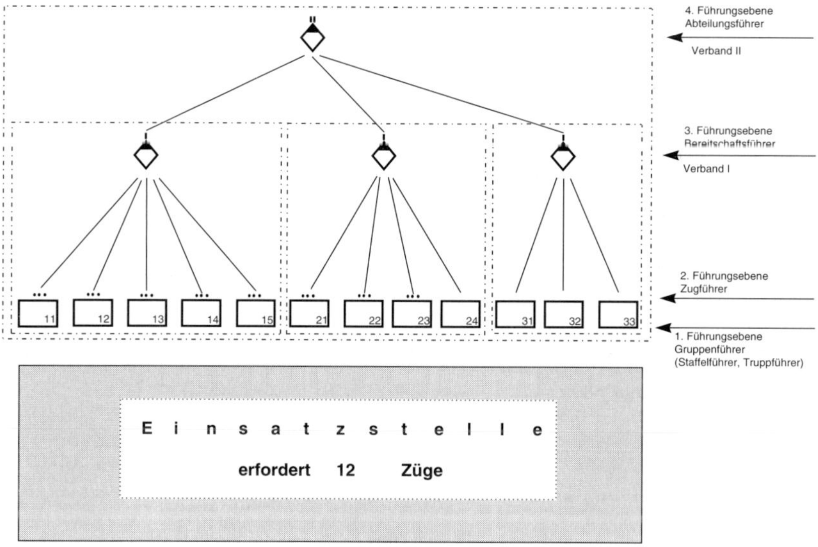

Abb. 7: Beispiel für den Aufbau der Führungsorganisation entsprechend der "2 bis 5-Regel" beim Einsatz von 12 Zügen. Das Schema läßt nicht erkennen, wieviel Gruppen vor Ort sind. Es müssen jedoch mindestens 12 mal 2 = 24 Gruppen sein, aber nicht mehr als 12 mal 5 = 60 Gruppen.

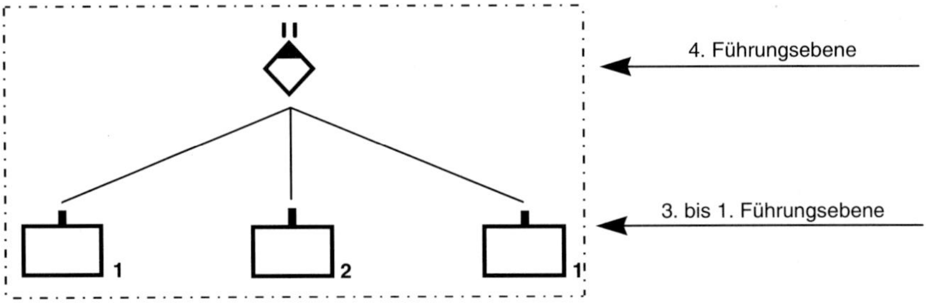

Abb. 8: Im Vergleich zu Bild 7 vereinfachte Darstellung einer Abteilung.Stärke = mindestens 3 Bereitschaften mal 2 Züge mal 2 Gruppen = 12 Gruppen; höchstens 3 Bereitschaften mal 5 Züge mal 5 Gruppen = 75 Gruppen.

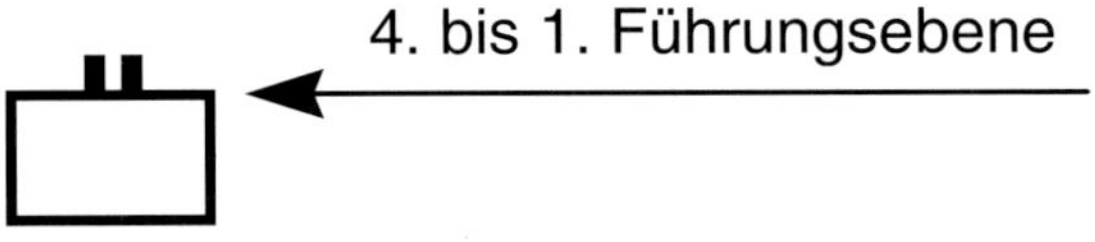

Abb. 9: Einfachste Möglichkeit der Darstellung eines Verbandes in Form einer Abteilung. Stärke = mindestens 1 Abteilung mal 2 Bereitschaften mal 2 Züge mal 2 Gruppen = 8 Gruppen; höchstens 5 Bereitschaften mal 5 Züge mal 5 Gruppen = 125 Gruppen

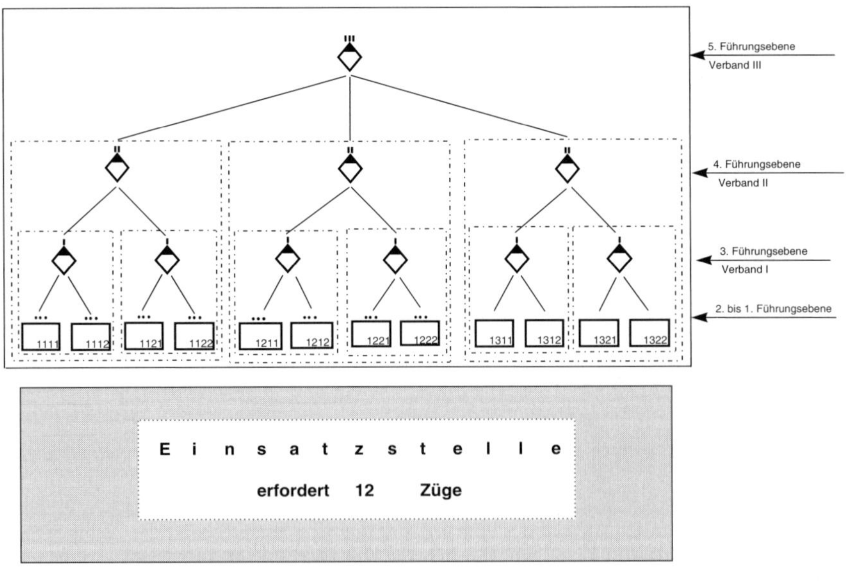

Abb. 10: Idealisierte Form der Führungsorganisation beim Einsatz von 12 Zügen

Bild 10 zeigt die idealisierte Form der Führungsorganisation beim Einsatz von 12 Zügen. Je 2 Züge sind zu einer Bereitschaft (Verband I) zusammengefaßt. Die 3. Führungsebene muß deshalb 6-fach und die 4. Führungsebene 3-fach besetzt werden. Konsequenz: Es ist die 5. Führungsebene einzurichten; hier genügt einfache Besetzung (wie immer in der jeweils obersten Führungsebene). Vorteil gegenüber der Organisation nach Bild 7: Die Züge sind flexibler zu führen, sozusagen detallierter und feinstrukturierter einsetzbar. Nachteile: Es sind aber 10 höher qualifizierte Führungskräfte erforderlich gegenüber nur 4 in Bild 7. Außerdem ist höherer Aufwand an Nachrichtentechnik erforderlich, die Nachrichtenwege werden länger, insgesamt kann das Ganze wieder schwerfälliger werden.

Fazit:

Die »ideale« Kontrollspanne gibt es nicht. Ob man an der unteren Grenze von 2 bleibt oder auch einmal aus besonderem Anlaß die obere Grenze von 5 überschreitet oder der Not gehorchend überschreiten muß – das hängt einerseits von den personellen und materiellen Möglichkeiten und andererseits von den taktischen Erfordernissen ab.
Die Kontrollspanne bzw. die 2-bis-5-Regel könnte als Vorlage für den Stellenplan, also für den Personalbedarf insgesamt und für den Stellenkegel herangezogen werden. Dabei wäre es im Sinne einer kooperativen und flexiblen Struktur günstig, möglichst immer an die Grenze 5 heranzugehen. Das hätte auch den Effekt, daß es zahlreiche niedrigere Besoldungsgruppen und weniger höhere gäbe. Leider entspricht der tatsächliche Stellenkegel nicht den taktischen Vorstellungen bzw. Notwendigkeiten. Bei den Berufsfeuerwehren ist es die Regel, daß der Stellenkegel überaus kopflastig ist, d.h. daß es im Verhältnis zum Rang und zur Zahl der »Häuptlinge« viel zu wenig »Indianer« gibt, was manchmal zu recht schwierigen Situationen an den Einsatzstellen führt.

Linienorganisation
Die im vorangegangenen dargestellte Organisationsform ist als Ergebnis der geltenden Rechts- und Dienstvorschriften (mehr oder weniger) verbindlich für die **Organisation im Einsatz**. In diesem hierarchisch gegliederten System von Führungsebenen laufen von der obersten Instanz ausgehend die Befehle von »oben« nach »unten«, während alles, was von unten nach oben läuft, unter der Bezeichnung »Meldung« zusammengefaßt wird (allerdings wird der Begriff »Meldung« je nach Gelegenheit auch als Oberbegriff benutzt). Es ist Aufgabe und Zweck der Nachrichtentechnik, diese Befehls- und Meldewege aufzubauen und funktionstüchtig zu erhalten. Diese Organisationsform heißt **Linienorganisation.**
Im Einsatz gilt: Führungsebenen dürfen nur aus zwingendem Anlaß »übersprungen« werden, z.B. weil eine besondere Gefahrenlage keine andere Wahl läßt. Grundsätzlich sind Befehle unter Anwendung der **Auftragstaktik** (siehe Abschnitt 2.5.2.4) an den oder die Führer der unterstellten Einheiten zu richten; in umgekehrter Richtung gehen Meldungen an den überstellten Führer der eigenen Einheit.

Es gehört zu den grundsätzlichen Führungsaufgaben aller Führungskräfte in jeder Führungsebene, sicherzustellen, daß nicht nur die Über- und Unterstellungsverhältnisse klar geregelt sind, sondern auch jede taktische Einheit bzw. Formation nach Standort (Herkunft), Personalstärke und technischer Ausstattung identifizierbar ist. Anonyme Einheiten darf es weder in der Realität, noch auf Lagekarten oder Kräfteübersichten geben. In der untersten Führungsebene, also auf der Ebene der Gruppenführer, gilt dieser Grundsatz für jeden einzelnen Angehörigen der Besatzung. Dadurch ist es möglich, auch auf größten Einsatzstellen jeden einzelnen zu finden und, was aus Gründen des Unfallschutzes besonders wichtig ist, auch unter Kontrolle zu halten. Siehe Abschnitt »Taktische Grundsätze«.
Ohne diese klare Organisation ist eine Kontrolle über den Aufenthalt und die Tätigkeiten von Feuerwehrangehörigen auf Einsatzstellen nicht möglich. Wo sie fehlt, können vermeidbare Unfälle geschehen, wie aus dem folgenden Beispiel ersichtlich ist (gekürzte Abschrift eines Einsatzberichtes aus einer Feuerwehrfachzeitschrift):

Brand in einem Altenheim
[...] In die Hektik der Suche nach den vermißten alten Menschen platzte die Nachricht von einem schwerverletzten Feuerwehrmann. Es war der Hauptbrandmeister B.G., der über eine Drehleiter gerettet werden konnte. Bevor er schwerverletzt abtransportiert wurde, hielt er immer wieder zwei Finger in die Höhe. Man deutete dies so, daß noch die beiden anderen Männer seines Trupps irgenwo im Dach in Gefahr seien. Umgehend wurden Suchtrupps zusammengestellt, die dann auch wenig später zwei sehr erschöpfte Feuerwehrmänner nahe der Brandstelle fanden und nach draußen brachten. Nach einstündigen Recherchen konnte auch festgestellt werden, wo die 53 vermißten alten Leute verblieben waren. Die Helfer des MHD hatten sie ohne Abmeldung nach K. gebracht und in der dortigen MHD-Zentrale ein Notquartier aufgebaut.
Der Aufbau der Brandabschnitte erwies sich als erfolgreich, mit Unterstützung zweier Wasserwerfer konnte das Feuer dort gestoppt werden. Ein Übergreifen auf den Trakt des Altenpflegeheims wurde so verhindert.
Zu diesem Zeitpunkt, wo alle aufatmeten und man der Ansicht war, daß man nochmal »mit einem blauen Auge« davogekommen sei, entdeckte man die Leiche eines Feuerwehrmannes im Dach. Zur Unkenntlichkeit verbrannt, nur durch den Preßluftatmer als Feuerwehrmann zu identifizieren, lag er nur wenige Meter von einer feuerhemmenden Tür entfernt.
Beim Abzählen der Mannschaft stelle sich sehr bald heraus, daß es sich um den Feuerwehrmann U.H. handeln mußte. Gleichzeitig wurde festgestellt, daß ein zweiter Mann fehlte, der Oberbrandmeister P.W. Er wurde im Rahmen der Nachlöscharbeiten gefunden.
Wie die Brandermittlungen ergaben, hatten sich der gerettete Hauptbrandmeister G, sowie die Feuerwehrmänner W. und H. in der Schleuse vor dem Aufzug befunden, als es in diesem Raum zu einem Flash over kam. Die drei wurden durch die Wucht der Explosion zu Boden geschleudert, G. erfaßte, als er aus seiner Benommenheit erwachte, eine Fußleiste und kroch an ihr entang – in die rettende Freiheit. Die beiden anderen Männer haben vermutlich die entgegengesetzte Tür benutzt und liefen so in die Flammen, aus denen es kein Entrinnen gab.

Welche Führungsfehler müssen aufgrund dieses Berichtes angenommen werden?
Wenn die Feuerwehr im Alarmfall mit regulärer Besatzungsstärke von der Wache ausrückt, wie das bei Berufsfeuerwehren der Normalfall ist, und außer-

dem die Personalstärke ohnehin auf niedrigem Niveau liegt, ist die Kontrolle an der Einsatzstelle nicht schwierig, weil von vornherein feststeht, wieviel Personal vor Ort ist und mit welchem Auftrag jemand tätig wird. Bei Freiwilligen Feuerwehren kommt es oft vor, daß nach dem Ausrücken der Fahrzeuge vom Feuerwehrhaus nachträglich Feuerwehrangehörige an der Einsatzstelle eintreffen. Diese »Nachzügler« dürfen keinesfalls auf eigene Faust an der Einsatzstelle aktiv werden. Es muß sichergestellt sein, daß jeder sich bei der Einsatzleitung zu melden hat, von wo aus er dann der taktischen Einheit unterstellt wird, die Personalbedarf hat. Dadurch ist gesichert, daß niemand ohne Auftrag und ohne Kontrolle und Aufsicht in der Einsatzstelle »untertaucht«.
Auf Einsatzstellen ist ein Verzicht auf straffe Linienorganisation nicht zu verantworten. Sie ist Voraussetzung für eine wirkungsvolle und (relativ) unfallsichere Einsatztätigkeit. Das bedeutet nicht auch zwangsläufig Verzicht auf Kooperation in der Entscheidungsfindung bzw. Verzicht auf Kooperation überhaupt. Das Prinzip von Befehl und Gehorsam steht nicht grundsätzlich im Widerspruch zu einem kooperativen Führungsstil, siehe Abschnitt 3.3 ff.

2.1.2.3 Organisation des Innerern Dienstes

Unter »Innerer Dienst« ist der Dienst in der Einsatzvorbereitung zu verstehen. Damit ist die Frage verbunden, ob denn außerhalb des Einsatzes die Feuerwehr nichts anderes zu tun habe, als sich auf den Einsatz vorzubereiten. Ich antworte darauf mit einem uneingeschränkten Ja, auch wenn man die Aufgaben der Feuerwehr im Vorbeugenden Brandschutz mit in die Überlegung einbezieht. Der Leiter einer Feuerwehr sollte diesen Zusammenhang würdigen, wenn er vor die Frage gestellt ist, was denn die Feuerwehr zu tun habe und ob es denn nicht möglich sei, die »brachliegende« Arbeitskraft der nicht im Einsatz befindlichen Kräfte nützlich einzusetzen, um für den Träger der Feuerwehr »Profit zu erwirtschaften«. Solche Gedankengänge vollziehen sich naheliegender Weise in erster Linie bei den Feuerwehren, deren Angehörige aus hauptberuflichen Kräften bestehen (siehe »Haushaltsführung«). Solange es sich um Tätigkeiten handelt, die einen positiven Effekt auf die Einsatzdurchführung ausüben, sind solche Beschäftigungsmöglichkeiten zu begrüßen. In der Januarausgabe des »brandschutz/Deutsche Feuerwehrzeitung«, Jahrgang 1996, sind sehr interessante und aufschlußreiche Beiträge in diesem Zusammenhang veröffentlicht.
Der innere Dienst muß im Aufbau und Ablauf so organisiert werden, daß die im Abschnitt 2.3 aufgeführten Tätigkeiten und Maßnahmen möglichst wirkungsvoll und kostengünstig verwirklicht werden können. Dabei ist die organisatorische Gliederung unter Berücksichtigung der 2-bis-5-Regel zweckmäßig. Außerdem sollte beachtet werden, daß das Prinzip der Eigenverantwortung (»Subsidiaritätsprinzip«) sowohl aus wirtschaftlichen als auch aus führungspsychologischen Gründen möglichst weitgehend verwirklicht wird. Oder anders ausgedrückt: Auch in der Einsatzvorbereitung kann wie bei der Einsatzdurchführung im Sinne der Auftragstaktik verfahren werden. Unter Berücksichtigung dieser Überlegungen könnte die organisatorische Gliederung wie folgt aussehen (siehe Bilder 11 und 12).

Beispiel 1, Organisationsplan "Innerer Dienst" (Größe der Feuerwehr = 2 Züge)							
Feuerwehr "Altheim"						Meldezentrale Feuerwache 1	
1. Leiter der Feuerwehr Feuerwache 1						1.01 Haushalt	1.02 Presse
1.1 **Zug 1** Feuerwache 1		**1.2** **Zug 2** Feuerwache 2	Meldezentrale Feuerwache 2	**1.3** **Aus- und Fortbildung**	**1.4** **Logistik**	**1.5** **Vorbeugender Brandschutz**	**1.6** **Personalplanung**
1.1.1 Logistik	1.1.1.1 Technischer Dienst	1.2.1 Logistik	1.2.1.1 Technischer Dienst	1.3.1 Grundlagen	1.4.1 Nachrichtentechnik	1.5.1 Löschwasserversorgung	1.6.1 Nachwuchs
	1.1.1.1.1 Fahrzeugwartung		1.2.1.1.1 Fahrzeugwartung	1.3.2 Einsatzlehre	1.4.2 Beschaffungen	1.5.2 Stellungnahmen	1.6.2 Fürsorge
	1.1.1.1.2 Gerätewartung		1.2.1.1.2 Gerätewartung	1.3.3 Übungen	1.4.3 Wartung Fahrzeuge und Geräte	1.5.3 Brandschau	
	1.1.1.1.3 Persönliche Ausrüstung		1.2.1.1.3 Persönliche Ausrüstung		1.4.4 Versorgung	1.5.4 Sicherheitswachen	
	1.1.1.1.3.1 Atemschutzgeräte		1.2.1.1.3.1 Atemschutzgeräte		1.4.5 Bauliche Instandhaltung		
	1.1.1.1.3.2 Bekleidung		1.2.1.1.3.2 Bekleidung				
	1.1.1.2 Versorgung		1.2.1.2 Versorgung				
	1.1.1.2.1 Verpflegung		1.2.1.2.1 Verpflegung				
	1.1.1.2.2 Material		1.2.1.2.2 Material				
1.1.2 Aus- und Fortbildung	1.1.2.1 Einsatzlehre	1.2.2 Aus- und Fortbildung	1.2.2.1 Einsatzlehre				
	1.1.2.1.2 Führungslehre		1.2.2.1.1 Führungslehre				
	1.1.2.1.2 Gefahrenlehre		1.2.2.1.2 Gefahrenlehre				
	1.1.2.1.3 Taktische Regeln		1.2.2.1.3 Taktische Regeln				
	1.1.2.2 Übungen		1.2.2.2 Übungen				

Abb. 11: Organisationsplan »Innerer Dienst«, Größe der Feuerwehr = 2 Züge.
Die Gliederungsnummern machen die Unterstellungsverhältnisse und Zuständigkeiten deutlich. Der Grundgedanke dieser Organisationsform: Kernstück der Feuerwehr sind die Einsatzkräfte. Sie sollen sich an den Standorten (Feuerwachen) so weit wie möglich selbst verwalten und versorgen. Die Leitung der Feuerwehr muß die dazu erforderlichen Rahmenbedingungen schaffen, koordinieren und kontrollieren.

Beispiel 2, Organisationsplan "Innerer Dienst" (Größe der Feuerwehr = 6 Züge)									
Feuerwehr "Neustadt"								Meldezentrale Feuerwache 1	
1. Leiter der Feuerwehr Feuerwache 1						1.01 Büro	1.02 Haushalt	1.03 Presse	**Personalrat** Feuerwache 1
1.1 Einsatzabteilung Feuerwache 1						**1.2 Aus- und Fortbildung** Feuerwache 1	**1.3 Logistik** Feuerwache 1	**1.4 Vorbeugender Brandschutz** Feuerwache 1	**1.5 Personalplanung** Feuerwache 1
1.1.1 Bereitschaft 1 Feuerwache 1		**1.1.2 Bereitschaft 2** Feuerwache 3		**1.1.3 Bereitschaft 3** Feuerwache 5					
1.1.1.1 Logistik 1.1.1.2 Aus- und Fortbildung		1.1.2.1 Logistik 1.1.2.2 Aus- und Fortbildung		1.1.3.1 Logistik 1.1.3.2 Aus- und Fortbildung		1.2.1 Grundlagen	1.3.1 Nachrichtentechnik	1.4.1 Löschwasserversorgung	1.5.1 Nachwuchs
Zug 11 Feuerwache 1	Meldezentrale	Meldezentrale	Meldezentrale	Meldezentrale	Meldezentrale	1.2.2 Einsatzlehre	1.3.2 Beschaffungen	1.4.2 Stellungnahmen	1.5.2 Fürsorge
	Zug 12 Feuerwache 2	**Zug 21** Feuerwache 3	**Zug 22** Feuerwache 4	**Zug 31** Feuerwache 5	**Zug 32** Feuerwache 6				
Logistik	Logistik	Logistik	Logistik	Logistik	Logistik	1.2.3 Übungen	1.3.3 Wartung Fahrzeuge und Geräte	1.4.3 Brandschau	
Aus- und Fortbildung	Aus- und Fortbildung	Aus- und Fortbildung	Aus- und Fortbildung	Aus- und Fortbildung	Aus- und Fortbildung		1.3.4 Vesorgung	1.4.4 Sicherheitswachen	
							1.3.5 Bauliche Instandhaltung		

Abb. 12: Organisationsplan »Innerer Dienst«, Größe der Feuerwehr = 6 Züge. Jeder Zug ist im einzelnen so zu organisieren, wie in Bild 11 dargestellt.

Allgemeine Grundsätze für die Innere Oganisation:
- Macht und Verantwortung müssen übereinstimmen.
- Alle Funktionen dürfen (pro Schicht) nur einmal verteilt sein (klare Zuständigkeitsabgrenzung).
- Die Kontrollspanne soll möglichst an der oberen Zweckmäßigkeitsgrenze liegen (bessere Arbeitsverteilung).
- Die Bildung von Organisationseinheiten soll sich an den Einsatzeinheiten und den anderen Sachaufgaben orientieren (nicht auf Personen bezogen).
- Aufgaben und Verantwortung sollen möglichst weit nach unten delegiert werden.
- Klare und übersichtliche Organisations- und Geschäftsverteilungspläne sind zu erstellen.

2.5 Einsatzdurchführung (Führen im Einsatz)

Erfolgreiches Führen setzt voraus:
- zweckmäßiges Führungsverhalten,
- sichere Anwendung des Führungsvorgangs,
- sinnvollen Aufbau der Führungsorganisation,
- effektiven Einsatz der Führungsmittel (AK Taktik).

Bei der **Einsatzdurchführung** werden technische Mittel nach taktischen Grundsätzen zur Gefahrenabwehr eingesetzt.
Einsatzerfolg setzt u.a. voraus:
- eine klare Zielvorstellung, die sich aus dem Auftrag ableitet und die richtige Strategie und Taktik ermöglicht
- die sichere Beherrschung des Führungsvorgangs (Ablauforganisation)
- die Beachtung taktischer Grundsätze und -regeln
- eine Einsatznachbereitung, die Erfahrungsauswertung und Anpassung an künftige Einsätze ermöglicht

2.5.1 Strategie und Taktik

Strategie (ursprünglich »Kunst der Kriegsführung«):
a) allgemein: Der Entwurf und die Durchführung eines Gesamtkonzeptes, nach dem der Handelnde (in der Auseinandersetzung mit anderen) ein bestimmtes Ziel zu erreichen sucht, im Unterschied zur Taktik, die sich mit den Einzelschritten des Gesamtkonzeptes befaßt [21].
b) voraussschauendes und umfassendes Planen der Gefahrenabwehr, das sich an den gesellschaftlichen und technischen Entwicklungen orientiert und das darauf gerichtet ist, den gesetzlichen Auftrag zu erfüllen (AK Taktik).
Taktik (gr.: Kunst der Anordnung und Aufstellung):
a) allgemein: Die planvollen Einzelschritte im Rahmen eines Gesamtkonzeptes (siehe Strategie); berechnendes, zweckbestimmtes Vorgehen [21]
b) Der zielgerichtete Einsatz von Kräften, Mitteln und Verfahrensweisen in Abhängigkeit von der jeweiligen Lage. Sie ist darauf gerichtet, im Einzelfall die strategische Zielsetzung wirkungsvoll zu erreichen (AK Taktik).

Strategisches Denken bedeutet die Fähigkeit, unabhängig von Einzelproblemen umfassend, großräumig und weit vorausschauend Gegebenheiten und Entwicklungen zu erkennen und daraus Vorhersagen ableiten zu können. Im Feuerwehrdienst ist sowohl strategisches als auch taktisches Denken erforderlich. Die Strategie vollzieht sich dabei zunächst in erster Linie im Bereich der Einsatzvorbereitung, aber auch in Großschadenlagen oder Katastrophenfällen. Je langfristiger und folgenschwerer die Schadenentwicklung verläuft und sich die Gefahrenlage entwickelt, um so mehr muß sich die Führungstätigkeit auf die strategische Ebene verlagern. Bei der Führungstätigkeit in Einsatzstäben ist immer strategisches Denken erforderlich.
Aufeinander abgestimmte Taktik und Strategie stimmen in der Zielsetzung überein. Unterschiede bestehen in der Größenordnung der zu lösenden Probleme.
- *Die Ziele, die mit Strategie und Taktik zu verfolgen sind, ergeben sich aus dem zu erfüllenden Auftrag.*

Der Führer einer taktischen Einheit vor Ort muß unter den gegebenen (strategischen) Rahmenbedingungen in einer ganz speziellen Situation und in verhältnismäßig kurzer Zeit ein Einzelproblem lösen. Hierzu muß er in der Lage sein, **taktisch richtig zu denken und zu handeln.** Die Entscheidung darüber, welche Kräfte und Mittel auf welche Art und Weise und mit welchen Einzelzielen zum Einsatz kommen sollen, ergibt sich aus der Beurteilung der Lage im Einzelfall und aus der Berücksichtigung taktischer Grundsätze und Regeln.

Taktische Grundsätze

- *Taktische Grundsätze sind allgemeine Verhaltensregeln für Einsatzkräfte, die bei der Durchführung von Einsätzen hinsichtlich der Zielsetzung und Arbeitsweise zu beachten sind.*
- *Taktische Regeln sind spezielle Verhaltensregeln für Einsatzkräfte in bestimmten Einsatzlagen.*

Taktische Grundsätze und Regeln sind zum Teil in Dienstvorschriften festgelegt, zum Teil handelt es sich um Erfahrungsregeln. So gibt es zum Beispiel taktische Regeln für den Gefahrguteinsatz, für den Strahlenschutzeinsatz, für den Taucheinsatz, für die Brandbekämpfung allgemein, für das »In-Sicherheit-bringen« von Menschen aus brennenden oder verqualmten Gebäuden usw. Taktische Regeln werden zum Teil auch als »Einsatzgrundsätze« bezeichnet, z.B. in der FwDV 7; sie sind Gegenstand des Unterrichtes »Einsatzlehre«. »Grundsätze« und »Regeln« lassen sich nicht immer und in jedem Fall begrifflich scharf voneinander unterscheiden, zumal die geltenden Dienstvorschriften und anderen schriftlichen Regelungen (auch rechtlicher Natur) nicht frei von Widersprüchen sind. Dessenungeachtet läßt sich folgende Aufstellung machen.

Grundsätze zur taktischen Zielsetzung:

- Die Rettung und der Schutz von Menschen haben Vorrang vor allen anderen Zielen.
- Diejenigen Menschen werden zuerst gerettet, die am stärksten bedroht sind.
  (Wenn man nichts Besseres mehr weiß: zuerst die Menschen, die man sieht; dann die, die man hört und dann die, die man vermutet.)
- Tierrettung hat Vorrang vor dem Schutz von Sachen. Dabei ist jedoch der idelle und materielle Wert gegeneinander abzuwägen.
- Alle Gefahren und Abwehrmaßnahmen sind auf Umweltauswirkungen zu prüfen.
- Allgemein: Der Schaden ist so gering wie möglich zu halten.

Grundsätze zur Wirksamkeit von Einsatzmaßnahmen

- Bei allen Maßnahmen ist der allgemeine Grundsatz der Verhältnismäßigkeit anzuwenden: Mittel und Maßnahmen müssen angemessen sein. Die Rettung von Menschen erlaubt keine »Wirtschaftlichkeitsberechnung« z.B. hinsichtlich des Verbrauchs von Sachmitteln, z.B. von Schaummittel. Andererseits: Der Wasserschaden darf nicht größer sein als der Brandschaden (wenn es nicht um Menschenrettung geht).
- Den Gefahrenschwerpunkten entsprechend sind Einsatzschwerpunkte zu bilden. Kräfte und Mittel dürfen nicht zersplittert werden. Dies gilt um so mehr, je schwächer die Kräfte im Verhältnis zum Bedarf sind.

- Auf die Bildung von Reserven ist hinzuwirken.
- Die Auftragstaktik ist zu bevorzugen (siehe Abschnitt 2.5.2.4)
- Befehle sind nach den Regeln des Führungsvorgangs im Sinne der FwDV 12/1 zu erarbeiten.
- Befehle und Meldungen sind unmißverständlich abzufassen.
- Einsatzstellen sind nach dem Prinzip der Linienorganisation zu ordnen.

Grundsätze zur Sicherheit des Einsatzpersonals
- Von Sicherheits- und Unfallverhütungsvorschriften darf (bzw. muß) nur zur Rettung von Menschen abgewichen werden.
- Unkontrollierter Aufenthalt im Gefahrenbereich darf nicht geduldet werden.
- Die Schutzausrüstung des Einsatzpersonals muß den Risiken entsprechen.
- Der Rückzugsweg muß gesichert sein.
- Auch bei der Menschenrettung müssen die Risiken für das Einsatzpersonal kalkulierbar bleiben.

Der Mensch ist das Maß aller Dinge ...
PROTAGORAS

2.5.2 Führungsvorgang (Ablauforganisation)

Der Führungsvorgang im Sinne der FwDV 12/1 bezieht sich auf das Führen im Einsatz. Das Verfahren dient dazu, unter gegeben Einsatzbedingungen möglichst schnell die richtigen Entscheidungen treffen und die richtigen Maßnahmen veranlassen zu können. Die Grundstrukturen des Führungsvorgangs sind aber nicht nur für die Entscheidungsfindung im Einsatz von entscheidender Bedeutung, sondern können – in abgewandelter und angepaßter Form – auch bei jedem anderen Entscheidungsprozeß angewandt werden. In der Tat finden sich auch in anderen Modellen der Entscheidungsfindung (z.B. beim Brainstorming, bei Problemlöseprozessen) sehr ähnliche Strukturen. Die Methoden, die im Führungsvorgang nach FwDV 12/1 anzuwenden sind, lassen sich deshalb auch grundsätzlich in der Einsatzvorbereitung benutzen (siehe auch Bild 21, »Managementkreis«).

Allgemeine Grundsätze
- Der Einsatzerfolg (Erreichen des verfolgten Zieles) ist der Maßstab für die sachliche und taktische Richtigkeit des Befehls. Richtige Befehlserteilung ergibt sich aus richtiger Entschlußfassung, welche das Ergebnis einer zutreffenden Lagebeurteilung ist.
- Um zu richtigen Ergebnissen zu kommen, muß die Begründung für die zu erteilenden Befehle nachvollziebar erarbeitet werden. Dies geschieht in einer Reihe von logisch aufeinanderfolgenden Denk- und Handlungsschritten, wie sie in der FwDV 12/1 vorgegeben sind. Diese Denk- und Handlungschritte stellen für den Führenden (oder allgemein für denjenigen, der eine Entscheidung zu treffen hat) Arbeitsabschnitte dar, die in einer logischen Zeitfolge abgearbeitet werden müssen.

- Das Ergebnis eines Arbeitsabschnittes ist die Grundlage für den nächstfolgenden.
- Ausgeführte Befehle = Einsatzmaßnahmen können nur dann den erwarteten Erfolg bringen, wenn sie zu einem Zeitpunkt wirksam werden, zu dem die Schadenlage den zuvor entwickelten Vorstellungen entspricht.

Je nach Schadenart bzw. Gefahrenart vergrößert sich ohne Zutun der Schaden mit fortschreitender Zeit: Die Gefahr nimmt zu, bis sie entweder gestoppt wird, oder ein Schadenmaximum entstanden ist. Ein Brand vergrößert sich z.B. so lange, bis alles Zünd- und Brennbare vernichtet ist, oder bis er gelöscht bzw. begrenzt wird.

Die Einsatztätigkeit der Feuerwehr ist ein Wettlauf mit der Zeit.
- *Die Zeit bis zu Befehlserteilung ist daher möglichst kurz zu halten; andererseits darf aber ein Befehl nicht nur »auf gut Glück« erteilt werden, um Zeit zu gewinnen.*

In zeitlicher Reihenfolge ist daher wie folgt vorzugehen:
1. Arbeitsgang = Zeitabschnitt 1:
   Erkundung durchführen = Informationen sammeln.
2. Arbeitsgang = Zeitabschnitt 2:
   Beurteilung durchführen = Informationen verarbeiten und bewerten.
3. Arbeitsgang = Zeitabschnitt 3:
   Entschluß fassen = Verarbeitete und bewertete Informationen in Maßnahmenkonzept umsetzen.
4. Arbeitsgang = Zeitabschnitt 4:
   Befehl erteilen = Entschluß in Befehlsformulierung umsetzen.
5. Arbeitsgang = Zeitabschnitt 5:
   Kontrolle: Wirkung der Maßnahmen feststellen, mit den Erwartungen vergleichen und den zwischenzeitlich neu aufgenommenen Informationen zusammenführen.
6. Arbeitsgang = Zeitabschnitt 6:
   Neue (2.) **Beurteilung** durchführen.
7. Arbeitsgang = Zeitabschnitt 7:
   Neuen (2.) **Entschluß** fassen.
8. Arbeitsgang = Zeitabschnitt 8:
   Neuen (2.) **Befehl** erteilen.
9. Arbeitsgang = Zeitabschnitt 9:
   Kontrolle und weitere Erkundung ...

Die Zahl der erforderlichen Arbeitsgänge ergibt sich aus der Wirksamkeit der Befehlsausführung und liegt daher im voraus nicht fest.
- *Der Einsatz ist beendet, wenn alle Gefahren beseitigt und evtl. erforderliche Abschlußmaßnahmen ausgeführt sind. Diese Feststellung ist das Ergebnis der letzten Lagebeurteilung.*

Was sich im Laufe eines Einsatzes wiederholt, ist die Art der Arbeitsvorgänge. Dabei bilden die Grundabschnitte »Erkundung/Kontrolle« bis »Befehlserteilung« jeweils einen Zyklus (Bild 13).

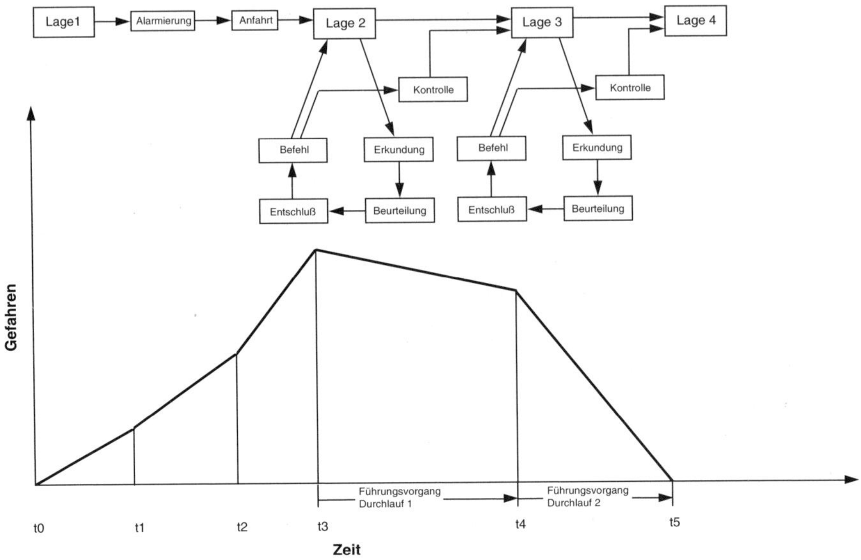

Abb. 11: Der Führungsvorgang soll bewirken, daß die vorgefundenen Gefahren im Zeitablauf möglichst schnell auf ein Minimum (möglichst auf Null) zurückgeführt werden. Wie oft der Zyklus durchlaufen werden muß, ist nicht vorherbestimmbar.

Theoretisch-schulungsmäßig lassen sich die einzelnen Abschnitte scharf voneinander trennen. In der Realität kommt es zu teilweise komplizierten Überlagerungen und Rückkopplungen, so daß mehrere Vorgänge parallel ablaufen. So wird z.B. die Aufnahme von Informationen (= Erkundung und Kontrolle) während der Einsatzplanung grundsätzlich nicht unterbrochen, sondern stetig weitergeführt und in die laufende Planung mehr oder weniger einbezogen. Was psychologisch bedingt noch schwerer fällt: Die Feststellung der Lage zunächst frei zu halten von einer gleichzeitigen Beurteilung; es kommt leicht zu voreiligen Schlußfolgerungen und »Vorurteilen«. Gerade das muß aber vermieden werden, um falsche Maßnahmen zu verhindern! Für den Übergang von einem Abschnitt in den anderen gelten folgende Grundsätze:

- Je schneller die ersten Gefahrenabwehrmaßnahmen wirksam werden, um so größer sind die Erfolgsaussichten.
- Bei der Erkundung ist fortwährend zu prüfen, ob der Informationsstand ausreicht, um eine sinnvolle Beurteilung durchführen zu können.
  Vorrangiges Erkundungsziel: Sind Menschen in Gefahr?
- Mit der Planung (Beurteilung, Entschlußfassung) ist sofort zu beginnen, wenn feststeht, daß Menschen in Gefahr sind. Jede Möglichkeit ist zu nutzen, die Erkundung parallel weiterzuführen. Die Planung darf dabei aber nicht verzögert werden.

- Bei Rettungsmaßnahmen ist Schnelligkeit in der Regel das wichtigste Beurteilungskriterium.

2.5.2.1 Lagefeststellung, Erkundung

Die FwDV 12/1 unterscheidet hinsichtlich der Lagefeststellung
- die Allgemeine Lage,
- die Gefahrenlage,
- die Eigene Lage.

Innerhalb der **Allgemeinen Lage** können gleichbleibende und veränderliche Faktoren benannt werden. Zu den ersteren gehören die Geländemerkmale, die Bebauung (Bebauungsdichte, Bauart, Bauweise) sowie die Verkehrswege. Diese Lagebestandteile werden auch als »Kalte Lage« bezeichnet. Inwieweit hier ein Erkundungsbedarf besteht, ergibt sich aus den Vorkenntnissen, die zu Beginn des Einsatzes bereits vorhanden sind. Zu den veränderlichen Faktoren innerhalb der Allgemeinen Lage gehören das Wetter, die aktuelle Verkehrslage und das Verhalten nicht betroffener Personen. Der aktuelle Kenntnisstand bestimmt, ob in diesem Bereich ein Erkundungsbedarf besteht oder nicht. **Die Gefahrenlage** bzw. Schadenlage erfordert die eigentliche Erkundungstätigkeit im engeren Sinn:
- Sind gefährdete oder betroffene Personen zu erkennen?
- Gibt es andere Hinweise auf gefährdete oder betroffene Personen?
- Sind Schadenmerkmale zu erkennen? Rauch, Feuer, Beschädigungen an Bauwerken, an Fahrzeugen, an Verkehrswegen, sind freiwerdende Stoffe zu erkennen, sind auffällige Gefahrenkennzeichungen zu erkennen, besondere Gerüche, Geräusche usw.
- Sind gefährdete oder betroffene Tiere zu erkennen oder gibt es Hinweise darauf?

Die Eigene Lage ergibt sich aus folgenden Merkmalen:
a) sofort verfügbare Kräfte und Mittel:
- angerückte Einheiten,
- vor Ort vorhandene Mittel (in erster Linie Löschwasser, aber auch andere möglicherweise vorhandene Mittel, die einsatztaktisch wichtig sein können.

b) Einheiten und Mittel, die innerhalb einer taktisch sinnvollen Zeit mobilisiert werden können.

Bezüglich der eigenen taktischen Einheiten muß vorausgesetzt werden, daß ein Erkundungsbedarf nicht besteht, denn der technische Einsatzwert der anrückenden und nachforderbaren Einheiten muß bekannt sein. Gleiches gilt hinsichtlich der Löschwasserversorgung – jedenfalls im eigenen Ausrückebezirk bzw. im eigenen Gemeinde- oder Stadtgebiet. Im Falle der überörtlichen Hilfe können Erkundungsnotwendigkeiten auftreten, z.B.: Wie lange dauert es, bis Verstärkung eintreffen kann? Wie sind die anrückenden Einheiten ausgestattet?

Die Versorgungslage und die **Fernmeldelage** erfordern i.d.R. nur bei größeren Schadenereignissen, die entsprechend lange Einsatzzeiten nach sich ziehen, Erkundungsaktivitäten.

2.5.2.2 Einsatzplanung, Beurteilung der Lage

Die Beurteilung der Lage besteht darin, daß jeweils eine logische Antwort auf eine systematische Reihe von Fragen gefunden wird.

1. Welche Gefahren sind erkannt? (Welche Gefahren bestehen ...?)
Eine taktisch richtige Antwort setzt Klarheit über folgende Zusammenhänge voraus:

- Eine nicht vorhandene Gefahr kann nicht erkannt, sondern allenfalls vermutet werden (Einsatzmaßnahmen müssen allerdings in vielen Fällen aufgrund vermuteter Gefahren getroffen werden.)
- Eine Gefahr ist vorhanden, wenn die Sicherheit von Menschen, und/oder Tieren und/oder Sachen und/oder die Umwelt bedroht ist und somit die Möglicheit eines Schadeneintritts besteht.
- **Erkannt ist eine Gefahr, wenn feststeht,**
  a) **wovon die Gefahr ausgeht** (Vorgang, Sache, Ereignis), d.h. wenn die Gefahrenquelle oder die Gefahrenursache bekannt ist,
  b) **welche Wirkung entstehen kann** (verbrennen, zerstören, krankmachen, verletzen),
  c) **wer oder was geschädigt werden kann** (siehe Bild 14).

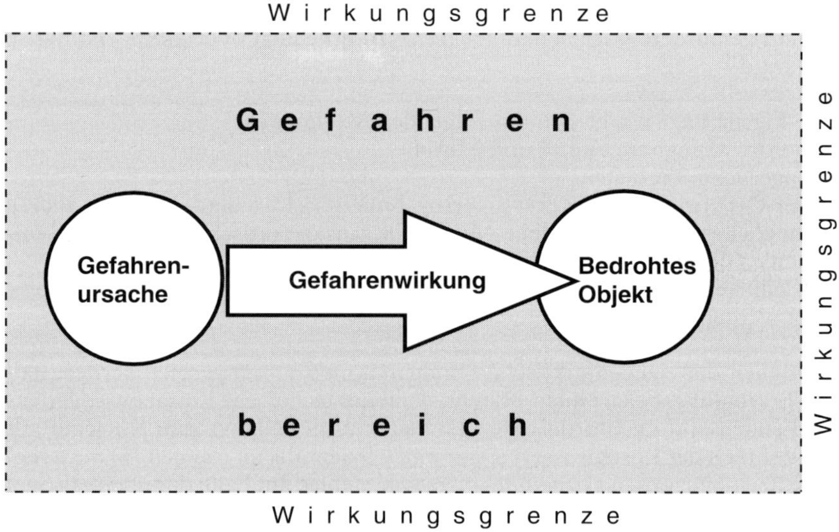

Abb. 14: Elemente einer erkannten Gefahr

- Die Antwort auf die Frage »Welche Gefahr ist erkannt?« muß also korrekterweise immer mindestens die Gefahrenursache und das bedrohte Objekt enthalten.
- Mit der Feststellung der erkannten Gefahren ist der erste Schritt der Lagebeurteilung vollzogen. Das muß aber nicht bedeuten, daß **alle** ojektiv vorhandenen Gefahren tatsächlich erkannt wurden!

Der zweite Schritt der Lagebeurteilung besteht darin, die erkannten Gefahren ihrer Größe nach zu ordnen:

2. Welche der erkannten Gefahren muß zuerst bekämpft werden?
- *Die größte Gefahr muß zuerst bekämpft werden!*
  Taktische Zielsetzung: Der Schaden muß so gering wie möglich gehalten werden!

Um diese Frage taktisch richtig beantworten zu können, muß ein Maßstab gegeben sein, mit dem die Größe einer Gefahr gemessen werden kann. Dieser Maßstab wird uns vorgegeben durch unseren Auftrag. Die innere Überzeugung, richtig oder falsch zu handeln, ergibt sich aus der Anerkennung oder Ablehnung dieses Maßstabs.
- *Die Größe einer Gefahr muß gemessen werden an der Größe des zu erwartenden Schadens im Falle des Nichteingreifens.*
- *Größter denkbarer Schaden ist der Verlust menschlichen Lebens und danach:*
- *der Verlust menschlicher Gesundheit.*

Es folgen in der **Werteskala** Tiere, Sachen, Umwelt, abgestuft nach ideellem und materiellen Wert, siehe Bild 15.

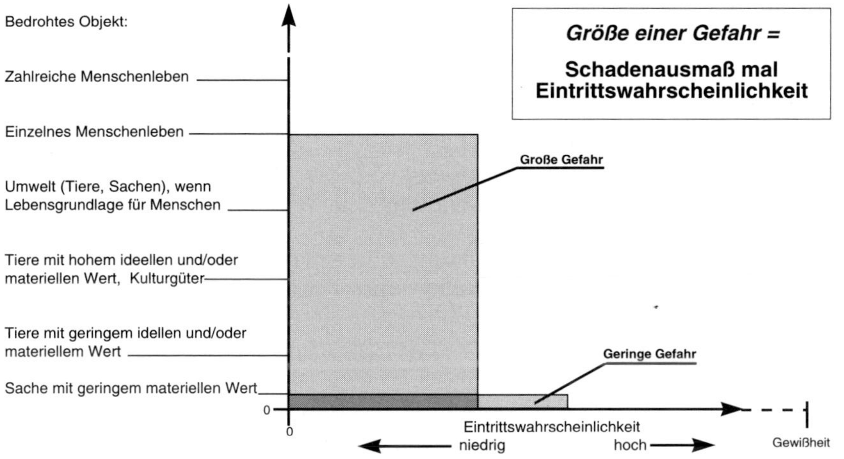

Abb. 15: Größe einer Gefahr = Schadenausmaß mal Eintrittswahrscheinlichkeit

3. Wo ist der Gefahrenschwerpunkt?
Der Begriff »Gefahrenschwerpunkt« wird in der Fachwelt nicht einheitlich definiert, im Gegensatz zum »Einsatzschwerpunkt«, der in der FwDV 12/1 als Begriff wie folgt erklärt wird:

FwDV 12/1:
Einsatzschwerpunkt: Die entscheidende Stelle der Gefahrenabwehr, an der durch Zusammenfassung von Kräften und Mitteln ein nachhaltiger Erfolg erzielt werden soll.

Die Definition des Gefahrenschwerpunktes nach KAUFHOLD lautet: Der **Gefahrenschwerpunkt** ist der Ort oder räumliche Bereich einer Einsatzstelle, wo die größte Gefahr den größten Schaden bewirken kann = Wirkungsort der größten Gefahr [16]. Die Definition nach SCHLÄFER lautet hingegen: Der **Gefahrenschwerpunkt** ist der Ort oder räumliche Bereich, von wo die größte Gefahr ausgeht = Ursprungsort der größten Gefahr [26].
Die taktische Entscheidungsfindung darüber, welche Maßnahmen an welchem Ort und welchen Mitteln durchgeführt werden sollen und in welcher Reihenfolge das geschehen soll, ist aber nicht von der Definition der o.g. Begriffe abhängig.
Wenn die Beurteilung der Gefahrenlage in allen anderen Teilen korrekt durchgeführt wird, kommt man zum richtigen taktischen Ergebnis, unabhängig davon, ob der Begriff »Gefahrenschwerpunkt« in der Lagebeurteilung verwendet und wie er verstanden wird.

4. Welche Möglichkeiten bestehen für die Gefahrenabwehr?
Auch in diesem Zusammenhang werden in der Schulmeinung, in der Fachliteratur und auch in Rechtsgrundlagen unterschiedliche Begriffe verwendet: Gefahrenabwehr, Gefahrenbekämpfung, Gefahrenausschaltung, Gefahrenbeseitigung u.ä. Worauf es eigentlich ankommt ist folgendes:
Alle Maßnahmen hinsichtlich der Gefahren müssen zum Ziel haben, die Wirkung von Gefahren auszuschließen.
Dabei ist es hinsichtlich des gewünschten Effektes unerheblich, wie die dazu erforderlichen Maßnahmen genannt werden.
Um dieses Ziel zu erreichen, sind grundsätzlich drei Handlungsrichtungen vorstellbar:
- *Beseitigung der Gefahrenursache,*
- *Abschirmung der Gefahrenwirkung,*
- *Entfernen des bedrohten Objektes* aus dem Wirkungsbereich der Gefahr.

Welche dieser drei Handlungsrichtungen in einer konkreten Situation überhaupt durchführbar oder am erfolgversprechendsten ist, muß sich aus der Lagebeurteilung ergeben.

- *Wie findet man sinnvolle und realisierbare Handlungsmöglichkeiten in einer gegebenen Lage?*

In einfachen und vor allen Dingen übersichtlichen Gefahrensituationen, die häufig und immer wieder vorkommen, ist i.d.R. kein langes Überlegen notwendig, weil Routinemaßnahmen anwendbar sind. In unübersichtlichen

Lagen hingegen kann die Anwort nur in mehreren Schritten bzw. Stufen gefunden werden. In diesen Denkschritten ist, ausgehend vom lagebezogenen »Maximalwunsch« (= der Normalzustand ist mit einem Schlag wiederhergestellt) unter Berücksichtigung von ggf. in Frage kommenden taktischen Regeln die Realisierbarkeit der Wunschvorstellungen an den Einsatzmöglichkeiten der zur Verfügung stehenden Mittel zu messen:
- Was **möchte** ich erreichen?
- Was **kann** ich erreichen?

Diese Vorgehensweise ist wichtig, um eine konkrete Zielvorstellung für den nächstmöglichen taktischen Handlungschritt zu entwickeln. Zunächst ist zu prüfen, ob die vorhandenen Mittel nach Qualität und Quantität voraussichtlich überhaupt ausreichend sind:
Welche taktischen Maßnahmen sind in welchem Umfang erforderlich?
Sind die sofort verfügbaren Mittel geeignet und in ausreichendem Umfang vorhanden? Im Zweifel: Verstärkung anfordern! Maßnahmen veranlassen!
Können alle erkannten Gefahren ***gleichzeitig*** *unwirksam gemacht werden, ohne die wirkungsvollste Maßnahme gegen die größte erkannte Gefahr zu verzögern?*
Wenn Ja: Entschluß planen.
Wenn Nein: Maßnahmen gegen die geringste erkannte Gefahr zurückstellen.
Neue Fragestellung:
Können alle verbleibenden erkannten Gefahren ***gleichzeitig*** *unwirksam gemacht werden?*
Wenn Ja: Entschluß planen.

Im Zweifelsfall oder wenn der Zeitwand zur konsequenten Planung aller erforderlichen Gefahrenabwehrmaßnahmen zu hoch erscheint:
- *Konzentration aller Kräfte und Mittel auf die größte erkannte Gefahr* und *Abwägung, wie die Mittel am wirkungsvollsten zum Einsatz gebracht werden können* und
  prüfen, ob verschiedene Varianten von Einsatzmöglichkeiten angewendet werden können, um die gefaßte **taktische Absicht** zu verwirklichen.
- *Taktische Absicht: Zielvorstellung des im gegenwärtigen Einsatzstadiums Notwendigen und Machbaren: »****Das will ich*** *erreichen* ***und ich kann es*** *erreichen!«*

Wer nicht kann, was er will, muß wollen, was er kann.
LEONARDO DA VINCI

Allgemein gültige Regel für das zielbezogene Verhalten:
Zielstrebiges Verhalten setzt voraus, daß man sich ein Ziel gesetzt hat. Aber: Zu hoch gesetzte Ziele sind nicht erreichbar! Das Verfolgen nicht erreichbarer Ziele ist sinnlos: alle Anstrengungen, Aufwendungen, Kräfte und Mittel sind vergeblich und vertan.
Mit anderen Worten: Zielloser, blinder Aktionismus ist genau so unsinnig wie das ehrgeizige Verfolgen zu hoch gesteckter Ziele! Verantwortungsbe-

wußter Umgang mit den körperlichen und seelischen Kräften der Mitarbeiter verlangt besonders in hoch belastenden Situationen das sorgfältige – deshalb nicht langsame und zögerliche – Abwägen der Zielbewertung. Wenn es um die Rettung von Menschenleben geht, muß man sich selbst und den Mitarbeitern äußerste Anstrengungen abverlangen. Das darf nicht dazu führen, daß Gesundheit und Leben der Mitarbeiter »aufs Spiel gesetzt« werden oder gar der Einsatz des Lebens mehr oder weniger offen abverlangt wird. Unter Einsatzbedingungen verbleiben auch bei korrektester Lagebeurteilung ohnehin mehr oder weniger große »Restrisiken«, welche die Arbeit der Feuerwehren von anderen Tätigkeiten unterscheiden. In der deutschen Feuerwehrzeitung »brandschutz« Nr. 1/96 befaßt sich Franz Pfrengle [23] mit der interessanten Frage, ob das System der Gefahrenabwehr in Frankreich als Vorbild für Europa dienen könne. Dem Bericht ist u.a. zu entnehmen,daß die Devise der Französischen Feuerwehren »sauver ou périr«, zu deutsch: »retten oder untergehen« lautet. Diese Aufforderung verdient als Zielrichtung des Feuerwehreinsatzes Respekt, keinesfalls darf sich aber ein ehrgeiziger Einsatzleiter einer Feuerwehr bei der Lagebeurteilung von solch heroischen Gefühlen leiten lassen. Auch bei der Menschenrettung müssen die Risiken für die eigenen Kräfte kalkulierbar bleiben; und helfen kann nur, wer nicht selber der Hilfe bedarf. Allerdings gilt aber auch, daß ein Feuerwehrangehöriger, der bei der Rettung nicht bereit ist, alle Kräfte voll einzusetzen und sich nicht zu schonen, den Dienst in der Feuerwehr nicht ganz richtig verstanden hat. Geht es aber nicht um eine notwendige Rettungsmaßnahme, sondern lediglich um den Schutz von Sachen, muß die Gesundheit und das Leben der Einsatzkräfte vor dem Sachschutz eingestuft werden.

Bericht über den Brandeinsatz der FF [...] am [...]
Am Morgen des ... wurde die Freiwillige Feuerwehr ... zu einem Geschäftshausbrand in der Innenstadt gerufen. Aus dem angenommenen Routinefall wurde sehr schnell bitterer Ernst [...] Ein junger Brandmeister mußte den Einsatz mit dem Leben bezahlen, ein weiterer Kamerad wurde schwer verletzt.

Einsatzverlauf (gekürzte Wiedergabe der im Bericht geschilderten Fakten, Verf.):

Zeitpunkt	Ereignis
09.00	Ladeninhaberin stellt im Laden Rauchentwicklung fest, verläßt den Laden (Eingangstür bleibt offen) und alarmiert die Feuerwehr.
09.03	Alarmierung Löschzug der FF, Rettungsdienst und Polizei.
09.08	Eintreffen LF 16 mit Besatzung 2:2 Angetroffene Lage: Starker Rauch dringt aus der offenen Ladentür.
?	Angriffstrupp (zwei Mann) geht mit S-Rohr (C42) unter PA durch die Ladentür vor.
?	Zweiter Angriffstrupp macht sich bereit, weiterer Trupp macht sich bereit.
?	Löschwasserversorgung wird aus Hydranten sichergestellt.
+ 18 min	Verpuffung im Bereich der Zwischendecken, brennendes Teer tropft herab, Deckenteile fallen herab, Schlauch des S-Rohres platzt: Angriffstrupp hat kein Wasser am Rohr.
?	Rückfrage nach Löschwasser: Pumpe läuft, Wasser ist imTank, Schlauch ist prall.
?	Feststellung: Trümmer quetschten Schlauch zwischen Platzstelle und Strahlrohr ab.

?	Angriffstrupp tritt wegen starker Wärmestrahlung ohne Rohr durch die Trümmer den Rückweg an.
?	Der Trupp hat sich aus den Augen verloren.
?	Versuche, die hintere Tür von außen zu öffnen, scheitern, weil der 2. Angriffstrupp den Schlüssel im Büro nicht findet.
?	Etwa 6 m vor der vorderen Ladentür bricht der Brandmeister zusammen. Sein Kamerad durchbricht mit dem Preßluftatmer voran von innen die Schaufensterscheibe, wird notärztlich versorgt.
?	Reservetrupp dringt in die Brandstelle ein und findet, bedingt durch das pfeifende Rückzugssignal des Preßluftamters, den vermißten Kameraden an der Treppe liegend.
?	Reanimation des Brandmeisters und Transport beider Truppangehörigen in Spezialkliniken.
?	Der Durchbrand der Dachfläche gleicht einem Flash over und führt zu einem Großfeuer mit erheblicher Rauchentwicklung.
?	Die Männer des Löschzuges stehen unter Schockeinwirkung. Die Befehlsebenen funktionieren nicht mehr.
?	Der Kreisbrandmeister übernimmt die Einsatzleitung.
?	Die bereits vor dem Durchbrand der Dachfläche postierten Strahlrohre verhindern die Brandausbreitung auf die Nachbarbebauung, deren Bewohner rechtzeitig vorher gemeinsam mit der Polizei evakuiert waren.
15.44	Einsatz beendet.
16.00	Kamerad B. stirbt an Herzkreislaufversagen, bei nicht mit dem Leben zu vereinbarenden Brandverletzungen der Körperoberfläche.

Wenn die taktische Absicht gefaßt ist, gilt es, sie in möglichst optimaler Weise zu verwirklichen:

5. Welche Vor- und Nachteile haben die verschiedenen technischen Möglichkeiten, um die gefaßte taktische Absicht zu verwirklichen?

Beispiel (angenommene Lage):

Erkundungsergebnis:

Ein Brand bedroht ein Gebäude, die Nachbargebäude und eine Menschengruppe in der Weise, daß ihnen der Fluchtweg aus dem brennenden Gebäude abgeschnitten ist.

Beurteilungsergebnis bis Schritt 2:

Größte Gefahr: Gefahr durch Brandausbreitung für die eingeschlossenen Menschen.

Beurteilung Schritt 3: wird übergangen

Beurteilungsergebnis Schritt 4:

Taktische Regel »Rettung durch In-Sicherheit-bringen« nicht anwendbar, weil erforderliche Maßnahmen unmöglich; jedoch
Rettung durch Löschangriff möglich:

Taktische Absicht: Retten durch Löschangriff

Beurteilung Schritt 5:

Wie kann der Löschangriff am wirkungsvollsten und schnellsten **absichtsbezogen** verwirklicht werden:

Löschmittel: Wasser (Brandklasse A).

Welche Rohre: B-Rohre? C-Rohre?

Wieviel Rohre? Wieviel Trupps?
Welche Schutzausrüstung für die Kräfte erforderlich?
Wohin das erste Rohr? Wohin das 2. und 3. Rohr?
Welche Angriffswege? Welche Rettungswege? Welche Rückzugswege?
Welche Einsatzform?
Welche Vor- und Nachteile haben die verschiedenen Varianten?

Beurteilung Schritt 6:
Bei dem Vergleich mehrerer Möglichkeiten, eine bestimmte Absicht zu verwirklichen, können folgende Beurteilungskriterien angewendet werden:

- Schnelligkeit
- Sicherheit (des Gelingens)
- Negative Nebenwirkungen
- Positive Nebenwirkungen
- Gesamtwirkung
- Aufwand (Material, Kräfte, Zeit)
- Umweltverträglichkeit
- Erfolgsaussichten

Je sorgfältiger und genauer diese Kriterien in der Beurteilung berücksichtigt werden, um so größer ist die Wahrscheinlichkeit, die objektiv beste Möglichkeit zu finden. Unvermeidlich steigt aber auch der dazu erforderliche Zeitaufwand, so daß im Extremfall das gefundene Ergebnis von der Lageentwicklung überholt ist. In drängender Lage – und die ist bei notwendigen Rettungsmaßnahmen immer gegeben – sind die wichtigsten, entscheidenden Kriterien **Schnelligkeit** und **Sicherheit**.

- *Es kommt nicht darauf an, die absolut beste Möglichkeit zu finden, sondern eine realisierbare, praktikable Lösung, die unter tragbaren Bedingungen das gewünschte Ergebnis bringt.*
- *Von mehreren Möglichkeiten ist in der Regel diejenige die beste, die unter Beachtung des Grundsatzes der Verhältnismäßigkeit am schnellsten und sichersten zur Verwirklichung der taktischen Absicht führt.*

Schnelligkeit und Sicherheit sind allerdings Kriterien, die sich oft widersprechen: Schnelligkeit geht in der Regel zu Lasten der Sicherheit! Wenn in der gewerblichen Arbeit nach der Devise »Sicherheit zuerst« gearbeitet werden muß, so kann dieser Grundsatz unter Einsatzbedingungen eben nicht immer eingehalten werden, jedenfalls dann nicht, wenn es um die Rettung von Menschenleben geht. In der Abwägung dieser beiden Kriterien liegt u.a. das Sicherheitsrisiko geplanter Maßnahmen.

2.5.2.3 Einsatzplanung, Entschlußfassung

Mit der Entscheidung, diejenige Möglichkeit zur Verwirklichung der taktischen Absicht anzuwenden, die voraussichtlich unter Beachtung des Grundsatzes der Verhältnismäßigkeit am schnellsten und sichersten zum gewünschten Erfolg führt, ist das **Konzept zur Durchführung von Einsatzmaßnahmen** erstellt.

Damit steht fest:
- welches Ergebnis errreicht werden soll,
- welche Kräfte eingesetzt werden,
- wie der **Auftrag** zu formulieren ist,
- welche Mittel zum Einsatz kommen,
- an welchem Ort und in welchem räumlichen Bereich die Maßnahmen wirksam werden müssen,
- daß die erforderlichen Angriffs- und Rückzugswege gesichert sind,
- welche Zeitspanne ungefähr verstreichen wird, bis die Maßnahmen Wirkung zeigen müssen.

Vom gefaßten Entschluß darf nur (bzw. muß) abgewichen werden, wenn neue oder zusätzliche Erkundungsergebnisse zu einer Lagebeurteilung führen, aus der sich ergibt, daß die beabsichtigten Maßnahmen erheblich von wichtigen taktischen Grundsätzen abweichen oder im Widerspruch dazu stehen. Das Ändern oder Verwerfen eines gefaßten Entschlusses zieht eine neue Planung nach sich und verzögert die Einsatzmaßnahmen. Das starre Festhalten am falschen Entschluß verschlimmert die Lage.
Der Zeitaufwand für die Einsatzplanung muß der Lageentwicklung angepaßt sein. Im Zweifel ist der schnell erreichbare Teilerfolg höher zu bewerten, als ein glänzender Einsatzplan, der zu spät wirksam wird.

2.5.2.4 Befehlserteilung

Unsicherheit im Befehlen erzeugt Unsicherheit im Gehorchen
MOLTKE

Wichtigste Voraussetzung für taktisch richtige Befehlserteilung ist eine klare Entschlußfassung, damit die erforderliche Befehlsformulierung und Befehlsübermittlung zielorientiert erfolgen kann.
Die inhaltliche Gliederung eines Befehls ergibt sich aus den Vorgaben der Feuerwehrdienstvorschriften. Das maßgebliche Grundschema bildet das Kernstück jeden Befehls. Dies gilt grundsätzlich auf allen Führungsebenen.

Einheit	Wer soll etwas tun?
Auftrag	Was soll getan werden?
Mittel	Womit soll es getan werden?
Ziel	Wo soll es getan werden?
Weg	Auf welchem Weg gelangen die Einsatzkräfte dorthin (und wieder zurück)?

Auftragstaktik und Befehlstaktik

Auftragstaktik wurde ab 1869 vom preußischen Generalsstabschef von Moltke als militärischer Führungsgrundsatz propagiert und seit den achtziger Jahren des vergangenen Jahrhunderts in Vorschriften verankert... [27]

Befehle können im Sinne der Auftragstaktik oder im Sinne der Befehlstaktik formuliert werden.

Beispiel eines im Sinne der Befehlstaktik formulierten Befehls:

Der Zugführer befiehlt: »Einsatzform getrennt!

TLF 16	zur Brandbekämpfung mit S-Rohr ohne Mundstück mit Sprühstrahl zum brennenden LKW von der Straßenseite aus
RW 2	zur Befreiung der eingeklemmten Person durch Abtrennen des Daches mit Schneidgerät und Wegziehen der Lenksäule mit Spreizer zum PKW von der Frontseite aus
LF 16	zur Menschenrettung mit Steckleiter zum 2.Obergeschoß durch das linke Fenster sowie zur Brandbekämpfung mit 2 C-Rohren unter Preßluftatmer in das Erdgeschoß von der Hofseite aus

vor!«

Beispiel eines im Sinne der Auftragstaktik formulierten Befehls (bei demselben Entschluß):
Der Zugführer befiehlt: »Einsatzform getrennt!

TFL 16	Brandbekämpfung am LKW!
RW 2	Befreiung der eingeklemmten Person!
LF 16	Menschenrettung und Brandbekämpfung im Wohnhaus!

In diesem Beispiel sind alle erforderlichen aber nicht befohlenen Einzelheiten von den beauftragten Führern der Einheiten selbst zu entscheiden.

- Voraussetzung für optimale Auftragserfüllung ist, daß die technischen und taktischen Möglichkeiten der unterstellten Einheiten bei der Beurteilung und Entschußfassung berücksichtigt wurden und die Führer der unterstellten Einheiten fachlich qualifiziert genug sind, um den Auftrag taktisch richtig ausführen zu können.

Die Grenze zwischen Auftrags- und Befehlstaktik kann nicht scharf gezogen werden, die Übergänge sind abgestuft bzw. fließend.
Unter der Voraussetzung, daß alle Beteiligten richtig ausgebildet wurden, bringt die Anwendung der Auftragstaktik mehr Vor- als Nachteile:

Vorteile der Auftragstaktik
- *für den Befehlenden:*
  - Entlastung von Planungsdetails
  - Zeitgewinn bei der Entschlußfassung
  - vereinfachte Befehlsformulierung
  - taktische Nutzung der Fachkompetenz des Beauftragten
- *für den Beauftragten:*
  - optimierte Anpassung der Einsatzmaßnahmen an die Auftragsausführung
  - Zeitgewinn bei der Auftragsausführung
  - Förderung der Eigenverantwortung des Beauftragten
  - Förderung der Selbstsicherheit des Beauftragten
  - Förderung der Motivation des Beauftragten
- Die Gesamtwirkung wird verbessert: *mehr Einsatzerfolg*

Nachteile der Auftragstaktik
- Es besteht die Gefahr von Mißverständnissen bei der Befehlsübermittlung und somit auch bei der Auftragsausführung.
- Evtl. sind mehr Rückfragen des Beauftragten erforderlich.

Die Auftragstaktik ist in anpaßtem Ausmaß auf allen Führungsebenen und in allen Führungsvorgängen anwendbar – nicht nur im Einsatz, sondern generell. Auftragstaktik ist ein Instrument kooperativer Führung.

Allgemeine Grundsätze für die Befehlsgebung:
- Befehle müssen das Ergebnis eines richtigen Entschlusses sein.
- Befehle müssen unmißverständlich sein.
- Die Befehlssprache ist dem Verständnis des Beauftragten anzupassen.
- Der Auftrag muß dem Leistungsvermögen des Beauftragten (der beauftragten Einheit) angepaßt sein.
- Die Auftragstaktik ist gegenüber der Befehlstaktik vorzuziehen.
- Befehle müssen erforderlichenfalls mit Erläuterungen und Gefahrenhinweisen ergänzt werden.

2.5.2.5 Kontrolle

Nach der Befehlserteilung ist die weiterzuführende Erkundung mit der Kontrolle zu ergänzen.

Was ist zu kontrollieren?
- *Haben die befohlenen Maßnahmen die erwartete Wirkung?*
- *Wie verändert sich die Lage insgesamt?*
- *Ist die Sicherheit der Einsatzkräfte gewährleistet? Wahrnehmung der Aufsichts- und Fürsorgepflicht.*

Die Lagefeststellung (= Erkundung und Kontrolle) ist in eine neue Lagebeurteilung weiterzuführen, woraus sich dann erforderlichenfalls weitere Entschlüsse, Befehle und Maßnahmen ergeben.

Der Führungsvorgang ist so oft zu wiederholen, bis eine letzte Lagebeurteilung ergibt, daß keine Gefahren mehr bestehen oder in allgemeinem Sinn: bis das taktische oder strategische Ziel erreicht ist.

2.5.2.6 Meldungen

Im allgemeinen Sinn handelt es sich bei jeder Meldung um die Übermittlung von Informationen vom Absender zum Empfänger. Im engeren Sinn ist zwischen verschiedenen Arten von Meldungen zu unterscheiden.
Hier sind insbesondere die *Pflichtmeldungen* wichtig. Dazu gehören z.B. Meldungen im Sinne des

§29 FSHG:

(1) Wer ein Schadenfeuer, einen Unglücksfall oder ein anderes Ereignis, durch das Menschen oder erhebliche Sachwerte gefährdet sind, bemerkt, ist verpflichtet, un-

verzüglich die nächste Feuermelde- oder Polizeidienststelle zu benachrichtigen, sondern er die Gefahr nicht selbst beseitigt oder beseitigen kann. Wer um Übermittlung einer Gefahrenmeldung ersucht wird, ist im Rahmen der ihm gegebenen Möglichkeiten hierzu verpflichtet.
(2) Bei einer Gefahrenlage nach Absatz 1 in einem Betrieb mit Werkfeuerwehr sind der Betriebs- oder Werkleiter oder ihre Beauftragten oder der Leiter der Werkfeuerwehr verpflichtet, unverzüglich die nächste Feuermelde- oder Polizeidienststelle zu benachrichtigen, sofern die Gefahr nicht mit eigenen Kräften oder Mitteln beseitigt werden kann.

Ebenso kann die *Anzeigepflicht* im Sinne § **34 StGB** (siehe Beispiel im Abschnitt »Öffenlichkeitsabeit«) zu diesen Pflichten gerechnet werden.
Für Einsatzkräfte der Feuerwehr besteht eine Meldepflicht innerhalb der Linienorganisation von »unten« nach »oben«. Jeder Feuerwehrangehörige ist seinem Vorgesetzten gegenüber meldepflichtig, insbesondere gilt der Grundsatz, daß jeder Führer einer Einheit der nächsthöheren Führungsebene meldepflichtig ist. Der Einsatzleiter ist gegenüber seiner Leitstelle bzw. Einsatzzentrale meldepflichtig.
Plichtmeldungen innerhalb der Linienorganisation werden »Rückmeldungen« genannt.
Rückmeldungen sollen inhaltlich wie folgt gegliedert sein:

1. Absender und Empfänger	Wer meldet an wen?
2. Absendungsort	Von wo kommt die Meldung?
3. Angaben zur Lage (Lagebericht)	Was geschieht?
4. Angaben zu eigenen Maßnahmen	Was tue ich?
5. Angaben über ggf. erforderliche Verstärkung	Was brauche ich?
6. Ggf. Angaben über die voraussichtliche Einsatzdauer	Wie lange dauert der Einsatz?

Allgemeine Regeln für das Absetzen von Rückmeldungen:
- Rückmeldungen sind in (mehr oder weniger) regelmäßigen Zeitabständen abzusetzen. Grundsatz: Besser kurzgefaßte Meldungen in kürzeren Zeitabständen als umfangreiche, lange Meldungen in größeren Zeitabständen. Als angemessene Fristen können gelten: 10 bis 20 Minuten, bei Großeinsätzen auf höheren Führungsebenen länger, je nach Belastung der Meldewege (eingeschränkte Anzahl von Funkkanälen).
- Jede wesentliche Lageänderung ist unabhängig vom Zeitablauf Anlaß für eine Rückmeldung.
- **FwDV 12/1 Abschnitt 3.2.1:**
  Meldungen müssen unverzüglich erfolgen
  Meldungen müssen den Zeitpunkt der Feststellung des Ereignisses oder Anlasses enthalten
  Meldungen müssen klar, sachlich und unmißverständlich sein
  Meldungen müssen kurzgefaßt aber vollständig sein
  Meldungen dürfen weder über- noch untertrieben sein; Tatsachen und Vermutungen sind deutlich zu unterscheiden
  Meldungen sind ihrer Dringlichkeit nach zu kennzeichnen und zu behandeln.

Tab. 12: Beispiele von Rückmeldungen.

Beispiele von Rückmeldungen über Sprechfunk an die Leitstelle		
Art der Meldung	**Reihenfolge des taktischen Inhaltes**	**Reihenfolge des gesprochenen Textes**
Eintreff-meldung	1.	Florian Neustadt von Florian Neustadt 1.11.1 kommen ...
	2.	Schillerstraße 12 eingetroffen,
	3.	leichte Rauchentwicklung im ersten Obergeschoß,
	4.	ich erkunde.
	5.	Ende
Eintreff-meldung	1.	Florian Neustadt von Florian Neustadt 1.11.1 kommen ...
	2.	Schillerstraße 12 eingetroffen
	3.	Viergeschossiges Wohnhaus, brennt Treppenraum und Dachgeschoß. Personen im Haus eingeschlossen, Anzahl vermutlich über dreißig.
	4.	Sämtliche Leitern sowie zwei C-Rohre zur Rettung vor.
	5.	Dritter Alarm, RTW-Alarm
	6.	Ende
Rück-meldung	1.	Florian Neustadt von Florian Neustadt 1.11.1 kommen
	2.	von Einsatzstelle Schillerstraße 12
	3.	Zimmerbrand im ersten Obergeschoß. Personen dort nicht in Gefahr.
	4.	1 C-Rohr, Brand unter Kontrolle
	5.	---
	6.	etwa eine Stunde
Rück-meldung	1.	Florentine Zugführer von Florentine Gruppenführer 1 kommen
	2.	Einsatzabschnitt Hinterhof
	3.	1 B-Rohr und 2 C-Rohre vor. Befohlene Brandbekämpfung nur eingeschränkt möglich. Wegen Einsturzgefahr der Giebelwand können wir nicht weit genug vorgehen. Brandausbreitung auf Nachbargebäude nicht auszuschließen. Empfehle Einsatz einer weiteren Gruppe vom Nachbarhof im Westen aus.
	4.	---
	5.	---
	6.	Ende

Anmerkung: Im Sprechfunkverkehr sind die Vorschriften der PDV/DV 810 zu beachten.

2.5.3 Einsatzleitung

Der Begriff »Einsatzleitung« ist ebenso wie »Leitung« und »Führung« mehrdeutig und kann unterschiedlich verstanden werden.

FwDV 12/1 S.5: Die Einsatzleitung ... steht ... vor der Aufgabe, alle Maßnahmen zur Abwehr der Gefahren zu veranlassen, insbesondere die Einsatzkräfte ... einzusetzen. ... Sie hat ... die Lage ... zu erfassen und zu beurteilen.

Hier wird »Einsatzleitung« offensichtlich verstanden als Führungsperson oder als Gruppe von Führungspersonen.

FwDV 12/1 S.9: Die Einsatzleitung besteht grundsätzlich aus dem Einsatzleiter und den Führungsgehilfen. Ihr stehen Hilfspersonal und Führungsmittel zu Verfügung. Wer Einsatzleiter ist, bestimmt sich nach Landesrecht.

Aus dieser Stelle geht unzweifelhaft hervor, daß die FwDV 12/1 die Einsatzleitung auch im Sinne einer **Einrichtung** versteht. Daneben ist aber Einsatzleitung auch die **Tätigkeit** des Einsatzleiters.

2.5.3.1 Einsatzleitung als gesetzliche Verpflichtung

Unterhalb der Katastrophenschwelle ist nach den in NRW geltenden Rechtsvorschriften als Einsatzleiter verantwortlich *der Leiter der örtlich zuständigen Feuerwehr* (Rechtsgrundlage § 8 FSHG) oder die *vom Leiter der Feuerwehr beauftragte Führungsperson* (wenn der Leiter der Feuerwehr nicht selbst die Einsatzleitung übernimmt).
Im Bereich der Freiwilligen Feuerwehren gilt darüber hinaus, daß dem *Kreisbrandmeister* die Aufgabe der Einsatzleitung zukommt, wenn die örtliche zuständige Feuerwehr hinsichtlich der Stärke der für die Einsatzabwicklung erforderlichen Einsatzkräfte und der Besetzung der erforderlichen Führungsebenen überfordert ist (Rechtsgrundlage: § 27 FSHG).
Im Katastrophenfall obliegt die Gesamtverantwortung des Einsatzleiters dem örtlich zuständigen HVB als Leiter der Katastrophenschutzbehörde (Oberkreisdirektor, Oberstadtdirektor, Regierungspräsident, Innenminister). In dieser Funktion hat der Haupverwaltungsbeamte (HVB) eine Katastrophenschutzleitung (KSL) zu bilden sowie eine (oder mehrere) Technische Einsatzleitung(en) als nachgeordnete Führungseben einzurichten und deren Leiter zu bestellen (§ 22 Katastropenschutzgesetz NRW).

§ 19 FSHG NRW
(1): Die Feuerwehren wirken nach Maßgabe des Gesetzes über den Rettungsdienst sowie die Notfallrettung und den Krankentransport durch Unternehmer [...] mit.
(2) Im Katastrophenfall eingesetzte Feuerwehren unterstehen dem zuständigen Leiter der Katastrophenabwehr.

2.5.3.2 Einsatzleitung als Führungsvorgang

Einsatzleitung in diesem Sinne ist die Tätigkeit der an einer Einsatzstelle für die Gesamtabwicklung des Einsatzes verantwortlichen Führungsperson. Je nach Umfang der Gefahrenlage sind zur Gefahrenabwehr unterschiedlich starke Einsatzkräfte erforderlich. Daher ist die Funktion »Einsatzleiter« nicht an eine bestimmte Führungsebene gebunden.

Einsatzleiter ist, wer
durch seinen rechtmäßigen Vorgesetzten in eine Führungsfunktion eingesetzt wurde und
in dieser Führungsfunktion zur Einsatzdurchführung beauftragt ist (z.B. durch die Alarm- und Ausrückeordnung) und
bei der Einsatzdurchführung keiner übergeordneten Führungsebene unterstellt ist.

Dies kann für einen Gruppenführer ebenso zutreffen wie für den Leiter der Feuerwehr selbst.
Es gelten für jede Führungsebene dieselben allgemeinen Grundsätze zur Abwicklung des Führungsvorgangs. Allerdings ist nur die jeweils im aktuellen Einsatzfall höchste Führungsebene (der also die Einsatzleitung obliegt) in vollem Umfang für die Durchführung des Gesamteinsatzes verantwortlich. Die unterstellten Führungsebenen haben bei der Auftragsausführung (Befehlsausführung) ebenfalls auf der Grundlage des Führungsvorgangs zu arbeiten, tragen jedoch Verantwortung nur in dem Umfang, den die übergeordnete Führungsebene durch das Ausmaß der von ihr angewandten Auftragstaktik bestimmt hat. Ansonsten ist jede Führungsebene in vollem Umfang für die Durchführung des erhaltenen Auftrags verantwortlich.
Bei richtig aufgebauter Führungsorganisation besteht ein ausgewogenes Verhältnis zwischen den Einsatzmöglichkeiten der unterstellten Einheiten oder Verbände und der Größe der Verantwortung, die der zuständige Führer zu tragen hat.

2.5.3.3 Einsatzleitung als Führungseinrichtung

Eine Einsatzleitung in diesem Sinne besteht grundsätzlich aus:
- dem Einsatzleiter selbst
- den zugeordneten Hilfspersonen (Führungsgehilfen)
- den Führungsmitteln

Bei der Abwicklung des Führungsvorgangs nimmt der Arbeitsumfang mit zunehmender Schadengröße und damit aufsteigender Führungsebene so zu, daß arbeitsteilig geführt werden muß.
Dem *Gruppenführer* steht nach FwDV 4 der *Melder* zur Verfügung, der nach Bedarf mit Erkundungs- und Meldeaufgaben eingesetzt werden kann.
Der *Zugführer* verfügt gemäß FwDV 5 über den *Gruppenführer z.b.V.*, den *Melder* und den *Fahrer* des Einsatzleitwagens (Zugtrupp bzw. Führungstrupp).

Mit zunehmender Schadengröße, steigender Zahl der erforderlichen Einsatzkräfte und wachsender Einsatzdauer gewinnt die Heranführung, Bereitstellung und Versorgung der Einsatzkräfte immer mehr an Bedeutung. Dies bringt dem Einsatzleiter zusätzliche Aufgaben und Mehrarbeit, die nur durch zusätzliche Führungsgehilfen und somit durch Erweiterung der Einsatzleitung bewältigt werden kann. Damit steigen aber auch der technische Aufwand und der »Verwaltungsaufwand« innerhalb der Einsatzleitung. Die fachkundigen Führungskräfte, die den Einsatzleiter (oder im allgemeinen Sinn der Führungslehre »den Entscheidungsträger«) bei der Entscheidungsfindung unterstützen, ihn beraten oder in seinem Auftrag auch Entscheidungen treffen, bilden das Beratergremium, welches auch als »Stab« bezeichnet wird.

Stab: Zeichen aus der germanischen und mittelalterlichen Rechtssymbolik, ursprünglich einem Boten zu dessen Legitimation mitgegeben (Botenstab); dann Symbol für die Auftrags- und Vollmachtserteilung (Amtsstab; auch Bischofsstab), für die Königsherrschaft (Herrscherstab) und besonders für die Richterliche Gewalt (Richterstab; »über jemand den Stab brechen«) [21].

2.5.3.3.1 Einsatzstab (Führungsstab), Stablinienorganisation

Die FwDV 12/1 versteht unter »Einsatzstab« eine Gruppe von Führungspersonen, die sich wie folgend dargestellt zusammensetzt:

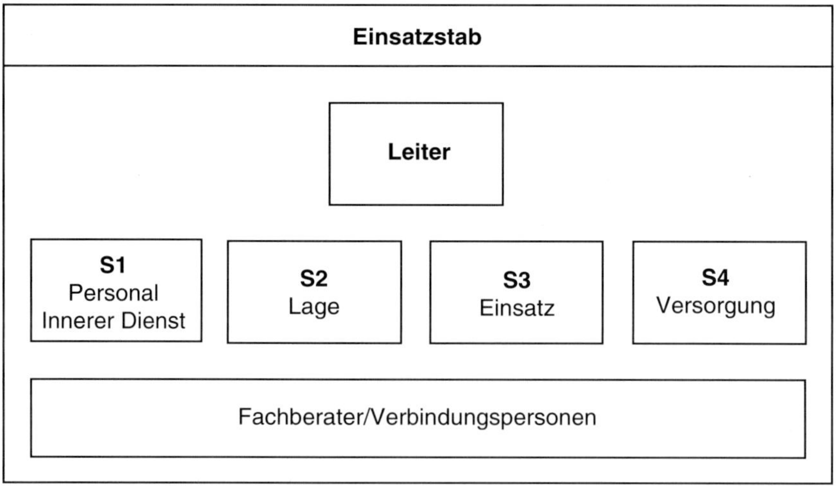

Abb. 16: Zusammensetzung eines Einsatzstabes nach FwDV 12/1

Tab. 13: Zuordnung von Teilaufgaben des Einsatzleiters zu den Sachgebieten des Stabes

Zuordnung von Teilaufgaben des Einsatzleiters zu den Sachgebieten im Sinne der FwDV 12/1	
Führungsaufgabe	**Sachgebiet S**
Gesamtleitung, Gesamtverantwortung	Einsatzleiter EL
Einrichtung, Ausstattung und Erhaltung der Funktionsfähigkeit der Einsatzleitung	S 1
Heranführung und Bereitstellung der (voraussichtlich) erforderlichen Einsatzkräfte	S 1
Erkundung und Darstellung der Lage	S 2
Maßnahmenplanung, Beurteilung der Gefahrenlage	S 3
Maßnahmenplanung, Entschlußfassung	S 3
Befehlserteilung	S 3
Kontrolle	S 3, S 2, EL
Versorgung der Einsatzkräfte	S 4
Herstellung und Betrieb der Telekommunikation	Fernmeldeführer
Anmerkung: Die Fernmeldeabteilung wird nach FwDV 12/1 nicht als Sachgebiet bezeichnet. In verschiedenen Organisationen wird sie auch unterschiedlich benannt: Fernmeldebetriebsstelle, Nachrichtenzentrale, Meldezentrale u.ä. In Rede steht, diese wichtige Einrichtung als Sachgebiet S5 zu benennen. Verbindlich festgelegt ist das allerdings (noch) nicht. Bei einer Überarbeitung der FwDV 12/1 sollte dies zweckmäßigerweise erfolgen.	

Tab. 14: Personalbedarf für einen vollständig besetzten Stab

Personalbedarf für einen vollständig besetzten Führungsstab im Sinne der FwDV 12/1			
Sachgebiet	**Führungspersonal**	**Hilfskräfte**	**Gesamt**
Gesamtleitung	Einsatzleiter	1 Schreibkraft 1 Melder	3
Sachgebiet 1	Leiter, Gehilfe	Helfer, Wachdienst	4
Sachgebiet 2	Leiter, Einsatztagebuchführer, Lagekartenführer, interner Sichter	Bote	5
Sachgebiet 3	Leiter, Gehilfe	Schreibkraft, Bote	4
Sachgebiet 4	Leiter	Schreibkraft, Bote	3
Meldezentrale	Leiter, Sichter	Nachweisung: 2 Funkplatz Ausgang: 2 Funkplatz Eingang: 2	8
		Summe	**27**

Unter welchen Voraussetzungen ist das Führen mit einem vollständig besetzten Stab erforderlich?

Unterhalb der Katastrophenschwelle werden die Funktionen S1, S4 und Fachberater weitgehend durch die zuständige Leitstelle wahrgenommen, so daß in der 3. und 4. Führungsebene ein vollständig besetzter Einsatzstab nicht erforderlich ist. Trotzdem sollten alle Führungskräfte oberhalb der Ebene des Zugführers für die Stabsarbeit qualifiziert sein, um erforderlichenfalls Führungsaufgaben im Stab wahrnehmen zu können bzw. um überhaupt im Stab mitarbeiten zu können. Bei den Freiwilligen Feuerwehren ist das laufbahnrechtlich abgesichert: niemand kann Wehrführer werden ohne den Lehrgang »Führer von Führungsgruppen und Verbänden« F/B V an der LFS. Die Berufsfeuerwehren sind in dieses System nicht eingebunden. Die Bewerber für den höheren Dienst erhalten zwar regulär eine entsprechende Ausbildung im Rahmen ihres Laufbahnlehrgangs B VI. Die Lücke besteht aber im gehobenen Dienst. Es reicht nicht, wenn nur die Beamten des höheren Dienstes einmal etwas von Stabsarbeit gehört und gesehen haben. So kann es leicht geschehen, daß eine kleinere Berufsfeuerwehr nicht in der Lage ist, Führungskräfte für die Stabsarbeit zur Verfügung zu stellen. Es genügt auch nicht, wenn die örtliche Feuerwehr aus eigenem Antrieb sich um Stabsarbeit kümmert. Die unabdingbar notwendige Einheitlichkeit der Führungsmethoden und -strukturen auf den höchsten Führungsebenen ist Voraussetzung dafür, daß sich solche chaotischen Verhältnisse wie 1975 in Niedersachsen (und in kleinerem Ausmaß auch bei anderen, jüngeren Anlässen) nicht wiederholen. Diese Einheitlichkeit kann nur erreicht werden, wenn die Stabsausbildung für alle deutschen Führungskräfte zentral an einer Schule oder nach den gleichen Grundlagen an mehreren Ausbildungszentren stattfindet. (Im Hinblick auf Europa muß diese Einheitlichkeit letzlich europaweit erreicht werden, zunächst mindestens im grenznahen Bereich.) Es darf nicht in das Belieben und Ermessen einer einzelnen Stadt oder deren Feuerwehrchef gestellt sein, ob im Bedarfsfall aureichend geschulte und in ausreichender Anzahl vorhandene Führungskräfte zur Verfügung stehen. Hier sind die Verantwortlichen in den Bundesländern herausgefordert, die notwendigen Rechtsgrundlagen baldmöglichst zu schaffen, auch um die notwendigen Ausbildungskapazitäten an den Feuerwehrschulen herzustellen.

Die Notwendigkeit, mit einem vollständig besetzten Stab führen zu müssen, ergibt sich im Prinzip aus der erforderlichen Quantität und Qualität der zu erledigenden Führungsarbeit. Diese wird im wesentlichen durch zwei Faktoren bestimmt:

- Art und Umfang des Schadenausmaßes bzw. Gefahrenausmaßes. Daraus ergibt sich die Zahl der erforderlichen Einsatzkräfte (= Anzahl der erforderlichen taktischen Einheiten)
- Dauer der erforderlichen Einsatztätigkeit

Dabei ist die Frage der Versorgung der Einsatzkräfte von besonderer Bedeutung: Solange die Schadenbekämpfung mit örtlichen Einsatzkräften (einschließlich der benachbarten überörtlichen Hilfe) durchgeführt werden kann, ist das Prinzip der Selbstversorgung weitgehend anwendbar. Abgelöste Kräfte

können zur Erholung nach Hause entlassen und von dort wieder in den Einsatz herangezogen werden.
Überörtliche Einsatzkräfte, die von weit entfernt liegenden Standorten kommen, müssen jedoch »vor Ort«, also in der Nähe des Schadengebietes versorgt werden, und zwar mit Verpflegung und Unterkunft. Die Versorgung wird dann zu einer umfangreichen Führungsaufgabe, die das Sachgebietes S4 herausfordert.
Mit gewissen Einschränkungen kann daher als Maßstab für die **Notwendigkeit eines Führungsstabes** gelten:
1. *Die Gefahrenabwehr erfordert 30 (40, 50?) Züge und*
2. *der Einsatz dauert voraussichtlich länger als einige Tage (1 Woche?).*

Solche Gefahrenlagen sind gottlob nicht alltäglich und es liegt nahe, daß die verantwortlichen Führungskräfte *(das sind die Innenministerien, die Regierungspräsidenten, die Bezirksbrandmeister, die Oberstadtdirektoren, die Oberkreisdirektoren, die Kreisbrandmeister und die Leiter aller Feuerwehren)* solche Vorstellungen in den Bereich der »Katastrophen« verlegen, die ja sehr selten vorkommen; dies um so mehr, als der Verteidigungsfall als größte anzunehmende Katastrophe infolge der gravierenden politischen Veränderungen zu einem kaum noch vorstellbaren Ereignis geworden ist: Der Bund hat sich aus dem Katastrophenschutz nahezu vollständig zurückgezogen. Es ist aber ein schwerwiegender Fehler, das stabsmäßige Führen ausschließlich mit dem Begriff »Katastrophe« zu verknüpfen. Je nachdem, wie hoch man die Katastrophenschwelle legt, stellt man sich die Notwendigkeit der Stabsarbeit nur noch als unwahrscheinlichen Eventualfall vor, mit der Folge, daß sich niemand ernsthaft mit den notwendigen Vorbereitungsmaßnahmen konkret befaßt.
Die Erfahrungen, die 1975 mit der Waldbrandlage in Niedersachsen und im ehemaligen »Zonenrandgebiet« gemacht wurden, wirkten damals als Schock bei allen Beteiligten. In Feuerwehrkreisen mußte man erkennen, wie hilflos die Gefahrenabwehr ist, wenn starke, will sagen zahlreiche Kräfte zwar vor Ort sind, aber keiner der Verantwortlichen sie führen kann, weil die Grundvoraussetzungen für das notwendige stabsmäßige Führen fehlen. Der für die Übernahme der Funktion »Wehrführer« in NRW vorgeschriebene Lehrgang »Führer von Führungsgruppen und Verbänden« wurde unter dem Eindruck der Ereignisse in Niedersachsen ins Leben gerufen und fand auch Berücksichtigung in den Laufbahnvorschriften der Freiwilligen Feuerwehren in NRW. Für die Berufsfeuerwehren besteht eine solche unmittelbare Verpflichtung nicht, obwohl die entsprechende Ausbildung in diesem Bereich keineswegs weniger notwendig ist als bei den Freiwilligen Feuerwehren. Inzwischen sind über 20 Jahre vergangen. Ich habe den Eindruck, daß sich in diesem Zusammenhang anbahnt, was leider in allen anderen Bereichen immer wieder aufs Neue geschieht: Die heranwachsenden Generationen haben nicht nur einen natürlichen Lebensalters- und Anschauungsabstand von den Älteren; sie wollen auch (und sollen es) ihre eigenen Erfahrungen machen. Wenn das aber in der Weise geschieht, daß die Fehler von früher sich in jeder Generation wiederholen, und insoweit »das Rad im-

mer wieder aufs Neue erfunden« werden muß, kann es zu einem wirklichen Fortschritt nicht kommen. Es darf nicht geschehen – auch aus ökonomischen Gründen nicht -,daß mühsam erarbeitete Erfahrungen und gefundene Wahrheiten einfach ignoriert, übersehen, vergessen oder von den Pensionären in den Ruhestand und schließlich ins Grab mitgenommen werden. Wir können uns das einfach nicht leisten!

Was man weit wegschmeißt, muß man weit wieder herholen.
RICHARD MARQUARDT

Erkenntnis: Stabsmäßiges Führen ist nicht daran gebunden, daß die Führungsarbeit innerhalb oder aus Anlaß einer Katastrophe stattfinden muß. Das ist schon deshalb nicht möglich, weil der Begriff »Katastrophe« so relativ ist, daß eine sachlich-organisatorische Schlußfolgerung daraus nicht gezogen werden kann. Der Verlust der Gesundheit, dauernde Behinderung, vorzeitiger Tod stellen für den einzelnen Menschen das schlimmste persönliche Unglück dar: eine Katastrophe für den Betroffenen, auch eine Katastrophe im Empfinden der Angehörigen. Im Sinne der administrativen Katastrophenabwehr waren aber selbst die Ereignisse von Ramstein, Herborn, Lockerby, Amsterdam usw. keine Katastrophen. Es waren schlimme, tragische, große Unglücksfälle – mit katastrophalen Folgen für die betroffenen Menschen.

Für die Feuerwehren ist die Notwendigkeit, stabsmäßig führen zu können, nicht daran gebunden, daß seitens der Administration der Begriff »Katastophe« benutzt oder spezifisch definiert wird. *Die Feuerwehren müssen im Bedarfsfall ihr vorhandenes Kräftepotential wirksam einsetzen und führen können: Dazu ist Stabsarbeit notwendig. Die erforderlichen Grundstrukturen sind vorhanden, sie müssen lediglich ausgebaut und funktionsfähig gemacht werden.*

Bild 17 zeigt, wie die Stab-Linienorganisation in einem Kreis (Bereich Freiwillige Feuerwehr) aufzubauen ist.

Damit die Stabsfunktionen in der Einsatzleitung besetzt werden können, muß eine ausreichende Anzahl von qualifizierten Führungskräften herangezogen werden können. Auf Kreis- und Bezirksebene kommen dazu nur die Wehrführer und ihre Stellvertreter in Frage.

In den kreisfreien Städten ergibt sich bei im Prinzip gleicher Führungsorganisation eine andere Besetzung der Führungsebenen: Weil eine Ausbildung in der Stabsarbeit nur bei den Beamten des höheren Dienstes vorausgesetzt werden kann und es ungewiß ist, ob in dieser oder jener Stadt auch noch ein Beamter des gehobenen Dienstes mit Stabsausbildung vorhanden ist, muß festgestellt werden, daß bei den Profis weitaus eher als bei den Freiwilligen die Situation eintreten kann, daß ein Stab aus Personalmangel nicht zustande kommt. Woher soll der Leiter einer kleineren Berufsfeuerwehr die Führungskräfte mit Stabsausbildung nehmen? Grundsätzlich kommt dem Leiter der Berufsfeuerwehr die gleiche Aufgabe wie dem Kreisbrandmeister zu; die Aufgaben des Oberstadtdirektors entsprechen denen des Oberkreisdirektors. Die Regierungspräsidenten als obere Aufsichtsbehörden und die Innenminister als oberste Aufsichtsbehörden sind dafür verantwortlich, daß

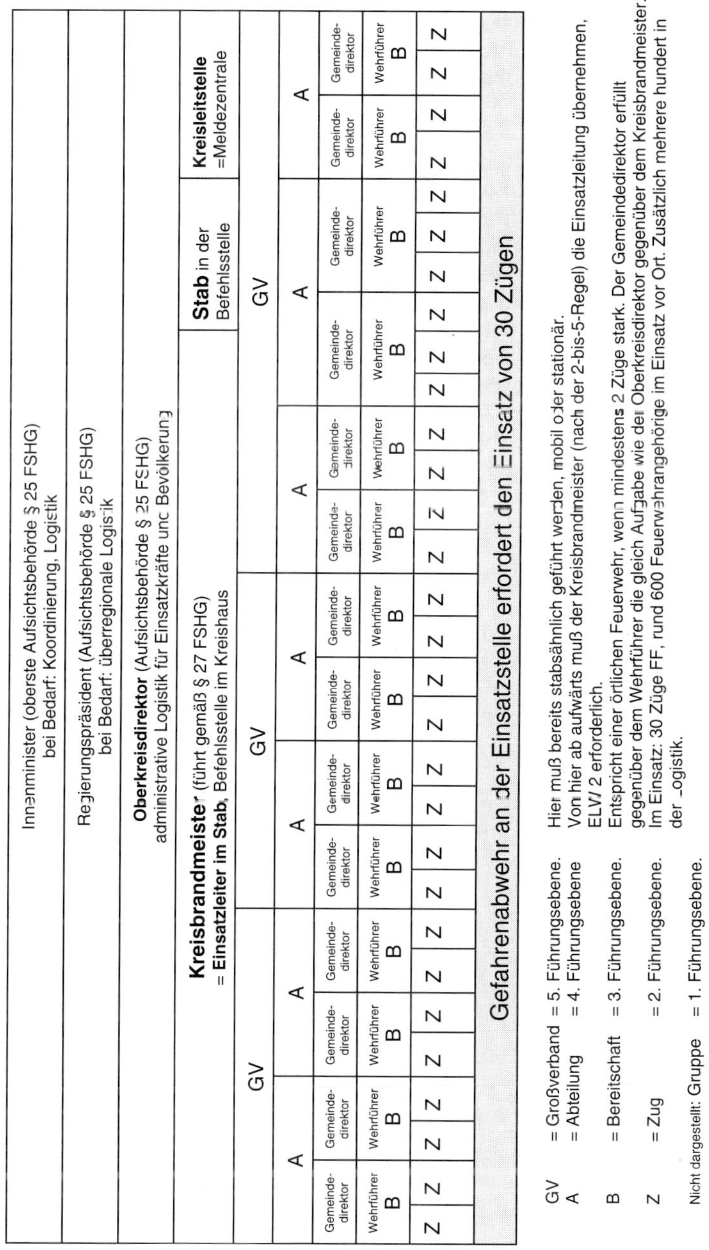

Abb. 17: Beispiel für die Führungsorganisation bei einer Großschadenlage in einem Kreis auf der Grundlage der bestehenden Rechtsstruktur nach FSHG NRW

sowohl in den Kreisen als auch in den Städten die notwendigen Voraussetzungen für das stabsmäßige Führen geschaffen werden und die Zusammenarbeit zwischen den Gebietskörperschaften gewährleistet ist.

Stablinienorganisation
Die Stablinienorganisation unterscheidet sich von der Linienorganisation im allgemeinen Sinn dadurch, daß dem Entscheidungsträger ein Stab zur Verfügung steht, der prinzipiell nur beratende Funktion hat. Ein Sachgebietsleiter soll aber regulär innerhalb seines Sachgebietes entscheidungs- und befehlsbefugt sein, um im Sinne der Kooperation und im Sinne der stabsinternen Auftragstaktik den Einsatzleiter von Teilaufgaben zu entlasten. Die Methode des Brainstorming wird innerhalb eines Einsatzstabes mehr oder weniger ausgeprägt ein normales Instrument zur Entscheidungsfindung sein müssen. Es muß aber sichergestellt sein, daß die Sachgebietsleiter klar abgegrenzte Befugnisse haben, sonst ist die Gefahr gegeben, daß »unten« bzw. innerhalb und außerhalb des Stabes unklare oder sogar widersprüchliche Befehle ankommen oder auch aneinander vorbei gearbeitet wird.
Diese Regelungen sind in einer Stabsdienstordnung (diese müßte auch Gegenstand einer FwDV 6 sein) festzulegen.

2.5.3.3.2 Befehlsstelle

Siehe FwDV 12/1 Abschnitt 3.1.3

Die Befehlsstelle ist der Sitz der Einsatzleitung bzw. der Sitz des Einheitsführers bzw. der Aufenthaltsort des Gruppenführers.
(Grundsätzliche Anforderung an die Befehlsstelle: siehe FWDV 12/1.)

Tab. 15: Art der Befehlsstelle in Beziehung zur Führungsebene

Art der Befehlsstelle in Beziehung zur Führungsebene		
Führungsebene	**Befehlsstelle**	
	mobil	**stationär**
1 Gruppenführer	**Aufenthaltsort des Gruppenführers**	-
2 Zugführer	**ELW 1,** aber nicht in der Form eines normalen PKW! Mindestens 1 Tisch und Sitzgelegenheit erforderlich. Stadtplan, Karten u. andere Führungsmittel, Feuerlöscher, Preßluftatmer müssen dabei sein.	-
3 Bereitschaftsführer: Leiter FF	ELW 1 wie vor	
4 Abteilungsführer: Leiter FF	ELW 2	
5 Großverbandsführer: Kreisbrandmeister, Leiter BF	ELW 3	**Stabsraum,** z.B. im Kreishaus, in der Kreisleitstelle, in der Leitstelle der BF
6 Kreisbrandmeister, Leiter BF		**Stabsraum,** z.B. im Kreishaus, in der Kreisleitstelle, in der Leitstelle der BF

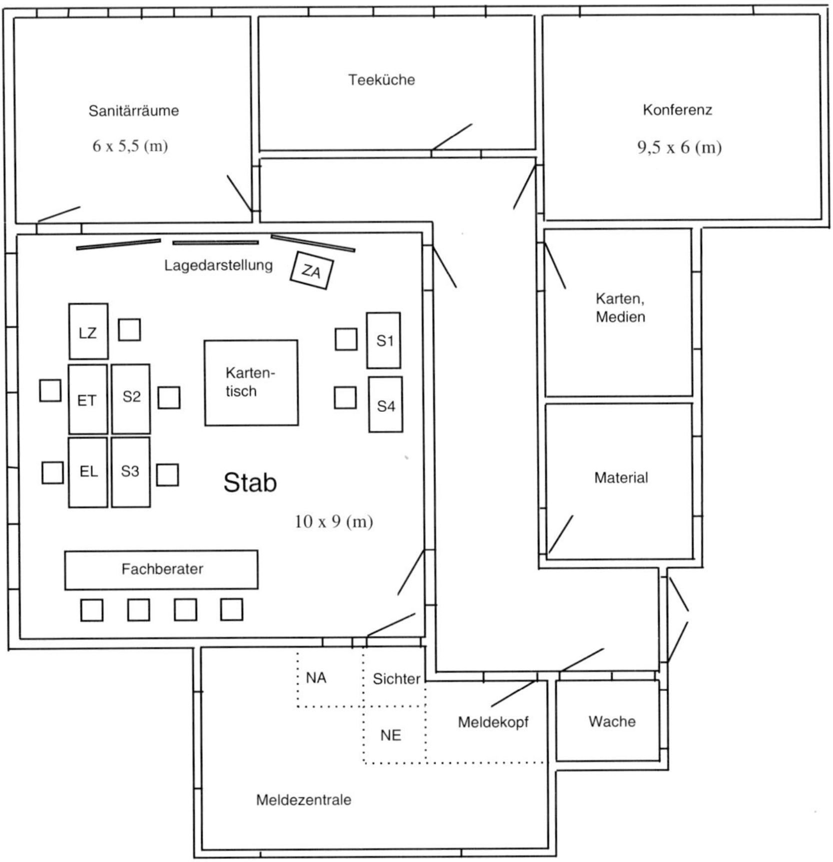

Abb. 18: Raumprogramm für einen Stab

Bedeutung der Abkürzungen:

ZA	Zustandsanzeige
LZ	Lagekartenzeichner, -führer
ET	Einsatztagebuch
NA	Nachweisung Ausgang
NE	Nachweisung Eingang
S1 … S4	Sachgebiete 1 … 4
EL	Einsatzleiter

3 Innere Führung, Umgang mit Menschen

Man muß sofort mit einem Blick das Ganze übersehen
und nicht etwa im Fortgang einer logischen Beweisführung.
PASCAL [20]

Aufgabenorientiertes Führen

Die Lösung von Führungsaufgaben im Bereich der Sachprobleme erfordert von den Führungskräften in erster Linie Sach- und Fachkenntnisse und organisatorische Fähigkeiten, organisatorisches Können. In diesem Bereich ist aufgabenbezogenes, aufgabenorientiertes Führen erforderlich. Wie in den vorangegangenen Abschnitten ausgeführt, ist die Aufgabenorientierung Voraussetzung für das führerische Wollen, für die Zielstrebigkeit, für die Sicherheit der eigenen Vorstellungen über das angestrebte Ergebnis der Aktivitäten. Bei objektiver Betrachtungsweise erfüllen die zu Führenden bei der Aufgabenerfüllung der Gruppe, der Organsation – also auch bei der Aufgabenerfüllung der Feuerwehr – eine technische Funktion. Besonders deutlich wird dies bei der Betrachtung der Funktion des Maschinisten. Wirtschaftlichkeitsgutachten für den Feuerwehrdienst zielten auch darauf ab, diese von einem Menschen ausgeübte Funktion beim Löscheinsatz durch technische Systemergänzungen zu ersetzen, durch automatische Druckregulierung und Förderstromsteuerung. Jeder Computer, jeder Roboter, der bei der gewerblichen oder industriellen Fertigung anstelle eines Menschen eingesetzt wird, ist das Ergebnis solcher Überlegungen. Wo die Maschine den Menschen ersetzen kann, wird er auch ersetzt. Dieser Vorgang ist seit jeher Anlaß für soziale Konflikte: Wenn Arbeit nicht nur der Erwerbssicherung dienen, sondern auch einen Lebenssinn darstellen soll, darf die menschliche Funktion in einem System nicht allein funktionsbezogen gesehen werden. Wessen Arbeitsplatz wegrationalisiert wird, der erlebt diesen technischen Fortschritt anders, als derjenige, der fortan eine verläßliche Maschine anstelle des unberechenbaren Menschen die Arbeit verrichten läßt. Rein aufgabenorientiertes Führen muß immer auch die Zuverlässigkeit und Wirtschaftlichkeit des aufgabenerfüllenden Instrumentariums auf Verbesserungsmöglichkeit untersuchen, und damit ist zwangsläufig auch die Frage verbunden, an welchen Stellen und in welchen Funktionen auf den Menschen als schwächstes Glied in der Produktionskette verzichtet werden kann. Das gilt auch für den Leiter einer Feuerwehr: Im Zeichen der mit Vehemenz vorangetriebenen Wirtschaftlichkeitsbestrebungen im öffentlichen Dienst sieht er sich vor die konkrete Aufgabe gestellt, die Feuerwehr so zu organisieren, daß sie mit möglichst wenig Mitarbeitern möglichst gut funktioniert. Wenn in einem »Feuerwehr-Profitcenter« (Zugwache) die Mitarbeiter ausdrücklich angehalten werden, durch freiwillige Mehrarbeit Stellen überflüssig zu machen, so bedeutet das in der Konsequenz nicht weniger, als daß man sie an dem Ast sägen läßt, auf dem sie sitzen. Sie machen sich zum Schluß selber überflüssig, indem sie die Ausübung ihrer Funktion auf technisch-organisatiorische Mechanismen übertragen. Aus der Sicht desjenigen, der die Feuerwehr zu bezahlen hat, ist das angestrebte Ziel »Personalabbau, weniger Kosten bei gleichem Effekt« logisch. Der Betrieb Feuerwehr ist schließlich kein Wohltätigkeitsverein für die Mitarbeiter. Schlußfolgerung: Aufgabenorientierte Führung muß im Sinne des ökonomischen Prinzips bestrebt sein, den Personalbestand so gering wie möglich zu halten; anders ausgedrückt, sie muß bestrebt sein, Mitarbeiter »freizusetzen« bzw. Stellen abzubauen. Die Verantwortung für die Existenzsicherung der Freigesetzten kann aber nicht einfach abgeschoben werden. Die unkontrollierte Anhäufung gesellschaftspolitischen Sprengstoffs in Form von immer mehr Arbeitslosen und Sozialhilfeempfängern bedeutet in letzter Konsequenz die Erzeugung eines Gefährdungspotentials und die Verlagerung der eingesparten Personalkosten in einen anderen sozialen Bereich. Die Politik muß die Rahmenbedingungen schaffen, innerhalb derer nicht ausschließlich betriebswirtschaftliche Kriterien entscheidend sein dürfen. Längerfristig müssen auch gesamtvolkswirtschaftliche Gesichtspunkte ihre Berücksichtigung finden.

Mitarbeiterorientierte Führung

Was bedeutet nun »mitarbeiterorientierte Führung«? Das kommt auf die Betrachtungsweise und die Zielrichtung der Frage an. Der Ökonom richtet sein Interesse auf den Mitarbeiter mit dem Hintergedanken: Wie wirtschaftlich arbeitet der? Wie groß ist der Wirkungsgrad seiner Beschäftigung? Ist es vielleicht billiger und deshalb besser, wenn ich ihn los werde? Wer den Mitarbeiter aber auch als Mitmenschen sieht, darf ihn nicht allein als funktionierendes Glied in einem Arbeitssystem betrachten. Das Wohlbefinden des Mitarbeiters muß in den gegenseitigen Beziehungen einen angemessenen Stellenwert einnehmen.

Der Begriff »Wohlbefinden« ist hier in einem umfassenden Sinne gemeint: Körperliche und seelische Gesundheit, Arbeitsfreude (und somit Lebensfreude) und Arbeitszufriedenheit sind Grundvoraussetzungen für beste Arbeitsleistung. Dieses allein wäre schon ein aussschlaggebender Grund für ein diesbezügliches Führungsverhalten. Es kommt aber hinzu, daß auch Führungskräfte ohne gute menschliche Beziehungen zu ihren Mitarbeitern kein eigenes Wohlbefinden und keine eigene Arbeitszufriedenheit entwickeln können. Anders gesagt: eine gute gemeinsame Leistung setzt nicht allein Gemeinsamkeit in rein äußerlichen Sinne voraus, die sich darin zeigt, daß die Mitarbeiter in demselben Betrieb (Behörde, Organisation) arbeiten, sondern auch, daß eine innere, gefühlsmäßig anerkannte Grundeinstellung der Menschen zueinander gegeben ist. Der verantwortliche Führer, der dieses innere Führungsziel erreicht, wird auch in rein sachlicher Hinsicht erfolgreich sein. Weiterhin: Auch der ehrgeizigste Vorgesetzte, der an sich selbst den strengsten Maßstab anlegt, ist nicht davor sicher, selbst auch Fehler zu begehen. Solche Fehler können die gleichen Ursachen haben, wie sie bei allen Menschen grundsätzlich vorkommen können. Ein Moment der Unaufmerksamkeit, schlechte gesundheitliche Verfassung, Ärger im privaten Bereich, ein Moment der inneren Schwäche gegenüber einer Versuchung und vieles andere mehr können auch den besten Vorgesetzten in eine peinliche Situation bringen. Genießt er das Vertrauen und die Sympathie seiner Mitarbeiter und Kollegen, wird er die schönste Erfahrung machen, die ein Vorgesetzter erleben kann, daß er im Augenblick der Not nicht allein gelassen wird, sondern von den »Untergebenen« die Wertschätzung und Achtung, die er ihnen im Alltag erweist, in der Form zurückbekommt, daß die Mitarbeiter – soweit sie es könnnen – seinen Fehler aus sich selbst heraus durch entsprechendes Verhalten gutmachen.

3.1 Erfolgsmaßstäbe

Wenn alle Beteiligten mit dem Ergebnis der gemeinsamen Anstrengung zufrieden sind, kann sicherlich von einem Handlungserfolg gesprochen werden, der aus der Sicht desjenigen, der dabei Führungsaufgaben wahrgenommen hat, eben auch ein Führungserfolg ist. Wenn allein der Führer zufrieden ist, die Mitarbeiter aber nicht, dann
kann nach der heutigen Auffassung von erfolgreicher Führungstätigkeit nicht gesprochen werden. Allerdings muß man unterscheiden:
Bei einer einmaligen Aktion (»Operation«) ist es hinsichtlich des Erfolges gleichgültig, ob alle Beteiligten mit dem Ergebnis zufrieden sind oder nicht: Wenn der Führer feststellen kann, daß er seinen Auftrag erfüllt hat, war er aus seiner Sicht und aus der Sicht des Auftraggebers erfolgreich. In einer Gemeinschaft von Menschen, die nicht nur eine Tagesaufgabe bzw. einen einzelnen Auftrag zu erledigen haben, sondern über Jahre hinweg zusammenarbeiten müssen, ist die Zufriedenheit aller – jedenfalls der Mehrheit – eine Voraussetzung dafür, daß Führungsaktivitäten und gemeinsame Aktionen immer wieder aufs Neue zum Erfolg auch aus der Sicht des Auftraggebers führen.

3.1.1 Auftragserfüllung, Erreichen von Zielen

Im Feuerwehreinsatz ist der erfüllte Einsatzauftrag das übergeordnete Ziel und Handlungsleitbild. Insoweit haben es Führungspersonen und Vorgesetzte im Feuerwehrdienst (im öffentlichen Dienst) leichter als Führungspersonen (Manager) in gewerblichen Betrieben oder Industriebetrieben, weil das anzustrebende Ziel durch den gesetzlichen Auftrag vorgegeben und auch klar zu beschreiben ist. Auch muß unterschieden werden zwischen Privatbetrieben und öffentlichen Betrieben. Das Ziel eines Privatbetriebes – auch eines Dienstleistungsbetriebes – ist das Erwirtschaften von Gewinn. Die Betriebsmittel sollen so wirtschaftlich, sprich, so billig wie möglich arbeiten, auch die »menschlichen Betriebsmittel », die Mitarbeiter, sollen nicht unnötig viel kosten. Die persönlichen Ziele der Mitarbeiter eines privaten Betriebes müssen keineswegs von vornherein mit denen der Betriebsleitung oder des Betriebsinhabers übereinstimmen. Die Zielübereinstimmung ist aber in jedem Betrieb auf Dauer gesehen eine unverzichtbare Voraussetzung für die Motivation und somit für den Arbeits- und Einsatzwillen des Mitarbeiters. Nun kann ein generelles Ziel etwa folgendermaßen lauten: Wir wollen unseren Betrieb lebensfähig erhalten.

In einer solchen Zielformulierung ist es sicher nicht schwer, eine Übereinkunft zu erzielen. Der Teufel steckt aber auch hier im Detail: Um ein Generalziel zu erreichen, müssen tagtäglich kleine Etappenziele erreicht werden, die sich auf kleine Teilausschnitte des Generalzieles beschränken. Viele kleine Einzelschritte sind notwendig, um dem Generalziel näherzukommen. Gerade in der Festlegung der Einzelziele hinsichtlich der zu erledigenden Arbeit und auch hinsichtlich des Zeitablaufs liegen die Ursachen für Mißverständnisse, Reibereien, Unstimmigkeiten.

Wenn auf Dauer Erfolg sichergestellt werden soll, müssen Vorgesetzte mit ihren Mitarbeitern Ziele für deren Aufgabengebiet festlegen, genauer gesagt vereinbaren: Die Mitarbeiter sollen davon überzeugt werden, daß sie bestimmte Ziele anzustreben und zu erfüllen haben. Diese Ziele müssen klar formuliert und nach Vorrangigkeit hinsichtlich Inhalt und Zeit geordnet werden.

Orientierungsmaßstab für die Zielsetzung der Beschäftigen sind die übergeordneten Ziele der Behörde bzw. Dienststelle; für die verantwortlichen Führungskräfte – insbesondere für die Behördenleiter – ist es der gesetzliche Auftrag.

Zielvereinbarungsgespräch [59]

Damit sich für alle Beteiligten eine konkrete Zielvorstellung ergibt, soll ein jährliches Zielvereinbarungsgespräch geführt werden.

Das Zielvereinbarungsgespräch setzt sich aus drei Phasen zusammen:

1. Orientierungsphase

In dieser Phase sollen die Schwerpunktaufgaben und die daraus resultierenden Generalziele des kommenden Jahres verdeutlicht werden. Eine Niederschrift dient nach Ablauf des Jahres beim Folgegespräch der Rückschau und Erfolgskontrolle.

2. Analysephase

a) Hier erfolgt eine Überprüfung und Bewertung der Arbeitsergebnisse: Wurden die vereinbarten Ziele erreicht? In welchem Maß wurden sie erreicht? Welche Ursachen für Erfolg oder Mißerfolg haben vorgelegen?

b) Bei erstmaligem Zielvereinbarungsgespräch sollen einerseits die Arbeitsbedingungen und die Betriebsorganisation kritisch untersucht werden, andererseits sind im personellen Bereich nach Möglichkeit die Stärken und Schwächen der Mitarbeiter erkennbar und deutlich zu machen.

3. Lösungsphase

a) Aus der vorherigen Analyse werden die Folgerungen für die weitere Arbeit und Zusammenarbeit gezogen.

b) Es werden sodann die Ziele und Schwerpunkte für das kommende Jahr vereinbart und

c) die dazu erforderliche Rahmenbedingungen »ausgehandelt«.

d) *Kann trotz intensiver Bemühungen keine Einigkeit erzielt werden, müssen die Vorgesetzten die Ziele vorgeben. Maßstäbe für die Zielfindung:*

- Rechtsnormen und Vorschriften legen das Aufgabenfeld fest. Daraus werden Ziele für die einzelnen Arbeitsplätze und Personen abgeleitet.
- Konkrete Ziele lassen sich auch aus den Erwartungen der Bürgerinnen und Bürger ableiten.

- Weitere Ziele sind: Verbesserung der Quantität und Qualität der Arbeitsergebnisse, der Arbeitsmethoden, der Zusammenarbeit.
- Darüber hinaus geht es um konkrete Verhaltensziele und persönliche Entwicklungsziele der Mitarbeiter.

Ziele werden im Idealfall zeitlich nacheinander von Führungsebene zu Führungsebene von oben nach unten weitergereicht und dabei in einem Vereinbarungsprozeß umgeformt. Bevor die Gesprächsparteien Ziele für einen konkreten Arbeitsplatz und die dort tätigen Personen festlegen, müssen sich vor allem die Vorgesetzten vergegenwärtigen, was überhaupt verhandlungsfähig ist und welche Vereinbarungen sie bereits mit ihren Vorgesetzten getroffen haben.

Zielformulierung
Bei der Zielformulierung sollen folgende Grundsätze beachtet werden: Die Ziele sollen
- überschaubar bleiben (Beschränkung auf wenige Ziele),
- widerspruchsfrei sein,
- möglichst genau formuliert und schriftlich niedergelegt werden,
- meßbar sein, der Grad der Zielerfüllung muß quantitativ und qualitativ bestimmbar sein,
- anspruchsvoll, aber erreichbar sein,
- an veränderte Rahmenbedingungen anpassbar sein,
- regelmäßig überprüft werden.
- Der Erfüllungstermin muß festgelegt werden.

3.1.2 Arbeitszufriedenheit, Erfolgserlebnis

Zusammenfassend ist also festzustellen: Erfolg im allgemeinen Sinn wird von allen Beteiligten erlebt
- durch sachliche Richtigkeit des Arbeitsergebnisses, d.h. durch die Feststellung, daß der Auftrag erfüllt und die gesetzten Ziele erreicht wurden und
- durch Belohnung, Anerkennung, Bestätigung durch Vorgesetzte und Mitarbeiter und durch betroffene Außenstehende (siehe auch Abschnitt »Führungsverhalten«).

3.2 Kommunikation und Interaktion

Kommunikation: Austausch von Informationen, unabhängig davon, auf welchem Wege und mit welchen Mitteln dieser erfolgt.
Interaktion: Wechselwirkung zwischen Personen oder Personengruppen (aufgrund von Kommunikation).

Die Begriffe werden in der Führungslehre nicht einheitlich in diesem Sinne verstanden. Manche Fachleute verstehen die Interaktion als Oberbegriff, Kommunikation also als Teil der Interaktion. Die Unterscheidung ist in der Praxis nicht wichtig, weil es Kommunikation ohne Wechselwirkung nicht gibt: Bei jeder Kommunikation findet auch Interaktion statt.

3.2.1 Allgemeine Grundlagen

Im Verhältnis zwischen Vorgesetzten und Mitarbeitern, zwischen Führern und Geführten und allgemein in allen zwischenmenschlichen Beziehungen ist die gegenseitige Verständigung die Basis für das Miteinanderleben. Wo die gegenseitige Verständigung nicht funktioniert, gleichgültig aus welchen Gründen, sind auch die gegenseitigen Beziehungen gestört.
Nach WENGLE/JUNG [42], [14] hat man im weiteren Sinn unter Kommunikation ganz allgemein Informationsübermittlung zu verstehen, gleichgültig, mit welchen Mitteln und auf welchem Wege diese erfolgt.

3.2.1.1 Elemente des Kommunikationsvorgangs

Elemente eines jeden Kommunikationsvorgangs sind:
- Absender (Sender) der Nachricht, Botschaft
- Die Nachricht selbst
- Der Übertragungsweg, das Übertragungsmittel
- Der Empfänger der Botschaft
- Die vom Absender wahrnehmbare Reaktion des Empfängers = Rückmeldung

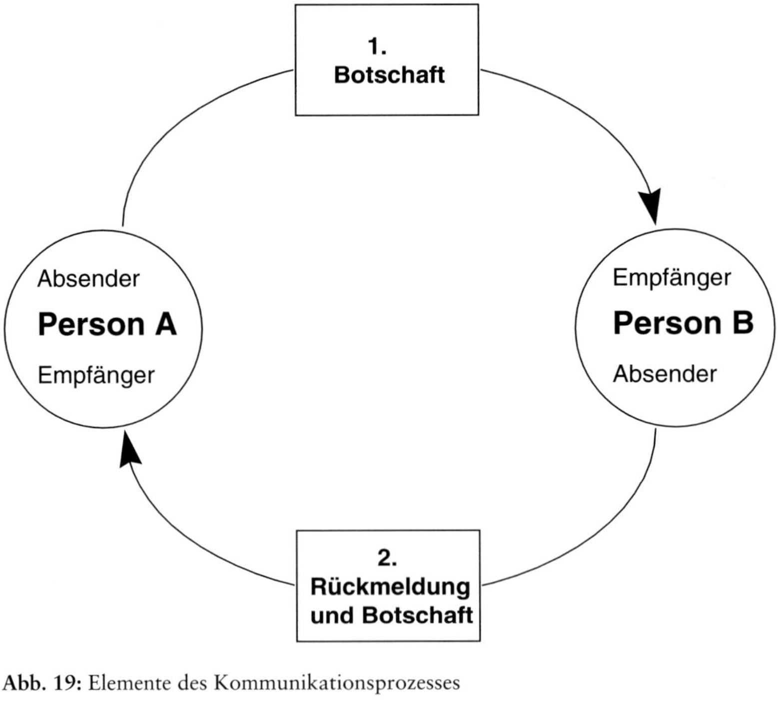

Abb. 19: Elemente des Kommunikationsprozesses

Die Rückmeldung ist ihrerseits für den Absender der Botschaft eine neue Nachricht und löst auch bei ihm eine weitere Rückmeldung aus. Man kann somit den Kommunikationsvorgang als einen Regelkreis auffassen, in welchem die Partner sich wechselseitig beeinflussen. So gesehen ist eine strenge Unterscheidung zwischen Kommunikation und Interaktion nicht erforderlich, weil das eine das andere jeweils einschließt.

Elemente der Botschaft
Jede Botschaft (Nachricht) enthält mehrere Informationselemente, setzt sich also aus Teilen zusammen, die beim Empfänger ihre Entsprechung haben:
a) Der Sachinhalt: Was wird mitgeteilt, was soll verstanden werden?
b) Die Selbstoffenbarung: Wer bin ich? Wie bin ich?
c) Die persönliche Beziehung zwischen Absender und Empfänger: Was halte ich von Dir? Wie stehen wir zueinander? (Gefühlsinhalte)
d) Aufforderung. Was will erreichen? Welche Reaktion soll entstehen?

Für den Empfänger können folgende Fragen entstehen:
a) Sachinhalt: Was will der Absender mitteilen?
b) Selbstoffenbarung: Welche Person, welcher Mensch sendet die Nachricht?
c) Beziehung: Wie fühle ich mich behandelt?
e) Aufforderung: Was soll ich tun, welches Verhalten erwartet der Absender von mir?

Diese vier Elemente sind sowohl beim Absender als auch beim Empfänger einer Nachricht wirksam. Für den Erfolg der Kommunikation ist entscheidend, ob die verschiedenen Elemente bei Absender und Empfänger im gegebenen Einzelfall die gleiche Wichtung und Wertigkeit haben.
Ob Kommunikation als erfolgreich erlebt wird oder nicht, hängt u.a. davon ab, ob der Nachrichtenaustausch storungsfrei verlauft. Bleibt z.B. nach einem Gespräch (nach der Kommunikation) bei den Beteiligten ein Gefühl der Unbehaglichkeit oder Unzufriedenheit zurück, kann eine gestörte Kommunikation die Ursache sein.

3.2.1.2 Grundannahmen zur Kommunikation

In der Kommunikationsforschung und – wissenschaft werden die Grundeigenschaften eines Kommunikationsvorgangs in fünf Grundaussagen beschrieben. [34]

1. In jeder zwischenmenschlichen Situation findet Kommunikation statt
Jedes Verhalten löst bei demjenigen, mit dem eine irgendwie geartete Beziehung besteht, eine Reaktion aus. Auch das Nichtstun, das Nichtreden, das Schweigen ist eine Botschaft und wirkt sich in den gegenseitigen Beziehungen aus (»beredtes Schweigen«, »lähmende Stille«). Diese gegenseitige Beeinflussung kann nicht unterbunden werden.
Ob das gegenseitige Verhalten im Sinne einer beabsichtigten Kommunikation richtig verstanden wird, ist allerdings eine andere Sache. Ratloses Schwei-

gen kann als Hochmut verstanden werden. Schweigen kann aber auch etwas ganz anderes bedeuten als Ratlosigkeit, es kann wie eine Drohung wirken, oder es kann sich dahinter die Absicht einer Einschüchterung verbergen. Eine gesprochene Äußerung wird z.B. deshalb nicht aufgenommen, weil der Partner mit den Gedanken woanders ist, während der Absender glaubt, daß seine Äußerung absichtlich überhört worden ist.
Überlegung: Der Leiter der Feuerwehr betritt die Leitstelle und bleibt nach dem Gruß ohne weitere Äußerung im Raum stehen und beobachtet wortlos das Geschehen. Welche Wirkung entsteht bei den Mitarbeitern? Welche bei dem Vorgesetzten?

2. *Bei jeder Kommunikation wird der Inhalt der Nachricht von der persönlichen Beziehung zwischen den Partnern überlagert.*

Die persönliche Beziehung zwischen den Kommunikationspartnern ist für die Wirkung einer Nachricht mitbestimmend und oft von größerer Bedeutung als der sachliche Inhalt der Nachricht. Das gegenseitige Vertrauen oder Mißtrauen beeinflußt die Reaktion auf bestimmte Botschaften ganz unterchiedlich. Diese Tatsache ist den Beteiligten meistens in der ganzen Tragweite nicht bewußt . Je höher z.B. die Rangunterschiede innerhalb einer Hierarchie sind, desto mehr wirkt sich allein diese Tatsache in der Kommunikation aus.
Beispiele für Möglichkeiten der gegenseitigen Beeinflussung von Beziehungs- und Inhaltsebene:

a) Es besteht einheitliche Auffassung der Partner über Gesprächsinhalt und über die die positive Beziehung zueinander (Idealfall).
b) Auf beiden Ebenen besteht Uneinigkeit (schlechtester Fall).
c) Es besteht Uneinigkeit hinsichtlich des Gesprächsinhaltes, aber die Beziehung ist gut (gute Basis für Austragung sachlicher Meinungsverschiedenheit).
d) Es besteht Einigkeit im Inhalt, aber die Beziehung ist schlecht (ungünstige Konstellation, Gespräch kann sehr belastet werden).
e) Die Ebenen werden vertauscht:
   - Es wird versucht, Beziehungsprobleme auf der Inhaltsebene zu lösen. Damit wird der Gespächsinhalt Mittel zum Zweck oder
   - es wird versucht, Inhaltsprobleme auf der Beziehungsebene zu lösen.
f) Der Inhalt wird verfälscht, um eine gute Beziehung nicht zu gefährden (z.B. durch Färben oder sogar durch Lügen).

3. *Jede Kommunikation besteht aus einer Folge von Ereignissen, die aus der Sicht der jeweiligen Partner nicht übereinstimmen muß: Die Kette von Ursache und Wirkung wird unterschiedlich gesehen.*

Jeder Mensch sieht die Welt mit seinen eigenen Augen, erlebt sie mit seinen eigenen Sinnen. Da es unmöglich ist, sich faktisch in einen anderen Menschen zu versetzen, und die Welt aus dessen Augen zu sehen, kann man auch nicht sicher sein, vom anderen so gesehen zu werden, wie man sich selber zu sehen glaubt. Weiterhin ergibt es sich zwangsläufig, daß die Blickrichtung (Perspektive) zweier Personen nicht übereinstimmen kann, das gilt sowohl im wörtlichen als auch im übertragenen Sinn. Ein- und dieselbe Sache wird daher unterschiedlich gesehen und führt zu einem unterschiedlichen Bild. Dies ist eine der wichtigsten Konfliktursachen in jeder zwischenmenschlichen Beziehung, bei jeder Mitteilung, in jeder Kommunikation; z.B. können die Auffassungen darüber, wann wer einen Streit begonnen hat, durchaus verschieden sein. so daß es unmöglich ist, objektiv festzustellen, wer der Urheber gewesen ist. Übereinstimmung in der Beurteilung eines Sachverhaltes kann also nur gegeben sein, wenn die Partner auch die Ereignisfolge übereinstimmend sehen.

Beispiel:

Ursache aus der Sicht des Zugführers Meier:	Feuerwehrmann Müller versieht seinen Dienst nachlässig.
notwendige Folge aus Sicht Zugführer:	Müller braucht Druck, um nicht mehr nachlässig zu sein.
Ursache für Feuerwehrmann Müller:	Von Meier bekomme ich sowie immer Druck,ob ich nachlässig bin oder nicht.
Folgerung bei Müller:	Also strenge ich mich nicht mehr an, als ich unbedingt muß.

Was muß geschehen, um diese widersprüchliche Anschauung von Ursache und Wirkung zu klären und den Konflikt aufzulösen? Bei beiden Beteiligten muß die Bereitschaft entwickelt werden, die nach eigener Meinung bestehende Ursache in Frage zu stellen und die Folgerung daraus zu ziehen, daß dann auch die aus der wegfallenden Ursache resultierende Wirkung entfallen kann.

4. *Die menschliche Kommunikation kann in »digitaler« d.h. genau bezeichenbarer oder in »analoger«, d.h. »ähnlicher« Weise erfolgen.*

Die digitale Form der Botschaft besteht aus eindeutigen Zeichen, also z.B. aus Zahlen und Buchstaben. Daraus kann gefolgert werden, daß die sprachliche Kommunikation in der Regel als digitale Botschaft ankommt – also unmißverständlich ist, insbesondere, wenn es sich um eine schriftliche Botschaft handelt (siehe jedoch Abschnitt 3.2.1.3: Sprache und Wortschatz).

Die analoge Form der Nachricht besteht in der Übermittlung bildlicher Zeichen. Hierzu zählt auch die Mimik, die Körpersprache, der Tonfall, die Sprechweise und das Zusammenwirken mehrerer dieser Faktoren. In diesem Bereich bestehen keine eindeutig festgelegten, für alle Beteiligten gleichermaßen erkennbaren oder akzeptierten Regeln. *Ein lächelndes Gesicht z.B. muß nicht Freundlichkeit, ein ausdruckloses Gesicht muß nicht Gleichgültigkeit bedeuten.*

Daraus folgt:

Sachinformationen lassen sich mit Hilfe der Sprache im allgemeinen problemlos übermitteln (vorausgesetzt, die Sprache hat bei den Beteiligten die gleiche Bedeutung!)

Gefühlsübermittlungen dagegen bedürfen oft der analogen Kommunikationsmittel, also der Gestik, des Gesichtsausdrucks, der Körperhaltung.
Daher ist es oft notwendig, die bewußt oder unbewußt übermittelten Analogsignale durch ergänzende Sprachinhalte eindeutig zu machen (siehe Abschnitt 3.2.1.3, Körpersprache).
Allerdings können auch »digitale Botschaften« als gedruckte Erzeugnisse in hohem Ausmaß Träger von »analogen Signalen« sein, wie jeder spannend geschriebene Kriminalroman beim Lesen erkennen läßt. Dies gilt natürlich auch für andere Bücher mit anderen Inhalten die eben auch andere Reaktionen beim Leser auslösen.

5. *Zwischenmenschliche Kommunikationsabläufe sind entweder »symmetrisch« oder »komplementär«, je nachdem ob die Beziehung zwischen den Partnern auf Gleichheit oder Unterschiedlichkeit beruht.*

Als »symmetrisch« wird eine Kommunikation bezeichnet, wenn die Partner einander als gleichrangig empfinden und davon ausgehen, daß sie sich auf derselben Gesprächsebene (bzw. sozialen Ebene) befinden. Nach außen wird eine solche Kommunikation durch ungefähr gleiche Redezeiten erkennbar.
»Komplementär« ist die Kommunikation, wenn die Stellungen der Partner zwar verschieden sind, sich aber dennoch ergänzen. Beispiele: Kommunikation zwischen Teilnehmern wie Vorgesetzter-Mitarbeiter, Arzt-Patient, Lehrer-Schüler. Die Kommunikation wird aber auch dann als »richtig« erlebt, wenn die soziale Beziehung selbst zwischen den Beteiligten als »richtig« akzeptiert wird, obwohl die Redezeiten durchaus verschieden sein werden.

3.2.1.3 Unterschiedliche Signale und Botschaften

Für das Verständnis der Wechselwirkung in den zwischenmenschlichen Beziehungen ist es hilfreich, sich die Unterschiede zwischen den gewollten und ungewollten Signalen, die von jedem Menschen ausgehen, bewußt zu machen.

3.2.1.3.1 Die äußerliche Erscheinung (Habitus)

> Titel, Geld, Befrackung sind zum Zwecke der Verpackung.
> Schale gilt nicht, sondern Perle; wichtig ist allein der Kerle.
> August Lämmle

Die Körperform:
Ein großer, kräftiger Körper vermittelt z.B. einen anderen Eindruck als ein zierlicher, kleiner usw.

Die Kleidung und die äußerlichen Ergänzungen und Zutaten:
Auch heute gilt immer noch, daß »Kleider Leute machen«. Im privaten Bereich zeigt sich in der Wahl der Kleidung der persönliche Geschmack des Trägers. Sofern jemand einer Organisation angehört, in der einheitliche Bekleidung (Uniform) üblich oder vorgeschrieben ist, wird allein durch das Tragen dieser Kleidung eine starke Wirkung nach innen (in der gefühls-

mäßigen und äußerlichen Haltung des Trägers) und nach außen (bei den anderen Menschen) erzeugt, sowohl in negativer als auch in positiver Hinsicht. Beispiele: Die Wirkung einer Polizeiuniform, einer Feuerwehruniform, einer Nonnentracht oder die Wirkung eines Karnevalkostüms. Wer Orden und Ehrenzeichen oder andere Uniformabzeichen besitzt, kann sie anlegen oder darauf verzichten. Wer sie anlegt (ohne es zu müssen), will damit sicherlich bestimmte Botschaften übermitteln. Der Gepflegheitsgrad der äußerlichen Erscheinung kann zwischen Schlampigkeit und Unsauberkeit einerseits und Eitelkeit und übertriebener Putzsucht andererseits liegen. In jedem Falle werden durch diese Äußerlichkeiten Signale an die anderen Menschen übermittelt. Ohne einen absoluten Maßstab anlegen zu wollen, kann gesagt werden, daß Unsauberkeit und Ungepflegheit signalisieren, daß dem Betreffenden der Eindruck, den er auf andere macht, mindestens unwichtig ist. Hier können allerdings auch starke Gruppenzwänge wirksam sein.

Haltung und Gebaren:
Die Körperhaltung (aufrecht, gebeugt), der Gesichtsausdruck (mürrisch, sachlich, freundlich, aufgeschlossen), die Gangart (schnell, energisch, langsam, schlurfend) sowie die Gestik (lebhaft, schwach) vermitteln ebenfalls bestimmte Signale, die bei anderen Menschen bestimmte Reaktionen und Gefühle auslösen.

3.2.1.3.2 Die Körpersprache (Kinesik)

Welche Bedeutung die Körpersprache als Kommunikationsmittel hat, wird uns bewußt, wenn wir an die Kunst der Pantomime (griechisch: Nachahmung) denken. Bei diesem eigentlichen Tanzspiel auf der Bühne vermittelt der Künstler dem Zuschauer ohne Worte Botschaften, die allein aufgrund der Gestik, der Gebärden, des Gesichtsausdrucks und des Minenspiels eine bestimmte (in diesem Falle auch gewollte) Wirkung beim Zuschauer erzielen. Die mit Sprache und Gesang gespielte Rolle eines Schauspielers verfehlt ihre Wirkung, wenn sie nicht durch eine entsprechende Körpersprache ergänzt wird. Die Körpersprache wirkt auch im alltäglichen zwischenmenschlichen Umgang gewollt oder ungewollt immer mit. In einer bewußt geführten Kommunikaktion muß dieser Zusammenhang berücksichtigt werden, wenn man nicht Gefahr laufen will, mißverstanden zu werden oder den Partner falsch zu verstehen (siehe Tabelle 16).
Die Aufstellung in Tabelle 16 darf aber nicht in allen Situationen als absolut zutreffend gesehen werden, zumal oft nicht unterschieden werden kann, ob der Kommunikationspartner seine Körpersprache bewußt steuert (d.h. ob er vielleicht schauspielert) oder ob die Signale spontane Äußerungen sind. Neben Veranlagung, Temperament und Stimmungslage sind Selbstkontrolle und Selbstbeherrschung mit ausschlaggebend für die Vielseitigkeit und Lebhaftigkeit der Körpersprache. Außerdem spielt es eine große Rolle, in welchem Ausmaß die Partner miteinander bekannt und vertraut sind, in welcher persönlichen Beziehung sie zueinander stehen, zu welcher Zeit und an welchem Ort ein Gespräch stattfindet und vor allem auch, was denn der

Tab. 16: Beispiele von Körpersignalen [37] *Fortsetzung auf nächster Seite*

Körpersignal	Bedeutung
Kleidung	
nachlässige Kleidung	Gegenüber bzw. Partner wird nicht hoch geschätzt
bewußtes Ordnen der Kleidung	man stimmt mit dem Gesprächspartner nicht überein, verschließt sich dessen Argumentation
Augenausdruck und Blick	
undurchdringliches, ausdrucksloses Gesicht	Beherrschung, man ist dem anderen nicht wohlgesonnen, er wird nicht akzeptiert
Blick wandert über die ganze Person	Abtaxierung
Blick auf den Lippen des Partners	Man hört bewußt zu
weite Pupillen	Freude
enge Pupillen	Mißfallen
Augen zu Boden, Hände auf dem Rücken	Nachdenklichkeit
Augenkontakt wird vermieden	es gibt nichts mehr zu sagen; Verlegenheit; man will sich nicht offenbaren
Blick zur Decke oder zum Ausgang	Wunsch des Aufbruchs, wegwollen
Handbewegungen	
kurz und schnell	Unruhe, Nervosität
auf Person zeigender Finger	Angriff, Unterstreichung des eigenen Standpunktes
erhobener Zeigefinger	Rechthaberei, belehren wollen
Hand vor den Mund	Worte sollen unausgesprochen gemacht werden, sollen zurückgehalten werden
offene Hand, ausgestreckt, Handkante nach unten	Gleichwertung des anderen
Händereiben	erfüllte Erwartungen, Vorfreude; aber auch Ausdruck der Verlegenheit
Brille abnehmen und aufsetzen	Nervosität
Hände zur Faust geballt	Tatwillen, Bereitschaftsposition
Händedruck zu weich	Kraftlosigkeit, Desinteresse
Händedruck zu hart	Schutzgeste, die Unsicherheit überspielen soll
Händedruck feucht	Nervosität, Angst oder infolge Krankheit
die Hand des anderen sanft berühren	man will beruhigen
zu stark betonte Gesten	Großmannssucht, Vorspiegelungen; aber auch durchgehendes Temperament
Kopfkratzen, Nackenreiben	Innere Spannungen

Körpersignal	Bedeutung
Kopfhaltung	
vorgeschobener Kopf	Aggression
Kopfnicken, schräge Haltung	Aufforderung, sich zu äußern
streng gerichtet	man will weitersprechen, auch wenn gerade eine Pause entstanden ist
Kopf zwischen Schultern ziehen	Unsicherheit
geneigter Kopf	Signal des Interesses, man ist dem anderen geneigt
Körperhaltung und Körperbewegungen	
Vorneigung des Oberkörpers, Vorrücken	Gespanntsein, Aktionsbereitschaft
Zueinanderdrehen	beginnendes oder wachsendes Interesse am anderen
Abdrehen des Oberkörpers	Abweisungsgeste
Wegdrehen vom Gesprächspartner während des Gesprächs	Mißachtung, Ablehnung
Zurücklehnen	Ablehnung, innerliches Zurückziehen
wippende Füße	Ungeduld
vor dem anderen aufstellen	höhere Position wird beansprucht; Überlegenheitsdemonstration
zu nahe treten	Aufdringlichkeit, plumpe Vertraulichkeit

Anlaß bzw. Gegenstand des Gespräches ist. Kurz: Die Körpersprache übt zwar eine starke Wirkung aus; man muß aber sehr vorsichtig sein in der Auslegung, weil die Zeichen und Botschaften leicht mißverstanden werden können. Deshalb ist es sehr wichtig, die eigene Körpersprache in einem Gespräch unter Kontrolle zu behalten, um einerseits ungewollte Signale zu vermeiden und andererseits gewollte Wirkungen signalisieren zu können. *Wer überzeugen will, muß darauf achten, daß Worte, Haltung und Bewegung übereinstimmen.*

3.2.1.3.3 Sprache und Wortschatz

Westfälische Nachrichten.30.12.95
Sprach-Spielereien
Von »müssen« heißt es klar: er mußte; von »küssen« analog: er »kußte«?
Vom Renner sagt man, daß er rannte; vom Penner doch wohl kaum: er »pannte«.
»Lag« ist die Vergangenheit von liegen; »krag« ist sie aber nicht von kriegen.
Ein Reiter durch die Felder ritt; ein Leiter seine Schule »litt«?
Der Dollar »fiel« gehört zu »fallen«; das Baby »liel« gehört zu »lallen«?

Jeder bildet »mied« von »meiden«; keiner wagt's mit »klied« von »kleiden«.
Ein Freund dem andern bestens »riet«; beim Waten aber heißt es nicht: ich »wiet«.
Boxer besiegt zu Boden sanken; Zuschauer mit den Fahnen »wanken«?
Die Asche in dem Herde glomm; doch höre nur: die Rechnung »stomm«?
Türsteher vor dem Eingang standen; die Geher durch das Stadion »ganden«?
Beim Lernen hilft die Analogie selten weiter, oft aber nie.
Nun wird dir, lieber Leser, klar: Die Sprache ist sehr sonderbar.

(frei nach HANS CHRISTOPH)

Die Sprache ist ohne Zweifel das wichtigste Kommunikationsinstrument. Die Grundelemente der Sprache sind das Wort und der aus Wörtern gebildete Satz. Voraussetzung jeder Mitteilung ist also, daß die zutreffenden Wörter bekannt sind und auch »zur Verfügung« stehen – »gewußt« sind – und daß die Wörter in richtiger Weise zusammengesetzt werden, also Sätze gebildet werden. Als Lehrer habe ich oft erlebt, wie leicht Mißverständnisse entstehen können, wenn man einen bestimmten Sachverhalt übermitteln und vermitteln soll, aber nicht sicher ist, die richtigen Wörter zu kennen und anwenden zu können. In gleicher Lage ist der Lehrgangsteilnehmer, der eine Prüfungsfrage beantworten soll und nach Worten sucht: »Ich weiß das ganz genau, ich kann mich nur nicht richtig ausdrücken«. Redensarten wie »Mir fehlen die Worte ... » oder »Wie sage ichs denn jetzt ...« oder »Wie soll ich mich ausdrücken... » machen deutlich, wie oft es auch im Alltag vorkommt, daß nicht immer und auf Anhieb die richtigen Worte oder Begriffe zur Verfügung stehen.

Der Gebrauch der Sprache als Mitteilungselement findet seine Ausgestaltung in der Rhetorik (Redekunst) und auf künstlerischer Ebene in der Literatur und im Theater, auch in der Musik (Liedgut, Oper). Die Kultur eines Volkes, eines Staates, der Menscheit überhaupt beruht auf der Sprache.

So vielfältig die Ausdrucksmöglichkeiten mittels der Sprache sind, so vielfältig sind auch die Möglichkeiten von Mißverständnis, Irrtum und Täuschung.

Was sind nun die »richtigen« Worte?

Die Anwort auf diese Frage setzt voraus, daß nicht nur das Wort an sich, also der Lautklang des gesprochenen Wortes oder die Buchstabenfolge des geschriebenen Wortes vorhanden und bekannt sind, sondern noch vielmehr, daß die Bedeutung des jeweils benutzten Wortes bei allen Beteiligten den gleichen Inhalt, den gleichen Sinngehalt hat. Man muß also sehr wohl unterscheiden zwischen dem Wort und dem damit verbundenen Begriff (wobei nicht jedes Wort mit einem Begriff verknüpft werden kann: z.B. die Fürwörter, Umstandswörter, Bindewörter).

Wort: Kleinste selbständige Lautgruppe, die eine Bedeutung innerhalb einer Sprache hat. Je nach Funktion im Zusammenhang eines Satzes sind unterschiedliche Wortarten zu unterscheiden.

Begriff: Eine gedankliche Vorstellung von der Bedeutung eines Wortes. Die Klarheit dieser gedanklichen Vorstellung hängt davon ab, wie deutlich sich darin das Bild zeigt, welches mit dem gemeinten Begriff verbunden ist.

Die richtigen Worte sind also diejenigen, welche beim Empfänger einer Botschaft die Reaktion auslösen, die der Absender als richtig und gewollt ansieht. In diesem Zusammenhang gilt sinngemäß dasselbe, was über die Taktik im Abschnitt 2.5 gesagt ist: Richtige Taktik führt zu dem Ergebnis, welches derjenige, der die Taktik anwendet, gewollt hat. Ob auch andere Personen dieses Ergebnis für richtig halten, ergibt sich aus deren Bewertung von »richtig« und »falsch«. Ob Kommunikation richtig oder falsch abläuft, ist so gesehen eine technische Frage, die ohne moralischen Wertmaßstab behandelt werden muß. Die aus der Sicht des Absenders einer Botschaft gewünschte Reaktion des Empfängers kann sich auf alle Ebenen des Verhaltens beziehen. (»Offenes Verhalten« = wahrnehmbare Körperreaktionen; »verdecktes Verhalten« = Gefühle, Empfindungen, Gedanken). Das heißt, daß die Botschaft z.B. sowohl bestimmte nach außen wahrnehmbare Handlungsweisen als auch bestimmte Gefühlsreaktionen auslöst, die vom Absender dann als richtig empfunden werden, wenn sie seiner Vorstellung bzw. seiner Erwartung entsprechen.
Erste Voraussetzung für in obigem Sinne richtige Kommunikation ist also, daß der Absender einer Botschaft eine klare Vorstellung davon entwickelt, was denn die Botschaft bezwecken soll.
Zweite Voraussetzung ist die Wahl der richtigen – also geeigneten – Kommunikationsmittel: Im sprachlichen Bereich heißt das in erster Linie, daß vor der Abfassung und Absendung der Botschaft überlegt werden muß, ob der Empfänger über den gleichen Wortschatz verfügt und ob die Worte seitens des Empfängers mit den gleichen gedanklichen Vorstellungen verknüpft werden wie beim Absender. Dies ist entscheidend wichtig, wenn es sich um Lehrinhalte oder um Anweisungen – also z.B. um Einsatzbefehle – handelt. Ein reicher Wortschatz erweitert die Möglichkeiten der Kommunikation, aber er muß bei allen Beteiligten sowohl hinsichtlich des Umfangs als auch hinsichtlich der begrifflichen Bedeutung gleichermaßen vorhanden sein. Anders gesagt:
Der Absender einer Botschaft muß sich überlegen, wie er von wem verstanden werden will und was mit der Botschaft erreicht werden soll.
Bei vielen Gelegenheiten, besonders bei Unterrichtsvorgängen, Ansprachen, Veröffentlichungen, Dienstbesprechungen läßt sich beobachten, daß es dem Vortragenden offenkundig mehr um den persönlichen Eindruck geht, den er bei den Zuhörern erweckt, als um die sachbezogene Übermittlung des Inhaltes seiner Mitteilungen. Die Selbstdarstellung der eigenen Person scheint in vielen Fällen wichtiger zu sein, als die Botschaft selbst. Wer als exzellenter Experte vor Nichtspezialisten glänzen will und sich der Sprache der Spezialisten bedient, erreicht bei den Zuhörern nicht, was inhaltlich übermittelt werden soll. Die sprachliche »Verpackung« des Botschaftsinhaltes darf nicht wichtiger sein als dieser. Das wird jedoch in vielen Bereichen der Kommunikation – warum auch immer – mißachtet.

»Mit etwas Mühe läßt sich auch den banalsten Tagesfragen noch ein wissenschaftliches Mäntelchen umhängen. Am einfachsten schafft man das dadurch, daß man einen Vorgang so darstellt, daß ihn der Leser entweder für maßlos kompliziert hält oder ihn gar nicht versteht«. (LAUXMANN: Die kranke Hierarchie)

Eine verbreitete Unsitte besteht darin, einfache Zusammenhänge und Sachverhalte so »wissenschaftlich« wie möglich zu formulieren – vielleicht weil man glaubt, dadurch seine besondere Stellung beweisen zu müssen. Dies fällt besonders dort auf, wo der Sprecher oder Schreiber einfache Wörter der deutschen Sprache unnötigerweise durch Fremdwörter ersetzt.

Beispiele:

Dislozierung:	Verteilung, Verschiebung
Effizienz:	Wirksamkeit
evident	einleuchtend, überzeugend, selbstverständlich, offenkundig, offensichtlich
indiziert:	ratsam, angezeigt
Intoxikation:	Vergiftung
involviert:	eingeschlossen sein, beteiligt sein
marginal:	am Rande, randständig (eigent. aus der Botanik); auch nebensächlich, zweitrangig
obsolet	ungebräuchlich, veraltet
relevant:	wesentlich, bedeutend, wichtig
signifikant:	kennzeichnend, typisch
substituieren:	ersetzen
subsummieren:	einbeziehen, ordnen
sukzessive:	schrittweise, stufenweise, nach und nach, allmählich
veritabel:	wirklich, wahr, richtig

Eine Sprache, die mit überflüssigen Fremdwörtern durchsetzt ist, seien es nun lateinische oder amerikanisch-englische, täuscht vielfach Bildung, Modernität und Fortschritt vor. Der Anwender solch einer Sprache gerät bei näherem Hinsehen in den Verdacht, mangelnden Sachinhalt durch Wortaufwand überdecken zu wollen.

»Wichtige Erkenntnisse lassen sich meist verständlich darstellen, wer aber nicht viel zu sagen hat, muß sich verschlüsselt ausdrücken« .

(LAUXMANN: Unabhängig denken)

»Wo Biologen und Psychologen aneinander vorbeireden, herrschen in Wirklichkeit nicht die Fachleute, sondern die Dilettanten«.

(LAUXMANN: Weniger wissen – mehr verstehen)

Dilettant (lat. delectari = sich erfreuen): Kunstliebhaber, aber auch Nichtfachmann, Stümper.

Wenn Wissenschaftler aneinander vorbeireden oder sich nicht einig sind, wird die Auseinandersetzung besonders unerfreulich für den Nichtwissenschaftler, der wissenschaftliche Ausdrücke oder Erkenntnisse im Alltag und in der Praxis anwenden und sich auf wissenschaftliche Aussagen berufen soll.

Beispiel (real):

Verbrennungsvorgänge laufen je nach den Bedingungen unterschiedlich schnell ab und erzeugen dementsprechend unterschiedliche Wirkungen. Die freiwerdende Energie führt dann zu unterschiedlichen Temperaturen und Drücken. Zur Unterscheidung werden nun folgende (wissenschaftliche) Ausdrücke benutzt, siehe Tabelle 17.

Nun könnte man sich auf den Standpunkt stellen, sollen doch die Wissenschaftler in ihrem akademischen Elfenbeinturm sich weiterhin streiten, was

Tab. 17: Widersprüchliche Definitionen von Fachausdrücken. Es gibt keine Empfehlung oder verbindliche sprachliche Regelung für die unter Einsatzbedingungen erforderliche und praktikable Benennung solcher Vorgänge.

Begriff	Definition MEYERS	Definition RÖMPP	Definition SCHEICHL	DIN 14011	andere
Verpuffung	explosionsartige Stoffumsetzung mit geringer Geschwindigkeit, mäßiger Druckwirkung und dumpfem Geräusch (Deflagration)	rasch ablaufende Verbrennung	Freisetzung der Deflagrationswärme mit größerer Geschwindigkeit	Explosion mit geringer Druckwirkung	Explosion mit geringer Druckwirkung
Deflagration	Sprengvorgang	gewöhnliche Verbrennung, langsames Abbrennen von Sprengstoffen	gewöhnliche Verbrennung	---	Explosion mit Verbrennungsgeschwindigkeit unter Schallgeschwindigkeit
Explosion	plötzliche Volumenvergrößerung eines Stoffes durch sich ausdehnende Gase	Folge einer Detonation oder Deflagration; auch Detonation mit höchster Geschwindigkeit	Verbrennung mit größerer Geschwindigkeit, bis zu mehreren 100m/s	exotherme Reaktion in explosionsfähigen Gemischen, solange die Reaktion nicht zur Detonation führt	plötzliche Zerfalls- oder Oxidationsreaktion mit Druck und/oder Temperaturerhöhung
Detonation	chem. Reaktion explosiver Gemische mit extrem hoher Geschwindigkeit	Explosion mit höchster Druck- und Knallwirkung	Zündung durch Verdichtungsstoß über Schallgeschwindigkeit	durch Stoßwelle ausgelöste Flammenreaktion	Explosion mit Verbrennungsgeschwindigkeit über Schallgeschwindigkeit

kümmert es den Feuerwehrmann. Das geht aber leider nicht, solange vom Feuerwehrmann die Bedeutung solcher Begriffe in Prüfungen abgefragt wird. Warum muß er die Begriffe aufzählen können? Um der Sache selbst willen, denn an der Einsatzstelle sind sie ohne praktischen Nutzen. Unter Einsatzbedingungen lassen sich die Unterscheidungsmerkmale gar nicht oder nur sehr unklar feststellen. Mit welcher Verbrennungsgeschwindigkeit eine Gasansammlung in einem Wohnraum nach der Zündung abbrennen wird, kann niemand exakt vorausbestimmen, deshalb ist auch die Art der Verbrennung nur ungenau vorhersehbar. Selbst wenn Einigkeit über die Bedeutung der oben genannten Begriffe bestünde, wären sie in einer solchen immer wieder vorkommenden Lage nicht sinnvoll zu gebrauchen. In der Tat kommt auch unter Einsatzbedingungen niemand auf die Idee, das bevorstehende Ereignis anders als mit den Ausdrücken »Verpuffung« oder »Explosion« zu bezeichnen. Niemand spricht an einer Einsatzstelle von »Deflagrationsgefahr«, jedenfalls nicht, wenn er verstanden werden will.
Weiteres Beispiel (Annahme):
Am »Tag der offenen Tür« bei einer Berufsfeuerwehr wird einer Hauptschulklasse vom Leiter der Abteilung »Aus- und Fortbildung« die Wirkung der bei der Feuerwehr verwendeten Löschmittel erklärt. Der Vortragende ist Diplom-Chemiker und Beamter des höheren Dienstes:

»Während der Löscheffekt der inzwischen wegen ihrer Toxizität verbotenen halogenierten Kohlenwasserstoffe aufgrund der Radikalbildung im gasförmigen Aggregatzustand in den Bereich der homogenen Inhibition gehört, ist der Löschpulvereffekt wegen des zwar aerosolartig feinen, aber dennoch festen Aggregatzustandes als heterogene Inhibition zu bezeichnen. Dies vor allen Dingen deshalb, weil die Pulverpartikeln als grenzflächenaktive Substanzen derart in die Energiebilanz der an der Oxidation beteiligten Elemente eingreifen, daß die chemische Reaktion aufgrund der von den Partikeln aufgenommenen Energie unterbrochen wird. Obgleich hier eine Störung der Energiebilanz vorliegt, kann nicht von einem Kühleffekt im eigentlichen Sinne gesprochen werden...«

Was haben die Zuhörer verstanden?

Klopstock sagt: »Du, der du weniger bist als ich und dennoch mir gleich,
nahe dich mir und befreie mich, dich beugend zum Grunde unserer Allmutter Erde,
von der Last des staubbedeckten Kalbfells«.
Ich sage nur: »Johann, zieh mir die Stiefel aus.«
MATTHIAS CLAUDIUS über KLOPSTOCK (Stilduden)

Mißverständlich kann eine Botschaft allerdings auch dann sein, wenn zwar die verwendeten Worte und Begriffe an sich klar sind, aber der Zusammenhang, in dem sie benutzt werden, unverständlich bleibt:
Beispiel (real):
Gemäß der Feuerwehrdienstvorschrift FwDV 5 hat der Zugführer jeden Einsatzbefehl einzuleiten mit der von den beauftragten Gruppen auszuführenden Einsatzform, die sich auf die Zusammenarbeit zwischen den unterstellten Gruppen bezieht:
Einsatzform getrennt!
Gruppe 1 mit drei C-Rohren zur Brandbekämpfung vor!
Gruppe 2 übernimmt Rettungsmaßnahmen!

In der für die Ausbildung der Gruppenführer maßgeblichen Dienstvorschrift FwDV 4 ist jedoch kein Hinweis auf die Einsatzform des Zuges enthalten, so daß möglicherweise die beauftragten Gruppenführer überhaupt keine Vorstellung davon haben, was denn in dem o.g. Befehlsbeispiel die Einleitung »Einsatzform getrennt« bedeutet. Wenn das so ist, werden die Gruppenführer entweder nachfragen müssen oder sie beschäftigen sich möglicherweise nur gedanklich mit der vermuteten Bedeutung und werden dadurch von der Ausführung des eigentlichen Auftrags abgelenkt. Der zwar vorschriftsmäßige, im Wortlaut klare und insoweit auch korrekte Befehl des Zugführers hat dennoch in einem Teilbereich des Auftrages Verwirrung ausgelöst; das Gegenteil von dem, was ein taktisch und sachlich richtiger Befehl soll.

Andere »Mißverständnisse«:
»Mike, hast Du ein Bad genommen?« fragt die Mutter den 16-jährigen Sohn beim Frühstückstisch. »Wieso? Fehlt eins?« fragt der Sohn zurück. (GLOCKE,17.6.94)
Verfasser: »Ich habe Probleme mit dem Kreislauf«.
Kollege: »Gehe doch einfach geradeaus.«

Als weitere allgemeine Kommunikationsfehler beim Reden können genannt werden:
Unklarer Bezug: Im Satz wird nicht klar, auf wen oder was der Sprecher sich bezieht. Das ist z.B. der Fall, wenn der Sprecher häufig die Wörter : **man, sie, alle**, das alles, alles, die Leute, der Staat, die Gemeinde usf. benutzt.
Falscher Gebrauch der Wörter kann, darf, soll, sollte, muß (modale Hilsverben).
Verallgemeinerung: Von einer oder mehreren Personen wird auf alle anderen geschlossen: Die ... sind dumm ...
Gedankenlesen: »Ich weiß, daß sie nicht meiner Meinung sind ... « obwohl die Meinung nicht geäußert wurde.
Eine gemeinsame Sprache ist also in allen zwischenmenschlichen Beziehungen Vorbedingung für gemeinsames Denken und Handeln, für Vereinbarungen, Auseinandersetzungen, für Verständigung und Verständlichmachung in jeder Hinsicht. Dies gilt aber nicht nur für das gesprochene und für das geschriebene Wort, sondern ebenso für alle anderen Verständigungsmittel und Mitteilungsarten: Bildersprache, Zeichensprache, Körpersprache, Blindenschrift usf. Wenn die übermittelten Botschaften so verstanden werden sollen, wie sie vom Absender gemeint sind, muß der Träger der Botschaft (z.B. das gesprochene Wort) bei Absender und Empfänger die gleiche Bedeutung haben. Ist dies nicht der Fall, so wird die Botschaft eine andere Reaktion auslösen, als erwartet wird.
Falsch verstandene Botschaften waren und sind in vielen Fällen ursächlich für nicht gewollte Vorgänge, vom harmlosen Irrtum bis hin zum ausgelösten Krieg.
Eine der wichtigsten Aufgaben für Führungskräfte besteht folglich darin, dafür zu sorgen, daß zunächst innerhalb der eigenen Organisation eine Sprache benutzt wird, die bei allen Beteiligten gleichermaßen verstanden wird. Das klingt selbstverständlich, ist es aber leider nicht (siehe auch Abschnitt 2.5.2.4).

3.2.1.3.4 Sachinhalte und Gefühlsinhalte

Die Gesprächsinhalte, die sich auf bestimmte Sachverhalte beziehen oder den Ablauf von Ereignissen zum Gegenstand haben, werden als **Sachinhalte** bezeichnet. Alle Informationen über das innere Erleben, innere Empfinden und Erfahrungen, Bewertungen, Befürchtungen u.ä. bilden die **Gefühlsinhalte** einer Kommunikation.

Umgang mit Gefühlen
Auch Gefühlsinhalte können sprachlich oder nichtsprachlich ausgedrückt oder aufgenommen werden. In der alltäglichen Arbeitswelt und den üblichen dienstlichen Gesprächen tun alle Beteiligten oft so, als ob Gefühle grundsätzlich in Sachgespräche nicht hineingehören. weil man glaubt, daß sie »sachlich« nur hinderlich sind und möglicherweise überhaupt der Umgang mit Gefühlen als »Gefühlsduselei« eingestuft wird.
Tatsache ist, daß sich niemand von Gefühlen freimachen kann und daß Gefühle nicht nur unsere gedankliche und seelische Welt mitbeherrschen. Tat-

sache ist auch, daß letztlich Gefühle darüber entscheiden, ob wir uns im eigentlichen Sinne in »unserer Haut« und in unserer Umgebung »wohlfühlen« oder nicht. Dauerndes »Unwohlsein« führt zum Verlust des seelischen Gleichgewichts und macht auch körperlich krank. (Siehe hierzu auch Abschnitt »Streß«.) Das Ausmaß, in welchem ein Mensch seine eigenen Gefühle anerkennt und bereit ist, anderen Menschen seine Gefühle mitzuteilen oder darüber zu reden, ist wesentlich bestimmt durch seine Erziehung, die Umwelt, und vor allem von den Erfahrungen, die der Betreffende beim Umgang mit Gefühlen in seinem bisherigen Leben gemacht hat. Es fällt vielen Menschen schwer, frei und offen und ungezwungen über Gefühle zu reden. Tatsache ist auch, daß in allen unseren sprachlichen und vor allem nichtsprachlichen Signalen Gefühle den Inhalt der Botschaften, die von uns ausgehen, mitbestimmen, und daß alle diese Botschaften wiederum die Gefühlslage des Empfängers beeinflussen.
Der richtige Umgang mit Gefühlen erfordert eine *positive Grundeinstellung*, die den Realitäten gerecht wird:

- Gefühle sind etwas ganz Natürliches und gehören zum Menschen.
- Gefühle zu haben, ist weder falsch noch schlecht.
- Das Vorhandensein von Gefühlen muß man akzeptieren.
- Das grundsätzliche Unterdrücken von Gefühlen löst keine Probleme, sondern verschlimmert sie langfristig und schafft neue Probleme.
- Erkennt man die eigenen Gefühle, so kann man über die Ursachen nachdenken
- Das Äußern von Gefühlen ist grundsätzlich nichts Verwerfliches.
- Das Äußern von Gefühlen muß so erfolgen, daß andere Menschen nicht verletzt werden.
- Aktives Handeln aufgrund von Gefühlen muß so erfolgen, daß andere Menschen nicht verletzt oder geschädigt werden.

Ausdruck und Wahrnehmung von Gefühlen
Für das Erkennen von Gefühlen anderer Personen sind die nichtsprachlichen Informationen (Körpersprache) besonders wichtig: Gesichtsausdruck, Handbewegungen, Tonfall der Sprache, Körperhaltung. Diese Signale erfolgen in der Hauptsache unabsichtlich und können mehrdeutig verstanden werden. Deshalb muß der Empfänger dieser Botschaften ihre Bedeutung auslegen: falsche Schlußfolgerungen können die Folge sein.Für den Gesprächsführer ist es wichtig, sich darüber klar zu sein, wohin er das Gespräch führen will: Seine eigenen nichtsprachlichen Botschaften haben beim Gesprächspartner gesprächsfördernde oder gesprächshemmende Wirkung.

Sprachliche Hinweise auf Gefühle
Grundsätzlich und theoretisch ist es zwar möglich, Gefühle mit Worten zu beschreiben, aber in der Praxis gibt es dabei mancherlei Schwierigkeiten. Wie schon erwähnt, ist das Schildern und Ausdrücken von Gefühlen im Alltags- und Berufsleben überwiegend unüblich und unerwünscht, so daß viele Menschen nicht über den Wortschatz und die gedankliche Möglichkeit verfügen, ihre Gefühle so deutlich beschreiben zu können, daß sie auch richtig ver-

standen werden. Folgerung: auch sprachlich ausgedrückte Gefühle können beim Zuhörer falsch verstanden werden.

Direkter und indirekter Ausdruck von Gefühlen
Zu den direkten Gefühlsäußerungen zählen Ausdrücke wie z.B.:
- »Ich bin ärgerlich darüber, daß ...«
- »Ich befürchte, daß ...«
- »Ich habe Angst davor, daß...«
- »Ich freue mich, weil ...«
- »Ich bin begeistert von ...«
- »Ich bin traurig wegen ...«
- »Ich bin ganz ruhig, obwohl ...«
- »Ich fühle mich ganz schlecht wegen ...«
- »Ich bin wütend über ...«
- »Ich bin ganz unzufrieden weil...«
- »Es schmerzt mich sehr, daß...«

Wenn das Gespräch partnerschaftlich geführt werden soll, soll zu direkten Gefühlsäußerungen ermuntert werden, weil das der offenen Gesprächsführung dient. Tatsächlich werden die eigenen Gefühle jedoch meistens nicht direkt, sondern indirekt zum Ausdruck gebracht.
Im Sinne einer offenen Gesprächsführung ist es falsch, Fragen zu stellen, anstatt sein Gefühl auszudrücken.
Beispiele:
»Finden Sie Ihr Verhalten eigentlich richtig?«
anstatt: »Es ärgert mich, daß Sie oft zu spät kommen.«
»Wozu sind Sie eigentlich Wachvorsteher?«
anstatt: »Ich ärgere mich über die schlechte Zusammenarbeit in Ihrer Abteilung«
»Sie sollten wirklich strenger zu den Mitarbeitern sein!«
anstatt: »Ich halte Strenge für besser, und wünsche mir, daß Sie auch so denken.«
Indirekte Gefühlsäußerungen lassen oft unklar, um was es sachlich eigentlich geht. Das Ausprechen von Gefühlen macht das Gespräch ehrlicher und hilft, in der Sache schneller und konstruktiver voranzukommen.

3.2.2 Kommunikationsübungen nach Wengle/Jung [42], [14]

Kommunikationsübungen lassen sich am besten in der Form des Rollenspiels durchführen. Damit keine grundlegenden Fehler gemacht werden, sollen solche Rollenspiele unter fachkundiger Anleitung durchgeführt werden, sonst besteht die Möglichkeit, daß mehr negative als positive Wirkungen erzeugt werden. Die folgenden Übungsdarstellungen können gleichwohl das Grundverständnis für Kommunikation vertiefen und allgemein zur besseren Verständigung und Gesprächsführung beitragen.

3.2.2.1 Der kontrollierte Dialog

Der kontrollierte Dialog ist ein Zweiergespräch, bei dem folgende Spielregeln gelten: Vor der Beantwortung einer Äußerung wird vom Empfänger wiederholt, was der Absender gesagt hat. Wenn bestätigt wurde, daß die Wiederholung richtig war, wird die eigentliche Antwort formuliert. Die Regel gilt für die ganze Dauer des Gesprächs. Jeder Beitrag ist in Form einer Wiederholung rückzumelden, bevor das Gespräch durch einen neuen Beitrag weitergeführt wird.
Wenn der Absender der Meinung ist, daß die Wiederholung seiner Äußerung nicht richtig wiedergibt, was er gemeint hat, muß er die Botschaft erneuern, damit der andere die Wiederholung richtigstellen kann. Die Übung hat zum Ziel, die Fähigkeiten zu verbessern, die für ein richtig geführtes Gespräch notwendig sind:
- Zuhören können,
- das Gesagte aufnehmen und behalten können,
- zutreffend Rückmeldung an den Absender geben können.

Die Rückmeldung zeigt, ob auch die Gefühlsinhalte, die in der Form der »analogen Signale« (Körpersprache) oder andeutungsweise in den sprachlichen Inhalten zum Ausdruck kommen, so verstanden wurden. wie sie gemeint sind. Richtige Rückmeldungen helfen, Mißverständnisse zu vermeiden und Vertrauen zu schaffen.
Der kontrollierte Dialog ist nur für Übungszwecke gedacht und soll nicht in einem wirklichen Gespräch angewendet werden. Das Gelernte ist aber durchaus zur Anwendung in der Praxis gedacht und hilft, Gespräche sinnvoll zu führen. Die Übung erfordert mindestens drei Teilnehmer: zwei Gesprächspartner und einen Spielleiter, der die Einhaltung der Spielregeln überwacht.
Die Übung stellt große Anforderungen an die Aufmerksamkeit. Es ist fast unmöglich, gleichzeitig gut zuzuhören und die eigene Antwort zurechtzulegen. Die Rückmeldung macht deutlich, daß das vorzeitige gedankliche Zurechtlegen einer Antwort vom Zuhören ablenkt und wichtige Informationen versäumt werden. Das aufmerksame Zuhören ist schwieriger, wenn die Äußerungen des Partners nicht mit den eigenen Gefühlen oder Auffassungen übereinstimmen: Der Impuls zu widersprechen, stört das Zuhören und kann die Rückmeldung verfälschen; die Bestätigung der Rückmeldung soll das zum Vorschein bringen.

3.2.2.2 Das aktive Zuhören

Das »aktive Zuhören« enthält zwei wesentliche Elemente:
- konzentriertes, aufmerksames Zuhören und
- häufige Rückmeldungen

Dabei kommt es entscheidend darauf an, daß man sich auf den Partner einstellt und seine eigenen Gedanken, Überlegungen und Bewertungen vorläufig

ganz zurückstellt. Die Rückmeldungen sollen dem Partner signalisieren, daß seine Äußerungen sprachlicher und nichtsprachlicher Art aufgenommen und **verstanden** werden. Der Sinn des Aktiven Zuhörens ist es, dem Partner Gelegenheit zu geben, ohne Scheu und Zurückhaltung sich mittzuteilen, um sich selbst und dem Gesprächspartner Klarheit über die Situation zu verschaffen und eine Vertrauensbasis herzustellen, die u.a. Voraussetzung für die Klärung und Lösung von Problemen ist.
Das aktive Zuhören beginnt bei der Gesprächseröffnung mit der Ermunterung zum Sprechen (sog. »Türöffnen«): »Erzählen Sie mir davon«, »Ich möchte hören, was Sie dazu meinen« u.ä. Aufmerksames Schweigen (passives Zuhören) und Aufmerksamkeitsäußerungen wie »Ja?«, »Ich höre«, Augenkontakt, Kopfnicken usw. leiten über zu einem möglichst offenen Gespräch.
Je mehr dieses in Gang kommt, um so mehr geht der Gesprächsführende zum Aktiven Zuhören über, d.h. er gibt dem Partner fortlaufend Rückmeldungen sprachlicher und nichtsprachlicher Art. Wenn es darauf ankommt, daß der Partner wirklich frei und offen sprechen soll, muß er spüren, daß er verstanden wird, daß er von seiten des »Gesprächsführers« keine Verurteilung, Kritik oder irgendeinen Zwang zu erwarten hat. Dadurch wird Vertrauen geweckt und gefördert.
Das Aktive Zuhören fördert das Gesprächsklima, erleichtert Problemlösungen und vermittelt dem Partner Empathie (Einfühlungsvermögen).
Im Gegensatz zum kontrollierten Dialog ist das Aktive Zuhören nicht allein als Gesprächsübung gedacht, sondern stellt ein praktisch anzuwendendes Instrument für die Gesprächsführung und -steuerung dar. Es soll grundsätzlich die Basis für die erfolgreiche (im Sinne des gegenseitigen Verstehens) Gesprächsführung bilden.

3.2.3 Gesprächsführung

Vorklärung
Zunächst muß man sich über folgende Fragen Klarheit schaffen:
- Was will ich erreichen, welches Ergebnis soll das Gespräch bringen?
- Was weiß ich über die persönliche Situation des Mitarbeiters (bzw. des Gesprächspartners)?
- Welche Rahmenbedingungen bestanden für die Zusammenarbeit?
- Traten in der Zusammenarbeit Probleme auf?
- Sind Verbesserungen notwendig und welche Maßnahmen sind erforderlich?
- Welche Vorschläge kann ich (will ich) unterbreiten?

Gesprächsort
Der Gesprächsort soll dem Anlaß des Gesprächs angemessen sein. Ungestörtheit von äußeren Einflüssen (Lärm, andere Personen, sonstige Unruhe) soll gewährleistet sein. Der Raum muß über eine angemessene Einrichtung

verfügen. Soll das Gespräch im Dienstzimmer des Vorgesetzten stattfinden, so soll eine zweckmäßige Sitzanordnung und -möglichkeit gegeben sein. Die »Schreibtischbarriere« soll nicht das Gespräch negativ beeinflussen können. Je nach Anlaß oder Problemlage und voraussichtlicher Gespächsdauer können auch Örtlichkeiten außerhalb der Dienststelle in Betracht gezogen werden, z.B. wenn es auf Vertraulichkeit und Neutralität der Umgebung ankommt.

Zeitpunkt des Gesprächs
Bei der Festlegung des Zeitpunktes muß die voraussichtliche Dauer des Gespräches, ggf. die Tageszeit berücksichtigt werden.

Innerliche Vorbereitung auf das Gespräch
Außer den Rahmenbedingungen beeinflußt die innere Einstellung des »Gesprächsführers« die Erfolgsaussichten. Um Verständigungssschwierigkeiten möglichst auszuschließen, muß man sich Klarheit über die eigene Einstellung verschaffen:
- Welche Gefühle und Empfindungen bewegen mich im Hinblick auf das kommende Gespräch?
- Welche Sprache hinsichtlich Wortwahl und Tonfall ist dem Verständnis des Gesprächspartners angemessen?
- Bin ich bereit und darauf eingestellt, meinem Gesprächspartner konzentriert zuzuhören und gedanklich aufzunehmen, was er sagen wird?
- Habe ich innerliche Vorbehalte gegen die mutmaßliche oder bekannte Meinung bzw. Ansicht des Gesprächspartners?
- Habe ich innerliche Vorbehalte gegen die Person des Gesprächspartners?
- Bin ich bereit, Sachinhalte und Gefühlsinhalte des kommenden Gesprächs möglichst getrennt und kontrolliert zu behandeln?
- In welche Richtung will ich das Gespräch beeinflussen, steuern: fördern oder hemmen?

Gesprächsfördernd sind z.B. folgende Verhaltensweisen:
- eine zugewandte Körperhaltung einnehmen,
- Blickkontakt halten,
- freundliche Mimik, zugewandte Gestik,
- Gesprächsbereitschaft signalisieren (genügend Zeit haben),
- dem Gesprächspartner Gelegenheit geben, Anfangsverlegenheit zu überwinden und mit der Gesprächssituation vertraut zu werden,
- Interesse und Zuwendung zeigen,
- zum Sprechen ermuntern, den anderen ausreden lassen,
- keine andere Tätigkeit nebenbei ausführen,
- Rückmeldungen geben, zusammenfassen,
- Zusammenhänge zwischen einzelnen Gesprächspunkten herstellen,
- Wichtiges wiederholen,
- nachfragen, Verständnislücken erkennen lassen,
- Denkanstöße geben, weiterführen,
- Gefühle ansprechen,
- Probleme nicht herunterspielen,
- keine Vorwürfe machen,
- Ironie vermeiden.

Gesprächshemmend wirkt sich z.B. folgendes Verhalten aus:
- Lässige Haltung; ausgestreckte, gespreizte Beine,
- zuviel oder zuwenig Lautstärke beim eigenen Sprechen,
- ins Wort fallen, den anderen nicht ausreden lassen,
- von sich selbst reden,
- überreden wollen,
- Gegenbehauptungen aufstellen,
- fehlende Übereinstimmung von Inhalt und Sprechweise (z.B. unfreundliche Sachinhalte in freundlichem Tonfall vortragen),
- Unterstellungen machen, Hintergründe in die Äußerungen des anderen hineindeuten,
- vorschnell Lösungen anbieten,
- das Verhalten des Gesprächspartners bewerten, Urteile abgeben, kritisieren,
- Druck ausüben, drohen.

Gesprächseröffnung
Zu Beginn des Gesprächs sind Verkrampfungen und Unsicherheiten möglichst abzubauen. Es soll eine möglichst ungezwungene, offene Atmosphäre hergestellt werden. Der Gesprächseinstieg kann je nach Erfordernis und persönlichem Stil gestaltet werden.

Selbstsicherheit in der Gesprächsführung
Um ein Gespräch im Sinne einer störungsfreien Verständigung und im Sinne der Zielerreichung richtig führen zu können, muß ein Mindestmaß an Selbstsicherheit gegeben sein. Neben der sprachlichen Ausdrucksfähigkeit sind folgende Fähigkeiten dazu erforderlich:
- Kontakt aufnehmen können,
- Forderungen stellen können,
- andere kritisieren können,
- Kritik selbst ertragen können,
- mit Aggressionen umgehen können,
- den Verlauf von Gesprächen steuern können.

Je nach dem Grad der Schwierigkeit, der sich aus den unterschiedlichen Gesprächssituationen ergibt, muß der »Gesprächsführer« sein Gesprächsverhalten den unterschiedlichen Anforderungen anpassen. Als allgemeine, die Selbstsicherheit fördernde Verhaltensregeln lassen sich nennen:
im sprachlichen Bereich:
- laute, deutliche, ruhige Sprechweise,
- häufige Verwendung des Wortes »ich«,
- Weglassen unnötiger Erklärungen oder Entschuldigungen;

im nichtsprachlichen Bereich:
- direkter Blickkontakt,
- ruhige Körperhaltung,
- eindeutige Gestik und Mimik.

Gesprächsarten
Je nach Gesprächsziel, beteiligten Partnern und Gesprächsanlaß können unterschiedliche Gesprächsarten unterschieden werden:

Das *Einführungsgespräch*, siehe Abschnitt 2.3.1.3, Einführung neuer Mitarbeiter
Das *Zielvereinbarungsgespräch*, siehe Abschnitt 3.1.1, Erreichen von Zielen
Das *Mitarbeitergespräch*, siehe Abschnitt 3.4, Grundsätze der Zusammenarbeit
Das *Kritikgespräch*, siehe Abschnitt 4.2.1, Konfliktlösung
Das *Problemgespräch »Sucht«*, siehe Abschnitt 4.3, Suchtprobleme am Arbeitsplatz.
Das *Beratungsgespräch* im Sinne der Verhaltenstherapie (nach WENGLE [42] und JUNG [14]) soll ein helfendes Gespräch sein, welches zwischen einer helfenden und einer hilfesuchenden Person geführt wird. Es erfordert eine gründliche Ausbildung und Schulung unter sachkundiger Anleitung, wenn es seiner Bestimmung gemäß erfolgreich sein soll. In der Ausbildung der Sozialen Ansprechpartner nimmt es einen breiten Raum ein, siehe Abschnitt 2.3.1.4.

3.3 Führungsverhalten

Unter Führungsverhalten im umfassenden Sinn ist das gesamte allgemeine Verhalten von Führungspersonen zu verstehen. Wie im Abschnitt »Kommunikation« dargestellt, zieht jedes Verhalten eine Rückkopplung nach sich. Dies gilt erst recht für Führungspersonen, und dies um so mehr, je höher ihr Rang ist. Gleichgültig, wie sich Führungspersonen verhalten: immer ist ihr Verhalten (auch das unbewußte) mit Auswirkungen auf die zu Führenden verbunden.

3.3.1 Das Menschenbild als Orientierungsmaßstab

»Unterstellt man Mitarbeitern fälschlicherweise bestimmte Eigenschaften oder Verhaltensweisen, so wird man häufig eine empirische Bestätigung dieser Annahmen erhalten...« [36]

Entscheidend für das Verhältnis zwischen Führungskräften und unterstellten Mitarbeitern ist das Menschenbild, welches die Beteiligten als für sich gültig ansehen. Welche Grundeinstellung habe ich gegenüber anderen Menschen? Die angeborenen und im Laufe der erlernten Lebensgeschichte erworbenen Persönlichkeitsmerkmale ergeben eine gewisse Grundhaltung gegenüber anderen Menschen überhaupt und gegenüber den »Untergebenen« im besonderen. Aus dieser Grundhaltung entsteht die Vorstellung, die sich ein Mensch von anderen Menschen macht, sein »Bild vom Menschen«, das Menschenbild. Die Herkunft, die Erziehung, die schulische und berufliche Bildung haben dabei einen entscheidenden Anteil. Im Verhältnis zwischen Vorgesetzten und Untergebenen innerhalb der Arbeitswelt haben sich die gegenseitigen Vorstellungen mit der Zeit außerordentlich gewandelt.

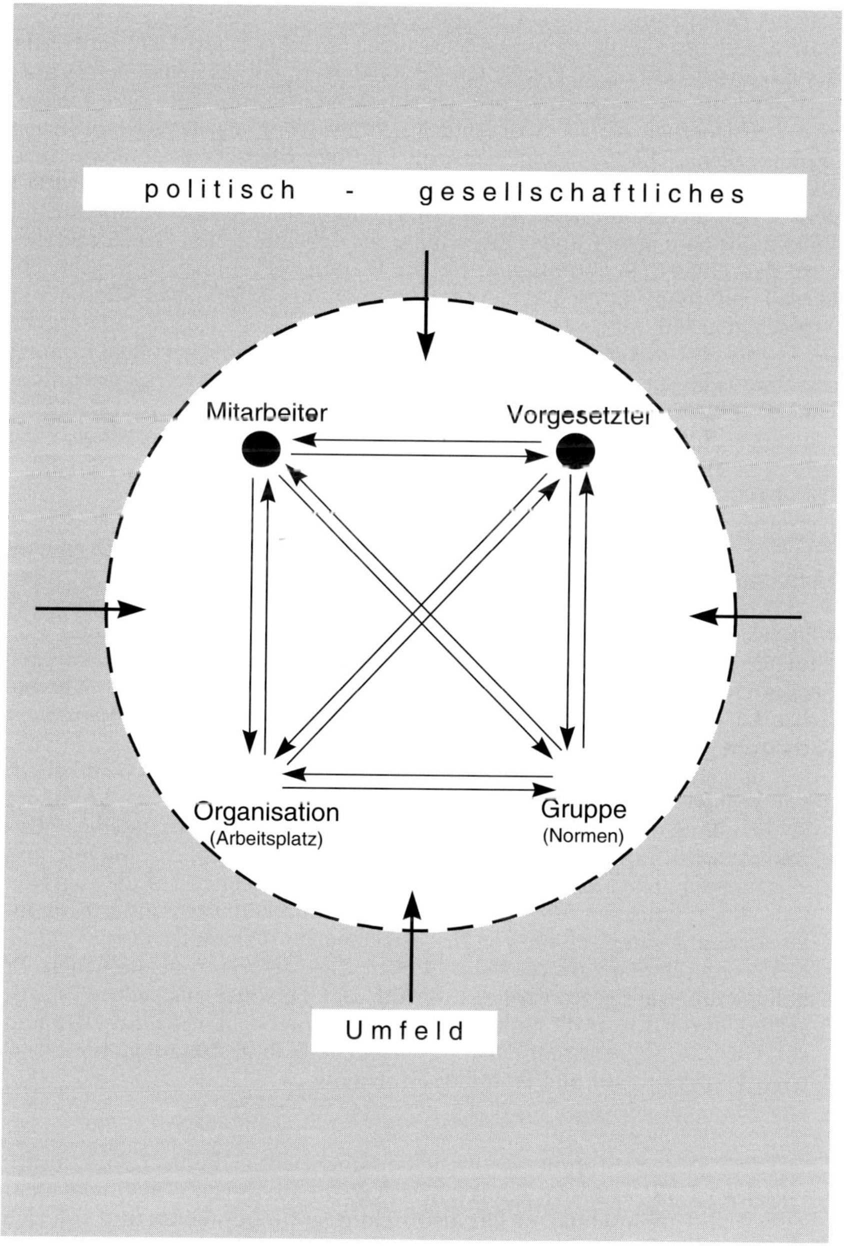

Abb. 20: Beziehungen zwischen dem Vorgesetztem, dem einzelnen Mitarbeiter, der Gruppe, der Organisation und dem politisch-gesellschaftlichen Umfeld

Calvins Auffassung JOHANNES CALVIN, 1509 bis 1564, Reformator in Genf

Calvin verband die Beziehungen zwischen Herrschern und Untertanen mit der religiösen Lehre. Die Herrschaft der Obrigkeit galt als heilig, der Gehorsam der Untertanen als eine Form christlicher Liebe, weil dies dem Frieden und der Sicherheit diene. Erfolg und Reichtum waren ein Beweis göttlichen Wohlgefallens. Die Obrigkeit war Gott und den Menschen verantwortlich. Die Lehre Calvins, in späterer Zeit als »Calvinismus« bezeichnet, wurde zu einer weltweiten Konfession, der in erster Linie Wohlhabende, Kaufleute und Industrielle anhingen: Calvins Einstellung zur Arbeit und zum Gelderwerb lieferte die religiöse Rechtfertigung für die Haltung gegenüber Untergebenen. Diese Lehre führte konsequent zu der Anschauung, daß es zwei Klassen von Menschen geben müsse: Die Angehörigen der Obrigkeit und die anderen, die der Obrigkeit Unterstellten und daß dieses System eine gottgewollte Ordnung sei. Daraus lassen sich zwei Menschenbilder ableiten: Der Herrscher und der Untertan. Wesentliche Elemente der Calvinschen Auffassung von den zwischenmenschlichen Beziehungen finden sich wieder im Taylorismus. [36]

Der Taylorismus

Der amerikanische Ingenieur und Betriebswirtschaftler FREDERIK WINSLOW TAYLOR (1856 bis 1915) begründete ein betriebswirtschaftliches Organisationssystem, dessen Grundprinzipien als »Taylorismus« bezeichnet werden. Taylor führte genaue Untersuchungen von Bewegungs- und Zeitabläufen bei Maschinen und den sie bedienenden Menschen durch und fand darauf aufbauend neue technische und vor allem organisatorische Möglichkeiten zur Steigerung der Arbeitsproduktion und betrieblichen Wirksamkeit. Wesentliches Grundprinzip des Taylorismus ist das *Konzept des ökonomischen Menschen* [36]:

- Der unterstellte Mitarbeiter ist dem Vorgesetzten zu Gehorsam verpflichtet. Für Wohlverhalten erhält er einen von der Führung bestimmten Lohn, der bei Erfüllung der erwarteten Leistung angehoben oder im gegenteiligen Fall gekürzt wird. Er soll sich um Organisationsziele, betriebliche Abläufe und Zusammenhänge nicht kümmern, sondern ausschließlich auf die zugewiesene Arbeit konzentrieren. Er ist bereit, sich unterzuordnen und private Interessen und seine Gefühle von der betrieblichen Welt zu trennen.
- Der Vorgesetzte macht die betrieblichen Ziele zu seinen persönlichen. Er hält Gefühle unter Kontrolle. Er wählt das Personal aus, bildet es aus, sichert durch Kontrolle hohe Leistung der unterstellten Mitarbeiter und sorgt durch angemessene leistungsbezogene Lohnfestsetzung, für effektiven Betriebsablauf und Konfliktvermeidung.
- Der Manager bestimmt aktiv das gesamte Geschehen.

Der Taylorismus bestimmte die Ansichten über richtige Führungsorganisation bis etwa 1920. Der arbeitende Mensch ist im Taylorismus nicht viel mehr als ein Teil der Maschine, er hat also richtig zu funktionieren und soll sich so verhalten, daß seine menschlichen Verhaltensweisen und Probleme die betrieblichen Abläufe auf keinen Fall in irgendeiner Weise belasten. Dieses Menschenbild war der Hauptgrund, weshalb der Taylorismus bald stark angegriffen wurde. Das REFA-System zur Ermittlung von Zeitbedarf für bestimmte Arbeitsabläufe wird auch heute noch zum Teil angewandt, insbesondere bei der Festlegung von Akkordlohnsätzen. Es hat seinen Ursprung in den Taylorschen Ideen.

REFA = Reichsausschuß für Arbeitszeitermittlung, gegründet 1924 in Berlin vom Gesamtverband Deutscher Metallindustrieller und der Arbeitsgemeinschaft Deutscher Betriebsingenieure [21]

Human-Relations-Bewegung

In der Zeit von 1925 – 1960 setzte die »Human-Relations-Bewegung« ein: Man »entdeckte«, daß es innerhalb von Menschengruppen immer zu zwischenmenschlichen Beziehungen kommt, innerhalb derer sich bestimmte Führungsstrukturen herausbilden, die außerhalb der offiziellen, formalen Führungsorganisation wirksam sind. Zur Bezeichnung solcher Gruppen hat sich der Begriff »**informelle Gruppen**« herausgebildet (im Sinne von »inoffizielle Gruppen«); siehe Abschnitt 3.4.2.
Die zwischenmenschlichen Wechselbeziehungen und Interaktionen innerhalb solcher Kleingruppen wurden mit dem Begriff »**Gruppendynamik**« benannt; sie umfaßt die überwiegend gefühlsbedingten sozialen Kontakte und Interaktionen, sowie die Vorgänge der Über- und Unterordnung, Einbeziehung und Ausstoßung einzelner, sowie der Rollenübernahme oder -ablehnung.
Die Feststellung dieser Vorgänge mußte das Menschenbild des Taylorismus verändern: Der Mensch verhält sich keinesfalls wie eine berechenbare Maschine, er hat Eigenschaften und zeigt Verhaltensweisen, die von einer offiziellen, formalen äußerlichen Ordnung nicht grundlegend beeinflußt oder ausgeschaltet werden können. In der Human-Relations-Bewegung entwickelte sich eine Führungsart, die sich aufgrund der gewonnenen Erkenntnisse auch auf den Menschen hin orientierte.

Humanisierung der Arbeitswelt

Ab 1960 verstärkte sich diese Anschauung in der Führungslehre. Unter dem Leitwort »Humanisierung der Arbeitswelt« suchte man neue Formen der Arbeitsorganisation, in der die Steigerung der Wirksamkeit des Arbeitsprozesses durch besondere Berücksichtigung der menschlichen Bedürfnisse am Arbeitsplatz erreicht werden sollte. Das Menschenbild hatte sich aus der Sicht der Führenden erneut gewandelt: Die positiven Eigenschaften, die in jedem Menschen gesehen werden, können durch darauf abzielende Führungsstrukturen seine Arbeitskraft und Mitarbeitsbereitschaft steigern und somit den gesamten Betriebsablauf zu größerer Wirksamkeit bringen.
DOUGLAS MC GREGOR stellte 1960 die auch heute noch vielzitierten gegensätzlichen Menschenbilder nach zwei Vorstellungstheorien auf [36]:

X-Theorie: Der Durchschnittsmensch
ist passiv und faul,
empfindet Arbeit als Belastung,
vertuscht Fehler und Schwierigkeiten,
scheut Verantwortung,
bedarf ständiger Führung und Kontrolle.

Y-Theorie: Der Durchschnittsmensch
ist aktiv und fleißig,
findet in der Arbeit Befriedigung,
sucht Verantwortung,
meldet Fehler und Schwierigkeiten,
übt Selbstkontrolle,
versucht, das in ihn gesetzte Vertrauen zu rechtfertigen.

In den Anfängen der siebziger Jahre gab es verschiedene wissenschaftliche Versuche, die Kriterien genauer zu erfassen, welche das Menschenbild beeinflussen. Danach haben folgende Wertorientierungen maßgeblichen Einfluß auf das jeweilige Menschenbild [36]:

- **Die Beziehung des Menschen zu sich selbst**
  Ausprägungsformen:
  Glaube an das ursprünglich Gute im Menschen
  Glaube an das ursprünglich Böse im Menschen
  Glaube an die Selbstaktualisierung
- **Die Beziehung des Menschen zur Natur**
  Ausprägungsformen:
  der Mensch ist den Gesetzen der Natur unterworfen
  der Mensch beherrscht die Natur
  es besteht Harmonie zwischen Mensch und Natur
- **Die Beziehung des Menschen zur Zeit**
  Ausprägungsformen
  Vergangenheitsorientierung
  Gegenwartsorientierung
  Zukunftsorientierung
- **Die Beziehung des Menschen zum anderen Menschen**
  Ausprägungsformen:
  individualistische Orientierung
  Orientierung an hierarchischen Sozialstrukturen
  Orientierung an gleichberechtigter kooperativer, gruppenbezogener, sozialer Umgangsform

Das komplexe Menschenbild
war das Ergebnis weiterer Untersuchungen. Die wesentlichen Merkmale lassen sich wie folgt darstellen:
- Der Mensch ist nicht nur komplex, sondern auch überaus wandlungsfähig. Die Rangordnung seiner Beweggründe kann sich ständig ändern.
- Die Erfahrungen der Vergangenheit innerhalb und außerhalb der Organisation verändern die Motive des Menschen und seine Einstellung zur Betrieb und Umwelt.
- Der Mensch paßt sich unterschiedlichen betrieblichen Bedingungen an und verändert damit auch seine betriebliche Stellung und seine persönliche Einstellung.

Ergebnis:
Die wissenschaftlichen Ergebnisse der Forschung in der Führungslehre bestätigen, daß jeder einzelne Mensch ein einmaliges Individuum ist, mit einer solchen Vielfalt von persönlichen Merkmalen und situationsabhängigen Verhaltensweisen, daß es in der Führungspraxis unmöglich und auch unzulässig ist, von vornherein irgendeinen Mitarbeiter einer ganz bestimmten Menschenbildkategorie zuzuordnen. Wer aufgrund seiner persönlichen Überzeugung Menschen von vornherein einer »guten« oder einer »bösen« Kategorie zuordnet, wird sein vorgefaßtes Urteil auch in seinem konkreten Führungsverhalten zur Grundlage des eigenen Handelns machen. Eine realistische Betrachtungsweise muß akzeptieren, daß jeder Mensch zwar eine charakteristische Grundstruktur hat, aber sein aktuelles Verhalten sehr unterschiedlich sein kann und von vielerlei Faktoren beeinflußt wird. Ein Vorhersage über das zu erwartende Verhalten kann nur mit mehr oder weniger großen Vorbehalten getroffen werden. *Bis zum Beweis des Gegenteils sollte man keinem etwas Böses unterstellen; andererseits ist aber unbegrenztes Vertrauen auch nicht gerechtfertigt.*

3.3.2 Führungspersönlichkeit

Wie soll der Vorgesetzte sein, um seine Ziele zu erreichen?
Die Theorie, daß gute Führer sich durch eine allgemeine – etwa angeborene – »Führungsfähigkeit« auszeichnen, hat zwar an Bedeutung verloren. Es gibt aber konkrete Anforderungen, die an Führungskräfte gestellt werden müssen und die sie befähigen, ihrer Aufgabe gerecht zu werden. Hier lassen sich folgende *persönliche Merkmale und Eigenschaften* nennen:

Gute Allgemeinbildung, breiter geistiger Horizont.
Führungskräfte müssen einen ausgeprägten Lernwillen entwickeln.

Anpassung des persönlichen Wertesystems an das der Organisation
Damit dies gelingt, ist vor dem Eintritt in die Organisation eine Selbstüberprüfung erforderlich (siehe Abschnitt 1).

Fachliche Qualifikation und Kompetenz
Auf diesem Gebiet läßt sich das Erforderliche weitgehend erlernen. Außer den allgemeinen Fachkenntnissen und fachlichen Fähigkeiten sind besonders folgende Merkmale hervorzuheben:
- Organisationsfähigkeit (organisatorische und soziale Geschicklichkeit)
- Delegation beherrschen (mit Tätigkeit auch Verantwortung und Status delegieren)
- Kooperationsfähigkeit (Fähigkeit zur Lösung sachlicher und mitmenschlicher Kooperationsaufgaben)
- Führungstechniken und ihren zweckmäßigen Einsatz in der spezifischen Situation beherrschen
- Informationstechniken (-aufnahme, – weitergabe und -verarbeitung) beherrschen

Blick für das Wesentliche
Mit dieser Fähigkeit tun sich erfahrungsgemäß viele Vorgesetzte sehr schwer, besonders, wenn sie sehr gewissenhaft und eifrig sind und »alles unter Kontrolle« haben wollen. Von älteren, erfahrenen (und erfolgreichen) Kollegen läßt sich vieles lernen, wenn man lernbereit ist (!). Im Einsatz gilt ohne Einschränkung: Wer nicht Schwerpunkte erkennt und bildet, verstößt gegen einen der wichtigsten Führungsgrundsätze. *Eine Voraussetzung dafür, aktuell und längerfristig gesehen Wichtiges und Unwichtiges unterscheiden zu können, ist die Schärfung der Wahrnehmungsfähigkeit und Beobachtungsgabe; sowohl im wörtlichen als auch im übertragenen Sinne.* Man muß genau hinsehen können, ohne der Gesamtüberblick zu verlieren.

Entscheidungsfähigkeit
Sie ergibt sich vor allem aus der Sicherheit des fachlichen Urteils und ist somit auch ein Ergebnis des fachlichen Kompetenz und Erfahrung.

Entschlossenheit
Sie kann auch als Mut zur Entscheidung und dem Willen zu deren Durchsetzung bezeichnet werden. Dieser ist vor allem dann erforderlich, wenn bei der Entscheidungsfindung die Zeit drängt. Es wird nicht immer leicht sein, zwischen Übereilung und endlosem Zögern das Richtige zu tun. Auch hier gilt besonders für den Einsatz, daß Unentschlossenheit zum Mißerfolg führt (siehe Abschnitt 2.5.2.3).

Verantwortungsfreude
Sie ist besonders gefragt, wenn es gilt, für gemachte Fehler gerade zu stehen. Wer als Vorgesetzter tendenziell zuerst die Schuld bei anderen sucht, anstatt zunächst sich selbst zu fragen, warum etwas schief gelaufen ist, handelt nicht in diesem Sinne.

Menschenkenntnis

Wenn du die Grenzen der Seele suchst, du wirst sie niemals finden,
auch wenn du jeden Weg zu Ende gehst, so tiefen Wesensgrund hat sie.
HERAKLITH, 4. Jh. vor Chr. [22]

Menschenkenntnis soll in diesem Zusammenhang nicht verstanden werden als eine mehr oder weniger magische Fähigkeit, nach einem prüfenden Blick auf das Gesicht eines Menschen verbindliche Aussagen über dessen Charakter, Veranlagungen usw. machen zu können. Menschenkenntnis im Sinne der Feuerwehrführung soll vor allem bedeuten, daß die besonderen Fähigkeiten, Stärken und Schwächen der Mitarbeiter aufgrund der zu pflegenden guten Bekanntschaft als persönliche Merkmale vor allem bei der Aufgaben- und Auftragszuweisung berücksicht werden sollen. Dazu gehört auch das Bestreben, die Wünsche, Erwartungen und Bedürfnisse der Mitarbeiter zu verstehen. Dies setzt voraus, daß eine ausreichende Kommunikation mit den Gruppenmitgliedern stattfindet und gepflegt wird; siehe Abschnitt 3.4.

Wer Menschenkenntnis und Menschenbehandlung positiv versteht, beginnt mit Selbsterkenntnis und Selbsterziehung (WOLFGANG ZIELKE: Sprechen ohne Worte).

Gerechtigkeitssinn

Sie müssen wissen, daß der geringste Bauer, ja der Bettler ebenso ein Mensch ist wie seine Majestät, der König. Und ihm muß alle Justiz (Gerechtigkeit) widerfahren. Denn vor der Justiz sind alle Leute gleich! Es mag sein ein Prinz, der gegen einen Bauern klagt, oder umgekehrt: so ist der Prinz vor der Justiz dem Bauern gleich! Und bei solchen Gelegenheiten muß nach der Gerechtigkeit verfahren werden; ohne Ansehen der Person.
FRIEDRICH II. [32]

Objektive, absolute Gerechtigkeit kann es unter den Menschen nicht geben, weil die übergeordnete Instanz fehlt, die in Überparteilichkeit entscheiden könnte, was denn nun gerecht oder ungerecht sei. Führungskräfte müssen sich jedoch darum bemühen, den unterstellten Mitarbeitern soweit es möglich und machbar ist, Gerechtigkeit zuteil werden zu lassen (subjektive Gerechtigkeit). In diesem Bemühen zeigt sich der Gerechtigkeitssinn. Unparteilichkeit im Sinne von Gleichbehandlung unter gleichen Voraussetzungen kann weitgehend verwirklicht werden. Bei der Zuweisung von unangenehmen oder angenehmen Tätigkeiten und Pflichten dürfen z.B. persönliche Beziehungen, Sympathien oder Abneigungen keine Rolle spielen. Das bedeutet nicht, daß unterschiedliche Leistungen gleich behandelt werden sollen. Es soll aber angestrebt werden, daß jeder die gleichen Chancen erhält, sich zu bewähren und seinen Einsatzwillen und seine Leistungsfähigkeit unter Beweis zu stellen.

Der Beamte hat folgenden Diensteid zu leisten: »Ich schwöre, daß ich das mir übertragene Amt nach bestem Wissen und Können verwalten, Verfassung und Gesetze befolgen und verteidigen, meine Pflichten gewissenhaft erfüllen und Gerechtigkeit gegen jedermann üben werde. So wahr mir Gott helfe.
Landesbeamtengesetz NRW

Kritik ertragen können

Kritik ertragen zu können, setzt ein Mindestmaß an persönlicher, charakterlicher Reife voraus. Wer sich selbst realistischerweise nicht für unfehlbar hält, dem muß die Rückmeldung über das eigene Verhalten willkommen sein. Selbstkontrolle allein reicht nicht aus, um sich ein einigermaßen zutreffendes Bild davon zu machen, wie andere einen sehen und das eigene Verhalten erleben. Wenn andere etwas an einem etwas auszusetzen haben, ist oft spontan Ablehnung, Unwille und Zurechtweisenwollen die Reaktion. Wer im großen und ganzen seiner selbst sicher ist und auch in fachlicher Hinsicht sich nichts vorwerfen muß, wird sachlich berechtigte Kritik, wenn sie nicht gerade in ungehöriger Weise vorgetragen wird, leicht hinnehmen können, ohne darin einen Angriff auf seine Person zu sehen oder um seine Autorität zu fürchten.

Selbstkontrolle

»Alle Philosophen stimmen darin überein, daß der Weise sich selbst in der Gewalt haben müsse. Kontaktpflege beginnt mit Selbstbeherrschung. Geduld ist eine der größten Tugenden und zahlt sich bei der Pflege zwischenmenschlicher Kontakte immer aus«. (WOLFGANG ZIELKE: Sprechen ohne Worte)

Selbstkontrolle besteht im wesentlichen darin, daß man sich selbst und das eigene Verhalten bewußt regelmäßig daraufhin überprüft, ob ein Anlaß zu einer Verhaltensänderung besteht. Insoweit ist Selbstkontrolle etwas Selbstverständliches, Alltägliches.
Selbstkontrolle im Sinne der Führung erstreckt sich im Grundsatz auf dieselbe Tätigkeit, wie sie im Führungsvorgang (Abschnitt 2.5.2.) beschrieben wurde: Der Ist-Zustand wird festgestellt und mit dem Soll-Zustand verglichen.
Auf die Sachaufgaben bezogen bedeutet das, daß der Ist-Zustand mit dem Auftrag und den daraus abgeleiteten Zielen zu vergleichen ist. Die Veranlassung der zur Herstellung des gewünschten Zustandes erforderlichen Maßnahmen stellt ja auch den eigentlichen Führungsvorgang dar. Im Sinne der Selbstkontrolle können sich die als notwendig erkannten Maßnahmen auch auf das eigenen Verhalten erstrecken.
Zentrale Fragestellung: Habe ich alles Erforderliche veranlaßt? Was muß ich vorausplanen, nachholen, korrigieren?
Selbstkontrolle muß sich aber auch auf die eigene Person und das persönliche Verhalten richten. In diesem Bereich kann es sein, daß man mit sich selbst nicht zufrieden ist, weil das eigene Verhalten Probleme bereitet. Hier ist also eine selbstkritische Betrachtungsweise erforderlich. Beispiele: Man sucht einen Weg, eine Methode, um die Gewohnheit des Rauchens abzulegen; oder man stellt fest, daß eine bestimmte persönliche Verhaltensweise ursächlich für Schwierigkeiten mit den Mitarbeitern sein könnte. Die Änderung der unerwünschten Verhaltensweise wird im Sinne der Verhaltenstherapie »Selbstregulation« genannt. Sie besteht aus drei aufeinanderfolgenden Phasen:
1. Selbstbeobachtung,
2. Ergebnisbewertung des eigenen Verhaltens und
3. daraus abgeleitete Verhaltenskorrekturen.

Wenn es sich um die Änderung einer alten (unliebsamen) Gewohnheit handelt, muß der Prozeß der Selbstregulation systematisch über längere Zeit durchgehalten werden, bis das andere, positive Verhalten die alte Gewohnheit abgelöst hat.

Vorbild sein
Die Wichtigkeit der Vorbildfunktion von Vorgesetzten bzw. Führungskräften ist eigentlich einleuchtend und muß deshalb nicht unbedingt besonders herausgestellt werden. Trotzdem soll in diesem Zusammenhang auch auf einen interessanten wissenschaftlichen Gesichtspunkt aus der Verhaltenstherapie hingewiesen werden.
die davon ausgeht, daß das menschliche Verhalten im wesentlichen angelernt und nicht angeboren ist. Demzufolge kann negatives Verhalten auch wieder »verlernt« und positives Verhalten neu »erlernt« werden. Eine der dabei angewandten Lernmethoden ist das sogenannte »Modell-Lernen«.

Modell-Lernen
Modell-Lernen ist ... gegeben, wenn eine Person als Folge der Beobachtung oder des geistigen Nachvollziehens des Verhaltens anderer Personen sowie der darauf folgen-

den Konsequenzen sich neues Verhalten aneignet oder bestehende Verhaltensweisen ändert. Andere Bezeichnungen für diese Lernform sind:
- Nachahmung (Imitation),
- stellvertretendes Lernen,
- soziales Lernen.

Für die Intensität und den Erfolg des Lernens ist dabei die Beobachtung der Konsequenzen eines Vorbild-Verhaltens von ausschlaggebender Bedeutung. Beim Modell-Lernen werden verschiedene Lerneffekte unterschieden:
- Erwerb neuer Fertigkeiten durch Beobachten des Modells oder durch das Befolgen der Instruktionen
- Hemmung bestimmter eigener Verhaltensweisen in Gegenwart der Modell-Personen
- Auslösung bestimmter Verhaltensweisen in bestimmten Situationen durch die Anwesenheit und das Verhalten der Modell-Person (z.B. Trinken von bestimmten Alkoholmengen in Anlehnung an das Verhalten des Modells)
- Aneignung von Verhaltensnormen für bestimmte soziale Situationen (z.B. Art des Umgehens mit Kollegen)

Ein Beispiel für die Wirksamkeit des Modell-Lernens ist die Werbung, in der uns im Fernsehen täglich vorgeführt wird, wie das Verhalten des gezeigten Modells das (Konsum) Verhalten vieler anderer Menschen beeinflussen soll. Die Schlußfolgerung, daß die Kosten für die Werbung genau kalkuliert sind und durch den erzielten Mehrumsatz mehrfach wieder hereinkommen, ist meistens richtig.

Auch in der Verhaltenstherapie macht man sich u.a. das Modell-Lernen zunutze, um das Problemverhalten von Menschen in eine positive Richtung zu verändern. (WENGLE/JUNG: Manual der SAP-Ausbildung)

Das Verhalten von Vorgesetzten wird also immer, ob gewollt oder ungewollt, auf das Verhalten der Mitarbeiter einen mehr oder weniger starken Einfluß ausüben, sowohl in negativer als auch in positiver Richtung. Dabei hat das schlechte Beispiel leider oft einen stärkeren Einfluß auf das Verhalten der Mitarbeiter als das gute Vorbild.

Beispiele für negatives Vorbildverhalten:
- Ausnutzen der dienstlichen Stellung für private Vorteile
- Privatauto in dienstlichen Räumen während der Dienstzeit durch Mitarbeiter pflegen, warten, repatieren lassen
- die Arbeitskraft und -zeit von Mitarbeitern ausnutzen, um sich persönliche Vorteile zu verschaffen (Botengänge für private Zwecke, Einkäufe erledigen lassen, Arbeit abwälzen,...)
- Abziehen von Mitarbeitern aus dem Dienstbetrieb, um private Arbeiten erledigen zu lassen
- Ausnutzung der dienstlichen Abhängigkeit von Mitarbeitern, Unterdrucksetzen
- Gebrauch des Dienstwagens für private Zwecke
- Die eigene fachliche Weiterbildung vernachlässigen
- gemachte eigene Fehler vertuschen, abstreiten
- Bevorzugungen bzw. Benachteiligungen von Mitarbeitern
- Vernachlässigung des persönlichen Erscheinungsbildes
- Mißbrauch von Alkohol
- Nichteinhaltung von Verhaltensregeln, die man selbst aufgestellt hat und die für alle gelten sollen

Vorgesetzte in herausgehobener Position, die aufgrund ihrer dienstlichen Stellung keiner oder nur einer schwachen oder seltenen Kontrolle unterliegen, erhalten von ihren unterstellten Mitarbeitern verständlicherweise kaum eine Rückmeldung über ihr eigenes Verhalten. Wer traut sich schon, den Chef zu kritisieren oder auch nur dezent auf ein Fehlverhalten hinzuweisen? Daraus ergibt sich die Gefahr, daß schlechtes Vorbildverhalten sich nach und nach einschleicht. Auch hochgestellte Vorgesetzte haben menschliche Schwächen und Fehler und sind nicht vor Versuchungen gefeit. Neben der bewußt immer wieder ausgeführten und geübten Selbstkontrolle ist es deshalb notwendig, zu den unterstellten Mitarbeitern ein solches Vertrauensverhältnis aufzubauen, daß sie sich nicht scheuen müssen, auch einmal sachliche Kritik am Verhalten des Chefs und an betrieblichen Mangelzuständen zu äußern. Das geht z.B. dadurch, daß man die Mitarbeiter ermuntert, Wünsche zu äußern und Vorschläge zu machen (die auch ernst genommen werden).

Positives Vorbildverhalten
vermeidet die obigen Verhaltensweisen. Ein guter Vorgesetzter wird

- nichts von den Mitarbeitern verlangen, was man nicht selbst zu leisten gewillt ist,
- im Grundsatz mehr arbeiten und leisten als unterstellte Mitarbeiter,
- bestrebt sein, fachliches Können und Wissen so zu optimieren, daß man in möglichst vielen Situationen als fachlicher Experte überzeugen kann,
- nicht als fachlicher Eiferer und Fanatiker auftreten, der nichts anderes mehr kennt als dienstliche Arbeit und diese Haltung auch von seinen Mitarbeitern verlangt,
- nicht zu viel von sich selbst und den Mitarbeitern verlangen und anerkennen, daß Hunderprozentigkeit ein unerreichbares Ziel ist; daß der Mensch auch Fehler machen kann und darf und man deshalb auch mal »Fünf gerade sein lassen« muß (Übertriebene Genauigkeit liegt vor, wenn der angestrebte Genauigkeitsgrad außer Verhältnis zum angestrebten Zweck steht. Der Aufwand zum Erreichen des letzten Prozentanteils kann höher sein als für die bereits erreichten neunundneunzig Prozent!),
- erkennen lassen, daß er selbst auch menschliche Schwächen hat; und daß er es ehrlich meint, wenn er die Mitarbeiter grundsätzlich menschlich achtet und schätzt (übertriebene Korrektheit schafft Distanz und menschliche Kälte),
- wenn es denn sein muß, aber auch erkennen lassen und unter Beweis stellen, daß er bereit und in der Lage ist, harte Konsequenzen zu ziehen und die Folgen zu verantworten.

Führungsautorität

»Autorität wird selbst dort übertrieben heftig abgelehnt,
wo sie nützlich ist«. (Wolfgang Zielke: Sprechen ohne Worte)

Autor lat. auctor: Urheber, Schöpfer, Förderer, Ratgeber; Verfasser (eines literarischen oder musikalischen Werkes)

Autorität (lat):
a) anerkannter Fachmann, maßgebende Person.
b) Geltung, Ansehen, Einfluß aufgrund der Leistung oder aufgrund der Würde des Amtes einer Person.

Abgesehen vom engeren begrifflichen Sinn kann man unterscheiden:
die Amtsautorität (funktionsbezogene Autorität), die sich aus Rechtsvorschriften, betriebsinternen Normen oder auch sozialen Normen ableitet,
die Fachautorität, die sich aus der fachlichen Komepetenz ergibt,
die charismatische Autorität (angeborene Autorität), die als persönliche Eigenschaft einer Person zwar vorhanden und wirksam sein, aber konkret hinsichtlich ihrer Herkunft nicht begründet werden kann.

Charisma (gr.lat.): göttliche Gnadengabe, Berufung, unerklärliche Begabung.

Autorität ausschließlich aufgrund der dienstlichen Stellung wird für sich allein keinesfalls ausreichen, erfolgreich Führungsfunktionen wahrnehmen zu können. Selbst in der Einsatzdurchführung reicht die Amtsautorität allein nicht aus. Wer als Führungskraft akzeptiert werden will, muß als ganze Persönlichkeit die Mitarbeiter überzeugen können, um sie dazu anzuspornen, bereitwillig beste Leistung zu erbringen. Im Bereich der Feuerwehr nimmt hier die fachliche Kompetenz einen außerordentlichen Rang ein. Wer darüber hinaus auch im menschlichen Bereich überzeugt, wird das erreichen, was als Führungsautorität im besten Sinne bezeichnet werden kann.

3.3.3 Führungsmodelle

Der Begriff »Führungsmodell« kennzeichnet die systematische Ordnung, nach der Spitzenführungskräfte sowohl sachlich-organisatorisch als auch in sozialer Hinsicht ihre Führungsaufgaben wahrnehmen.
Der Managementkreis nach SCHUBERT stellt in ähnlicher Weise wie das Modell des Führungsvorgangs nach FwDV 12/1 die von den Führungspersonen wahrzunehmenden Funktionen heraus. Zusätzlich wird dargestellt, daß die Kommunikation alle anderen Funktionen verbinden muß und damit wird auch darauf hingewiesen, daß innerhalb der Sachfunktionen die zwischenmenschlichen Beziehungen wirksam sind. Ein Führungsmodell in dem hier gemeinten Sinn berücksichtigt den gesamten Zusammenhang. In der wissenschaftlichen Führungslehre wurde ein unglaublicher Zeit- und Arbeitsaufwand betrieben, um zu einem Führungssystem zu finden, welches der Erwartung gerecht werden sollte, wissenschaftlich fundierte Führungsgrundsätze aufstellen zu können. Nach WUNDERER/GRUNWALD wurden über hundert verschiedene Führungsmodelle entwickelt. Die m. E. für die Feuerwehr interessantesten sollen hier kurz vorgestellt werden.

3.3.3.1 Leitbildorientierte Führung (Management by ideas)

In der Organisation besteht sowohl bei den Führungskräften als auch bei den Mitarbeitern die Vorstellung einer »Leitidee«, welche als Handlungsmaß-

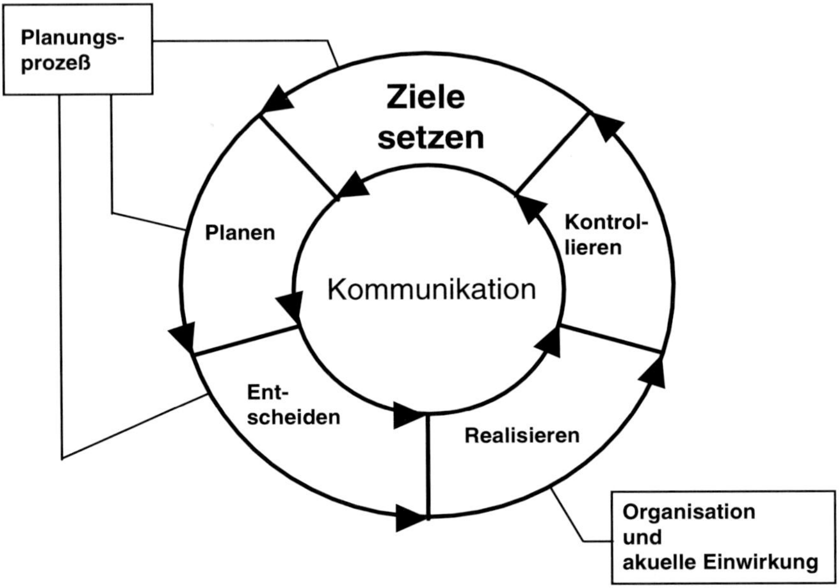

Abb. 21: Der Managmentkreis nach URSULA SCHUBERT (aus Managment für Führungskräfte, dva, 1972) entspricht dem Modell des Führungsvorgangs im Sinne der FwDV 12/1.

stab und Richtlinie für alle Tätigkeiten und Verhaltensweisen gilt (»Unternehmensphilosophie«).

3.3.3.2 Führung durch Delegation (Management by delegation) = »Harzburger Modell«

Dieses Führungsmodell hat im deutschsprachigen Raum in der Form des »Harzburger Modells« (auch HÖHN'SCHES Modell) große Bekanntschaft und Bedeutung gewonnen. Die Bezeichnung rührt daher, daß die »Akademie für Führungskräfte der Wirtschaft« in Bad Harzburg unter der Leitung von HÖHN in den 60iger und 70iger Jahren dieses Führungsmodell in großem Maßstab zur Grundlage für die Schulung von Führungskräften gemacht hatte. Als Instrumente zur Verwirklichung der »**Führung im Mitarbeiterverhältnis**« (=Führungsform im Harzburger Modell) werden genannt [36]:

a) die Stellenbeschreibung, in welcher der Delegationsbereich des Stelleninhabers gegenüber allen anderen Ebenen abgegrenzt wird und die fachlichen Pflichten.bestimmt sind und
b) die Allgemeine Führungsanweisung, in der die verbindlichen Führungspflichten festgelegt sind.

Die Entscheidung über die Inhalte der Stellenbeschreibungen und die Allgemeine Führungsanweisung sind ausschließlich der Organisationsleitung (Unternehmensleitung) vorbehalten. Sie gelten als verbindliche Normen. Wiederholte Verstöße werden mit Entlassung geahndet.
LAUXMANN beschreibt in seinem Buch »Die kranke Hierarchie« einige der wesentlichsten Grundsätze der »Führung im Mitarbeiterverhältnis« nach dem »Harzburger Modell« wie folgt:
- Entscheidungen werden grundsätzlich nicht mehr an der Spitze getroffen, sondern auf der Ebene, zu der sie ihrem Wesen nach gehören.
- Die Mitarbeiter erhalten im Prinzip keine Einzelaufträge mehr, sondern einen festen Aufgabenbereich, in welchem sie selbständig handeln und entscheiden.
- Aufgabenbereich und Verantwortungsbereich decken sich.
- Wer die Verantwortung auf den Mitarbeiter delegiert hat, darf in dessen Verantwortungsbereich grundsätzlich selbst keine Entscheidung mehr treffen, selbst dann nicht, wenn er anderer Ansicht ist.
- Der Vorgesetzte trägt nur noch die Führungsverantwortung, d.h.er ist dafür verantwortlich, daß er die Ziele und Richtlinien setzt, koordiniert, seine Mitarbeiter richtig anleitet, informiert und kontrolliert.
- Der Vorgesetzte kontrolliert den Erfolg. Das Verfahren kontrolliert er stichprobenweise anhand eines systematischen Kontrollplans.
- Verstößt der Mitarbeiter gegen seine Pflichten, dann versucht der Vorgesetzte, ihn mit einem Kritikgespräch zu überzeugen. Hilft das nicht, dann muß der Mitarbeiter notfalls abgelöst werden.

In WUNDERER/GRUNWALD wird am Harzburger Modell u.a. kritisiert, daß die Haltung der Führung gegenüber den Mitarbeitern hauptsächlich durch Mißtrauen gekennzeichnet sei: Man unterstellt negative Eigenschaften, wie sie in der Y-Theorie (siehe Seite 183) enthalten sind.

3.3.3.3 Führung durch Zielorientierung (Management by objectives, MBO)

Führungsvarianten

a) Führung durch Zielvorgabe	(autoritäre Form)
b) Führung durch Zielvereinbarung	(kooperative Form)
c) Führung durch Zielorientierung	(neutrale Form)

Zusammenfassung der wichtigsten Grundlagen dieses Führungsmodells
- Die angestrebten Ziele werden in den Mittelpunkt aller Überlegung gestellt.
- Die Wahl der Mittel wird im wesentlichen freigestellt.
- Neben der Organisationshierarchie wird eine **Zielhierarchie** aufgebaut.
- Das MBO ist ein Planungs- und Kontrollinstrument sowie ein Instrument für die Leistungsbewertung aller Führungskräfte und Mitarbeiter.
- Ziele für einzelne Organisationsteile oder einzelne Mitarbeiter können nicht beliebig festgesetzt werden, sonden müssen sich aus übergeordneten Unternehmungs- oder Verwaltungszielen ableiten.

- Alle Teilziele müssen den Vorgaben der übergeordneten Planung entsprechen und horizontal und vertikal koordiniert sein.
- Ein Vorgesetzter erreicht seine Ziele nur über die Verwirklichung der Teilziele seiner Mitarbeiter. Er muß daher seine Zielvorstellungen in Teilziele für dieMitarbeiter umsetzen.
- Ziele müssen fortwährend auf Gültigkeit überprüft und erforderlichenfalls neu formuliert werden.

Leitsätze für das menschliche Verhalten im MBO

- Der Mensch arbeitet wirksamer, wenn er die Ziele, für die er arbeiten soll, kennt, versteht und sich mit ihnen identifiziert. Das fördert seine Motivation und dient seiner Selbstverwirklichung.
- Zielforderungen werden eher anerkannt, wenn die Mitarbeiter bei der Formulierung der Ziele ihre eigenen Vorstellungen einbringen oder sie vorschlagen können. So besteht die Möglichkeit, daß ihre persönlichen Ziele und die Ziele des Unternehmens zur Deckung gebracht werden können.
- Der Mensch arbeitet wirksamer und ist zufriedener, wenn er über die Ergebnisse seiner Anstrengungen Rückmeldungen erhält, die ihm den Stand der Zielverwirklichung anzeigen.
- Der Mensch ist engagierter und ist zufriedener, wenn seine Leistung objektiv und gerecht belohnt wird (Lob, Anerkennung, Aufstieg, Bezahlung), und wenn unzureichende Leistung kein Grund zur Bestrafung, sondern Anlaß zur persönlichen Förderung durch Fortbildung und Unterstützung ist.
- Der Mitarbeiter muß wissen, woran seine Leistung gemessen und wie er kontrolliert wird. Er muß in die Lage versetzt werden, sich selbst zu kontrollieren, zu steuern und er muß bei Zielabweichungen der Unterstützung durch seine Vorgesetzten sicher sein.

Die praktische Wirksamkeit des MBO und seine von den Befürwortern herausgestellten Vorzüge werden von vielen namhaften Wissenschaftlern und Praktikern mangels ausreichender Beweise stark bezweifelt.

3.3.3.4 Kritik der Führungsmodelle

Alle Führungsmodelle der »klassischen« Managementlehre werden in Wunderer/Grunwald in ihrem Anspruch auf Gültigkeit und Wirksamkeit wie folgt kritisiert:

- Fast alle Prinzipien beruhen auf verallgemeinerten Beobachtungen und Erfahrungen. Bei den meisten handelt es sich um logisch-analytisch gefundene Wahrheiten, die den Informationsgehalt von Gemeinplätzen oder gar Tautologien haben.

Tautologie: Wiedergabe des gleichen Sachverhaltes in einer Wortgruppe mit den gleichen oder synonymen Wörtern. (Beispiel: Richtige Taktik besteht darin, die richtigen Maßnahmen am richtigen Ort zur richtigen Zeit richtig durchzuführen Verf.)

- Viele Prinzipien konkurrieren miteinander oder sind nicht kompatibel. Sie vertreten einen Allgemeingültigkeitsanspruch, ohne konkrete Anwendungsregeln für bestimmte Situationen zu geben.
- Die Modelle sind in der Regel nicht operationalisiert (sie weisen keine durchführbaren, konkreten Handlungsmöglichkeiten im einzelnen auf, Verf.).
- Viele Führungsmodelle berücksichtigen nicht die sozialpsychologischen Erkenntnisse im Arbeitsleben.
- Der Vielzahl der »Management by ...« – Methoden haftet eine gewisse Scharlatanerie an, weil voreilig unsichere Theorien der Verhaltenswissenschaften in Verfahrenstechniken umgesetzt wurden, wobei auf umstrittene oder überholte Konzeptionen Bezug genommen wurde.

Schlußfolgerung:
Alle Führungsmodelle enthalten wichtige positive Elemente. Man kann daher ein einzelnes der Führungsmodelle nicht als grundsätzlich richtig oder grundsätzlich falsch bezeichnen. Die Führung durch Zielorientierung – insbesondere in der kooperativen Variante – hat aber vergleichsweise an Anerkennung gewonnen. Wesentliche Inhalte dieses Modells sind z.B. auch in den »Grundsätzen für Zusammenarbeit und Führung« des Innenministeriums NRW enthalten.

3.3.4 Führungsstil

Der Begriff »Führungsstil« (**Stil:** gr.-lat. stilus, Griffel) wird in der Führungslehre nicht einheitlich definiert und benutzt. Abgesehen von den vielen verschiedenen Auslegungen erfolgt auch oft keine saubere Trennung zwischen »Führungsverhalten« und »Führungsstil«. In der Tat ist es auch schwierig, im Sprachgebrauch immer eine klare Unterscheidung einzuhalten. In der Literatur werden zur Charakterisierung des Führungsstils u.a. folgende Bezeichnungen verwendet:

In der FwDV 12/1:
- hierarchisch
- autoritär
- kooperativ

weiterhin:
- diktatorisch
- dirigistisch
- autokratisch
- autoritativ
- absolutistisch
- patriarchalisch
- liberal
- kooperativ

- partizipativ
- demokratisch
- sozial-integrativ
- funktional
- Laissez-faire
- situativ

Zur begrifflichen und sprachlichen Orientierung sollen nachfolgende Beispiele aus der wissenschaftlichen Führungslehre dienen.

Die Führungsstil-Dreiteilung nach Lewin [36] [33]

Der Psychologe KURT LEWIN (1890 bis 1947) stellte aufgrund von Laboratoriumsexperimenten folgende Dreiteilung auf:
- Der **autokratische** Führer bestimmt und lenkt die Aktivitäten und Ziele der einzelnen und der Gruppe. Er teilt jedem Mitglied seine Tätigkeiten und Mitarbeiter zu. Bei der Bewertung der Tätigkeiten läßt er nicht erkennen, nach welchem Maßstab er wertet.
- Der **demokratische** Führer ermutigt die Gruppenmitglieder, ihre Aktivitäten und Ziele zum Gegenstand der Gruppendiskussionen und Entscheidungen zu machen. Bei der Bewertung ihrer Tätigkeiten versucht er stets, die objektiven Beurteilungsgründe den Mitgliedern darzulegen.
- Der **laissez-fair**-Führer spielt eine freundliche, aber passive Rolle und gibt den Gruppenmitgliedern volle Freiheit. Auf Fragen antwortet er mit den gewünschten Informationen, ohne Vorschläge zu machen. Positive oder negative Bewertungen der Gruppentätigkeiten gibt er nicht.

LEWINS Untersuchungen haben die Führungsforschung, die allgemeine und die Pädagogische Psychologie wie auch die Gesprächs-Pyschotherapie stark beeinflußt... [36]

LEWIN wird u.a. wie folgt kritisiert:
- Die Ergebnisse der Experimente, wonach der demokratische Führungstil den anderen grundsätzlich überlegen sei, wurden zu sehr verallgemeinert, auf die Führungsverhältnisse in der Verwaltung und Industrie kritiklos übertragen, wobei die Erwartungshaltung geweckt wurde, daß der aus den Lewinschen Erkenntnissen abgeleitete »kooperative« Führungsstil automatisch höhere Zufriedenheit und bessere Leistung bringen müßte.
- Bei den Versuchspersonen der Laborexperimente handelt es sich um Kinder und Jugendliche, die in keine feste Gruppenstruktur einer Organisation eingebunden waren.
- LEWIN war ein Emigrant aus NS-Deutschland. Man vermutet deshalb eine voreingenomme Haltung, aus der heraus er beweisen wollte, daß ein demokratischer Führungsstil dem autoritäten Führungsstil immer überlegen und vorzuziehen sei. [36], [33].

In WUNDERER/GRUNWALD werden weiterhin u.a. folgende Autoren zitiert: HÄUSLER (1966):

Der Führungsstil ist die Form, in der die Führungs- und Leitungsaufgaben von den Führungskräften ... ausgeübt wird.

WITTE (1969):
»Führungsstile sind Varianten der Willensdurchsetzung, wobei jeder Führungsstil in einer eigenen Weise die Probleme der Leitungsorganisation unter Dominanz einer umfassenden Grundidee zu lösen versucht.«

BÜRGIN (1972):
»Führungsstil ... ist die praktische Gestaltung der institutionellen, funktionalen und instrumentalen Aspekte der vier Führungselemente Planung, Entscheidung, Anordnung und Kontrolle...«

STAEHLE (1973):
- Jede unterschiedliche Konstellation der Charakteristika des Vorgesetzten, der Mitarbeiter und der Situation erfordert einen unterschiedlichen Führungsstil.:
- Das Führungsverhalten eines jeden Managers wird von den Annahmen über die Bedürfnis- und Motivationsstruktur seiner Mitarbeiter beeinflußt.
- Unterschiedliche Organisationsklimata stimulieren unterschiedliche Motivationen, die wiederum zu verschiedenartigem Verhalten bei unterschiedlichen Ergebnissen führen.

LATTMANN (1975):
»... die Grundausrichtung des Führungsverhaltens eines Vorgesetzten bei der Gestaltung seiner Beziehungen zu den Mitarbeitern. Diese Grundausrichtung kann bewußt und beabsichtigt sein oder auch unbewußt bleiben...«

MÜLLER-NOBILING (1977):
»Der Führungsstil ist die Ausdrucksform einer geistigen Haltung des Vorgesetzten...«

Führungsstile und deren Auswirkungen nach GASCH [9]
1. Führungszentrierter (autoritärer) Führungsstil:
der Führer
- dominiert in der Gruppe,
- bestimmt überwiegend selbst,
- kontrolliert häufig,
- duldet keine selbständigen Gruppeninitiativen.

Reakion der Gruppe:
- Aggressionen gegen den Führer,
- Abbrechen der Arbeit, sobald der Führer nicht mehr anwesend ist,
- Gefühl des Unverstandenseins,
- keine selbständigen Aktivitäten.
- **kurzfristig hohe Leistung möglich.**

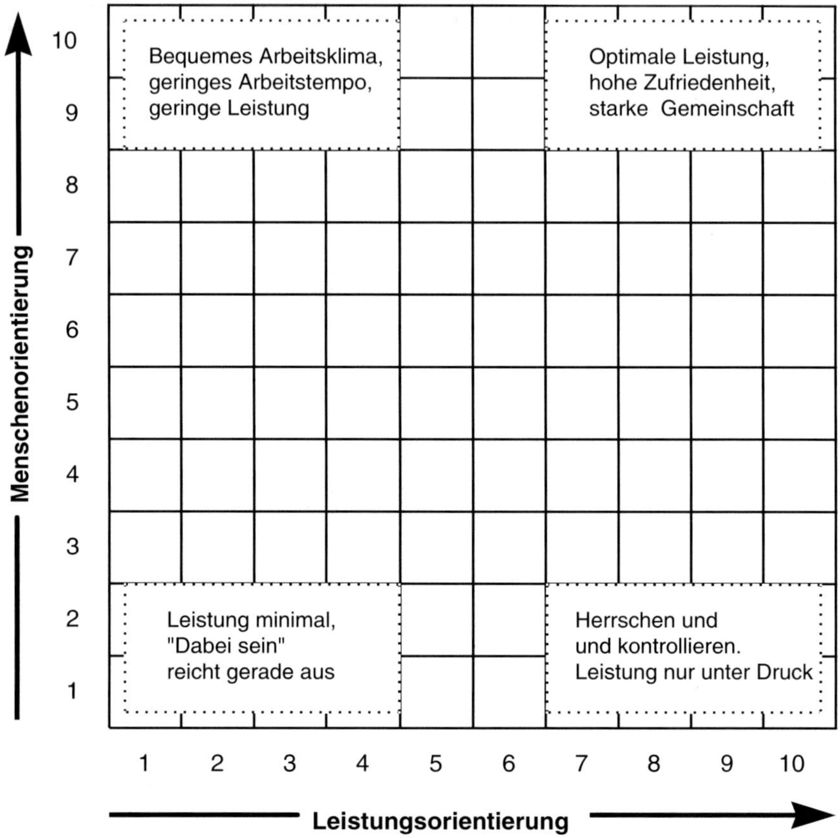

Abb. 22: Verhaltensgitter nach BLAKE/MOUTON (aus KRÜGER, Organisation der Unternehmung)

2. Gruppenzentrierter (demokratischer) Führungsstil:
der Führer
- erfüllt in erster Linie Koordinationsaufgaben,
- versucht, jedes Gruppenmitglied aktiv werden zu lassen,
- läßt Entscheidungen mit von der Gruppe treffen,
- respektiert und akzeptiert Kritik.

Reaktion der Gruppe:
- zufriedenere Atmosphäre,
- Ausprägung eines Verantwortungsgefühls des einzelnen für das Ganze,
- Arbeitsleistung auch bei Abwesenheit des Führers,
- Eigenaktivitäten der Gruppenmitglieder.

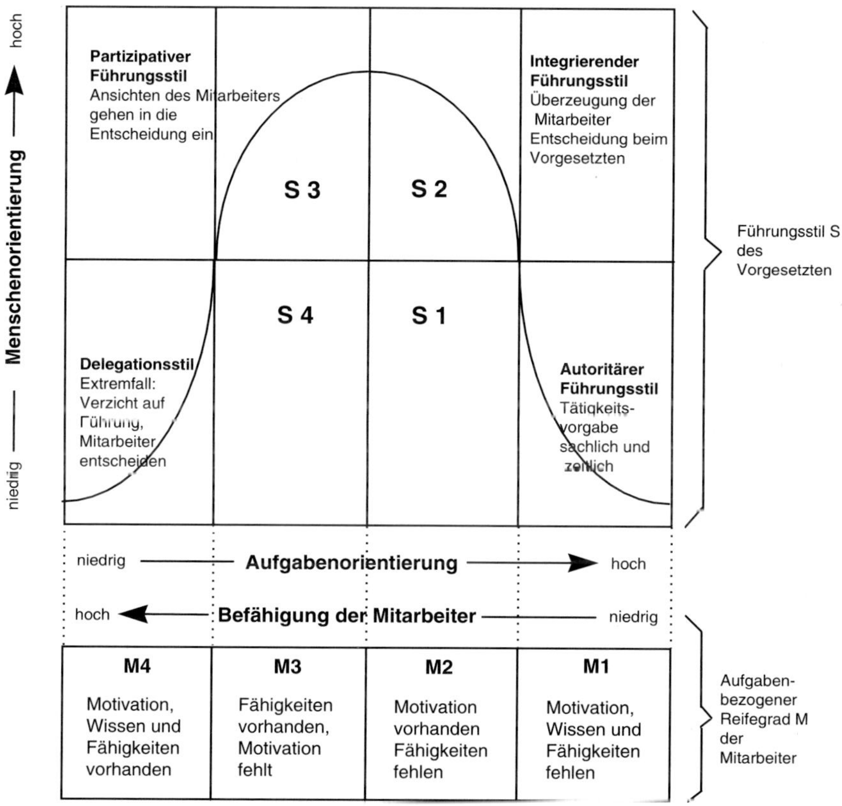

Abb. 23: Führungsstil nach HERSEY/BLANCHARD

3. Dezentrierter (laissez faire) Führungsstil:
der Führer
- hält sich in allem zurück,
- verhält sich immer neutral,
- gibt Auskunft nur auf Anfrage,
- »läßt den Laden einfach laufen«,
- äußert nie Anerkennung oder Kritik.

Reaktion der Gruppe:
- geringer Gruppenzusammenhalt,
- keine konsequente Verfolgung von Zielen,
- Bildung von Untergruppen,
- Ausbildung eines informellen Führers.

Die Einteilung und Beschreibung der Führungsstile nach GASCH entspricht den klassischen Stilbeschreibungen von LEWIN.
Die Abhängigkeit zwischen Kooperationsgrad und Führungsfunktionen ist in den Tabellen 18 und 19 dargestellt.

MC GREGOR (1970) hat bei Führungskräften vier unterschiedliche Auffassungen zur **kooperativen Führung** festgestellt:
- Kooperative Führung als magische Formel, die fast alle Managementprobleme löst.
- Kooperative Führung als eine Form des Führungsverzichts, als Schwächung des Managements sowie als Verringerung des Leistungsfähigkeit.
- Kooperative Führung als nützliches Instrument zur Manipulation der Unterstellten, um sie glauben zu machen, sie würden mitentscheiden.
- Kooperative Führung als eine Führungsform bei nüchterner Einschätzung ihrer Möglichkeiten und Grenzen [36].

GEBERT führt in »Organisation«, 1978, aus:
- Da sich in ein und derselben Organisation die Ziele und situativen Bedingungen für die verschiedenen Abteilungen unterscheiden, heißt dies auch,

Tab. 18: Auswirkung eines geringen Kooperationsgrades

Funktion	Ausprägung der Funktion	Auswirkungen
Zielsetzung	Unzureichende Information der Mitarbeiter über die Zielsetzung insgesamt; Fehlen von klar definierten Teilzielen für die Mitarbeiter; kein Einfluß der Mitarbeiter auf die Zielsetzung ihres eigenen Aufgabenbereichs	Geringe Identifikation der Mitarbeiter mit der Aufgabe, Desinteresse
Planung	Geringe Beteiligung der Mitarbeiter an der Planung der von Ihnen auszuführenden Aufgaben	Geringe sachliche Motivation, da keine eigene Beteiligung
Entscheidung	Die Mitarbeiter werden vor Entscheidungen nicht gehört. Getroffene Entscheidungen werden nicht diskutiert	Entscheidungen werden nicht voll akzeptiert. Geringe Bereitschaft, Entscheidungen selbst zu treffen
Realisierung	Kein Informationsaustausch mit Mitarbeitern, ungenügende Rückmeldung	Aufgrund mangelnder Information werden Aufgaben fehlerhaft durchgeführt
Kontrolle	Dient als Instrument zum Nachweis von Fehlern und wird nicht als Möglichkeit zur Bestätigung von zielgerechtem Verhalten genutzt	Mißtrauen zwischen Vorgesetzten und Mitarbeitern; Verstecken von Fehlern

Tab. 19: Selbstbewertung des Verhaltens in der Arbeitsgruppe

Funktion	Ausprägung der Funktion	Auswirkungen
Zielsetzung	Mitarbeiter sind über die Zielsetzung insgesamt informiert. Sie haben klare Teilziele und Einflußmöglichkeiten auf die Ziele ihres Bereiches	Hohe Identifikation der Mitarbeiter mit der Aufgabe
Planung	Gute Information und Beteiligung an Planungen, die ihren Aufgabenbereich betreffen	Hohe sachliche Motivation, Bereitschaft zum Mitdenken und zur Initiative
Entscheidung	Mitarbeiter tragen zur Entscheidungsvorbereitung bei. Getroffene Entscheidungen werden begründet, die Kriterien dafür offengelegt und Gegenargumente diskutiert	Entscheidungen werden von den Mitarbeitern mitgetragen. Bereitschaft, selbst Entscheidungen zu treffen
Realisierung	Argumente der Mitarbeiter werden gehört und berücksichtigt	Aufgaben werden aufgrund guter Kommunikation besser ausgeführt
Kontrolle	Kontrollen dienen als Mittel, um die Mitarbeiter in sachlich richtigem Verhalten und in ihren Ergebnissen zu bestätigen	Fehler werden nicht versteckt; vertrauensvolles Verhältnis zwischen Vorgesetzten und Mitarbeitern

daß alle Versuche, ein einheitliches Führungsverhalten organisationsweit zu etablieren, im Kern fehlgerichtet sind: Vielfalt im Führungsverhalten, orientiert an Ziel- und Situationsbesonderheiten, ist für den Erfolg der Gesamt-Organisation bedeutsam. [10]

Empfehlung zum Führungsverhalten (nach Gebert):
Die Aufgaben der Mitarbeiter sind heute komplexer, erfordern mehr Eigenmotivation und Eigenaktivität und sind vom Vorgesetzten weniger kontrollierbar als früher. Dies erfordert vom Vorgesetzten gruppenzentriertes Führungsverhalten.
Damit ist allerdings nicht ausgesagt, daß einzelne Verhaltensweisen, die eher einem führerzentrierten oder einem dezentrierten Führungsstil zuzuschreiben wären, nicht in speziellen Situationen und bei bestimmten Aufgaben oder Personengruppen auftreten dürften.
Entscheidend ist die langfristige Verhaltensweise des Vorgesetzten, die Transparenz seines Führungsverhaltens, und seine Bereitschaft, seine Entscheidungen jederzeit nach Gründen befragen zu lassen. [10]

Erkenntnis:
Es ist nicht möglich, einen bestimmten oder den Führungsstil schlechthin zu benennen, der in allen Situationen und allen Mitarbeitern gegenüber als im-

mer richtig gelten könnte. Die Zusammenhänge, die Umstände, die persönlichen Beziehungen zwischen den Beteiligten, der aktuelle Anlaß oder Auftrag, das verfolgte Ziel und viele weitere Faktoren bilden ein solch komplexes und sich ständig änderndes Beziehungsgeflecht, daß auch das Führungsverhalten den sich ändernden Rahmenbedingungen angepaßt werden muß. *Es muß von Führungspersonen in der Feuerwehr gefordert werden, daß sie in der Lage sind, das jeweils zweckmäßige, d.h. der Situation angepaßte Führungsverhalten anzuwenden.*
Um jedoch überhaupt einen **Orientierungsmaßstab** nennen und anwenden zu können, sollen im folgenden als **zwei begriffliche Kontrapunkte** der autoritäre und der kooperative Führungsstil gelten, um Tendenzen kennzeichnen zu können.

Der autoritäre Führungsstil
schließt die zu Führenden von der Entscheidungsfindung aus. Er äußert sich darin, daß die Handlungsanweisung im Prinzip nicht mehr enthält, als das, was in den geltenden Dienstvorschriften die Befehlsgrundlage darstellt:

Einheit, Auftrag, Mittel, Ziel und Weg

Im Gegensatz zu den Grundaussagen der Sozialwissenschaften darf der so verstandene autoritäre Führungsstil nicht negativ gesehen werden. Autoritärer Führungsstil und Befehlstaktik entsprechen einander.

Der kooperative Führungsstil
kennzeichnet die elementare Grundausrichtung für das allgemeine Führungsverhalten. Er sucht systematisch nach Beteiligungsmöglichkeiten der Mitarbeiter bei der Planung und Entscheidung und äußert sich darin, daß mit der Auftragserteilung in Form der Aufgabenzuweisung gleichzeitig Verantwortlichkeit und Selbständigkeit in der Ausführung zugewiesen wird. Dem kooperativen Führungsstil muß auf der Mitarbeiterseite ein **kooperativer Arbeitsstil** entsprechen, wenn dieser Führungsstil praktisch wirksam werden soll. Anders gesagt: Kooperatives Führen ist die angestrebte Führungsform, sie setzt aber voraus, daß **bei allen Beteiligten** Kooperation – also Zusammenarbeit – im positivem Sinne für richtig gehalten und angestrebt wird. Kooperativer Führungsstil und Auftragstaktik (Delegation von Aufgaben und Verantwortung) entsprechen einander.
Welches Führungsverhalten in einer aktuellen Lage das richtige ist, ergibt sich aus den maßgeblichen Elementen der Lage. Je nach den Umständen kann das Führungsverhalten extrem autoritär (Tendenz: diktatorisch) oder extrem kooperativ (Tendenz: laissez fair) sein. Deshalb kann man in der Führungspraxis auch von einem **Situativen Führungsstil** sprechen. Damit ist gemeint, daß die Situation den erforderlichen Führungsstil und somit das gesamte Führungsverhalten bestimmt.
Im situativen Führungsstil können und sollen je nach Erfordernis die positiven Elemente der oben vorgestellten Führungsmodelle berücksichtigt werden (Bild 24).

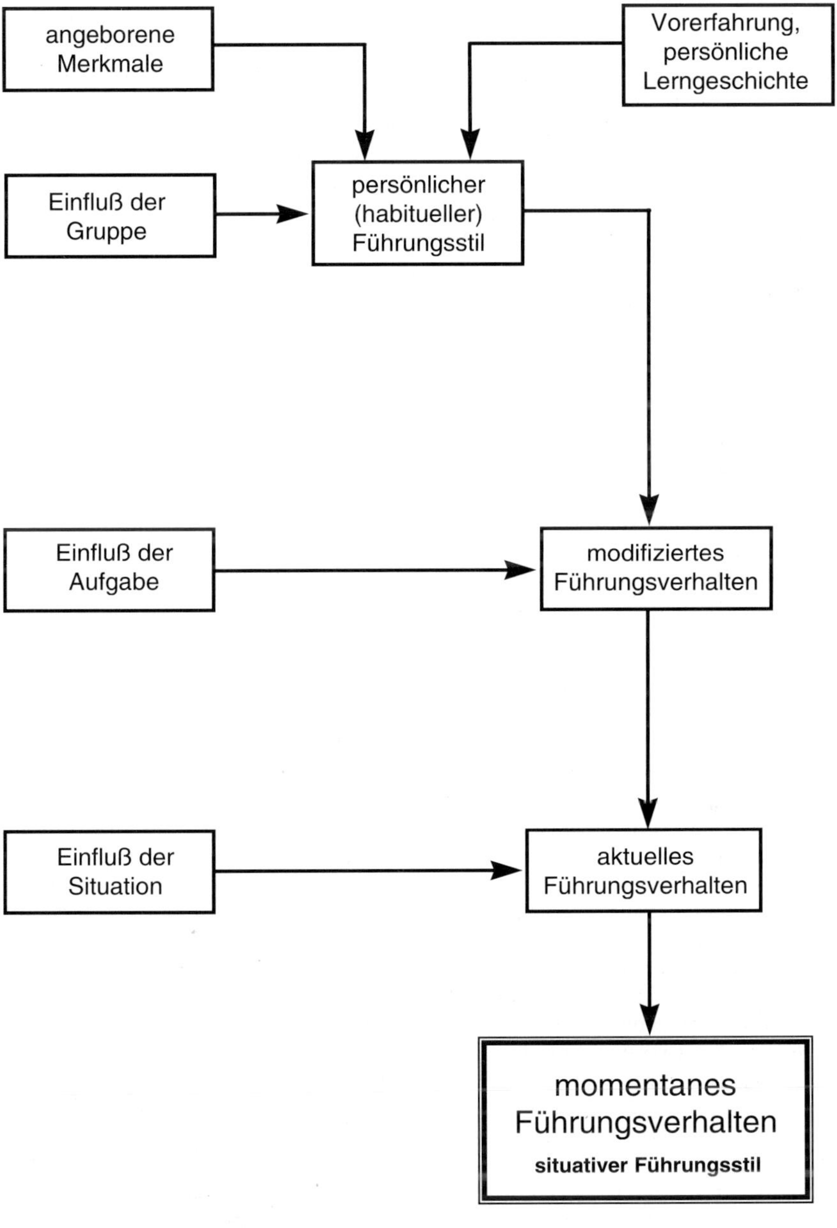

Abb. 24: Einflüsse auf das Führungsverhalten

Zusammenfassung
Die Achtung des unterstellten Mitarbeiters als gleichwertigen Mitmenschen verlangt, daß er als ganzer Mensch und nicht nur als ausführendes Organ eines übergeordneten Willens gesehen und behandelt wird.Daraus ergibt sich, daß sowohl die menschliche Achtung als auch das reine Sachinteresse den Führungskräften auf allen Führungsebenen grundsätzlich die bewußte Anwendung des kooperativen Führungsstils mit all seinen technisch-organisatorischen und psychologischen Mitteln abverlangt. Es gibt an sich nur eine Rechtfertigung bzw. Notwendigkeit, von diesem Grundsatz abzuweichen: **Zeitnot.**
- Optimale Arbeitsergebnisse setzen eine wirkungsvolle Zusammenarbeit zwischen allen Beteiligten voraus.
- Gute Zusammenarbeit läßt sich jedoch nicht erzwingen, sondern ist das Ergebnis des von allen Seiten eingebrachten guten Willens und des Könnens.
- Während das Können im wesentlichen eine Frage der Aus- und Fortbildung ist, kann das Wollen stark durch das Führungsverhalten von Vorgesetzten beeinflußt werden. Je nachdem, wie in welchem Ausmaß unterstellte Mitarbeiter über den Sinn und Zweck bestimmter Maßnahmen informiert sowie an der Entscheidungsfindung und Verantwortung beteiligt werden, kann man Motivation wecken und fördern oder unterdrücken.

Die Verwirklichung des Kooperativen Führungsstils erfordert Zeit und kann auch mühevoll und unbequem sein. Selbstbewußte und fachlich qualifizierte Mitarbeiter sind mit »ad-hoc-Entscheidungen« nicht von der Richtigkeit und »Optimalität« einer Maßnahme zu überzeugen. Wenn der Vorgesetzte z.B. Maßnahmenvorschlägen zustimmen oder sie ablehnen will, muß er sich argumentativ damit auseinandersetzen und seine eigene fachliche Kompetenz offenbaren. Die Versuchung, dem kooperativen Führungsstil auszuweichen, ist also grundsätzlich gegeben, entweder in der Richtung, notwendige Entscheidungen aufzuschieben oder unkontolliert Mitarbeitern zu überlassen (Laissez-fair-Stil), oder – entgegengesetzt – die (unbequeme) Beteiligung der Mitarbeiter ganz auszuschließen, jede Entscheidung allein zu treffen, mit dem Anspruch auf totalen Gehorsam, der nichts in Frage stellt (diktatorischer Führungsstil).

Im Feuerwehrdienst kommt es darauf an, je nach Situation denjenigen Führungsstil anzuwenden, der die besten Ergebnisse erwarten läßt.
»Stilreines« Führen läßt sich generell weder in der einen noch in der anderen Form in jeder Lage verwirklichen. Die Grundtendenz wird aber längerfristig das »Betriebsklima« bestimmen; daher ist es richtig, wo eben möglich den kooperativen Führungsstil als Richtlinie für das allgemeine Führungsverhalten zu betrachten. Je kurzfristiger aber eine Entscheidung getroffen werden muß, desto dringlicher ist die Anwendung des autoritären Führungsstils (siehe auch FwDV 12/1).
Daraus folgt, daß im Bereich der Kohäsionsfunktion kooperatives Führen die Regel sein soll, während in der Lokomotionsfunktion der autoritäre

Führungstil häufiger anzuwenden ist. Die Einsatzdurchführung ist ein typisches Arbeitsgebiet für die Lokomotionsfunktionen von Führungskräften und in der Regel von Zeitnot gekennzeichnet. Daher ist im Bereich der Lokomotion der autoritäre Führungsstil zu akzeptieren. Dies gilt speziell auf der Führungsebene des Gruppenführers und des Zugführers. Wo sich der zeitliche Rahmen öffnet, ist auch im Einsatz der kooperative Führungsstil anzuwenden. Innerhalb von Führungsstäben ist dies als Regelfall anzusehen.

- Wer grundsätzlich kooperativ führt, schafft damit eine Voraussetzung für optimale Befehlsausführung, wenn autoritär geführt werden muß.

Das Bemühen um kooperative Führung darf aber nicht zur Folge haben, daß unterstellte Mitarbeiter, die selbst zur Kooperation nicht willens oder fähig sind, die vermeintliche (oder tatsächliche) Führungsschwäche des Vorgesetzten ausnutzen, um sich selbst persönliche Vorteile zu verschaffen.

- Wenn die Auftragserfüllung es erfordert, dürfen Führungskräfte nicht zögern, die volle Autorität ihres Amtes und ihrer Person einzusetzen, um die gesetzen Ziele mit dem erforderlichen Durchsetzungsvermögen zu erreichen.

3.4 Grundsätze der Zusammenarbeit

»Die Menschen machen sich ihr Leben dadurch leichter,
indem sie es anderen schwer machen.«
(WUNDERER/GRUNWALD: Führungslehre)

Unabhängig davon, welches Führungsverhalten bzw. welcher Führungsstil von Vorgesetzten in einer bestimmten Situation praktiziert wird, ist es notwendig, organisationsintern von der Führungspitze aus für alle Mitarbeiter verbindliche Verhaltensregeln für die Zusammenarbeit zu erarbeiten und festzulegen. Dies ist eine Hauptvoraussetzung für die unbedingt erforderliche Verhaltensicherheit und das damit verbundene allgemeine Arbeitsklima.

Anfang der siebziger Jahre fand im Metallwerk Plansee eine Konferenz von Führungskräften stattfand, in der »Leitsätze für die Zusammenarbeit« aufgestellt wurden [36]. Die wesentlichen Grundaussagen dieser Leitsätze (gekürzt und zusammengefaßt) sind folgende:

1. Alle Mitarbeiter sollen sich gegenseitig Achtung, Verständnis und Vertrauen entgegenbringen.
2. Jeder einzelne Mitarbeiter soll persönliche Mitwirkungsmöglichkeiten am Arbeitsplatz und im Leistungsprozeß erhalten.
3. Die Mitwirkung umfaßt auch die Planung durch gemeinsame Erarbeitung von Ergebniszielen. Zusammenhänge zwischen Teil- und Ergebniszielen sollen einsichtig gemacht werden.
4. Die Mitarbeiter sollen an Entscheidungen beteiligt werden. Dabei ist der Sachverstand aller heranzuziehen. Vorgesetzte sollen ihre Mitarbeiter befähigen, an Entscheidungen mitwirken zu können.

5. In ihrem Aufgabenbereich sollen Mitarbeiter weitgehend selbständig entscheiden, handeln und verantworten. Zuständigkeiten sind übersichtlich und unmißverständlich zu regeln.
6. Der Betrieb ist so zu organisieren, daß die Fähigkeiten des einzelnen zur Entfaltung kommen können und die Gemeinschaftsleistung verbessert wird.
7. Gute Arbeit und kooperatives Verhalten sollen anerkannt werden. Kritik muß konstruktiv und sachlich sein. Fehler sollen Anlaß zum Lernen sein. Die Aussprachemöglichkeit zwischen allen Beteiligten muß gegeben sein.
8. Jeder Mitarbeiter hat sowohl Informationsrecht als auch Informationspflicht. Ziel- und aufgabenbezogene Information soll Zusammenhänge klären und zur Leistungsverbesserung beitragen.
9. Leistung ist am Erreichen von Zielen zu messen. Zusammenarbeit zeigt sich durch geleistete Beiträge am Gesamtergebnis. Leistung und Zusammenarbeit sind gerecht zu entlohnen. Jeder hat das Recht, die Beurteilung seiner Leistung zu erfahren. Vorgesetzte sollen regelmäßig Mitarbeitergespräche führen, die auch die Förderungsmöglichkeiten aufzeigen sollen.
10. Alle Mitarbeiter sollen durch Aus- und Weiterbildung, fähigheitsbezogenen Einsatz und Übertragung neuer Aufgaben und Möglichkeiten zur Bewährung gefördert werden.

Die verbindliche Einführung und Einhaltung solcher oder ähnlicher Grundsätze in einem Unternehmen oder einer Organistion soll die Mitarbeiter zur Leistung motivieren und zur Kooperation anhalten.

3.4.1 Motivation

Zwei wichtige Gründe für ihr Handeln bewegen die Menschen:
Die Furcht vor Strafe und die Hoffnung auf Belohnung.
Will man sie lenken, muß man verhindern,
daß sie sich außerhalb der Gesetze der Gesellschaft stellen, in der sie leben,
und dazu muß man sie die Strenge der Justiz fürchten lassen,
muß sie zu Handlungen anregen und ermutigen, die löblich sind und Glück verheißen.
FRIEDRICH II.[32]

»Motivation« ist abgeleitet aus Motiv = Beweggrund (von lat. movere = bewegen) und wird hier verstanden als Bezeichnung für die Gesamtheit aller Antriebs- und Handlungsgründe, die einen Menschen zu einem bestimmten Verhalten »bewegen«; er ist zu diesem Verhalten »motiviert«.
Motivation ist für Führungskräfte aus zweierlei Anlaß von Interesse:
erstens bei der Gewinnung von Nachwuchskräften und zweitens im Zusammenhang mit dem allgemeinen Mitarbeiterverhalten und der Leistung der Mitarbeiter.
Für die Feuerwehr wertvolle (bzw. »brauchbare«) Menschen müssen für den Feuerwehrdienst interessiert und gewonnen werden, d.h. sie müssen moti-

viert werden, sich für den Feuerwehrdienst zu interessieren und in den Feuerwehrdienst einzutreten. Dazu ist es erforderlich, dem betreffenden Personenkreis überzeugende Beweggründe zum Eintritt in die Feuerwehr zu vermitteln oder solche Gründe zu wecken. Motivierung des in Frage kommenden Feuerwehrnachwuchses, sich für den Feuerdienst zu interessieren und in diesem zu engagieren bedeutet also z.B., im Rahmen der Öffentlichkeitsarbeit Werbung für die Feuerwehr zu betreiben, den Feuerwehrdienst »schmackhaft« zu machen, den Nutzen oder den Gewinn herauszustellen, den jemand durch den Eintritt in die Feuerwehr gewinnen kann.

Solange die Leistung (bzw. das allgemeine Verhalten) der im Dienst befindlichen Mitarbeiter keinen Anlaß zur Beanstandung oder zu Änderungswünschen gibt, haben die verantwortlichen Führungskräfte eigentlich auch keine Gründe, über die Motivation der Mitarbeiter nachzudenken. Im Hinblick auf das Ergebnis der Arbeit an sich ist es uninteressant, zu wissen, warum jemand gute Leistungen vollbringt. Wer aus eigenem Antrieb das gewollte Verhalten zeigt, muß nicht von außen dazu bewegt werden. Aus diesem Blickwinkel gesehen bedeutet Motivierung der Mitarbeiter für den Vorgesetzten, diesen die Beweggründe für eine gewollte Verhaltensänderung zu vermitteln.

Mir scheint, daß die von dem Preußenkönig Friedrich II dargestellten Verhaltensgründe der Menschen nichts von ihrer allgemeinen Gültigkeit verloren haben. Wenn es gelingt, die Mitarbeiter davon zu überzeugen, daß das gewünschte Verhalten für sie vorteilhaft und das unerwünschte Verhalten nachteilig ist, besteht auch die Wahrscheinlichkeit, daß eine entsprechende Verhaltensänderung eintreten wird.

Motivationstheorien der modernen Sozialwissenschaft bestätigen weitgehend diese altbekannten Grundaussagen. Folgende Beispiele bedeutender Theorien, die selbstverständlich nur in den groben Grundzügen dargestellt werden können, sollen dies zeigen.

Die Motivationstheorie von Maslow [36], [33]

Die Grundaussagen dieser von dem Psychologen A.H. Maslow aufgestellten Theorie sind folgende:

- Die Befriedigung bestimmter Bedürfnisse ergibt die Motive für das Verhalten
- Die verschiedenen Bedürfnisse stehen in einer bestimmten Rangfolge:

a) Defizitmotive:

- fundamentale physiologische Bedürfnisse
- Sicherheits-Bedürfnisse
- Soziale Bedürfnisse
- Ich-Bedürfnisse

b) Wachstumsmotive:

- Bedürfnis nach Selbstverwirklichung

Selbstverwirklichung: »...fortschreitende Verwirklichung der Möglichkeiten, Fähigkeiten und Talente; Erfüllung einer Mission oder einer Berufung, eines Schicksals, eines Auftrags; ständige Tendenz zur Einheit, Integration oder Synergie innerhalb der Persönlichkeit« . (Maslow) [36]

- Die Erfüllung eines rangniedrigeren Bedürfnisses ist Voraussetzung für das Streben nach dem nächsthöheren Bedürfnis.
- Ein befriedigtes Defizitbedürfnis motiviert nicht.
- Wachstumsmotive wirken immerwährend weiter.

Die Problematik der Maslowschen Theorie:
- Die Organisation, der der Mitarbeiter angehört, müßte zur Gewährleistung der Selbstverwirklichung immer neue, höherwertigere Aufgaben übertragen. Das läßt sich aber nicht verwirklichen.
- Weil das Bedürfnis nach Selbstverwirklichung niemals endgültig befriedigt werden kann, sind Arbeitsunzufriedenheit und Konflikte unvermeidlich.

Die positive Seite der Maslowschen Theorie:
Sie fördert in der Grundaussage eine menschliche Betrachtungsweise in der Kooperativen Führung. Sie zeigt die Möglichkeit, daß höherwertige Bedürfnisse nicht nur materiell, sondern auch mit ideellen Werten (soziale Anerkennung, persönliche Entfaltungsmöglichkeiten) befriedigt werden können. Das kann allerdings nicht verallgemeinert, sondern muß in jedem Einzelfall gesondert beurteilt werden.

Die Motivationstheorie von Herzberg [1]
HERZBERG hat seine Theorie auf der Grundlage einer großen Reihe von Befragungen gebildet. Aus den Angaben der Befragten (Techniker und Verwaltungsangestellte) wurde eine Reihe von Faktoren abgeleitet, die für »Zufriedenheit« bzw. »Unzufriedenheit« maßgeblich sind.
Die wichtigsten *»Zufriedenheitsfaktoren«* (bei HERZBERG *»Motivatoren«* genannt) sind:
- die Arbeit selbst
- Erlebnis von Kompetenz und Leistung
- Anerkennung und Lob
- Übernahme von Selbständigkeit und Verantwortung
- Möglichkeit des Vorwärtskommens und des Aufstiegs

Die Zufriedenheitsfaktoren ergeben *Leistungsmotivation.*

»Unzufriedenheitsfaktoren« (bei HERZBERG *»Hygienefaktoren«*) sind z.B.
- die Firmenphilosophie
- die Rahmenbedingungen der Arbeit
- die Lohnhöhe
- die Beziehungen zu Vorgesetzten und Kollegen
- Statusprobleme
- technische Aspekte der Führung
- die Arbeitsplatzsicherheit

Die Unzufriedenheitsfaktoren ergeben sogenannte *»Teilnahmemotivation«*.

Die aus den genannten Faktoren resultierende »Zufriedenheit« und »Unzufriedenheit« können jeweils gleichzeitig nebeneinander bestehen; das eine schließt das andere nicht aus.

Motivation nach Gebert [10]

Grundgedanke: Die Motivation zu einem aufgabenbezogenem Verhalten ist hoch, wenn

- das Ergebnis dieses Verhaltens für den Mitarbeiter Belohnungscharakter hat und
- die Wahrscheinlichkeit hoch ist, daß dieses Ergebnis auf das aufgabenbezogene Verhalten hin auch eintritt.

Von dieser Überlegung ausgehend wird unterschieden:

1. Zum *Ergebnis* des Verhaltens:

1.1 Das Ergebnis selbst kann Belohnung sein (z.B. kann die Lösung einer schwierigen Aufgabe Befriedigung bereiten, unabhängig vom Urteil anderer

1.2 Das Ergebnis kann Folgen haben, die für den Mitarbeiter einen Wert darstellen, z. B. das Lob des Vorgesetzten

1.3 Letztere Folgen treten mit einer bestimmten Wahrscheinlichkeit auf (betrachtet der Vorgesetzte den Arbeitserfolg als selbstverständliche Normalleistung, die keines besonderen Lobes bedarf?)

2. zum *Verhalten* selbst:

2.1 Das aufgabenbezogene Verhalten selbst kann in sich (»intrinsisch«) Belohnungscharakter aufweisen (Unterricht kann Spaß machen, unabhängig davon, wie der Chef den Unterricht beurteilt und unabhängig davon, ob der Unterricht Erfolg hat)

2.2 Das aufgabenbezogene Verhalten kann »extrinsischen« Belohnungswert haben: z.B. der Chef lobt den Unterricht als solchen, unabhängig vom Erfolg des Unterrichts.

2.3 Die Häufigkeit des Lobes ergibt sich z.B. daraus, daß der Chef einen solchen Unterricht für besonders wichtig hält, unabhängig vom Unterrichtsergebnis.

3. Motivationspsychologisch ist nicht nur der Gesamtwert von 1. und der Gesamtwert von 2. von Bedeutung, vielmehr ist ergänzend wichtig, *mit welcher Wahrscheinlichkeit das Ergebnis des Verhaltens als Folge des Verhaltens selbst eintritt.*

Daraus folgt:

Das Führungsverhalten des Vorgesetzten ist in dem Ausmaß wichtig für die Motivation, als es auf die o.g. Teilbereiche der Motivation des Mitarbeiters Einfluß nehmen kann. Beispiele:

Zu 1.1 Der Vorgesetzte dosiert die Aufgabenschwierigkeit so, daß die Bewältigung für den Mitarbeiter ein Erfolgserlebnis darstellt, auf das er stolz sein kann.

Zu 1.2 Der Vorgesetzte lobt den Mitarbeiter wegen seines Erfolges und bekundet Vertrauen.

Zu 1.3 Der Vorgesetzte tut dies mit einer bestimmten, absichtlichen Häufigkeit.

Zu 2.1 Der Vorgesetzte sorgt dafür, daß der Mitarbeiter nicht nur Routine erledigen muß, sondern auch interessante Arbeit bekommt, die ihm Freude macht.

Zu 2.2 Der Vorgesetzte lobt das allgemeine Verhalten des Mitarbeiters (z.B. die Aufmerksamkeit, sein Mitdenken, die Zusammenarbeit mit den Kollegen usw.) unabhängig vom späteren Arbeitsergebnis

Zu 2.3 Der Vorgesetzte tut dies mit einer bestimmten, absichtlichen Häufigkeit.

Zu 3. Der Vorgesetzte sorgt dafür, daß das aufgabenbezogene Verhalten des Mitarbeiters auch zum gewünschten Ergebnis führt, z.B. durch folgende Maßnahmen und Verhaltensweisen:
- er läßt dem Mitarbeiter Informationen über zweckmäßige Lösungswege zukommen,
- er berät den Mitarbeiter bei schwierigen Aufgaben durch Zwischenkontrollen,
- er räumt technisch-organisatorische Hemmnisse aus dem Weg,
- er sorgt dafür, daß der Schwierigkeitsgrad der Aufgaben dem Leistungsnineau des Mitarbeiters angepaßt wird.

Je höher die Wahrscheinlichkeit ist, mit der der Mitarbeiter annimmt, daß sein Verhalten zum erwarteten Ergebnis führt, um so stärker wird seine Motivation. Deshalb muß der Vorgesetzte seine Maßnahmen so wählen und durchführen, daß die Erfolgswahrscheinlichkeit für den Mitarbeiter hoch ist. *Tatsächlich eingetretene Erfolge müssen vom Vorgesetzten auch dem Mitarbeiter ausdrücklich zuerkannt werden.*

Möglichkeiten der Motivationssteigerung nach Bamberg [1]
Motivation kann gesteigert werden durch folgende Maßnahmen:

»*Effektivitätsblockaden*« beseitigen;solche können z.B. sein:
- falsche Personalauswahl
- unübersichtliche Organisation, unklare Organisationsziele
- ungenügende Ausbildung, Weiterbildung, Fortbildung, Übung
- niedrige Bereitschaft, Neuerungen einzuführen (schwache Kreativität)
- unzureichende Information
- geringe Neigung oder Fähigkeit zur Teamarbeit, schlechte Zusammenarbeit
- falsche Grundsätze und Annahmen der Führung in bezug auf das Verhältnis zwischen Mensch und Organisation
- Mangel an gezielter, langfristiger Nachwuchsplanung
- unfaires »Belohnungssystem« (Gehälter, Beförderungen)

Zufriedenheitshemmnisse beseitigen:
Organisatorische Maßnahmen:
- zweckmäßigere Dienstzeiten
- weniger Bereitschaftsdienst
- Störer isolieren
- informelle Gruppen berücksichtigen
- Gerechtigkeit anstreben

Beteiligungsmaßnahmen:
- Beteiligung am Entscheidungsprozeß, formal und real
- Informationsfluß richtig steuern
- Normen setzen
- Maßstäbe für Beurteilungen entwickeln

Psychologische Maßnahmen:
- Entscheidungsfreiräume bieten
- Herausstellen positiver Arbeitsergebnisse/Leistungen
- Verantwortlichkeiten schaffen
- Zusammengehörigkeitsgefühl steigern
- Aufgabensinn erläutern
- Eigeninitiative fördern
- konstruktive Kritik fördern

Rahmenbedingungen verbessern:
- Versorgung
- Gestaltung der Arbeitsplätze: Einrichtung, Ausstattung, Umgebung

Motivationsorientierte Gestaltung von Besprechungen

Die Informationskonferenz (sie entspricht der herkömmlichen »Dienstbesprechung« bzw. dem autoritären Führungsprinzip):
- Eine Entscheidung liegt bereits vor, sie ist vom Vorgesetzten gefällt worden. Die Mitarbeiter haben keine Möglichkeit, daran etwas zu ändern, sie können bestenfalls »ja« oder »nein«sagen.
- Die Mitarbeiter können nur passiv die Informationen aufnehmen, sie können lediglich Orientierungsfragen stellen. Die Kommunikation ist einseitig, *sie macht unzufrieden.*
- Es kommen nur die Ideen des Vorgesetzten ins Spiel, weil die Mitarbeiter ihre Vorstellungen nicht zum Ausdruck bringen können oder sich letztlich doch anpassen müssen.
- Es findet ein *passiver Lernprozeß* statt. Die Mitarbeiter bekommen Erfahrungen, Lösungen und Entscheidungen mitgeteilt. Ihr Lernen besteht im passiven Aufnehmen von Instruktionen, an deren gedanklicher Entwicklung sie keinen Anteil haben. Sie erfahren etwas über das Ergebnis, aber wenig oder nichts darüber, wie es zustande gekommen ist. Bei der Ausführung der Entscheidung bleiben sie abhängig vom Informationsstand des Vorgesetzten, selbständige Korrekturen bei evt. auftretenden Schwierigkeiten sind nahezu ausgeschlossen.
- *Es ergibt sich »Extrinsische Motivation«:* Die von Vorgesetzten ausgewählten Handlungsmöglichkeiten müssen den Mitarbeitern nahegebracht werden, wenn sie sich nicht mit deren Zielvorstellungen decken. Die Entscheidungen werden ausgeführt, weil Vorgesetzte es so wollen, nicht aus eigenem Interesse. *Handlungsgrund ist die Erwartung von Belohnung bzw. die Vermeidung von Bestrafung.*

Die Problemlöse-Konferenz (sie entspricht der kooperativen Führungsauffassung):

- Eine Entscheidung liegt noch nicht vor, sie muß gemeinsam erarbeitet werden. Es liegt bestenfalls eine Problemdefinition des Konferenzleiters vor, diese ist aber auch nicht bindend. Sie kann von der Gruppe geändert werden, wenn neue Informationen eine Änderung notwendig machen.
- Die Mitarbeiter nehmen nicht nur die Informationen zur Kenntnis, sondern setzen sich damit auseinander und leisten eigene Beiträge zur Sache. Die Kommunikation ist mehrseitig, es wird nicht nur mit dem Vorgesetzten kommuniziert, sondern auch untereinander. Resultat: höhere Zufriedenheit.
- Alle Gruppenangehörigen können ihre Ideen zur Diskussion stellen. Die vorhandenen Informationen werden besser genutzt. Die gemeinsam Leistung der Gruppe kann höher sein als die alleinige Leistung des Vorgesetzten.
- Die Gruppe ist aktiv an der Entwicklung einer Lösung beteiligt. Das Für und Wider der Argumentation ist bekannt, man weiß worauf es ankommt und kann bei unerwarteten Schwierigkeiten entsprechend reagieren. Die Gruppenmitglieder am Werdegang der Entscheidungen beteiligt und müssen nicht nur das Ergebnis feststellen. Sie sind an Entscheidungsbildungen herangeführt worden und können höherwertigere Führungsfunktionen erlernen.
- *Es ergibt sich »Intrinsische Motivation«* (Freude an der Sache): Man führt die Entscheidung, an der man mitgewirkt hat, in eigenem Interesse aus. Der Vorgang selbst stellt die Belohnung dar.

Andere wissenschaftliche Aussagen zur Motivationstheorie [36]
kommen teilweise zu Ergebnissen, die zu den oben dargestellten im Widerspruch stehen, insbesondere im Hinblick auf die Möglichkeiten, Motivation zu wecken. Beispiele:
- Motivationsmaßnahmen müssen auch dann nicht die gewünschte Verhaltensänderung bringen, wenn die Fähigkeiten dazu beim Mitarbeiter vorhanden sind.
- Negative Erfahrungen veranlassen Mitarbeiter dazu, Fähigkeiten zu verbergen oder zu unterdrücken. Ein Führer kann sie nicht veranlassen, sie anzuwenden oder einzubringen (!).
- Motivation ist hauptsächlich eine Aktivität des Mitarbeiters selbst.
- Ein direkter, ursächlicher Zusammenhang zwischen dem Vorgesetzenverhalten und der Zufriedenheit des Mitarbeiters ist nicht gegeben. Der Vorgesetzte ist auf den guten Willen des Mitarbeiters angewiesen (!).
- Das Vorgesetztenverhalten wird stark beeinflußt von den Annahmen über die Motivation der Mitarbeiter.
- Jedes Teilsystem einer Organisation erfordert eine andere Beurteilung der Bedingungen, welche die Motivation beeinflussen können.
- Wenn sich in einer Organisation das »Betriebsklima« ändert, ändert sich auch die Motivationslage der Mitarbeiter.

Motivierung durch Abbau von Motivationshemmnissen [13]
Grundgedanke: Motivation kann nicht geschaffen, sondern vorhandene Motivation muß freigesetzt werden. Führungskräfte müssen demzufolge

zum Zwecke der Leistungssteigerung in erster Linie nach den Ursachen von Motivationshemmnissen suchen und diese beseitigen.

Erkenntnis:
Es gibt keine einzelne wissenschaftliche Theorie, die geeignet wäre, konkrete »Handlungsrezepte« zur Verfügung zu stellen, nach denen Vorgesetzte unanfechtbar »richtige« Motivationsmaßnahmen durchführen und zum Erfolg bringen könnten. Sowohl hergebrachte Erfahrungswerte als auch moderne Motivationstheorien enthalten teils richtige teils widerlegte Aussagen, die im Einzelfall richtig oder auch falsch sein können.
Wie oben dargestellt ist, ist die Motivationslage einzelner Mitarbeiter meistens sehr unterschiedlich. *Daraus folgt, daß das Führungsverhalten die individuelle Motivationslage des einzelnen Mitarbeiters im Zusammenhang mit den jeweiligen aktuellen betrieblichen Rahmenbedingungen berücksichtigen muß.* Nur durch fortwährendes Kontakthalten mit den Mitarbeitern geklärt werden, welche Ursachen im Einzelfall für mangelhafte Motivation vorliegen können. Der persönliche Führungsstil beinflußt entscheidend, ob die Mitarbeiter frei und offen die Gründe erkennen lassen, weshalb sie gehindert sind oder sich gehindert fühlen, mehr bzw. bessere Leistung zu erbringen.
Motivationssteigerung ist gleichbedeutend mit Erzeugung und/oder Verstärkung von Handlungsgründen bzw Verhaltensgründen. Welche Gründe einen Mitarbeiter zu einem gewünschten Verhalten bringen, ist im Einzelfall nicht ohne weiteres ersichtlich, aber im Hinblick auf das Ergebnis auch nicht entscheidend. Unterschiedliche Motive können also zu ein- und demselben Verhalten führen. Wenn das Verhalten im Sinne der Führung richtig ist, kann unterstellt werden, daß auch die Motivation der Mitarbeiter richtig ist. Ungeachtet der individuell und organisatorisch welchselnden motivationswichtigen Parameter können folgende Einflußfaktoren als günstig für die allgemeine Motivationslage in einer Organisation genannt werden.
- Leistung muß sich für den Mitarbeiter lohnen; dabei ist der Belohnungswert sowohl ideell als auch materiell zu wichten (idelle Werte können für einen Mitarbeiter einen höheren Stellenwert haben als materielle und umgekehrt)
- Unerwünschtes Verhalten muß negative Konsequenzen für den Mitarbeiter nach sich ziehen
- Die Einhaltung und Verwirklichung der allgemeinen Führungsgrundsätze muß auch zum Ziel haben, ein Klima zu erzeugen, welches allgemein Arbeitsfreude und Vertrauen fördert

Leistung ist das Ergebnis zielgerichteter Aktivität. Sind die Ziele selbst gesetzt, macht Leistung Spaß. Sind die Ziele fremd gesetzt, ist Leistung eine Last, die nur übernommen wird, wenn über diesen Umweg eigene Ziele erreicht werden. Höchste Motivation ist gegeben, wenn Eigenziele und betriebliche Ziele übereinstimme. (GÜNTER SCHUBERT) [6]

Westfälische Nachrichten, 20. 1. 96
Leistung soll Mitarbeiter motivieren
Kassel (dpa). Innerhalb eines Jahres kommende und scheidende Mitarbeiter eines Betriebes haben keine gleichen Ansprüche auf Weihnachtsgeld. Das Bundesarbeitsgericht hat in einem gestern veröffentlichten Urteil die Grenzen der Gleichbehandlung

beim freiwilligen Weihnachtsgeld neu definiert. Firmen steht es frei, neuen Mitarbeitern ein Weihnachtsgeld zu gewähren, ausgeschiedenen dies aber zu verweigern. (Az.: 10 AZR 208/94). Freiwillige Leistungen sollen Mitarbeiter für die Zukunft motivieren.

3.4.2 Gruppenarbeit, Führung im Team

3.4.2.1 Die soziale Gruppe

Die kürzeste Beschreibung einer sozialen Gruppe in sozialwissenschaftlicher Sicht lautet: Eine Gruppe besteht aus zwei oder mehr Personen, die in Wechselbeziehung zueinander stehen. Jeder Mensch ist, ob er will oder nicht, Mitglied mindestens einer sozialen Gruppe: Familie, betriebliche Arbeitsgruppe (z.B. Mitglieder eines Fachgebietes), sonstige private Gruppe (Kegelklub o.ä.). Dabei kann das Verhalten des einzelnen widersprüchlich sein: Es kann gleichzeitig der Wunsch nach Selbständigkeit und Unabhängigkeit sowie nach Zugehörigkeit zu einer Gruppe bestehen.
Merkmale einer sozialen Gruppe sind:
- gemeinsame Interessen, Ziele oder Aufträge,
- eine bestimmte Kommunikationsstruktur,
- das Vorhandensein einer Rollenverteilung,
- das Vorhandensein bestimmter Verhaltensnormen und -regeln.

Gruppen können zustande kommen auf Grund von Vereinbarung oder auch aufgrund äußerlicher (z.B. betrieblicher oder organisationsbedingter) Zwänge: Ein Feuerwehrangehöriger wird z.B. einer Wachabteilung zugewiesen. Innerhalb der Organisationsstruktur bilden sich aber auch sogenannte »**informelle Gruppen**« aus, die innerhalb oder außerhalb der formellen Strukturen entstehen können, z.B. in der Form der »Cliquenbildung«.
- Innerhalb einer formellen Gruppe sind die Ziele, Rollenverteilung, Aufgaben und Normen vorgegeben, z.B. durch die FwFV 4.
- Die informelle Gruppe entwickelt diese Merkmale aus sich selbst heraus.

Auch formelle Gruppen entwickeln informelle Strukturen und Vorgänge. Überspitzt betrachtet kann eine formelle Gruppe gleichzeitig eine informelle Gruppe sein.
Aus der Sicht des Vorgesetzten ist deshalb die Frage von besonderen Interesse und Gewicht, wie die informellen Beziehungen innerhalb einer formellen Gruppe beschaffen sind.
Beispiel:
Eine Löschgruppe reinigt nach dem Einsatz das Löschfahrzeug und bestückt es neu.

formelles Ziel:	Der Gruppenführer will die Einsatzbereitschaft schnell wiederhergestellt haben.
informelles Ziel:	Die Gruppe will pünktlich zur Fußballspiel-Übertragung fertig sein.

Trotz unterschiedlicher Zielsetzung entwickeln sich gemeinsame, übergreifende Interessen und Aktivitäten. Alle wollen möglichst schnell mit der Arbeit fertig werden.

formelle Rolle:	Der Gruppenführer
formelle Aktivität	befiehlt, daß diejenigen Gruppenmitgliedern, die ihre Arbeit funktionsbezogen schneller fertig haben, den andern, die mehr zu tun haben, helfen müssen.
informelle Rolle:	Der »Meinungsmacher« (= informeller Führer)
informelle Aktivität	unterstützt den Gruppenführer, organisiert die Arbeit und spornt die anderen an.
formelle Normen:	Der Gruppenführer appelliert an die Gruppendisziplin;
informelle Normen:	der informelle Führer erinnert daran, daß eine Fußballmannschaft auch nur Erfolg haben kann, wenn alle zusammenhalten.

Die Aufgaben eines Vorgesetzten im Zusammenhang mit der Gruppendynamik: Wie kann ich die informellen Ziele, Rollen und Normen für den formellen Auftrag meiner Einheit nutzbar machen? Wie kann ich die informellen Ziele mit den formellen Zielen in Einklang oder gar zur Deckung bringen?

3.4.2.2 Gruppendynamik [54]

Innerhalb einer Gruppe laufen Prozesse und Vorgänge ab, die neben oder außerhalb der offiziellen Vorgaben zu gruppeninternen Strukturen führen. Neben den formellen Zielen, Rollen und Normen können sich informelle Ziele, Rollen und Normen ausbilden, die je nach Stärke der Ausprägung erheblichen Einfluß auf die formelle Leistungsfähigkeit der Gruppe ausüben. Folgende Vorgänge können ablaufen:

- Die Mitglieder einer Gruppe entwickeln ein »Wir«-Gefühl, ein Gefühl der Zusammengehörigkeit. Dies vermittelt dem einzelnen ein Gefühl der Selbstsicherheit und Stärke.
- Die Mitglieder einer Gruppe entwickeln Gruppennormen, d.h. Regeln, welches Verhalten als »richtig« oder »erwünscht« im Sinne der Gruppe gilt. Diese Normen üben auf das einzelne Gruppenmitglied auch dann einen Einfluß (Druck) aus, wenn es sich nicht in der Gruppe befindet.
- Aggressionen, die von außen an die Gruppe oder an Einzelmitglieder herangetragen werden, führen zu einem stärkeren Zusammenhalt der Gruppe und zu einer Stärkung des »Wir«-Gefühls.
- Kontakte, Aktivitäten und Zusammengehörigkeitsgefühl innerhalb einer Gruppe beeinflussen sich gegenseitig.
- Neben dem formellen Führer kommt es zur Ausbildung eines informellen Führers.

Konflikte entstehen zwangsläufig, wenn die informellen Ziele und Interessen nicht ausreichend mit den formellen Zielen übereinstimmen oder sogar entgegengesetzt gerichtet sind. In weniger ausgeprägten Abweichungen kommt

es mindestens zu einer Schwächung der Gruppenleistungsfähigkeit. Eine entscheidende Rolle kommt hierbei dem informellen Führer zu; je nachdem, in welchem Sinne er die Gruppe beeinflußt.
Dabei stehen die Gruppenmerkmale und die des informellen Führer in einer Wechselbeziehung

Merkmale der Gruppe:
- Welche Bedürfnisse, Erwartungen haben die Gruppenmitglieder?
- Welche personelle Zusammensetzung hat die Gruppe: Alter, Geschlechterverteilung, individulle Kenntnisse?
- Wieviel Personen umfaßt die Gruppe?
- Welche sozialen Status haben die Gruppenmitglieder? Gibt es Unterschiede?

Funktionen und Merkmale des informellen Führers:
- Er hat eine besondere Stellung im Kommunikationsnetz.
- Er hat die Kontrolle über gruppeninterne Beziehungen.
- Er ist Ideologe, Identifikationsfigur, Vorbild und Modell
- Er sorgt für den Zusammenhalt der Gruppe.
- Er ist Experte und Problemlöser, der wichtige Informationen und Fertigkeiten besitzt.
- Er ist Berater, Planer, Leiter, Koordinator und Überwacher.
- Er hat die Macht, zu belohnen und zu bestrafen.
- Er ist guter Zuhörer, Vertrauensmann, Vermittler, Konfliktregler, und Schiedsrichter.
- Er ist z.T. »Sündenbock« für frustrierte Gruppenmitglieder.
- Er ist Sprecher und Repräsentant nach außen.
- Er übernimmt Verantwortung für individuelles Verhalten, nimmt »seine Leute« in Schutz.

Nach den Erkenntnissen der Gruppenpsychologie nimmt man folgende Wirkungen des Führereinflusses auf die Gruppenmitglieder an:

Einflußfaktor	**Mögliche Wirkungen**
Macht (Belohnung, Bestrafung)	Widerstand, Trotz Anpassung, keine eigene Meinung Lippenbekenntnisse, keine Verantwortung Klatsch, Cliquenbildung
Attraktivität, Anziehungskraft, Charisma	Identifikation, Lernen am Modell
Glaubwürdigkeit,Vertrauenswürdigkeit Fachliche Kompetenz	Überzeugung

Gruppenklima

Das Klima, die Atmosphäre innerhalb einer Gruppe, sei sie formell oder informell, beeinflußt stark die Ergebnisse gemeinsamer Arbeit. Eine ungezwungene, offene Atmosphäre ist Voraussetzung für gute Gemeinschaftsleistung. Hinweise auf eine offene Atmosphäre innerhalb einer Gruppe sind folgende [GORDON]:

Verhalten gegenüber dem Vorgesetzten

Die Gruppenmitglieder

- zeigen im Umgang mit dem Vorgesetzten nicht mehr Förmlichkeit als im Umgang mit anderen Gruppenmitgliedern,
- erwarten vom Vorgestzten nicht, daß er das Gespräch eröffnet oder beendet,
- sprechen in Gegenwart des Vorgesetzten ungezwungen miteinander,
- haben keine Hemmungen, bei abweichender Meinung diese auch gegenüber dem Vorgesetzten zu äußern.

In Arbeitsvorgängen:

- Viele Gruppenmitglieder haben gute Ideen und bringen diese ein
- Die Gruppe kommt zu eigenen Entscheidungen
- die Gruppe sorgt selbständig dafür, daß die Arbeit reibungslos verläuft
- die Gruppe erwartet vom einzelnen Mitglied, daß Aufgaben willig übernommen werden

Übungsaufgabe Gruppenpsychologie [54]:

Angenommener Anlaß: Innerhalb der Feuerwehr kommt es dadurch zu Störungen und Meinungsverschiedenheiten, daß sich eine Gruppe gebildet hat, die untereinander intensiven Kontakt hält, die sich jedoch gegenüber anderen Angehörigen der Feuerwehr abkapselt. Die Gruppe hat sich u.a. zum Ziel gesetzt, eine Verlegung des Dienstbeginns von Mittag- auf Morgenablösung durchzusetzen. Spannungen gibt es vor allem deshalb, weil diese Gruppe über die Planung und Durchführung der Maßnahmen besser als andere orientiert und informiert ist und weil sie mehrfach der Dienstellenleitung in Eingaben und auch informell ihre Vorschläge auf eine Art und Weise unterbreitete, daß die Dienststellenleitung dies dann für die Meinung der gesamten Feuerwehr gehalten hat. Welche der folgenden Maßnahmen sind (jeweils allein oder in Kombination) geeignet, um die Spannungen zu beheben? (Die Übung sollte zunächst als Einzel- und dann als Gruppenarbeit mit Diskussion erfolgen.)

a) Der Gruppe offiziell verbieten, weitere Aktivitäten durchzuführen.
Folge:
....
....

b) Die Gruppe ignorieren.
Folge:
....
....

c) Die Gruppe auflösen, indem man die einzelnen Mitglieder auf verschiedene Feuerwachen und /oder Wachabteilungen versetzt.
Folge:
....
....

d) Den informellen Führer der Gruppe ermitteln und auf seine Entlassung oder Versetzung drängen.
Folge:
....
....

e) Mit jedem Mitglied der Gruppe einzeln über das Problem sprechen.
Folge:
....
....

f) Versuchen, die Gruppe lächerlich zu machen.
Folge:
....
....

g) Die Gruppe auffordern, offiziell der ganzen Feuerwehr über sich und ihre Ziele zu berichten.
Folge:
....
....

h) Die Personalvertretung auffordern, mit der Gruppe zu verhandeln.
Folge:
....
....

i) Weitere Lösungen oder Lösungskombination:
....
....

Effektivität der Teamarbeit

Mit Hilfe der Teamarbeit kann man sich die leistungsfördernden Vorgänge der Gruppendynamik zunutze machen. Wirksame Gruppenarbeit setzt jedoch ein Mindestmaß an Gemeinsamkeit (Harmonie) und Disziplin voraus: Die Gruppe muß eine gewisse »soziale Reife« aufweisen. Mangelnde Teamentwicklung führt zu unbefriedigenden Gruppenentscheidungen. Gründe dafür können sein [nach ECHLMAYR, FREYN u.a.]

- Die Kommunikation funktioniert nicht, weil keine Sprechdisziplin gehaltenwird: Mehrere reden gleichzeitig.Dadurch wird vieles nicht verstanden. Gruppenmitglieder mit weniger Durchsetzungsvermögen und Redegewandheit kommen nicht zu Wort. Wertvolle Informationen,Gedanken und Argumente können verloren gehen.
- Ein einzelnesGruppenmitglied kommt mehr zu Wort, weil es einen höheren Rang hat, mehr Durchsetzungsvermögen oder auch einfach mehr Attraktivität besitzt. Kompetenzmangel kann dadurch überdeckt werden. Unqualifizierte Entscheidungen können entstehen.
- Persönliche Spannungen und Beziehungen zwischen einzelnen Gruppenmitgliedern. können dazu führen, daß Argumente nicht sachlich angehört und aufgenommen werden. (»Was der sagt, gilt für mich sowieso nicht ...»)

Tab. 20: Selbstbewertung des Verhaltens in der Arbeitsgruppe

Selbstbewertung des Verhaltens in der Arbeitsgruppe							
Verhalten	Note						
Wie drücke ich meine Gedanken aus?	0	1	2	3	4	5	6
	sehr unklar						sehr klar
Wie höre ich anderen zu?	0	1	2	3	4	5	6
	unkonzentriert						sehr aufgeschlossen
Wie trage ich meine Ideen vor?	0	1	2	3	4	5	6
	nicht überzeugend						sehr überzeugend
Wie bleibe ich beim Besprechungsthema?	0	1	2	3	4	5	6
	nicht konsequent						sehr konsequent
Wie ist meine Grundeinstellung gegenüber anderen?	0	1	2	3	4	5	6
	mißtrauisch						vertrauensvoll
Wie offenbare ich meine Gefühle in einer Sache?	0	1	2	3	4	5	6
	gar nicht						sehr offen
Wie beuge ich mich dem Willen anderer?	0	1	2	3	4	5	6
	gar nicht						bereitwillig
Wie ist mein Drang, "Häuptling" in der Gruppe zu sein?	0	1	2	3	4	5	6
	sehr schwach						sehr stark
Wie verhalte ich mich anderen gegenüber?	0	1	2	3	4	5	6
	abweisend						herzlich
Wie beeindrucken mich Bemerkungen anderer über meine Meinung und meine Verhaltensweise?	0	1	2	3	4	5	6
	gar nicht						sehr stark
Wie fühle ich mich in die Situation anderer ein?	0	1	2	3	4	5	6
	kaum						sehr verständnisvoll
Wie reagiere ich auf Widerspruch und Widerstand in der Gruppe?	0	1	2	3	4	5	6
	resignierend						kämpferisch
Wie ist mein Beitrag zum produktiven Denken in der Gruppe?	0	1	2	3	4	5	6
	unbedeutend						sehr stark
Wie toleriere ich entgegengesetzte Meinungen?	0	1	2	3	4	5	6
	sehr wenig						sehr tolerant

- Es wurden vorzeitig Entscheidungsprioritäten gesetzt. Das kann zur Folge haben, daß wirklich wichtige Gesichtspunkte nicht berücksichtigt werden können.
- Es wurde nicht die angemessene Geschäftsordnung festgelegt. Wer hat die Gesprächsleitung, Moderation? Ist eine bestimmte Sitzordnung zweckmäßig? Wie lange darf die Veranstaltung dauern? Welche Redezeit steht für den einzelnen zur Verfügung? Wie sollen Entscheidungen herbeigeführt werden (Abstimmungsmodus)?
- Die Gruppenmitglieder sind nicht bereit, Minderheitenmeinungen anzuhören, zu prüfen oder gelten zu lassen. Gute Ideen werden von den »normal Denkenden mit dem gesunden Menschenverstand« unterdrückt oder lächerlich gemacht.
- Die Gruppe ist zu unentschlosssen. Bedenken und Zweifel verhindern eine Entscheidung, weil das Sicherheitsdenken nicht überwunden werden kann.
- Eine Entscheidung wird zu eilfertig herbeigeführt, weil eine vordergründige Meinung sich durchsetzt. Die Gruppe ist nicht in der Lage, wirklich ernstzunehmende Einwände gegen vorschnelle Entscheidungen zu prüfen. Dies wirkt sich um so negativer aus, je schwerwiegender die Folgen sind und je langfristiger die Wirkung ist.
- »Theoretiker« und »Praktiker« in der Gruppe arbeiten nicht zusammen. Die Theoretiker suchen ein Problem durch rein logische Schlüsse zu lösen; die Praktiker bevorzugen die »pragmatischen«, manchmal aber oberflächlichen Entscheidungen.
- Die Gruppe scheut Konflikte. Um das gute Klima nicht zu gefährden, ist man darauf bedacht, Argumente, Meinungen, Informationen zu vermeiden, die vielleicht einen Konflikt auslösen könnten: Konflikte werden falsch (als Streit) verstanden.
- Die Gruppenmitglieder können sich mit der Gruppe nicht identifizieren, weil die Identität der Gruppe unklar ist. Deshalb fehlt die Bereitschaft, sich voll einzubringen und die Gruppenentscheidungen mitzutragen.

Arten und Methoden, Entscheidungen herbeizuführen [nach ECHLMAYR, FREYN u.a.]

Angemaßtes Recht eines einzelnen
Ein einzelner nimmt sich das Recht, eine Entscheidung im Namen der ganzen Gruppe zu treffen. Wenn eine solche Entscheidung vorgeschlagen wird, ist es für die Gruppe als Ganzes oft leichter, zuzustimmen als abzulehnen, owohl einzelne Gruppenmitglieder anderer Meinung sind. Die Entscheidung kommt deshalb zustande, weil einige nicht von ihren Rechten Gebrauch machen.

Entscheidung durch einen Zweier-Zusammenschluß
Die Entscheidung kommt zustande, weil zwei Gruppenmitglieder sich zusammenschließen. Solche Entscheidungen können so plötzlich in Erscheinung treten, daß die anderen davon überrascht werden und zugleich noch ein neues Problem zu lösen haben, nämlich wie mit den beiden zur gleichen Zeit umzugehen ist.

Entscheidung durch Cliquenbildung
Mehrere Mitglieder der Gruppe legen sich schon im voraus auf eine bestimmte Entscheidung fest, die zwar gut sein kann, aber eine Schwächung des Gruppenzusammenhaltes und des gegenseitigen Vertrauens nach sich zieht...

Entscheidung durch Mehrheitsbeschluß
Durch Abstimmung zu einer Entscheidung zu kommen, scheint oft der beste oder einzige gangbare Weg zu sein. Die Minderheit wird jedoch gegen die Entscheidung eingenommen bleiben und sie daher vielleicht nicht willig ausführen.

Entscheidung durch Druck auf Widerstrebende
»Ist jemand dagegen?« Einer solchen Frage werden verschiedene Gruppenmitglieder nicht zu widersprechen wagen. Sie halten ihre gegenteilige Meinung zurück, weil sie fürchten, nicht unterstützt zu werden. Solcher Druck kann auch mit gegenteiliger Äußerung ausgeübt werden: »Wir stimmen doch alle zu!«

Entscheidung durch scheinbare Einstimmigkeit
Ausgeübter Druck kann so stark in der Gruppe werden, daß tatsächlich eine 100%ige Einstimmigkeit erzielt wird. Trotzdem ist es möglich, daß die Mehrheit der Gruppenmitglieder mit der Entscheidung nicht zufrieden ist und deshalb die Ausführung in der Praxis unterbleibt.

Entscheidung durch Übereinstimmung
Eine Entscheidung wird erst getroffen, nachdem jeder Gelegenheit hatte, seine eigene Meinung voll zur Geltung bringen und nachdem das Problem ausgiebig von allen Seiten erörtert wurde. Auch diejenigen werden die Entscheidung mittragen können, die nicht in allen Punkten damit einverstanden sind, weil ihre Stellungnahme voll vorgebracht werden konnte.

Unter welchen Voraussetzungen ist es zweckmäßig, daß Entscheidungen durch die Gruppe (und nicht allein durch Vorgesetzte) gefällt werden?
- Wenn es notwendig (und möglich) ist, verschiedene Standpunkte und Meinungen zu berücksichtigen.
- Wenn die Gruppe direkt von der Entscheidung betroffen ist.
- Wenn die Gruppe den Beschluß selbst ausführen muß.

Faktoren, welche die Beschlussfassung durch die Gruppe erleichtern:
- Angemessene Gruppengröße
- Klarheit über das zu lösende Problems; über die Ziele zu erreichenden Ziele
- Klare Zuständigkeiten und Verantwortlichkeiten
- Wirksame Methoden der Ideenfindung und Ideenmitteilung und Prüfung

- Übereinstimmung über das Verfahren, durch das die Entscheidungen getroffen werden sollen, noch bevor die Überlegungen zum Problem beginnen (Geschäftsordnung!)
- Wirksame Methoden der Ausführung des getroffenen Beschlusses

3.4.2.3 Brainstorming [34], [1], [9]

Große Entdeckungen werden oft von Menschen gemacht, die nicht Fachleute auf dem betreffenden Gebiet sind, weil das fachspezifische, schulmäßige Denken Hemmnisse gegenüber neuen Erkenntnissen aufbaut. (LAUXMANN, Unabhängig denken)

Das Brainstorming (deutsch: »Gehirnstürmen«) ist ein Gruppenverfahren zur Problemlösung. Es kann dort eingesetzt werden, wo es darauf ankommt, neue oder verborgene Ideen zu finden oder aus alten Denkstrukturen herauszukommen.

Regeln für eine Brainstorming-Sitzung

1. Teilnehmerzahl
Die Teilnehmerzahl hängt davon ab, wer vom Problem betroffen ist oder an der Lösung beteiligt werden soll oder kann. Im Extremfall kann ein einzelner auch ein Brainstorming durchführen, er ist aber dann auch allein auf seinen Einfallsreichtum angewiesen. Eigentlich ist damit der Sinn des Brainstorming verfehlt. Andererseits darf die Teilnehmerzahl nicht zu groß sein, weil sonst die Gefahr besteht, daß vieles ohne Nutzen zerredet wird. Deshalb sollte die Teilnehmerzahl höchstens 20 betragen.

2. Teilnehmerzusammensetzung
Handelt es sich um persönliche, individuelle Probleme, so ist es naheliegend, daß nur solche Personen teilnehmen sollen, die das Vetrauen des Betroffenen besitzen. Jedenfalls ist es sachdienlich, wenn vom Problem persönlich nicht belastete Personen teilnehmen, weil ihre Gedanken und Ideen nicht mit negativen Gefühlen, wie sie der Betroffene hat, belastet sind. Handelt es sich um ein betriebliches oder organisatorisches Problem, ist es ratsam, auch solche Personen zu beteiligen, die aus der Sicht dessen, der die Problemlösung sucht, Nichtfachleute sind. Gerade in diesem Personenkreis ist die Wahrscheinlichkeit groß, auch solche Ideen und Gedanken zu entwickeln, die im Zusammenhang mit dem Problem unbelastet sind, weil eine »Betriebsblindheit« nicht gegeben ist.

3. Sitzungsraum
Der Sitzungsraum muß nicht nur entsprechend der Teilnehmeranzahl angemessen groß sein, er sollte ausreichend ruhig und ungestört sein und eine zweckmäßige Ausstattung haben.

4. Moderator
Einer der Teilnehmer muß die Rolle des Versammlungsleiters und Moderators übernehmen, der für einen geordneten Ablauf sorgt und – je nach Erfordernis – die Wortmeldungen entgegennimmt und sammelt.

5. Stimmung
Jeder Teilnehmer soll zu einer gelockerten, möglichst ungezwungenen Atmosphäre beitragen.

6. Wortbeiträge
Jeder Teilnehmer soll zu Wort kommen.

7. Vorschläge
Jeder Lösungsvorschlag, mag er auch noch so unsinnig erscheinen, wird angenommen, schriftlich festgehalten und möglichst für alle sichtbar an der Wand gesammelt. Auch »verrückte« Ideen sind willkommen! Möglichst viele Ideen! Quantität geht vor Qualität. Vorschläge und Ideen sind abzuwandeln, zu erweitern.

8. Diskussion
Detaildiskussionen, insbesondere über die Durchführbarkeit einzelner Vorschläge, sind verboten.

9. Bewertung
Jegliche Bewertung, Kommentierung oder Kritik der Vorschläge ist verboten. Vor allem sogenannte »*Killerphrasen*« dürfen nicht geduldet werden, wie z.B.:
Das kann ja gar nicht funktionieren!
Darüber brauchen wir gar nicht erst zu reden!
Wir haben gar keine Zeit!
Wozu denn ändern? Es funktioniert doch!
Das wird überall so gemacht!
Wer soll das eigentlich bezahlen?
Das können Sie so nicht beurteilen!
Was verstehen Sie denn davon?
Haben Sie denn da Erfahrung?
Das kann doch nicht ihr Ernst sein!
Was glauben Sie, wozu ich studiert habe?
Darum geht es doch gar nicht!
Glauben Sie mir das ruhig!
Wie lange sind Sie denn schon bei uns?
Ich weiß, was es heißt ...!
Wie kommen Sie denn darauf?
Darüber sind wir uns ja wohl einig!
Nein!
usw.

10. Einhaltung der Regeln
Der Moderator achtet auf die Einhaltung der Regeln. Er darf auch selber mitmachen, jedoch mit Zurückhaltung. Er sorgt dafür, daß
– die Problemstellung von allen Gruppenmitgliedern verstanden wird,
– die Ideen nicht sofort bewertet werden,
– daß die Gruppenmitglieder einander zuhören und Ideen anderer weiterverfolgt werden,
– daß durch anregende Fragen zahlreiche Lösungsvorschläge durch das Team erarbeitet werden,

- daß alle Gedanken für alle sichtbar mitgeschrieben werden,
- daß jedes Gruppenmitglied sich beteiligt und sich engagiert,
- daß das Profilierungsstreben einzelner Gruppenmitglieder zurückgedrängt wird,
- daß Mißverständnisse und Rivalitäten vermieden werden,
- daß eine produktive Gruppenleistung erreicht wird, ohne der Gruppe eigene Lösungsvorschläge aufzudrängen.

11. Dauer
Empfohlen wird eine Sitzungsdauer von ca. 1/2 bis 1 Stunde. Die Zeit kann natürlich den Bedürfnissen entsprechend gewählt werden, im Extremfall dauert eine Sitzung solange, bis niemand mehr etwas einfällt.

12. Auswertung
Zwischen der Sammlung und der Analyse bzw. Bewertung der gewonnenen Ideen sollte eine längere Pause (mindestens ein bis zwei Tage) liegen.

13. Entscheidung
Nach der Sammlung von Lösungsvorschlägen muß eine Entscheidung darüber getroffen werden, welcher Weg beschritten werden soll. Maßgeblich dafür ist der voraussichtliche Wert und die Folgen, die jeder in Frage kommende Lösungsvorschlag nach sich ziehen wird, falls er verwirklicht wird. Man wird sich für die Möglichkeit entscheiden, die mit der größten Wahrscheinlichkeit das günstigste Ergebnis, d.h. die größte Annäherung an den gewünschten Sollzustand verspricht.

14. Überprüfung
Bei der Ausführung der ausgewählten Maßnahme ist das Ergebnis mit allen Folgen zu überprüfen. Bei unbefriedigendem Ergebnis ist das ganze Verfahren zu wiederholen.

3.4.2.4 Feedback (nach Bamberg [1], Echlmayer [7]u.a.)

Das Feedback (engl. Rückkopplung), ist eine Mitteilung an eine Person oder Personengruppe darüber, wie ihr aktuelles oder allgemeines Verhalten bei anderen wahrgenommen, verstanden und erlebt wird. Das Feedback kann als Übung für die Selbsterkenntnis und Selbstkontrolle veranstaltet werden.

Regeln für den Absender
- Beziehe dich auf konkrete Einzelheiten, die du selbst beobachtet hast. Mache deine Angabe so genau wie möglich. Benenne Beispiele, wie sie aktuell in der Gruppe passiert sind.
- Unterwirf deine Beobachtungen der Nachprüfung durch andere Gruppenmitglieder.
- Gib dein Feedback, um dem anderen zu helfen.

- Beziehe dein Feedback auf Verhaltensweisen, die der andere (Empfänger) auch zu ändern fähig ist. Die Verhaltensweisen nicht interpretieren oder nach Motiven suchen.
- Gib dein Feedback möglichst bald nach der Beobachtung
- Vermeide moralische Bewertungen. Feedback soll beschreibend, nicht bewertend sein, z.B. Beschreibung der eigenen Reaktion: »Auf mich hat dies angenehm gewirkt.«
- Biete deine Informationen an, zwinge sie dem Empfänger nicht auf.
- Schließe die Möglichkeit des Irrtums nicht aus!

Regeln für den Feedbackempfänger
- Nicht argumentieren oder verteidigen.
- Genau zuhören, bei Mißverständnissen klären.
- Aus dem Feedback lernen.
- Feedback kritisch überdenken.
- Wehre dich dagegen, dir Verhaltensweisen vorschreiben zu lassen. Treffe deine Verhaltenskonsequenzen selbst.

Fragen zur eigenen Feedbacksituation
- Erlebe ich wenig oder viel Feedback?
- Neige ich zu Widerspruch?
- Neige ich dazu, mißzuverstehen oder falsch zu deuten?
- Neige ich zu Gegenangriffen?
- Akzeptiere ich Feedback mit Worten, handele aber nicht danach?
- Gewinne ich aus dem Feedback Einsichten, die es mir ermöglichen, in neuer Weise zu handeln?
- Habe ich die Gültigkeit des Feedback durch Suchen nach weiteren Reaktionen im meinem Verhalten geprüft?

3.4.3 Information

Umfassende und rechtzeitige Information aller Mitarbeiter ist eine wesentliche Voraussetzung für die Vertrauensbildung und Motivierung. Dies gilt nicht nur im alltäglichen Arbeitsablauf sondern gerade auch im Einsatz. Dabei kommt es nicht darauf an, die Mitarbeiter mit Informationen zu überfluten. Ein Zuviel an Information läßt das Interesse erlahmen, weil eine Überfülle von Informationen nicht mehr übersehen und verarbeitet werden kann. Information muß also gezielt und ausgewählt erfolgen. Dabei ist besonders zu berücksichtigen, wer welche Informationen in erster Linie für seine Entscheidungen und seine Aufgabenerfüllung benötigt.
Daher ist eine planmäßige und gesteuerte Informationsversorgung erforderlich. In der Einsatzvorbereitung und im Alltag können und sollen aucn Querverbindung für den Informationsfluß geduldet oder auch gefördert werden. Bei der Einsatzdurchführung kann das allerdings so allgemein nicht gelten; maßgeblich sind die taktischen Erfordernisse und die technischen Möglichkeiten. Wenn bei der Einsatzdurchführung Einsatzkräfte aufgrund der Ein-

satzdauer und der Einsatzbedingungen in schwierige Situationen geraten, ist die rechtzeitige und gezielte Informationsversorgung mitentscheidend für die seelische und körperliche Widerstandsfähigkeit; Ungewißheit belastet besonders hoch.
Soweit keine zwingenden Gründe entgegestehen (z.B. Datenschutz), sollen an die Mitarbeiter auch Hintergrundinformationen vermittelt werden.
Als allgemeine Regel kann im Arbeitsalltag gelten, daß mündliche Information der schriftlichen vorzuziehen ist.

3.4.4 Koordinierung

Koordinierung ist eine wesentliche Aufgabe der Vorgesetzten. Dies gilt nicht nur für den alltäglichen Arbeitsablauf, sondern besonders bei schwierigen und komplexen Vorhaben. Soweit es möglich ist, sollen die Mitarbeiter zur Planung und Abstimmung herangezogen und beteiligt werden. In der Planungsphase sollen die Mitarbeiter Gelegenheit haben, ihre Vorstellungen einzubringen und nach Möglichkeit sich auch an Entscheidungen zu beteiligen. Die Zuweisung von Teilaufgaben soll nicht nur die Sach- und Fachkenntnisse sondern auch Fähigkeiten, Interessen und Neigungen berücksichtigen.

3.4.5 Übertragung von Aufgaben und Verantwortung

Es entspricht den Grundsätzen der Kooperativen Führung, Aufgaben abzugeben und damit auch Verantwortung zu teilen. Die Mitarbeiter müssen angehalten werden, Verantwortung zu übernehmen. Das setzt aber voraus, daß mit der Aufgabenübertragung auch die organisatorischen und materiellen Voraussetzungen geschaffen werden, um die Aufgaben auch tatsächlich (und nicht nur formal) ausführen zu können; dazu gehört vor allem auch Klarheit und Übersichtlichkeit bei der Aufgabenformulierung.
Insofern sind die Bestrebungen, auch im öffentlichen Dienst nach betriebswirtschaftlichen Gesichtpunkten zu verfahren, z.B. die Haushaltsmittel zu budgetieren – also zur selbständigen Verwaltung zuzuteilen – zu begrüßen.
Beispiel: Der Gerätewart soll einen konkret geplanten Geldbetrag zur selbständigen Beschaffung der erforderlichen Sachmittel zur Verfügung gestellt bekommen, damit er nicht wegen jeder Unterlegscheibe beim Dienststellenleiter oder bei der haushaltverwaltenden Stelle einen schriftlichen Beschaffungsantrag stellen muß.
Die Übertragung von Verantwortung entlastet nicht nur den Vorgesetzten, sondern fördert auch die Motivation der Mitarbeiter. Die Delegation von Aufgaben und Verantwortung soll in der Geschäftsordnung der Organisation verankert werden. Aufgabendelegation darf aber nicht dazu mißbraucht werden, sich selbst lediglich von Arbeitsaufwand zu entlasten. Andererseits darf aber auch die sogenannte »Rückdelegation« nicht hinnommen werden: Der Vorgesetzte muß darauf bestehen, daß der zugewiesene Auftrag als Ganzes erledigt und verantwortet wird.

Richtig gehandhabte Aufgaben- und Verantwortungsdelegation fördert die Selbständigkeit und Kreativität aller Beteiligten. Die Eigeninitiative wird geweckt und gefördert, wenn mit der Aufgabe auch die Verantwortung zugewiesen wird. Die Fähigkeiten und Kenntnisse der Mitarbeiter sind dabei zu berücksichtigen, damit möglichst keine Über- aber auch keine Unterforderung eintritt.
Bei der Aufgabenzuweisung sind die Führungsebenen zu berücksichtigen und einzuhalten. In die Aufgabenerledigung soll nur eingegriffen werden, wenn bei der Kontrolle festgestellt wird, daß die Zielerfüllung gefährdet ist. Erarbeitete Ergebnisse sollen von den Mitarbeitern auch nach außen vertreten werden und die zugestandene Selbständigkeit soll nach außen sichtbar werden. Der persönliche Stil der Mitarbeiter in Sprache und Schrift soll nicht angetastet werden, soweit in der Sache (Erreichen der Ziele, verständliche Sprache, korrekte Fachausdrücke usw.) Berichtigungen nicht erforderlich sind.

3.4.6 Kontrolle, Dienstaufsicht

Der mittelalterliche Feldhauptmann, dem vom fürstlichen Kriegsherrn die Werbung von Landsknechten übertragen worden war, mußte die geworbenen Truppen auf einem Musterplatz vorführen. Hier erfolgte die Abnahme durch einen Beamten, den Musterherrn, um die oft beklagten »Unterschleifen« zu verhindern. Denn manche Hauptleute versuchten, ihr Einkommen dadurch aufzubessern, daß sie in ihren Listen oder Rollen mehr geworbene Knechte aufführten, als sie tatsächlich unter den Fahnen hielten. Deshalb führte der Musterherr eine Gegenrolle, die »Contre-Role«, mittels derer er die Zahl der tatsächlich geworbenen Landsknechte überprüfte. Diese Contre-Role war der Ursprung des Begriffs Kontrolle. [31]

Grundsätzlich bedeutet Kontrolle, einen Ist-Zustand mit dem Soll-Zustand zu vergleichen. Was zu kontrollieren ist, ergibt sich aus dem angestrebten Kontrollziel. So ist es ein wesentlicher Unterschied, ob sich Kontrolle auf die Einsatzabwicklung bezieht (siehe Abschnitt 2.5.2.5) oder auf die Tätigkeiten und Ergebnisse innerhalb der Einsatzvorbereitung.
Verantwortlich für die Kontrolle ist derjenige, der die Ziele gesetzt hat. Innerhalb der Feuerwehr trägt die höchste Kontrollveranwortung der Leiter; nach ihm aber auch jeder, der zum Erreichen bestimmter Ziele beauftragt ist.
Nach der Art der Kontrolle kann unterschieden werden:
Kontrollumfang: Totalkontrolle, Stichprobenkontrolle
Kontrollgegenstand: Verhaltenskontrolle, Ergebniskontrolle, Erfolgskontrolle
Kontrollinstanz: Fremdkontrolle, Selbstkontrolle

Totalkontrolle müßte sich sowohl auf den Umfang als auch auf das Verhalten erstrecken und sie müßte auch hinsichtlich des Zeitablaufes lückenlos sein. Diese Kontrolle ist weder sachlich noch menschlich gerechtfertigt und auch nicht realisierbar.
Verhaltenskontrolle ist erforderlich, wenn bestimmte Arbeitsabläufe zum Erreichen eines Zieles notwendig sind, besonders im Hinblick auf die Zeit.

Beispiel: Wenn eine Saugleitung in der kürzestmöglichen Zeit zusammengekuppelt werden soll, muß die Mannschaft zuerst die elementaren Handgriffe erlernen. Der Ausbilder muß in dieser Phase auf fehlerfreie Handhabung und Zusammenarbeit im Detail achten und den ergonomischen Ablauf fortlaufend kontrollieren, um zu erreichen, daß die richtigen Handgriffe erlernt und dann trainiert werden. Erst wenn diese Voraussetzung erfüllt ist, macht es einen Sinn, die Kontrolle mehr und mehr von der Verhaltensebene auf die Ergebnisebene zu übertragen.
Verhaltenskontrolle ist ebenfalls erforderlich, wenn es um die Einhaltung von Sicherheitsvorschriften und -regeln geht: Bei Übungen sind die Unfallverhütungsvorschriften zu beachten, bei Einsätzen darüber hinaus die taktischen Sicherheitsregeln (z.B. die Verhaltensweise beim Vorgehen in Brandräume).

Vertrauen ist gut, Kontrolle ist besser.
LENIN

Was Kontrolle nicht sein soll: Ausschließlich Suche nach Fehlern.
Kontrollen, die sich nach der grundsätzlichen Vermutung richten, Mitarbeiter seien eher unfähig und nicht guten Willens (siehe X-Theorie in Abschnitt 3.3.1), führen dazu, daß der Kontrollierende nur noch Fehler sucht, während der Kontrollierte diese verbergen will.
Kontrolle muß sein. Kontrolle ist als Ergebniskontrolle unentbehrlich und sie ermöglicht erst die Beurteilung der Mitarbeiter im Hinblick auf ihre Leistungen und somit auch im Hinblick auf ihr Fortkommen. Deshalb soll die Kontrolle innerbetrieblich nach folgenden Grundsätzen erfolgen:
- Es ist vorrangig festzustellen, ob und in welchem Maß die vereinbarten (oder festgelegten Ziele erreicht wurden. Die Zielvereinbarung ist Grundlage für einer mögliche Selbstkontrolle. Ergebniskontrolle ist regelmäßig auch Gegenstand des Zielvereinbarungsgesprächs.
- Das Kontrollverfahren soll einsichtig sein und nicht den Eindruck erwecken, daß menschliches Mißtrauen der Anlaß ist. Menschliches Fehlverhalten darf aber deshalb nicht unbemerkt bleiben. Solches Fehlverhalten ist im Rahmen eines Mitarbeitergesprächs aufzuklären und auszuräumen.

Vertrauen muß erst recht sein. Richtig verstandene und durchgeführte Kontrolle soll nicht anstelle von Vertrauen gesehen werden, sondern im Endeffekt eine Vertrauenssteigerung erwirken.

3.4.7 Anerkennung von Leistungen

Anerkennung und Kritik bilden die notwendige Rückmeldung über die erbrachte Leistung. Jeder Mensch ist auf Anerkennung seiner Person und seiner Leistungen angewiesen. Anerkennung und Lob sind hinsichtlich der Wertigkeit nicht geringer einzustufen als materielle Sicherheit. Berechtigte und ehrlich gemeinte Anerkennung hebt das Selbstwertgefühl, steigert die Arbeitsfreude, spornt an, hebt das Verbundenheitsgefühl und die Achtung vor dem Vorgesetzten. Bei der Übermittlung von Anerkennung sollen folgende Grundsätze beachtet werden.

- Anerkennung muß begründet sein, sonst wird sie entwertet und wird nicht ernst genommen.
- Anerkennung muß muß aktuell sein.
- Anerkennung darf weder inhaltlich oder nach der Häufigkeit übertrieben sein.
- Stetige gute Leistungen zeugen von Standhaftigkeit, Beharrlichkeit und Zuverlässigkeit und sollen nicht als selbstverständlich betrachtet, sondern anerkannt werden.
- In erster Linie die Sache loben, nicht die Person.
- Ein verdientes Lob sollte nicht abgewiesen werden; die Freude darf ruhig erkennbar sein. Verlegenes Zurückweisen ist kein Zeichen von Selbstsicherheit. Auch Vorgesetzte sollen sich nicht scheuen, ehrlich gemeintes Lob anzunehmen.

3.4.8 Das Mitarbeitergespräch

Zwischen dem zuständigen Vorgesetzten und den Mitarbeitern soll mindestens einmal jährlich, jeweils unter vier Augen, ein Mitarbeitergespräch stattfinden. Das Gespräch dient der Besprechung der Ziele für die Arbeitsinhalte, sowie der Zusammenarbeit und Förderung und somit auch der Motivation. Der Termin soll rechtzeitig persönlich abgesprochen werden, dabei sollen die wesentlichen Gespächsinhalte vorgeklärt sein. Es ist hilfreich, für das Mitarbeitergespräch als Merk- und Ablaufhilfe einen Gesprächsbogen vorzubereiten, der nach folgendem Inhalt gegliedert sein kann:

1. Welche aufgabenbezogenen Ziele sollten im zurückliegenden Jahr erreicht werden?
2. Erfolgskontrolle: In welchem Maß wurden die Ziele erreicht?
3. Welche Gründe waren für den zielbezogenen Erfolg bzw. Mißerfolg maßgeblich?
   3.1 Arbeitsverhalten der Mitarbeiter
   3.2 Führungsverhalten der Vorgesetzten
   3.3 Arbeitsorganisation
   3.4 Förderungsmaßnahmen für die Mitarbeiter
   3.5 Persönliche, menschliche Beziehungen
4. Gemeinsame Festlegung neuer Ziele für das kommende Jahr in schriftlicher Form
   4.1 Sachziele
   4.2 Verfahrensziele
   4.3 Verhaltensziele
   4.4 Persönliche Entwicklungsziele und Förderungsmaßnahmen

Mitarbeitergespräche müssen nachbereitet werden:
Dabei ist klarzustellen, ob die Gesprächsziele erreicht wurden, ob ein zusätzliches Folgegespräch notwendig ist und ob Verbesserungen für künftige Mitarbeitergespräche erforderlich und möglich sind.

Fragen, die sich der Vorgesetzte bei der Selbstkontrolle stellen sollte:

- Wie funktioniert in meinem Arbeitsbereich der Informationsaustausch?
- Fordere ich die Mitarbeiter zum Mitdenken und Mitentscheiden auf?
- Wirken die Mitarbeiter an den Entscheidungen mit?
- Habe ich den Arbeitsablauf optimal gestaltet?
- Habe ich die Arbeit gerecht verteilt?
- Beachte ich den Grundsatz der Verhältnismäßigkeit?
- Bin ich Vorbild?

4 Konflikte und Probleme in der Führungspraxis

Konflikt: (lat. »Zusammenstoß«) = Widerstreit
Problem: (gr. »das Vorgelegte«) = schwierige Frage

Personenbezogene Definition:
Der Begriff »**Problem**« wird ... als eine Situation definiert, auf die eine Person reagieren muß, um negative Folgen zu vermeiden, für die ihr jedoch keine geeigneter Verhaltensmöglichkeit sofort zur Verfügung steht, d.h., die Person muß sich eine Lösungmöglichkeit einfallen lassen und diese verwirklichen. (WENGLE/JUNG [42])

Allgemeine Definition
Ein **Problem** liegt vor, wenn für eine Person (eine Gruppe, eine Organisation) ein Handlungszwang besteht, aber noch keine Handlungsmöglichkeiten gesehen werden:
- Ein bestehender Zustand (Ist-Zustand) muß geändert werden, um unerwünschte Folgen zu vermeiden.
- Es besteht noch keine klare Vorstellung über den Soll-Zustand.
- Es ist noch nicht erkennbar, welche Mittel eingesetzt werden können.
- Es noch nicht erkennbar, welche Maßnahmen, Handlungen erforderlich und durchführbar sind.

Wo Menschen zusammen leben und zusammen arbeiten, entstehen Konflikte, die sich zum Teil aus den persönlichen Beziehungen und zumTeil aus den Sachverhalten ergeben. Im zwischenmenschlichen Bereich ergeben sich allein aus der Unterschiedlichkeit zwischen den Menschen Konflikte, die ihre Ursachen in den verschiedenen Standpunkten, Blickwinkeln und Interessen haben; dies gilt auch in einer denkbar harmonischen Beziehung zwischen nur zwei Personen. Jede Auseinandersetzung, die einer Entscheidung bedarf, kann in überspitzter Sichtweise als Konflikt bezeichnet werden. Aber auch das Leben eines einzelnen ist nicht konfliktfrei; wer mit sich selbst uneins ist – und sei der Anlaß noch so banal und unbedeutend – muß mit einer Konfliktlage fertig werden.
Während eines Einsatzes muß sich der Führer einer Einheit entscheiden, bei welchem Erkundungsstand (= Erkenntnisstand) er Maßnahmen einleiten und veranlassen will. Der Konflikt ergibt sich aus folgendem: Fehlerfreie Maßnahmen setzen fehlerfreie Planung voraus, fehlerfreie Planung setzt fehlerfreie Lagefeststellung voraus, fehlerfreie Lagefeststellung ist nur möglich bei vollkommener Erkundung, vollkommene Erkundung muß *alle* Tatsachen erfassen, die eine Bedeutung für die Planung haben können; welche Tatsachen dies sind, läßt sich erst durch fehlerfreie Maßnahmen feststellen usf. Folgerung: Maßnahmen können nur aufgrund unvollkommener Erkundung eingeleitet werden. Der Konflikt kann nur dadurch gelöst werden, daß die Entscheidung im Bewußtsein des unvollkommenen Erkenntnisstandes getroffen wird. Deshalb ist es sehr berechtigt, vom *Mut zur Entscheidung* zu

sprechen. Dies gilt sinngemäß in allen vergleichbaren Lagen – mit anderen Worten: Diese Situation wiederholt sich bei jedem Menschen immer wieder im Laufe des alltäglichen und beruflichen Lebens. *Wer vor lauter Bedenken nicht handelt, kommt nicht aus der Konfliktlage heraus.*
Erkenntnis: Konflikte sind ein normaler Bestandteil des alltäglichen Lebens. Die Schärfe eines Konfliktes wächst allerdings mit dem Gewicht der Folgen einer Fehlentscheidung.
Von einem Problem kann gesprochen werden, wenn die Möglichkeit, zu einer Entscheidung zu kommen, (noch) nicht erkennbar ist und damit auch die Lösung des Konfliktes nicht in Aussicht ist: Der Konflikt ist die Ursache eines Problems oder der ursächliche Bestandteil eines Problems. Das Problem ist um so größer, je undeutlicher die Entscheidungsgrundlage und je dringlicher die Entscheidung im Hinblick auf die Lageentwicklung ist. Von einem unlösbaren Problem kann demzufolge gesprochen werden, wenn gar keine Entscheidungsgrundlage in Sicht ist oder wenn anzunehmen ist, daß jede Entscheidung den Konflikt verschärfen wird.
Folgerung: Konflikt«bewältigung« ist ein normaler Bestandteil des Lebens, auch des beruflichen Lebens. Jede gelungene Konfliktlösung ist auch die Chance zu neuen Erkenntnissen. Konflikte können daher auch als Ursache für bessere Handlungsverfahren oder -methoden wirken.

4.1 Konfliktursachen

Um Konfliktanlässe zukünftig zu vermeiden bzw. bestehende Konflikte zu lösen, müssen die Ursachen der Konflikte aufgedeckt werden.

4.1.1 Personenbezogene Konfliktursachen

4.1.1.1 Menschliches Fehlverhalten

Soweit es sich im Konflikte um zwischenmenschlichen Bereich handelt, muß die Bereitschaft bei allen Beteiligten vorhanden sein oder geweckt werden, vorhandene Spannungen offen anzusprechen und Problemlösungen anzustreben.
Für Führungskräfte ergibt sich die Aufgabe, soweit wie möglich Ursachen von Konflikten vorzubeugen. Das bedeutet, frühzeitig genug auf das Auftreten von *Konfliktanzeichen* zu achten. Solche sind z. B.
- Änderungen im Verhalten von Mitarbeitern verbunden mit
- Unfrieden, Streitigkeiten, gegenseitigem Anschwärzen, Mißtrauen,
- allgemeinem aggressivem Verhalten;
- Arbeitsunlust, häufigen Fehlzeiten, nachlassender Arbeitsqualität.

Fehlverhalten von Führungskräften

Alle diese oder ähnliche Anzeichen müssen für Führungskräfte zunächst Anlaß sein, das eigene Verhalten einer selbstkritischen Prüfung zu unterziehen und sich die Frage zu stellen, welche betrieblichen Rahmenbedingungen oder personellen Verhaltensweisen seitens der Führung ursächlich für die negativen Erscheinungen sein könnten. Folgende Beispiele können genannt werden:

- Mangelnde Kontrolle und dadurch bedingte Unkenntnis über betriebliche Vorgänge sachlicher und personeller Art
- Duldung bestehender Mißstände
- Unterlassung regelmäßiger Mitarbeitergespäche
- Menschliche Unnahbarkeit, zu große Distanz
- Bevorzugung einzelner Mitarbeiter, zu geringe Distanz
- Geben nicht haltbarer Zusagen oder Versprechen
- Unzulängliche Diensteinteilung
- Keine Würdigung der zusätzlichen Arbeiten
- Ungenügende Bemühung um Gerechtigkeit
- Unzureichender allgemeiner Informationfluß

Fehlverhalten von Mitarbeitern

Folgende Beispiele können genannt werden:

- Mangelnder Einsatzwille (Bequemlichkeit, Nachlässigkeit)
- Unpünktlichkeit
- Ungenauigkeit in der Arbeit
- Ängstlichkeit vor den Vorgesetzten
- Nichtrespektierung der Vorgesetzten
- Bevormundung von Kollegen
- mißgünstiges und mißtrauisches Verhalten
- mangelnde Hilfsbereitschaft
- Unkameradschaftlichkeit
- übertriebener Ehrgeiz

Mangelnder Wille zur Zusammenarbeit

Mangelnder Wille zur Zusammenarbeit kann sowohl seitens der Führungskräfte als innerhalb der Mitarbeiter insgesamt vorhanden sein. Die Ursachen sind vielfältig und können z.T. in den oben bereits genannten Gründen liegen. Eine besondere Form dieses Mißstandes ist das sogenannte »Mobbing« (aus dem Englischen, von Mob = Pöbel).

Mobbing

Dieses Wort ist im deutschen Sprachgebrauch relativ neu, der zugrunde liegende Sachverhalt jedoch nicht. Es handelt sich dabei um feindseliges, schikanöses Verhalten einer Gruppe gegenüber einem einzelnen Gruppenmitglied, welches in der Rolle des »Prügelknaben« oder eines Außenseiters den Drangsalierungen der anderen ausgesetzt ist.

Die Ursachen solcher Vorgänge sind vielfältig und lassen sich oftmals nicht eindeutig klären. Untersuchungen in Norwegen und Schweden haben ergeben, daß echtes Mobbing relativ selten vorkommt: 3 % der Befragten waren über einen Zeitraum von 5 Jahren mindestens einmal pro Woche Mobbingtätigkeiten ausgesetzt [3]. Eindeutige Persönlichkeitsmerkmale, die Tätern oder Opfern zugeordnet werden können, gibt es nicht. Das Mobbingopfer kann aber im Einzelfall einem unerträglichen seelischen und körperlichen Druck ausgesetzt sein, der zu extremen Folgen führen kann, z.B. Alkoholmißbrauch oder im schlimmsten Fall zu Selbsttötung. Solche schlimmen Folgen können insbesonders dann in Frage kommen, wenn es für den Betroffenen tatsächlich oder vermeintlich keine Möglichkeit gibt, sich dieser Situation zu entziehen, z.B. durch einen Arbeitsplatzwechsel oder eine innerbetriebliche Versetzung.

Derartige Vorgänge frühzeitig genug zu erkennen und geeignete Maßnahmen einzuleiten ist eine der wichtigen Aufgaben der verantwortlichen Führungskräfte. Das allgemeine Führungsverhalten beeinflußt stark die Bedingungen, unter denen Mobbing entstehen kann. Unverantwortlich wäre es, solche Vorgänge stillschweigend zu dulden oder gar zu fördern, um etwa einen unliebsamen Mitarbeiter loszuwerden oder gar »rauszuekeln«.

Westfälische Nachrichten, 3. Nov. 1995
dpa .Heinz Kowalski von der AOK Rheinland über das Thema »Richtiger Bürostuhl«:
»... auch das rückenfreundlichste Büro hilft nichts, wenn dem Angestellten ein stets fordernder Chef im Nacken sitzt oder das Mobbing der Kollegen zu Verspannungen führt. Aus diesem Grunde und wegen des regen Zulaufs in ihren Mobbing-Beratungsstellen in Frankfurt/Main und in Hamburg will die AOK auch in Köln und Düsseldorf Mobbingtelefone einrichten«.

Innerer Widerstand

Ungelöste Konflikte innerhalb des Betriebes oder der Dienststelle können einzelne Mitarbeiter zu der Meinung bringen, daß »an all den Dingen ja doch nichts geändert werden kann«. Wer sich in einer solchen Lage sieht, der ist gezwungen, sozusagen aus Gründen der Selbsterhaltung, das Problem auf eine Weise zu lösen und zu einem Ergebnis zu bringen, welches für ihn erträglich und auszuhalten ist. Der Mitarbeiter kann sich z.B. überlegen, ob es für ihn die Möglichkeit gibt, die für ihn in der Dienststelle gegebenen und nicht lösbaren Probleme dadurch hinter sich zu lassen, daß er sich nach einem anderen Arbeitsplatz umsieht. Dabei kann er möglicherweise auf unüberwindliche Hindernisse stoßen: der Arbeitsmarkt bietet keine Ausweichmöglichkeit, familiäre Gründe stehen einem Arbeitsplatzwechel entgegen, der neue Arbeitsplatz erfordert einen Wohnortwechsel, das eigene Haus müßte aufgegeben werden usw. Gibt es die Möglichkeit des Ausweichens nicht, so kann der Betroffene den einzigen Auswege darin sehen, »innerlich die Kündigung zu vollziehen«. Er sucht sich sozusagen eine innerbetriebliche Nische, in der das Arbeitsleben erträglich ist, im übrigen weicht er allen Situationen aus, welche die Konflikte erneut ausbrechen lassen und leistet gerade noch so viel, wie die Umstände es unbedingt erfordern. Ein solcher Mitarbeiter wird auf die Dauer nicht nur mit sich selbst unzufrieden sein (kommt auf die Mentalität an), sondern er wird auch für die anderen Kolle-

gen und für den Betrieb mehr oder weniger dadurch zu einem personellen Problem, daß andere zu einem Teil für ihn mitarbeiten müssen oder auch dadurch, daß er ein destruktives Verhalten entwickelt und andere damit auch in negativer Weise beeinflußt.
Für den Vorgesetzten bzw. den Leiter der Dienststelle kann es sehr schwierig sein, besonders bei einer größeren Beschäftigenzahl, bei einem einzelnen Mitarbeiter diese Haltung und Einstellung festzustellen. Auch in dieser Hinsicht ist die Kontrolle (Mitarbeitergespräch) ein Instrument, um die für den Einzelfall geltenden Ursachen einer solchen Haltung aufzudecken, besonders, wenn das allgemeine Klima im Betrieb eigentlich eher gut ist. Wenn ein solcher Fall aufgetreten ist, muß aber jedenfalls für den Leiter eine Konsequenz sein, daß er sein ganzes Führungskonzept erneut einer Selbstprüfung unterzieht.

Offene Auflehnung
Der offene Widerstand gegen betriebliche Maßnahmen oder gegen die Person eines Vorgesetzten bietet dem Vorgesetzten die Möglichkeit, das in Frage stehende Problem oder den Konflikt einer Lösung zuzuführen und ist insoweit ein nicht so schwieriges Mitarbeiterproblem wie die »innere Kündigung«. Wenn es sich bei dem Mitarbeiter nicht um einen notorischen Querulanten handelt, kann vorausgesetzt werden, daß ein sachlich zu rechtfertigender Grund für den Widerstand gegeben ist. Insofern besteht die Chance, daß durch ein sachlich richtig aufgebautes Problemgespräch der Konflikt ausgeräumt und ein für alle Beteiligten akzeptables Ergebnis erzielt werden kann.

4.1.2 Organisationsbedingte Konfliktursachen

Organisatorische Mängel ziehen regelmäßig auch Konflikte im personellen Bereich nach sich.
Beispiele:

Freiwillige Feuerwehr
- Dem Gerätewart werden die zur Erfüllung seiner Aufgaben erforderlichen Mittel nicnt oder nicht in erforderlichen Umfang bereitgestellt. Es fehlt an Ersatzteilen, Pflegemitteln, Werkzeugen, Räumlichkeiten oder technischen Voraussetzungen. Es werden nicht die erforderlichen Handlungspielräume gewährt: Bei jeder kleinen Beschaffung müssen erst bürokratische Hindernisse überwunden werden. Andererseits erwartet man aber perfekte Wartung und Pflege der Ausrüstung. Die Vorschläge des Gerätewartes stoßen auf »taube Ohren« seitens der Wehrführung oder der Verwaltung.
- Fortbildung und Schulung stehen im Widerspruch zu den Anforderungen der Einsatzstelle: zu theoretisch, Ausbilder ist nicht kompetent.

Freiwillige Feuerwehr mit hauptamtlichen Kräften
Diese nicht nur begrifflich verunglückte Konstruktion führt in manchen Orten (siehe auch Abschnitt 2.4.2) dazu, daß es zwei Führungspersonen in

der Feuerwehr gibt, zwischen denen der Konflikt vorgeplant ist: Das ist einerseits der Wehrführer, also der Leiter der Feuerwehr, und andererseits der »Leiter der hauptamtlichen Wache«. Weil dieser nach Gesetz Beamter sein muß, gelten für ihn dieselben Rechtsvorschriften wie für Beamte der Berufsfeuerwehren, obwohl er einer Freiwilligen Feuerwehr angehört. Also muß er die für seine Laufbahn vorgeschriebenen Lehrgänge ableisten: B III, B IV, je nach Stellenplan der Gemeinde sogar B VI. Sein Vorgesetzter hingegen, der Leiter der Feuerwehr, besucht lediglich die für die Freiwillige Feuerwehr vorgeschriebenen Lehrgänge (siehe Abschnitt 2.3.1.5). Diese Konstruktion widerspricht allen Regeln der Führungs- und Organisationslehre und sie führt auch oft zu persönlichen Konflikten zwischen den beiden Führungspersonen und damit auch zu Spannungen in der Feuerwehr überhaupt. Der Gesetzgeber ist aufgefordert, hier für Abhilfe zu sorgen, indem es zur Regelvorschrift gemacht wird, daß der Leiter der hauptberuflichen Kräfte stets auch der Leiter der gesamten Feuerwehr ist. Manche Städte haben dies von sich aus so geregelt. Wo das nicht der Fall ist, sind die beiden Führungspersonen gehalten, in einer Weise zusammenzuarbeiten, wie es in menschlicher und sachlicher Hinsicht geboten ist.

Berufsfeuerwehr

- Die Ausbildung und die Übungen stehen im Widerspruch zu den Anforderungen der Einsatzstelle, weil die Personal-Einsatzstärke geringer ist, als es die Ausbildungsvorschriften vorsehen, die Übungen jedoch mit vorschriftsmäßiger Stärke angesetzt werden.
- Der einzelne muß während einer Schicht mehrere Funktionen wahrnehmen bzw. die Funktionen mehrfach wechseln.
- Das Personal erhält keine oder nicht ausreichende Möglichkeiten, mit Fahrzeugen und Geräten praxisnah zu üben (Pulverlöscher wird im Einsatz falsch gehandhabt, weil der Angriffstruppmann in 10 Dienstjahren noch nicht einmal mit dem Gerät üben konnte; Maschinist ist ungeübt in der Drehleiterbedienung usw.; gilt so auch für Freiwillige Feuerwehr).
- Dem Zugführer wird die Einsatzleitung nicht zugestanden, obwohl er das Einsatzpotential seines Zuges erst zu einem kleinen Teil eingesetzt hat; es erscheint ein Vorgesetzter (z.B. »Beamter vom Einsatzdienst«, »Inspektionsdienst« o.ä.) an der Einsatzstelle und übernimmt entgegen den Regeln der Führungsorganisation die Einsatzleitung: Unklare, widersprüchliche Zuständigkeiten, zu viele Führungskräfte und zu wenig Mannschaften in der Feuerwehr.

4.2 Konflikt- und Problemlösung

Von großer Bedeutung bei der Lösung von Konflikten und Problemen ist die Fähigkeit, richtig Kritik zu üben und Kritik aushalten zu können. Die persönliche Auffassung, die man von diesem Begriff »Kritik« hat, beeinflußt entscheidend, wie man mit Kritik umgehen kann. Wichtig ist die Einsicht, daß niemand vor Irrtum und Fehlurteil sicher ist, daß das Fehlermachen etwas Natürliches und insoweit auch nicht grundsätzlich etwas Böses oder Verwerfliches ist. (Allerdings muß schon unterschieden werden zwischen Irrtum, Fahrlässigkeit und Vorsatz.) Die Anerkennung der eigenen Fehlerhaftigkeit ist Voraussetzung dafür, daß andere an mir bzw. an meinem Verhalten etwas Kritisierbares feststellen und auch aussprechen dürfen. Das Kritik-üben darf also grundsätzlich nicht als etwas Ehrenrühriges aufgefaßt werden.

4.2.1 Konfliktgespräch, Kritikgespräch

Kritik (gr.Beurteilungskunst): Beurteilung, Beanstandung, Besprechung. Genaue Prüfung eines Sachverhalts, Untersuchung von Behauptungen.

Im Gegensatz zu Anerkennung und Lob wird Kritik im allgemeinen von niemand besonders gern angenommen. Kritik soll eine positive Verhaltensänderung bewirken. Um das zu erreichen, müssen folgende Grundsätze beachtet werden:
- Kritik muß konstruktiv sein. Daher muß sie sich auf einen ganz konkreten Sachverhalt beziehen und darf nicht gegen die Person gerichtet sein. Ziel der Kritik muß sachliche Leistungsverbesserung und die dafür erforderliche Verhaltensänderung sein.
- Kritik muß aktuell, konkret, direkt aber menschlich sein.
- Kritik darf weder verallgemeinern noch lediglich andeuten.
- Kritik darf nicht vor Dritten stattfinden; Mitarbeiter dürfen nicht bloßgestellt werden. Siehe Mitarbeitergespräch.
- Der Betroffene muß dazu Stellung nehmen können, er muß dazu gehört werden; seine Argumente müssen ernstgenommen werden.
- Vorgesetzte nehmen ihre Mitarbeiter vor unberechtigter Kritik von außen in Schutz.
- Immer wieder notwendige Kritik darf schließlich nicht ohne persönliche Konsequenzen bleiben.

Selbstsicheres Verhalten

Das Kritiküben und Kritikhinnehmen ist bei allem Bemühen um Sachlichkeit immer von starken Gefühlen begleitet. Um Selbstsicherheit zu erlangen und zu festigen, ist es hilfreich, folgende Verhaltensregeln gedanklich und gefühlsmäßig aufzunehmen.
- Vor dem Gespräch selbstkritisch prüfen, wo der eigene Standpunkt angreifbar ist oder wo die eigene Auffassung unrichtig sein könnte. Die eigenen Argumente mit vermuteten oder möglichen Gegenargumenten in Frage stellen und erforderlichenfalls den eigenen Standpunkt korrigieren.
- Innerlich entschlossen sein, seine Rechte wahrzunehmen und sich nicht ungerecht behandeln zu lassen
- In der »Ich-Form« sprechen, nicht von »man« oder »es« reden. In angemessener Lautstärke und deutlich sprechen. Zögern vermindert die Wir-

kung selbstsicheren Verhaltens. Spontanes Reden ist besser als zögerliche Sprechweise in geschliffenen Sätzen.
- Sich vornehmen, sachlich zu bleiben, kühl, bestimmt zu reden ohne die eigenen Gefühle unter allen Umständen verbergen zu wollen.
- Den anderen nicht persönlich angreifen, nicht innerlich die Absicht aufkommen lassen, den anderen »fertig zu machen« oder »zu überfahren«.
- Bereit sein, grundsätzlich berechtigte Kritik anzunehmen. Keine Zweifel über das Gesagte aufkommen lassen, nachfragen.
- Eigene Forderungen in der Weise vortragen, daß zuerst zum Ausdruck kommt, was man will und dann zu welchem Zweck man es will. Die Forderungen mit angemessenen Worten aber nicht von Entschuldigungen begleitet vortragen. Beispiele: »Ich verlange von Ihnen, ...« oder »Ich erwarte von Ihnen ...« oder »Ich fordere Sie auf...«
- Forderungen des anderen so klar wie möglich formulieren lassen, ggf. nachfragen. Wenn die Forderung nicht einleuchtend erscheint, nach der Begründung fragen. Möglichst ruhig überlegen, ob man der Forderung nachkommen will oder nicht. Ohne Beschönigung »Nein« sagen, wenn man es nicht will. Die Ablehnung begründen, aber keine Entschuldigung damit verbinden.
- Blickkontakt halten, den anderen direkt und offen anschauen.
- Körperhaltung, Gestik und Gesichtsausdruck müssen der Gefühlslage und dem Inhalt der Sprache entsprechen (siehe Abschnitt Körpersprache).

4.2.2 Problemlösungsvorgang

Die cartesianischen Regeln:
1. Niemals eine Sache als wahr annehmen, die ich nicht sicher und einleuchtend erkennen kann.
2. Jede Schwierigkeit in so viele Teile zerlegen als möglich und zur besseren Lösung wünschenswert.
3. Meine Gedanken ordnen, beginnen mit den einfachsten und faßlichsten und stufenweise bis zur Erkenntnis der kompliziertesten.
4. Überall so vollständige Aufzählungen und so umfassende Übersichten machen, daß ich sicher wäre, nichts auszulassen.

René Descartes [20]

Welches Problem auch immer zu lösen ist: Mit gutem Willen allein kommt man in schwierigen Situationen nicht zurecht. Wie im Abschnitt 2.5.2 dargestellt, können Einsatzentscheidungen sinnvollerweise nur in systematischen Denk- und Handlungsschritten herbeigeführt werden – von einfachen Routinemaßnahmen abgesehen. Im Bereich der Menschenführung liegen die Probleme auf einer anderen Ebene, aber es gelten auch hier logisch-systematische Regeln, um zu Lösungen kommen zu können. In der Psychologie hat man verschiedene Modelle zur Problemlösung entwickelt, um Probleme lösen und damit Konflikte bereinigen zu können. Nachfolgend in gekürzter und abgewandelter Form zwei Beipiele.

Die Konfliktregelung der »niederlagelosen Methode« nach Echlmayer [7]

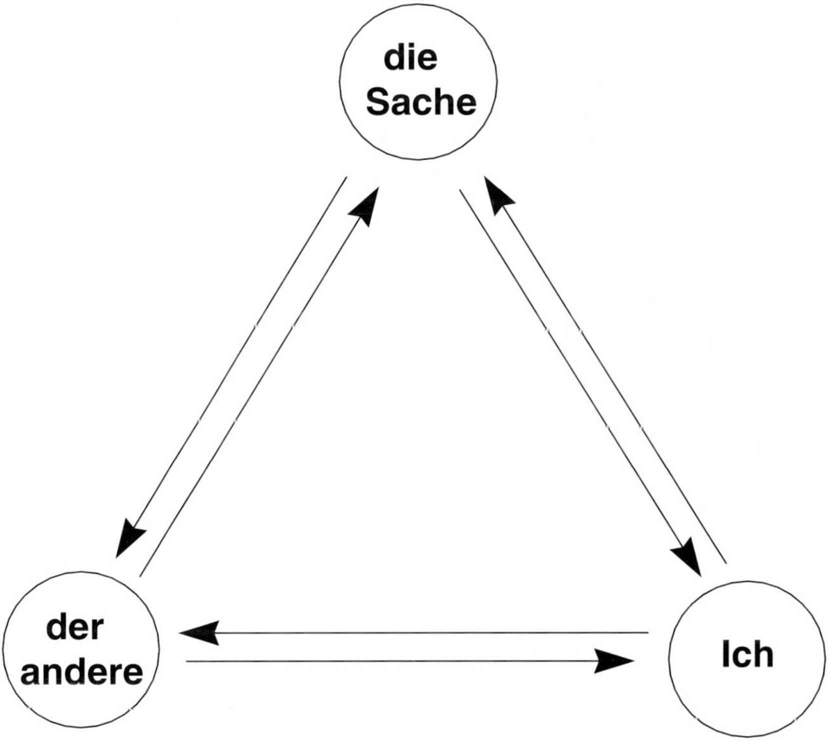

Abb. 25: In der Dreiecksbeziehung: »Die Sache – der andere – ich« muß man reagieren

Die wichtigste Voraussetzung zur Konfliktregelung heißt: Zuhören können (!) (Siehe Abschnitt 3.2) Der Vorgang vollzieht sich dann in folgenden Schritten.

1. **Erkennen des Problems, den Konflikt identifizieren und definieren:**
   - Hinhören, ohne zu urteilen
   - Fragehaltung entwickeln
   - entspannte Körperhaltung, Gesichtsausdruck offen und unverkrampft Blickkontakt halten, gleiche Ebene (sowohl wörtlich genommen als auch emotional)
   - Versuch, nachzuvollziehen, was den anderen bewegt und wie er sich fühlt
   - Körperdistanz 60 bis 90 cm
   - nachfragen
   - wiederholen

2. Problemstellung:
- sich Zeit nehmen
- Das Problem abgrenzen gegen andere Probleme. Feststellen, ob in Wirklichkeit mehrere Probleme vorliegen.
- Ich-Botschaften senden: Ich verstehe … , ich verstehe den Zusammenhang nicht …,
- Bereitschaft zur Zusammenarbeit anbieten.
- Verständnisfragen stellen.

3. Problemanalyse; den Konfliktzusammenhang betrachten
- was sind die wesentlichen Bedingungen und Ursachen der Situation
- meines Handelns
- des Verhaltens der anderen
- Was sind mögliche Störfaktoren?
- Welche Hindernisse stehen im Wege?

4. Zielanalyse, Zielbestimmung
- Wie sieht der erwünschte Endzustand aus?
- Berücksichtigung der unterschiedlichen Zielvorstellungen
- Festlegung von Zielen und Zwischenzielen
- Formale Voraussetzungen feststellen
- personenspezifische Voraussetzungen feststellen

5. Mittelanalyse, Mittelauswahl

a) mögliche Lösungen ausdenken
- keine Lösung bewerten
- zu möglichst vielen Vorschlägen anregen
- alle Beteiligten einbeziehen
- Angst vor Inkompetenz bei der Lösungssuche abbauen (siehe auch Abschnitt 3.4.2.3,»Brainstorming)

b) Lösungmöglichkeiten kritisch bewerten
- Bedenken der möglichen Konsequenzen
- Gewichten der Konsequenzen
- Streichung der für einzelne unannehmbaren Lösungen
- Mitarbeitsbereitschaft der Beteiligten bei einzelnen Vorschlägen in Erfahrung bringen,
- Ich-Botschaften senden.

c) Wege zur Ausführung der Entscheidung ausarbeiten
- die beste annehmbare Lösung auswählen
- die Lösung so genau wie möglich beschreiben
- die Lösung nicht als starr und engültig, sondern als durch neue Erfahrung änderbar betrachten und anerkennen
- abfragen, ob alle Beteiligten die Lösung akzeptieren

6. Erprobung und Bewertung

Funktionsfähigkeit der Lösung ausprobieren
- Probelauf (»Planspiel«) machen

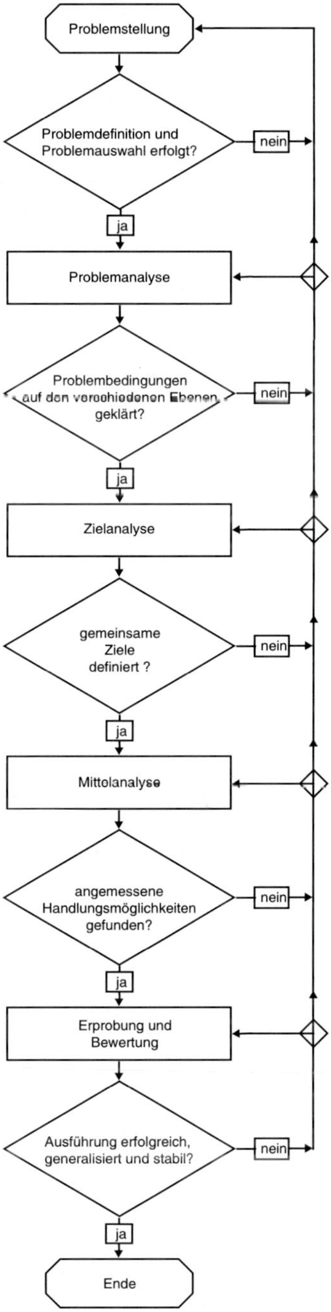

Abb. 26: Problemlöseprozeß nach ECHLMAYER

– Untersuchen, ob die Lösung zum angestrebten Ergebnis geführt hat
– feststellen, ob Absprachen eingehalten wurden
– Prozeßanalyse machen
– Ergebnisanalyse machen
– Korrekturen, wenn bestimmte Teilaspekte falsch eingeschätzt wurden

Problemlösung nach WENGLE/JUNG
Der Vorgang besteht aus zwei Teilen:
I. Überprüfung der individuellen Grundeinstellung zu Problemen
II. Durchführung von vier konkreten Problemlöseschritten.

I. Überprüfung der Grundeinstellungen zu Problemen
Zwei Richtungen von Grundeinstellungen zu Problemen bestimmen die Erfolgsaussichten:

Die positive Grundeinstellung:
1. Probleme sind normaler Bestandteil des alltäglichen Lebens: »Jeder kann einmal Probleme haben...«, »Auch ein guter Vorgesetzter kann Probleme mit seinen Mitarbeitern bekommen...«
2. Problemen soll man nicht ausweichen. Je früher die problematische Situation erkannt wird, um so eher kann etwas dagegen getan werden. Übergehen oder Aufschieben löst keine Probleme.
3. Übereilte Handlungen können die Problemlage verschärfen. Zur Lösung soll man systematisch vorgehen.

Die negative Grundeinstellung
Sie ergibt sich aus der zur positiven Grundeinstellung entgegengesetzten Haltung und Betrachtungweise. »Man kann ja doch nichts ändern ...«, »Das schaffe ich nie ...«.

II. Lösungsschritte
1. Konkrete Problemdefinition
– Handelt es sich bei dem Problem um einen zusammenhängenden Sachverhalt oder um mehrere Teilprobleme?
– Wenn ja: Eine Reihenfolge der Lösungsdringlichkeit aufstellen. Entscheidungshilfe: Was geschieht in negativer Richtung im Falle des Nichthandelns?
– So genau und treffend wie möglich die Problemlage konkret beschreiben. Wenn mehrere Personen betroffen sind, ist eine gemeinsam akzeptierte Problembeschreibung zu finden.

2. Suche nach Lösungen
– Sich Zeit nehmen. Lösungsvorschläge bzw. Ideen sammeln (siehe Abschnitt »Brainstorming).

3. Entscheidung
– Lösungsmöglichkeiten auf erreichbare Werte und mögliche Folgen prüfen. Vor- und Nachteile abwägen. Gewählt werden soll diejenige von mehreren Möglichkeiten, die mit der größten Wahrscheinlichkeit das günstigste Ergebnis bringen wird.

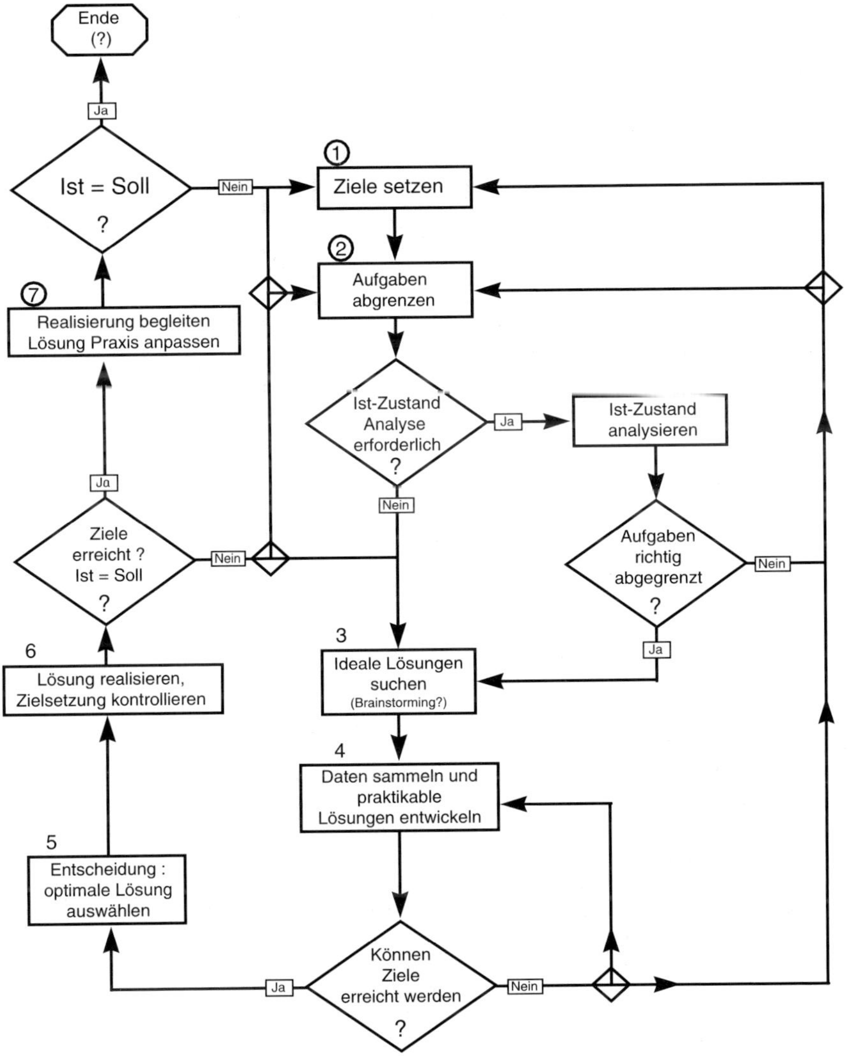

Abb. 27: Problemlöseprozeß »7-Stufen-Methode« nach FENSKE
Zu 1: Siehe Abschnitt 1.2
Zu 2: Hier ist die Terminplanung von besonderer Wichtigkeit.
Zu 3: Siehe Abschnitt 3.4.2.3
"Ende" kann auch bedeuten »erneuter Start«.

4. Überprüfung

– Nachdem man sich für eine Möglichkeit entschieden hat, muß diese ausgeführt werden. Dann müssen die Ergebnisse dieses Lösungsversuchs bewertet werden, wobei alle Folgen zu beachten und zu bewerten sind. Fällt die Bewertung unbefriedigend aus, so ist das Verfahren zu wiederholen und mit einer neuerlichen Problemdefinition zu beginnen.

Ein Vergleich mit Abschnitt 2.5.2 zeigt die Ähnlichkeit mit dem taktischen Vorgehen

Zusammenfassung:
Bei der Lösung von Konflikten kommt es ganz besonders auf auf die Situationsanalyse (»Lagefeststellung«) an. Dies gelingt am ehesten, wenn zunächst die personalen Beziehungen zwischen den Beteiligten entkrampft und von persönlichen Konflikten »bereinigt« werden, so daß die Möglichkeiten der Problemlösung auf die Sachebene konzentriert werden können. Welches Verfahren anzuwenden ist, ergibt sich aus der aktuellen Problemlage. Dabei ist der Zeitfaktor von ausschlaggebender Bedeutung, siehe »Brainstorming«.

4.2.3 Zwang

Auch der gutwilligste Vorgesetzte muß sich darauf einstellen, daß ein Konflikt nicht in beiderseitigem Einvernehmen gelöst werden kann. In seltenen Fällen kann es sich um einen Mitarbeiter handeln, der auch bei noch so großen Bemühungen seitens der Führung z.B. nicht von seinem Qerulanten- und Quertreiberverhalten wegzubringen ist. In Abstimmung mit dem Personalrat, der Personalabteilung, gfs. mit dem Sozialen Ansprechpartner sind dann Maßnahmen zu erwägen, die als Druck- und Zwangsmittel den Mitarbeiter zu einer seiner Arbeits- und Dienstpflicht entsprechenden Verhaltensänderung veranlassen können. Im Bereich der Freiwilligen Feuerwehr kommt u.U. ein Ausschluß aus der Feuerwehr in Frage. Bei Beamten ist allerdings ein solcher Schritt nur auf dem Wege des Disziplinarverfahrens rechtlich überhaupt möglich. Eine Entfernung aus dem Dienst kommt nur in Frage, wenn das Disziplinargericht ein entsprechend schwerwiegendes Dienstvergehen feststellt. In so dramatischer Weise entwickelt sich allerdings ein Mitarbeiterverhältnis in den seltensten Fällen. In der Realität ergibt sich oft die unliebsame Tatsache, daß eine Dienststelle mit einem notorisch schwierigen Mitarbeiter leben muß.

4.2.4 Zivilcourage

Zivilcourage: persönlicher Mut; Selbstbewußtsein vor Vorgesetzten

> »... meine Untertanen sollten einfach tun, was ich ihnen sage,
> aber meine Untertanen wollen immer selber denken,
> und daraus entstehen dann alle Schwierigkeiten.«
> WILHELM II [35]

Wer in einem Abhängigkeitsverhältnis steht, dessen äußere und innere Haltung gegenüber den Vorgesetzten und gegenüber dem Chef wird nicht allein von anerkennenswerten Tugenden und Grundsätzen bestimmt sein. Aufrichtigkeit und Wahrheitsliebe können leicht in einen Gegensatz geraten zu den Überlegungen, wie denn wohl die Aufstiegschancen und Beförderungsmöglichkeiten damit zu vereinbaren sind. Ein solcher Konflikt wird noch verschärft, wenn der Betroffene nicht nur für sich selbst verantwortlich ist, sondern auch eine Familie zu versorgen hat. Wer sieht schon einen Sinn darin, dem Chef mal ordentlich die Meinung gesagt zu haben und dann womöglich auf Arbeitslosengeld angewiesen zu sein? Auch derjenige, der aufgrund seiner Veranlagung und seiner Überzeugungen am liebsten immer den »geraden Weg« geht, wird nicht daran vorbeikommen, auch mal hin und wieder die Faust in der Tasche machen oder auch einfach abwägen zu müssen, ob der Anlaß es wert ist, die Auseinandersetzung zu wagen. Je heikler die Angelegenheit ist, desto schwerer wird es sein, sich für reden oder schweigen zu entscheiden; zumal die Pflicht zur Loyalität einerseits und zur Bildung des eigenen Urteils andererseits gegeneinander stehen können. In solchen Situationen bedarf es einer Gewissensentscheidung, die um so leichter fallen wird, je weniger begründet die Befürchtung ist, daß man sich offenen oder verdeckten Repressalien aussetzt, wenn man den Mund aufmacht. Zwischen dem reinen Opportunismus und der Aufsässigkeit aus Prinzip liegt eine breite Skala von Verhaltensmöglichkeiten.
Der Ranghöchste in der Hierarchie bestimmt durch sein eigenes Verhalten, ob ein Mitarbeiter sich zu Wort meldet, wenn er glaubt, daß etwas gesagt werden muß. Der Mut, etwas gegen die allgemein herrschende Meinung zu sagen oder gegen die Meinung des Vorgesetzten vorzutragen – also die Zivilcourage – kann durch den Vorgesetzten gefördert oder unterdrückt werden. Es kommt darauf an, wie er darauf reagiert und wie er die abweichende Meinung aufnimmt. Das hängt allerdings auch davon ab, wie diese vorgetragen wird. Zivilcourage (ein von Bismarck geprägter Begriff; siehe WENZEL: Zivilcourage) ist allerdings nicht nur im beruflichen Leben gefragt. Auch im privaten Bereich ist sie von großer Bedeutung; z.B. immer dann, wenn es darum geht, gegenüber anderen aufrecht und standhaft seine Überzeugung für Recht und Wahrheit zu vertreten, auch wenn man dafür Nachteile befürchten und hinnehmen muß.
In diesem Zusammenhang sollte man sich auch die Frage stellen, aus welchen Quellen sich das notwendige Selbstbewußtsein speisen kann, wenn man Stellung bezieht. Hier muß man zuerst die erforderliche Sachkunde nennen, die einen erst befähigt, sich in ernst zu nehmender Weise zu Wort zu melden. Hinzu kommt die Anforderung, das, was man sagen will, mit treffenden Worten und im angemessenen Tonfall vorzutragen: Wortschatz und Ausdrucksfähigkeit sind oft hilfreicher als die geballte Faust. Weiterhin: Wer nichts anderes zu »verkaufen« hat, als seine Arbeitskraft, der kann um so überzeugender auftreten, je höher die Qualität seiner »Ware« ist. Wer sich durch Qualitätsarbeit Namen und Ruf verschafft, der wird auch am ehesten Gehör und Respekt finden, wenn er den Widerspruch gegen den Vorgesetzten wagt.

Der gewöhnliche Kopf ist immer der herrschenden Meinung.
GEORG CHRISTOPH LICHTENBERG [35]

4.3 Suchtprobleme am Arbeitsplatz

Suchtprobleme können entstehen durch den Mißbrauch von Alkohol, Drogen, Medikamenten, Nikotin; aber auch in der Form von Eßsucht, Magersucht oder auch z.B. Spielsucht. Im Rahmen dieser Abhandlung soll nur auf die Alkoholproblematik eingegangen werden, u.a. auch deshalb, weil diese Art von Problematik leider weit verbreitet ist. Alkoholgenuß und Alkoholmißbrauch haben in den den letzten Jahren ständig in allen Lebensbereichen zugenommen. Besonders besorgniserregend sind die Verlautbarungen über das erheblich gesunkene Durchschnittsalter der Jugendlichen, die Alkoholmißbrauch betreiben.

Für Vorgesetzte und Dienststellenleiter stellt sich die Frage, was sie tun können, um Alkoholmißbrauch am Arbeitsplatz bzw. im Dienst zu verhindern oder auf ein Mindestmaß herabzudrücken. Dabei ergeben sich drei Gesichtspunkte:

a) Die Beeinträchtigung des Dienstbetriebes
b) die persönliche menschliche Situation des Betroffenen und seiner Angehörigen
c) die Belastung der Allgemeinheit

Wer Alkoholmißbrauch betreibt und schließlich akoholkrank wird, ruiniert nicht nur seine Gesundheit und sein persönliches Leben. Ehe es – wenn überhaupt – zum totalen Zusammenbruch kommt, folgt eine lange Zeit verminderter Leistungsfähigkeit, in deren Folge auch die Arbeitskollegen persönlich betroffen sind, weil sie durch die verminderte Arbeitsleistung des Alkoholkranken höher belastet werden. Im Feuerwehrdienst ergeben sich zusätzliche Gefahren durch die erhöhten Risiken bei Fehlhandlungen unter Einsatzbedingungen.

Von den vielen negativen Auswirkungen des Akoholmißbrauchs auf den Betrieb seien hier nur zwei genannt: Die zusätzlichen Kosten durch Arbeitsausfall und verminderte Arbeitsqualität sowie die Verschlechterung des Arbeitsklimas (Betriebsklimas). Nach einer Berechnung der Deutschen Hauptstelle gegen Suchtgefahren[] ergeben sich die ungefähren durchschnittlichen Gesamtkosten für die betroffene Dienststelle aus folgender Formel:

Kosten = Zahl der Betriebsangehörigen x Prozentanteil der Alkoholiker
x Durchschnittsgehalt x 25 %

Eine Alkoholgefährdung kann sich aus einer Reihe von Risikofaktoren entwickeln. In der Regel ist nicht eine einzige Ursache für die Entstehung maßgeblich; jedenfalls ist es ist nach den bisherigen wissenschaftlichen Erkenntnissen nicht möglich, im Einzelfall eine solche Ursache für die Entwicklung einer Alkoholkrankheit zu benennen. Fest steht aber, daß es eine Reihe von Umständen gibt, die eine Alkoholgefährdung begünstigen.

Tab. 21: Risikofaktoren für die Entwicklung einer Alkoholkrankheit

Risikofaktoren für die Entwicklung einer Alkoholkrankheit nach KNISCHEWSKI	
1.	**Persönlicher Bereich des Einzelnen**
1.1	**Geringe körperliche Verträglichkeit von Alkohol**
1.2	**Problematische außerberufliche Lebenssituation** emotionale Bedingungen soziale Bedingungen
1.3	**Geringe lebensgeschichtlich erworbene Kompetenzen** Umgang mit Alkohol Umgang mit Belastungen seelischer und körperlicher Art Beeinflußbarkeit
2.	**Betrieblicher Bereich**
2.1	**Verfügbarkeit von Alkohol** Nähe Preis
2.2	**Problematisches Konsumklima** negative Vorbilder trinkfreudiges Image des Betriebes wenig Mißbrauchskontrolle
2.3	**Hohe betriebliche Belastung** schlechte Arbeitsbedingungen geringes Anforderungsniveau
2.4	**Schlechte Bewältigungsbedingungen** wenig Flexibilität wenig Unterstützung durch Vorgesetzte

Für den Leiter der Feuerwehr ergibt sich die Aufgabe, zunächst sein eigenes Trinkverhalten und darüber hinaus die allgemeinen betrieblichen Bedingungen einer Prüfung zu unterziehen, um festzustellen, ob möglicherweise ein Anlaß besteht, Änderungen anzustreben.

Selbstprüfung des Vorgesetzten

Folgende Fragen sollte er sich selbst stellen und beantworten:

- Auf welche Einstellung zum Suchtmittelkonsum kann aus meinem Verhalten geschlossen werden?
- Wie reagiere ich auf ausschweifenden Alkoholmißbrauch anläßlich betrieblicher Feiern (Ausflug, Jubiläen) ?
- Wer ist bei welchen Gelegenheiten der Initiator zum Alkoholgenuß im Betrieb?
- Welche Rolle spielt Alkohol als »soziales Schmiermittel« im Betrieb?
- Inwieweit fördere ich Alternativen zum Alkoholgenuß im Betrieb?

Schwierig ist die Frage zu beantworten, ob im Betrieb Alkohol vielleicht ganz verboten werden soll. Dies kann man davon abhängig machen, ob es überhaupt diesbezügliche Probleme gibt. Mir sind sowohl Berufsfeuerwehren bekannt, in denen striktes Alkoholverbot besteht (welches aber inoffiziell nicht eingehalten wird); als auch solche, in denen Alkoholverzehr in bestimmten, genau definierten Grenzen erlaubt ist, ohne daß es zu Mißbrauch kommt. Grundsätzlich kann man sich mit gutem Grund auf den Standpunkt stellen, daß Feuerwehreinsatzkräfte, die in Alarmbereitschaft sind, auf Alkoholgenuß während der Dienstzeit durchaus zu verzichten haben. Das gilt ohne Einschränkungen jedenfalls für die Fahrer und Maschinisten. Wie soll man das aber im Bereich der Freiwilligen Feuerwehr handhaben? Es läßt sich kaum unter realen Bedingungen praktizieren, jedem Angehörigen der Freiwilligen Feuerwehr im privaten Bereich den Alkoholgenuß grundsätzlich zu untersagen mit dem Hinweis darauf, daß ja jederzeit ein Alarmfall eintreten kann. Man kann auch kaum glaubhaft vertreten, daß bei der Weihnachsfeier oder bei einem Jubiläum der Genuß von einem oder zwei Gläsern Sekt oder Wein als problematischer Alkoholgenuß gesehen wird. Anders ist das gewohnheitsmäßige Trinken scharfer Alkoholika bei Geburtstagen zu beurteilen: Je mehr Angehörige der Betrieb hat, um so häufiger kommen diese Anlässe vor. Die Duldung oder gar Förderung solcher Gepflogenheiten ist als sehr zweifelhaft anzusehen, nicht nur wegen des Arbeitsausfalls, sondern auch einfach deswegen, weil potentiell gefährdete Mitarbeiter (siehe Risikofaktoren) mit der Häufigkeit und Menge des tolerierten Alkoholverzehrs in ein gefährliches Fahrwasser geraten können.

Hinweise auf eine Alkoholgefährdung

Es gehört nicht zu den Aufgaben von Vorgesetzten oder Sozialen Ansprechpartnern (SAP), im Einzelfall festzustellen, ob der Betroffene objektiv suchtgefährdet ist. Diese Diagnose kann nur von Fachleuten gestellt werden. Es geht vielmehr darum, festzustellen, ob es einen Zusammenhang zwischen Fehlleistungen hinsichtlich der Arbeit im Betrieb und Suchtmittelkonsum gibt. Hinweise darauf sind:

- Nachlassen der Arbeitsleistung, Unzuverlässigkeiten hinsichtlich Pünktlichkeit und Arbeitsqualität, starke Leistungsschwankungen, häufige Fehlzeiten (besonders am Wochenanfang), Probleme im Verhältnis zu Kollegen
- Suchen von Trinkgelegenheiten, heimliches Trinken, Alkoholfahne, Händezittern, Trunkenheitszustand
- Persönlichkeitsveränderungen: Stimmungsschwankungen, Nachlassen der Belastbarkeit u.ä.
- Probleme im privaten Bereich: Familie, Geldschwierigkeiten; Probleme mit Polizei

Manche dieser Anzeichen können natürlich auch unabhängig von Alkoholmißbrauch auftreten. Es kommt darauf an, konkret festzustellen, ob es im Bereich der Arbeit tatsächliche Schwierigkeiten gibt. Dazu kann es erforderlich und hilfreich sein, über einen längeren Zeitraum hinweg im Zusammenhang mit der ohnehin erforderlichen Kontrolle über die Arbeitsergebnisse

konkretes Fehlverhalten schriftlich zu dokumentieren. Wenn das Fehlverhalten praktisch unübersehbar geworden ist, darf ein Gespräch mit dem Betroffenen nicht länger hinausgeschoben werden. Das Totschweigen solcher Probleme schädigt das Ansehen des Vorgesetzten, verschärft die Problemlage und kommt einem Mitschuldigmachen an der möglicherweise vorliegenden Alkoholkrankheit gleich.
Vorgesetzte, die nicht auf solche Probleme reagiert, vernachlässigen ihre Dienstpflichten, insbesondere auch die Fürsorgepflicht.
Wenn Gefährdete nicht rechtzeitig Hilfe finden (beispielsweise bei Sozialen Ansprechpartnern (SAP) oder bei speziell geschulten Vertrauensleuten der Schwerbehinderten, bevor sich ihr Problem auf die Arbeit auswirkt, dürfen Vorgesetzte nicht mehr zögern, zu handeln.

Vorbereitung des Gesprächs
- Wahrgenommene Mängel, Fehlleistungen und Beobachtungen so konkret wie möglich schriftlich auflisten
- Arbeitsdokumentation bereithalten
- Termin für ein erstes Gespräch unter vier Augen rechtzeitig planen und ankündigen
- Betroffene Person auf absolute Nüchternheit verpflichten

Folgende Gesprächsfehler müssen vermieden werden:
- Gerüchte und Vermutungen vorzubringen statt Tatsachen
- Eine Sucht festzustellen, anstatt Zusammenhänge zwischen beobachteten Mängeln und dem Akoholkonsum hervorzuheben
- Über Gründe des Alkoholkonsums und konsumierte Alkoholmengen zu diskutieren, anstatt die Folgen der gemachten konkreten Fehler und die festgestellten Auswirkungen aufzuzeigen
- Lösungsschritte vorzugeben, ohne dabei Entscheidungsspielraum zu gewähren
- Zu große Vertraulichkeit zuzulassen
- Sich durch Versprechungen beschwichtigen zu lassen
- Mit unangemessenen Strafen zu drohen, anstatt geduldig und konsequent zu sein

Durchführung des Gesprächs
- Zunächst ist eine vertrauensvolle Gesprächsbasis zu schaffen, indem man dem Betroffenen Bereitschaft zum Zuhören, Interesse an seinem Wohlergehen und Hilfsbereitschaft vermittelt.
- Es muß nachvollziehbar dargestellt werden, welche konkreten Wahrnehmungen Sorge bereiten. Dabei muß der zeitliche Zusammenhang zwischen dem möglichen Alkoholkonsum und den wahrgenommenen Beeinträchtigungen klargestellt werden. Die dienstlichen Belange sind dabei in den Vordergrund zu stellen.
- Es muß unbeschönigt deutlich gemacht werden, welche konkreten Folgen – auch disziplinarischer Art – eintreten können, wenn keine Besserung erfolgt.

- Der Vorgesetzte betont seine Hilfsbereitschaft zu gemeinsamer Problemlösung, zeigt auf, welche Alternativen er sieht und wozu er rät; ggf. wird auf die Hilfsangebote der Sozialen Ansprechpartner u.a. hingewiesen.
- konkrete einzelne Veränderungen fordern und verdeutlichen, daß die Verwirklichung nachgeprüft wird.
- Es muß klargestellt werden, daß der Betroffene selbst entscheiden muß, wie es weitergehen soll.

Zu erwartende Reaktionen des Betroffenen

a) Der Betroffene streitet alles ab, erklärt alle Vorkommnisse anders, bagatellisiert alles, schiebt alle Schuld auf andere oder deutet in die Vorkommnisse eine bösartige Verfolgung hinein.

b) Der Betroffene gibt alles bereitwillig zu, hat aber innere Vorbehalte, ist nicht wirklich einsichtig.

c) Es entsteht bei dem Betroffenen tatsächliche Einsichtigkeit.

Beendigung des Gesprächs

Es muß festgelegt werden, welche konkreten Änderungen im Verhalten des Betroffenen verlangt werden. Die Auflagen sind festzulegen, die im Zusammenhang mit dem Alkoholkonsum und der Arbeitsleistung einzuhalten sind. Die zu erwartenden Folgen im Falle der Nichteinhaltung der Auflagen sind konkret festzulegen und beschreiben. Ein Folgegespräch wird festgelegt; Termin spätestens nach sechs Wochen.

Folgezeit nach dem ersten Gespräch

In der folgenden Zeit ist das Verhalten des Betroffenen zu kontrollieren. Sowohl positive als auch negative Ergebnisse sind schriftlich festzuhalten, damit die Verhaltensänderung im Folgegespräch berücksichtigt werden kann. Sollte keine Besserung oder sogar eine Verschlechterung der Situation eintreten, muß das Folgegespräch vorgezogen werden. Das Vorgesetztenverhalten muß unbedingt den Ankündigungen entsprechen.

Weiteres Vorgehen

Reichen die Gespräche der Vorgesetzten nicht aus, um Einsicht zu wecken und eine grundlegende Verhaltensänderungen zu bewirken, sind weitere Schritte erforderlich, indem ein abgestuftes Konzept für Gespräche mit erweitertem Personenkreis festgelegt wird. Es muß überlegt werden, wer sinnvollerweise zu beteiligen ist, z.B. Personen, die dem Betroffenen persönlich nahestehen, der Ehepartner oder andere nahe Angehörige. Wenn während dieser Phase keine grundsätzliche positive Verhaltensänderung festzustellen ist, handelt es sich höchstwahrscheinlich tatsächlich um eine Alkoholkrankheit, die nur fachlich-therapeutisch behandelt werden kann. Das Stufenverfahren zur Einleitung der Therapie (»Therapietrichter«) verläuft wie folgt.

1. Stufe: Vieraugengespräche zwischen Vorgesetztem und Betroffenem.
2. Stufe: Gespräche im erweitertern Personenkreis mit Ankündigung konkreter dienstrechtlicher Folgen für den Fall der Nichteinhaltung der

Vereinbarungen und Auflagen. Zu den Auflagen gehört auch die Forderung nach Aufsuchen einer anerkannten Beratungsstelle.

3. Stufe: Gespräche unter offizieller Beteiligung der Personalverwaltung. Durchführung bzw. Einleitung der angekündigten disziplinarischen Maßnahmen, z.B. Abmahnung, Disziplinarverfahren. Es muß verlangt werden, daß der Betroffenene sich einer fachlichen Therapie unterzieht.

Die Durchführung der 2.und 3. Stufe sowie deren Ergebnisse müssen schriftlich dokumentiert werden. In welcher Form und in welchem Umfang die Therapie durchgeführt wird, steht in der Entscheidung des behandelnden Arztes.

Wiedereingliederung am Arbeitsplatz nach stationärer Behandlung
Nach einer abgeschlossenen stationären Therapie ist der Betroffene als vollwertige Arbeitskraft zu behandeln. Soweit möglich, sollte er wieder auf seinem alten Arbeitsplatz eingesetzt werden; es sein denn, daß auf einem anderen Arbeitsplatz die Rückfallgefahr geringer gesehen wird. Die Vorgesetzten sollen weiterhin ihre Hilfsbereitschaft zu erkennen geben. Dazu gehört auch, daß die Mitarbeiter angehalten werden, sich dem Betroffenen gegenüber richtig zu verhalten: Keine Animation zum Alkoholgenuß, keine Hänseleien, aber auch keine übertriebene Rücksichtnahme. Abgesehen davon, daß der Betroffene sich jeglichen Alkoholverzehrs enthalten soll, gilt er als normaler Arbeitskollege wie jeder andere. Die Dienststelle soll Nachsorgemaßnahmen unterstützen, gfs. durch Vermittlung an Selbsthilfegruppen (z. Anonyme Alkoholiker).

Umgang mit Rückfällen
Nach einer Therapie muß völlige Enthaltsamkeit gegenüber Alkohol das oberste Ziel sein. Allerdings ist die Rückfallwahrscheinlichkeit nicht gering. Deshalb ist das Verhalten des Betroffenen weiterhin unter Kontrolle zu behalten. Bei Anzeichen eines Rückfalls (auch hier gilt das oben bereits Gesagte im Hinblick auf Verhaltensauffälligkeiten) ist sofort wieder ein Vieraugengespräch zu führen. Erforderlichenfalls muß das Stufenkonzept wie oben geschildert wiederholt werden.
Ein Rückfall muß nicht unbedingt bedeuten, daß der Betroffene unheilbar krank ist. Es kann im Gegenteil der Fall sein, daß die erstmalige Rückfallerfahrung die innerliche Bereitschaft zur endgültigen Enthaltsamkeit herbeiführt.

4.4 Streß und Streßbewältigung, Angst

»Streß ist in erster Linie ein Mangel an Selbstregulierung und damit die Unfähigkeit, Körperabläufe sozial zu kanalisieren und willentlich zu beinflussen. Niemand fühlt sich gestreßt, weil im Körper unbeeinflußbare bio-chemische, neurophysiologische Programme ablaufen, sondern

a) weil die Betroffenen unfähig sind, die Reize, die diese Programme in Gang setzen, so zu interpretieren und zu bewerten, daß anderer Körperabläufe möglich werden und
b) weil die Betroffenen unfähig sind, objektive Belastungen und davon hervorgerufene Körperreaktionen nicht so in Aktivitäten umzulenken, daß keine Streßsymptomatik entstehen muß.

Nachzudenken ist also nicht über Streß, sondern über die individuelle Unfähigkeit, Reizmuster und Reaktionsmuster nicht entkoppeln zu können.« (DOMBROWSKI)

Das Wort »Streß« ist heuzutage ebenso geläufig wie die Vorstellungen darüber, was das denn nun eigentlich ist, unklar sind. Die zahlreichen Autoren, die sich bisher mit dieser Erscheinung befaßt haben, lassen aber eine einheitliche Auffassung erkennen:
- Streß hat seine Ursachen in allen Erscheinungen des menschlichen Lebens.
- Ein Leben ohne Streß ist nicht möglich.
- Streß kann sowohl positive als auch negative Wirkungen erzeugen.
- Streß kann krankmachen und im Extremfall zum körperlichen und seelischen Zusammenbruch führen.

In diesem Buch soll nicht wiederholt oder interpretiert werden, was in der Fülle von Fachliteratur und Veröffentlichungen über Streß schon geschrieben wurde. Vielmehr soll verdeutlicht werden, welche Vorgesetzten-Verhaltensweisen negative Streßwirkungen erzeugen und was Führungskräfte tun können, um Streßbelastungen vorzubeugen oder sie zu mildern.

Negativer Streß wird erzeugt durch:
- Unklare Organisation und damit verbundene unklare Zuständigkeiten: Fehlende Übereinstimmung von Funktionen und Befugnissen
- Unangemessene Belastung: Über- oder Unterforderung der Mitarbeiter
- Mangel an Information über betriebliche Vorgänge
- Mangel an Rückmeldungen über das allgemeine und individulle Verhalten der Mitarbeiter
- Vermittlung des Gefühls von ungerechter Behandlung der Mitarbeiter
- Vernachlässigung

a) der *Einsatzvorbereitung* im Hinblick auf:
die allgemeine Ausbildung,
die Ausstattung mit der optimalen Ausrüstung,
das richtige Verhalten im Einsatz,
die erforderlichen Übungs- und Trainingsmöglichkeiten.

b) der *Einsatznachbereitung* im Hinblick auf:
Besprechung und Aufklärung gemachter Fehler, besonders wenn es zu Unfällen gekommen ist.

Stärkung der Widerstandskraft

Die Belastungen, die im Einsatz auf den Feuerwehrangehörigen zukommen können, stellen selbstverständlich hohe Anforderungen an die körperliche, geistige und seelische Widerstandskraft und Belastungsfähigkeit. Die Aufgaben des Leiters der Feuerwehr im Hinblick auf solche Situationen beginnen bereits bei der Personalauswahl. Wenn es auch sehr schwierig ist, be-

stimmte charakterliche Merkmale zu nennen, die auf eine hohe psychische Belastbarkeit schließen lassen, so sollte dieser Gesichtspunkt nicht außer acht gelassen werden. Um so wichtiger ist es, mindestens auf körperliche Gesundheit und Sportlichkeit Wert zu legen. Dabei kann man es aber nicht bewenden lassen. Im Dienstbetrieb sollen alle Möglichkeiten geprüft und genutzt werden, um die Gesundheit der Mitarbeiter zu fördern, also z.B. dadurch, daß sportliche Betätigung und körperliches Training im Rahmen des Machbaren und Sinnvollen gefördert werden. Insoweit ist es sehr bedauerlich, daß das Hakenleitersteigen nicht zum selbstverständlichen Ausbildungs- und Trainingsprogramm aller Feuerwehren gehört. Jeder Feuerwehrangehörige soll auch angehalten werden, von sich aus ein gesundheitsförderndes und -erhaltendes Verhalten zu pflegen.
Eine der wichtigsten Vorbereitungsmaßnahmen auf die Belastungen des Einsatzes ist das Antrainieren des feuerwehrtechnischen Handwerks. Ich kann aus eigenem Erleben bestätigen, daß es kaum einen schlimmeren Streß und mehr Angstbelastung gibt, als im Einsatz erfahren zu müssen, daß man den Anforderungen rein handwerklich nicht gewachsen ist. Dazu kann es z.B. kommen, wenn ein Maschinist aus organisatorischen Gründen ein Fahrzeug besetzen, im Alarmfall fahren und bedienen muß, mit dem er nicht vertraut ist und wenn er keine Gelegenheit hatte, sich vor dem Alarm damit vertraut zu machen. Die gleiche Situation kann aus denkbar simplen Anlässen entstehen: Der Mann, der die Fangleine anknoten soll, beherrscht den erforderlichen Knoten nicht; die Mannschaft ist bei Dunkelheit und schlechtem Wetter nicht in der Lage, fachgerecht eine Saugleitung zu verlegen usw. *So kann es geschehen, daß aus einem lächerlichen Anlaß eine lebensbedrohliche Lage entsteht.*
Es kann deshalb nicht überbetont werden: Die Sicherheit des Handelns in typischen Streßsituationen hat ihre Grundlage in der Disziplin der Mannschaft (jetzt als Sammelbegriff verstanden) und in der eingedrillten Handhabungs- und Bedienungssicherheit für die Geräte.
Für die Führungskräfte gilt das oben Gesagte im Hinblick auf die Führungssicherheit im Einsatz. Das Planspiel ist (wenn es richtig durchgeführt wird) unentbehrliches Entscheidungstraining, das »Handwerkszeug« für Führungspersonen. Unsicherheit im Entscheiden stellt mehr Streßbelastung dar als die Einsatzlage an sich. Das Training kann in folgenden Stufen vollzogen werden.

Stufenkonzept:

1. **Handwerkliches Training**
   Die Bedienung und Handhabung der in der Feuerwehr vorhandenen Geräte muß Schritt für Schritt gelernt und drillmäßig eingeübt werden, »bis es im Schlaf klappt«.
2. **Einsatzübungstraining**
   Einsatzübungen müssen schrittweise von kleineren bis zu großen Schwierigkeitsgraden so realitätsbezogen wie möglich eintrainiert werden.
3. **Taktisches Training**
   In Planübungen sind schwierige und konfliktreiche Einsatzlagen in möglichst unterschiedlichen Varianten (nach realen Vorbildern) durchzuspie-

len. Dadurch wird eine gedankliche und psychische Schulung in Konfliktlagen und damit größere Sicherheit in echten Einsätzen erreicht.

Bei allen privaten und betrieblichen Gesundheitsvorsorgemaßnahmen bleibt es aber ungewiß, wie ein Mensch sich in extremen Situationen verhalten und wie er die Belastungen verkraften wird. Im Laufe der Zeit – mit zunehmender Einsatzerfahrung – wird sich eine individuell unterschiedliche Belastbarkeit herausstellen; niemand ist aber davor sicher, daß ihn ein besonderes Einsatzerlebnis außergewöhnlich packt und belastet. In solchen Situationen befinden sich aber nicht nur die Feuerwehrangehörigen, sondern z.B. auch die Rettungsdienstangehörigen, Ärzte und auch das Krankenhauspersonal. Der Leiter der Feuerwehr soll das allgemeine zwischenmenschliche Klima in der Feuerwehr so beeinflussen, daß Vertrauen, Hilfsbereitschaft und Kameradschaft gedeihen. Dies bietet die Möglichkeit, daß belastende Erlebnisse ohne Hemmungen innerhalb des Kameradenkreises besprochen werden können und dadurch allein schon ein psychischer Entlastungseffekt erreicht wird. Wer sich über seine erlebten Ängste und Nöte aussprechen kann, ohne befürchten müssen, nicht ernst genommen zu werden oder gar lächerlich gemacht zu werden, der wird allein daraus neue Kraft schöpfen können. Auch in diesem Zusammenhang wirkt es sich segensreich aus, wenn im privaten Bereich keine zusätzlichen Probleme bestehen wie etwa Eheprobleme, Geldnöte oder sonstige Schwierigkeiten, die das Leben schwer machen. Entscheidend ist, daß mit Angst und Streß belastete Mitarbeiter überhaupt jemand haben, bei dem sie sich aussprechen können. Es ist nicht immer zu verwirklichen, aber der Vorgesetzte soll es jedenfalls anstreben: In der Not soll der Mitarbeiter den Weg zu ihm nehmen können, er soll gewiß sein, dort einen verständnisvollen Partner anzutreffen.
Aber auch unter den günstigsten Voraussetzungen wird es nicht ausbleiben, daß der einzelne in eine Situation geraten kann, die ihn infolge der Streßbelastungen in einen kritischen Zustand bringt. Wo die absolute individuelle Grenze der Belastbarkeit liegt, sollte im Laufe eines Lebens möglichst nicht festgestellt werden müssen.

Kleines Einmaleins für gestreßte Menschen (nach Leonard Lobshin) [66]
- Wenn Sie merken, daß Sie angespannt sind, lockern Sie die Muskeln und atmen tief durch.
- Stehen Sie 15 Minuten früher auf. Das gibt Ihnen Zeit, mit Dingen, die tagsüber vielleicht schieflaufen können, fertig zu werden.
- Bevor Sie ins Bett gehen, denken Sie einmal kurz über den nächsten Tag nach. Decken Sie schon einmal den Frühstückstisch, und überlegen sich, was Sie am nächstenTag anziehen werden.
- Achten Sie nicht auf mehr als eine Sache zur gleichen Zeit. Denken Sie nicht an das nächste Projekt, wenn Sie mit dem gegenwärtigen noch nicht fertig sind.
- Tun Sie die unangenehmen Dinge möglichst früh am Tag, damit Sie sie möglichst schnell vergessen können.
- Seien Sie flexibel. Manche Dinge sind es einfach nicht wert, sie perfekt zu machen. Schließen Sie Kompromisse.
- Reden Sie mit Freunden über Ihre Probleme, und fressen Sie sie nicht in sich hinein.
- Tun Sie jeden Tag etwas, was Ihnen richtig Spaß macht.

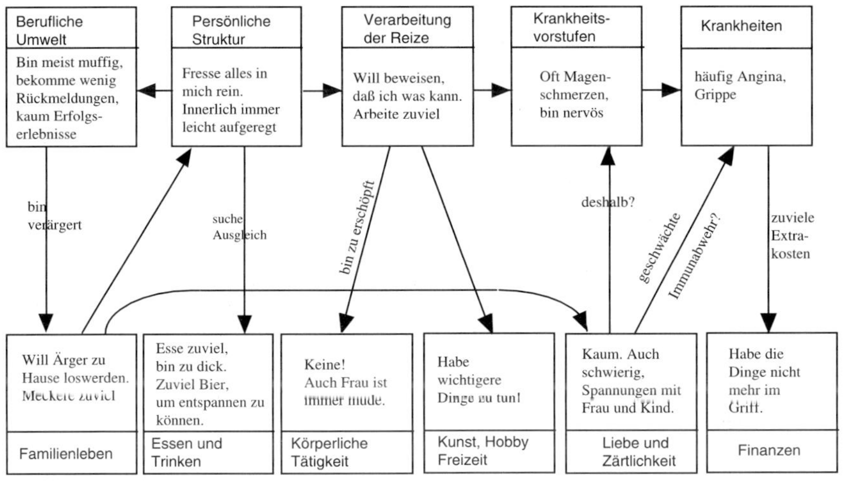

Abb. 28: Kastenmodell nach Vester, KSB, Aufbau von Berufsstreß

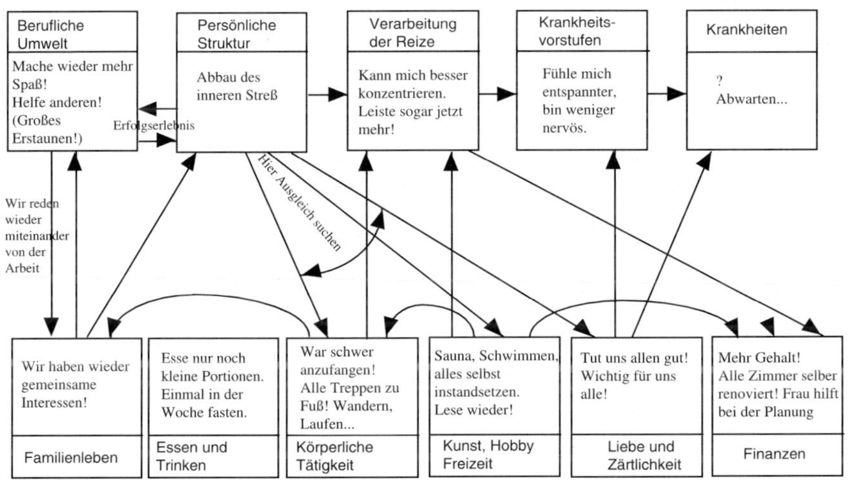

Abb. 29: Kastenmodell nach Vester, KSB, Abbau von Berufsstreß

- Nehmen Sie sich jeden Tag ein wenig Zeit, um sich völlig zu entspannen und die Gedanken zu sammeln.
- Werden Sie nicht sauer, wenn Sie in einer Schlange stehen müssen. Das gehört zum täglichen Leben. Wenn Sie wissen, daß Sie warten müssen: Zeitschrift mitnehmen.
- Verlassen Sie sich nicht auf Ihr Gedächtnis. Schreiben Sie Verabredungen und andere wichtige Dinge in einen Kalender.
- Organisieren Sie Arbeitsplatz und Zuhause. Das nimmt den Streß, Dinge zu verlieren oder nicht zu finden.
- Tragen Sie Ohrenstöpsel, wenn der Lärm um Sie herum zu laut wird.
- Nehmen Sie eine Dusche, um Verspannungen abzubauen.
- Schlafen Sie lange genug. Zuwenig Schlaf macht nervös und ängstlich.
- Freunden Sie sich mit positiven Menschen an. Chronische Miesepeter werden Ihnen auf Dauer schlechte Laune bereiten.
- Ärgern Sie sich nicht mit Haushaltsgeräten herum, die nicht funktionieren. Lassen Sie sie sofort reparieren oder kaufen Sie neue.

»Von Führungskräften wird erwartet, daß sie einer starke Persönlicheit besitzen, die es ihnen ermöglicht, größere Angst bewußt und gelassen zu erleben. Ich-Stärke, Persönlichkeitsstärke, Verarbeitungskapazität und die Fähigkeit, auch mit Angst seine Aufgabe zu erfüllen, sich zu bewähren, anderen beizustehen, lassen sich entwickeln. Die Auseinandersetzung mit Angst läßt uns erleben, daß wir dies können. Das psychische Training ist wie das körperliche Training: angemessene Belastung stärkt und fördert.« [15]

4.5 Umgang mit Sterben und Tod

Feuerwehrangehörige können bei jedem Einsatz dem Tod begegnen. Für den Helfenden stellen solche Begegnungen und Erlebnisse die schwersten Belastungsfälle dar und können ihn selbst in eine schwere seelische und auch körperliche Krise bringen.
Für einen Führer ist es besonders belastend, wenn in seiner Einheit aus Anlaß eines Einsatzes ein Todesfall zu beklagen ist. Es stellt sich die Frage, ob möglicherweise aufgrund eines taktischen Fehlers das Unglück eingetreten ist, ob also vielleicht ein schuldhaftes Verhalten vorliegt. Auch wenn das im juristischen Sinne nicht zutreffen mag, ein Schuldgefühl wird vielleicht nicht zu unterdrücken sein, zumal objektiv gesehen die Möglichkeit eines Führungsfehlers auch dann vorliegen kann, wenn keine Schuld im strafrechtlichen Sinne gegeben ist. Trotz aller Belastungen muß der Führer einer Einheit weiterhin mindestens so lange seine Führungsfunktion wahrnehmen, bis der Einsatz beendet ist oder bis er abgelöst wird. Unter diesen erschwerten Bedingungen müssen auch auf die Empfindungen und das Verhalten der Gruppe (im übergeordneten Sinn) berücksichtigt werden. Niemand kann eine Musterlösung des Verhaltens nennen, die vor dem Eintritt eines solchen dramatischen Ereignisses »erlernt« werden kann. Es kann aber eine Hilfe sein, wenn man sich gedanklich und seelisch darauf vorbereitet, in eine solche Lage von heute auf morgen kommen zu können. Dazu ist es erforderlich, daß solche Situationen innerhalb der Feuerwehr besprochen und durchdacht werden.

Für den Fall, einen Sterbenden betreuen zu müssen, ist es hilfreich, sich das eigene Grundverhalten bei einem Sterbenden gedanklich wie folgt vorzustellen und möglichst einzuprägen:

1. Dem Kranken zu erkennen geben, daß er nicht allein gelassen wird. Sich vorstellen, seinen Namen nennen, den Kranken mit Namen anreden. Wenn man glaubt, daß es willkommen ist, vielleicht die Hand ergreifen und halten oder anderen geeigneten Körperkontakt herstellen.
2. Wenn der Kranke den Wunsch äußert und es möglich ist, einen Seelsorger benachrichtigen.
3. Dem Kranken verständlich machen, was mit ihm gemacht wird. Die Hilfeleistung erklären, erläutern, ob weitere Hilfe geholt wird.
4. Soweit fachlich möglich: Schmerzen lindern. Den Kranken anregen, sich an positive Erlebnisse in seinem Leben zu erinnern, davon zu erzählen.
5. Nach Wünschen fragen, soweit möglich erfüllen. Gfs. testamentarische Wünsche aufnehmen.
6. Im ganzen Verhalten den Kranken fühlen lassen, daß er nicht allein gelassen, sondern als Mensch und Person geachtet und respektiert wird.

Das Überbringen einer Todesnachricht :

z.B. an Verwandte oder andere Personen, die dem Toten nahestehen.

- Sich zuerst innerlich auf die Situation vorbereiten, sich vorstellen, wie man sich verhalten soll. Dabei ist die eigene persönliche Beziehung zu den zu benachrichtigenden Personen von Bedeutung.
- Den Zeitpunkt bedenken, jedoch darf die Nachricht nicht verzögert werden.
- Sich mit Namen vorstellen.
- Bei der Formulierung der Nachricht die Wortwahl bedenken. Nicht von »Unfall« reden, sondern von »Unglück«. Behutsam reden, aber nicht verschleiern oder in Andeutungen reden. Z.B.: »Ich muß Ihnen leider eine sehr traurige Nachricht überbringen. Es ist ein schlimmes Unglück geschehen ... » Pause ... Es kann sein, daß vielleicht nur noch eine Bestätigung der bangen Frage des Benachrichtigten notwendig ist.
- Die eigene Betroffenheit und Anteilnahme erkennen lassen.
- Überbrückungen schaffen, indem man die Angehörigen ermuntert, von dem Leben des Verunglückten oder von sich selbst zu erzählen.
- Nicht aufdringlich sein, Redepausen nicht übereifrig unterbrechen.
- Falls man glaubt, daß es helfen kann und willkommen ist, die Hand ergreifen und halten oder in jeder anderen geeigneten Weise hilfreich sein.
- Überlegen, ob die eigene Anwesenheit im Kreise der Angehörigen noch hilfreich sein kann oder ob sie unerwünscht ist. Sich entfernen, wenn man sicher ist, daß die Hilfe nicht mehr benötigt wird.

Quellenangaben [...] und weitere Literatur

[1] Bamberg; Dozent im »Verwaltungsseminar« der Verwaltungsschule Berlin 1984
[2] Berg/Fröchling/Konstanty/Schwarze: Kooperative Führung, Mittler 1976
[3] Bornewasser, Manfred: Mobbing am Arbeitsplatz, WN 7. Nov. 93
[4] Dombrowsky W. R., H. Schuh: Burn-Out ..., Der Feuerwehrmann Nr. 11/93
[5] Durant: Kulturgeschichte der Menschheit, Naumann und Göbel 1985
[6] Dworatschek/Gutsch/Lauxmann/Schubert/ u.a.: Managment ... , DVA 1972
[7] Echlmayer; Dozentin im Seminar »Methodik u. Didaktik« 1982, LFS NRW
[8] Freyn, Walter; Dozent im »Methodenseminar Ausbilder« 1978, Verwaltungschule NRW
[9] Gasch, Bernd; Dozent im »Methodenseminar Ausbilder« 1978, Verwaltungschule NRW
[10] Gebert: Organisation, 1978; vorgestellt von Bamberg, Verwaltungsseminar Berlin 1984
[11] Heeresdienstvorschrift HDv 100/200
[12] Hunt, Morton: Das Rätsel der Nächstenliebe, Campus 1992
[13] Innenministerium NRW: Grundsätze für Zusammenarbeit und Führung
[14] Jung, Uwe: Manual der SAP-Ausbildung, nicht veröffentlicht, 1989
[15] Kastrophenschutzschule des Bundes, Ahrweiler: Menschenführung
[16] Kaufhold: Rotes Heft Nr. 1, Kohlhammer 1993
[17] Lauxmann, Frieder: Die kranke Hierarchie, DVA 1971
[18] Lauxmann, Frieder: Weniger wissen, mehr verstehen, DVA 1977
[19] Lauxmann, Frieder: Unabhängig denken, Lexika 1983
[20] Lauxmann, Frieder: Profile großer Denker, Decker u. Müller 1991
[21] Meyers enzyklopädisches Lexikon
[22] Moll, Heinz: »Innere Führung«, Lehrunterlage der LFS NRW
[23] Pfrengle, Franz: System der Gefahrenabwehr in Frankreich, brandschutz 1/96
[24] Plattner, Hans-Peter: Vormärz - Revolution - Restauration, brandschutz 1/96
[25] Rommel, Manfred: Abschied vom Schlaraffenland, DVA 1981
[26] Schläfer, Heinrich: Das Taktikschema, Kohlhammer 1982
[27] Schläfer, Heinrich: brandschutz Nr. 11/89
[28] Schneider, Klaus: Laufbahn in der Freiw. Feuerw. NRW, Kommentar f.d.Pr., DGV 1991
[29] Schüler-Duden: Politik und Gesellschaft
[30] Schulz, Holger: Der Mensch im Ethos der Feuerwehr, brandschutz 3/94
[31] Thomas, Maximilian: Militärisches Führen und Entscheiden, Deckers u. Göbel 1985
[32] Venohr, Wolfgang: Fritz, der König; Ullstein 1985
[33] Weinert/Graumann u.a: Pädagogische Psychologie, Fischer 1977
[34] Wengle, Eva: Manual der SAP-Ausbildung, nicht veröffentlicht
[35] Wenzel, Alfons: Zivilcourage, Olzog 1965
[36] Wunderer/Grunwald: Führungslehre, de Gruyter 1980
[37] Zielke, Wolfgang: Sprechen ohne Worte, Gondrom 1994

Weitere Literatur

Bentzien, Hans: Ich, Friedrich II., Volk und Welt 1991
Berndt/Altmann: Stabsarbeit in der Polizei, Boorberg 1981
Bleicher/Meier: Führung in der Unternehmung, Rowohlt 1976
Bundeswehr, Zentrum Innere Führung: Menschenführung in der Ausbildung
Dembicki, Leo: Psychologie, Hohenstaufen 1969
Deutscher Feuerwehrverband: Feuerwehr-Jahrbuch 1994/95
Dinter, Elmar: Held oder Feigling, Mittler 1986
Dinter, Elmar: Führungslehre, Mittler 1980
Feuerwehr-Dienstvorschriften
Gaarder, Jostein: Sofies Welt, Carl Hauser, 1993
Gesetz über den Feuerschutz und die Hilfeleistung NRW
Grundgesetz Bundesrepublik Deutschland
Handbuch Selbstschutz, Mensch und Arbeit, 1967
Hoefert, H.W.: Psychol. und soziologische Grundlagen der Organisation, Gießen 1976
Hornung, Wolfgang: Feuerwehrgeschichte, Kohlhammer 1981
Krüger, Wilfried: Organisation der Unternehmung, Kohlhammer 1993
Landesbeamtengesetz NRW
Lauxmann, Frieder: Knigge im Amt, Decker u. Müller 1988
Lauxmann, Frieder: Der philosophische Garten, Nymphenburger 1994
Lexikon der Büchergilde
Mackensen: Großes Deutsches Wörterbuch
Oetting, Dirk W.: Auftragstaktik, Report Verlag Frankfurt 1993
Rosenstiel/Molt/Rüttinger: Organisationspsychologie, Kohlhammer 1972
Schläfer, Heinrich: Das Taktikschema, Kohlhammer 1982
Schneider, Klaus: Feuerschutzgesetz für NRW, Kommentar für die Praxis, DGV 1990
Schwarzer, Ralf: Streß, Angst und Handlungsreaktion, Kohlhammer 1993
Vorwerg, Gisela: Führungsfunktion in sozialpsychologischer Sicht, Berlin 1971
Watzlawick, Paul: Menschliche Kommunikation, Bern 1971

Stichwortverzeichnis